Un nombre para toda la vida

A pesar de haber puesto el máximo cuidado en la redacción de esta obra, el autor o el editor no pueden en modo alguno responsabilizarse por las informaciones (fórmulas, recetas, técnicas, etc.) vertidas en el texto. Se aconseja, en el caso de problemas específicos —a menudo únicos— de cada lector en particular, que se consulte con una persona cualificada para obtener las informaciones más completas, más exactas y lo más actualizadas posible. EDITORIAL DE VECCHI, S. A. U.

© Editorial De Vecchi, S. A. 2021
© [2021] Confidential Concepts International Ltd., Ireland
Subsidiary company of Confidential Concepts Inc, USA
ISBN: 978-1-64699-649-0

El Código Penal vigente dispone: «Será castigado con la pena de prisión de seis meses a dos años o de multa de seis a veinticuatro meses quien, con ánimo de lucro y en perjuicio de tercero, reproduzca, plagie, distribuya o comunique públicamente, en todo o en parte, una obra literaria, artística o científica, o su transformación, interpretación o ejecución artística fijada en cualquier tipo de soporte o comunicada a través de cualquier medio, sin la autorización de los titulares de los correspondientes derechos de propiedad intelectual o de sus cesionarios. La misma pena se impondrá a quien intencionadamente importe, exporte o almacene ejemplares de dichas obras o producciones o ejecuciones sin la referida autorización». (Artículo 270)

PIERRE LE ROUZIC

Un nombre para toda la vida

Elección, función e influencia del nombre

DVE Ediciones

Índice

Prólogo   9
Introducción   11

1. La importancia del nombre   13
2. La elección del nombre   15
3. El color de los nombres   19
4. El cambio de nombre   23
5. La caracterología del nombre   27

Los nombres modelo   39

Índice de nombres   361

Prólogo

Una historia muy extraña

A modo de prólogo de este estudio sobre la elección, la función y la influencia del nombre, me permitirán evocar un recuerdo personal que guardo particularmente cerca del corazón, ya que constituyó el «eureka» de todas mis investigaciones caracterológicas.

Un buen día, estaba en los Jardines de Luxemburgo, en París, observando distraídamente las traviesas maniobras de un terrible niño que, pensaba yo, debía de tener unos cuatro años, mientras me preguntaba qué utilidad podían tener los cientos de estudios psicológicos que había realizado sobre todos los personajes que me caían entre manos: mi portero, Napoleón, el tendero del barrio, el presidente de la República Francesa, mi recaudador de impuestos, Casanova y muchos más.

En ese momento, un alarido de la madre del pequeño monstruo me arrancó de mis profundas y enriquecedoras reflexiones: parecía lamentar profundamente alguna intrépida iniciativa de su retoño. En efecto, este había tenido la genial idea de transformar el bolso de su progenitora en un precioso barco que ya había comenzado a navegar a la deriva en el estanque central, para gran alegría de los demás pequeños bandidos, deseosos de aventuras acuáticas.

Aunque la continuación del asunto, con palmadas en el trasero incluidas, no tiene demasiada importancia, fue precedida por una exclamación furiosa de la señora en cuestión, que me hizo desviar la atención y me llenó de alegría: «¡Para de una vez de hacer el Jaimito!».

Así pues, me dije, ¿poseerán todos los Jaimes un denominador caracterológico común que establece, si no similitudes directas, sí cierta analogía en su evolución existencial?

En seguida me vino a la mente toda una galería de retratos, unos más conocidos que otros: Jacques Chirac (Jacques es el equivalente de Jaime en francés), Jaume Sisa, Jaime Gil de Biedma, Jaime Nunó Roca, Jaime Mayor Oreja... ¡y me dejo toneladas en el tintero!

Me fui a toda prisa a casa y me puse a clasificar afanosamente mis fichas por nombres. Entonces descubrí, con gran estupor, que muchos Jaimes se parecían y manifestaban un carácter cambiante, estridente, iracundo y algo molesto. Aunque, obviamente, todos estos hombres no tenían la misma personalidad, las similitudes de comportamiento estaban lo bastante bien definidas como para poder agruparlos en una misma familia.

Esto mismo ocurrió con otros nombres propios.

Todo encajaba a la perfección...

La máquina se había puesto en marcha y ya nada podía detenerla.

De esta fecundación «jacobina» debía nacer un libro.

¡Y aquí está! En Francia ya se han impreso unos dos millones de ejemplares y se calcula que más de diez millones de francófonos lo han leído.

Muchas gracias por desear unirse a la gran familia de aquellos que pensamos que, tras el árbol de cada nombre, se esconde el bosque interior de los sentimientos y las acciones.

Pierre Le Rouzic

INTRODUCCIÓN

1
La importancia del nombre

Si hay algo extendido a nivel universal, desde luego se trata del nombre. Las personas han recibido esta apelación, de forma más o menos controlada, en todas las épocas y lugares, lo que les ha permitido poseer un signo distintivo que los separa de la multitud al tiempo que los une a la colectividad.

Por muy extraño que pueda parecer, el nombre contiene un mensaje caracterológico de máxima importancia, cuyo código secreto conviene conocer. Esta denominación en forma de tarjeta magnética personal incluye una cantidad increíble de información que nunca nadie se había atrevido a inventariar.

Esto nos lleva a reflexionar sobre este prodigioso compendio de la personalidad: unas cuantas sílabas que repetiremos miles o cientos de miles de veces en el transcurso de una vida, empezando por el primer susurro, lleno de amor y ternura, de la madre que se inclina sobre la cuna de su bebé.

El apellido constituye nuestro documento de identidad o matrícula.

El nombre, por el contrario, se refiere a nosotros en la intimidad de la familia, el calor de la amistad o los arrebatos del amor. Se trata de nuestro «código» íntimo, de nuestro ritmo secreto, de una voz que, por teléfono, genera todo un mundo afectivo o, sencillamente, relacional: «Soy Beatriz, dígame...».

Cosa extraña, este nombre, que será nuestra «señal» durante toda la vida, se escoge de forma más o menos arbitraria. A pesar de que se dedican meses y se gastan cantidades asombrosas, por no decir de auténtico escándalo, para dar con el nombre de una marca de detergente, cuando se trata de un niño nos remitimos a las modas, las tradiciones ancestrales, los caprichos de los parientes o a calendarios cada vez más delirantes.

EL NOMBRE COMO UN CAPITAL

El nombre constituye una reserva de energía, algo que no resulta difícil de comprender: la repetición constante de esas mismas sílabas, de esa misma «armonía», acaba por provocar una especie de impregnación. En efecto, el nombre actúa como un despertador que, entre las innumerables posibilidades que llevamos en nosotros, hace que surjan unas cuantas, que aumentarán en número cuanto más «intenso» sea.

Los nombres poseen vibraciones secretas cuya existencia ni siquiera sospechamos, pero que no por ello dejan de existir, del mismo modo que no percibimos la llamada emitida por un silbato de ultrasonidos que, sin embargo, un perro oye a la perfección.

Si admitimos la existencia de estas vibraciones, que difieren en función del nombre, no resulta extraño imaginar que puedan hacer vibrar una parte de nosotros, desencadenar reacciones en nuestro interior que serán diferentes dependiendo del nombre que tengamos. Esto equivale a afirmar que el nombre tiene la capacidad de modular a la persona, de actuar sobre su personalidad y, en cierta medida, sobre su destino. De esta forma, la idea a priori increíble de que el nombre puede influir directamente en las personas resulta más comprensible.

Así pues, no es indiferente llamar a un niño Jaime en vez de Domingo. En el primer caso, los padres lo estarán induciendo a convertirse en un ser combativo, de reacciones rápidas y a menudo inesperadas; de ahí la popular figura de «Jaimito», un niño travieso y belicoso, con tendencia a la desobediencia, al que es necesario llamar al orden. Si, por el contrario, se escoge un nombre de efecto más calmante, más dulce, como por ejemplo Domingo (que en su versión francesa, Dominique, es tanto masculino como femenino), deberá enfrentarse a un ser más sentimental, mucho menos agresivo, que sentirá horror ante la soledad y huirá del enfrentamiento.

Repito que, obviamente, una sonoridad no «fabrica» un carácter, sino que acentúa las tendencias fundamentales o impide su desarrollo de tal forma que, de haberse escogido otro nombre, no se habrían revelado los mismos rasgos psicológicos.

2
La elección del nombre

Asumiendo que el nombre, tal como trataremos de demostrar, no sirve sólo para designar a una persona, sino que, por el contrario, representa mucho más en el plano psíquico y puede condicionar al niño al que se le atribuye, aún resultará más imperativo elegirlo con especial cuidado. Por ejemplo, es necesario descartar por completo los nombres extraños y difíciles de pronunciar, así como aquellos que, unidos al apellido, produzcan calambures de dudoso gusto (algo más habitual de lo que podría imaginarse), los nombres compuestos que resulten «débiles» debido a su artificiosidad, y todos aquellos que, como consecuencia de su particularidad o exotismo, constituyan un verdadero obstáculo para sus desafortunados portadores.

Esto me trae a la mente, entre otros casos, a una niña de nombre poco habitual que no paraba de caer enferma porque, ante las burlas de sus compañeros, se sentía aislada del mundo. La niña sólo consiguió recuperarse cuando quedó convencida de que su nombre, a pesar de ser extraño, tenía encanto.

También debemos desconfiar de las modas y no caer en la tentación de dar a nuestros descendientes nombres de personajes políticos, actores o actrices de cine, cantantes o héroes de la televisión. Este tipo de apelativos envejecen rápido y permiten determinar la edad de su propietario, en ocasiones no sin cierta crueldad.

Asimismo, deberíamos evitar los diminutivos que destruyan el potencial del auténtico nombre y abran la veda al desarrollo de un inquietante desdoblamiento de personalidad. Ahí tenemos a Jorge, que se convierte en Jorgito para sus padres y su hermana mayor en la calidez protectora del hogar.

Pero, entonces, empieza a ir al colegio: en este mundo de mayor dureza y frialdad, ligeramente hostil, será Jorge. Por decirlo de algún modo, tendrá dos rostros. En clase, se castigará a Jorge. En casa, llorará Jorgito. No cuesta hacerse una idea del peligro que comporta esta situación.

EL ROL DE LA MADRE

Es la madre la que lleva durante nueve meses un cuerpo parcialmente extraño cuya vida propia se traducirá, en el plano físico, en movimientos perceptibles, y en el psíquico, en un deseo de diálogo que también solemos llamar amor.

De forma curiosa, cuanto más se multipliquen las células del pequeño, y, si me perdonan la expresión, cuanto más «se originalice» o personalice este, mayor será la necesidad de la madre de explicarse, de hablar con su hijo, de crear entre ambos un cordón psíquico inefable que la fisiología no reconoce oficialmente, pero que todos los médicos conocen a la perfección, que las comadronas promueven y las madres descubren de forma espontánea escuchando el corazoncito que late en su interior.

Por tanto, el propio niño hará sentir a la madre la intensidad de su presencia, la vibración de su sonoridad, dictándole de algún modo su verdadero nombre. Obviamente, no le va a llamar por teléfono para decirle: «Oye, me llamo David, date por enterada», sino que, de forma inadvertida, como una profunda intuición percibida por la mujer, le lanzará, a partir del cuarto mes, sugerencias apenas perceptibles pero repetidas de forma insistente.

La madre, tumbada, sola en la tranquilidad de la siesta, entre las tres y las cuatro de la tarde, debe escuchar atentamente a su pequeño e ir probando los nombres que le vengan a la mente para juzgar su resonancia. Será entonces cuando pueda iniciar esta conversación llena de amor con su niño, ya que la impregnación del psiquismo fetal se conseguirá de forma progresiva, hasta alcanzar un punto tan positivo que, en el nacimiento (el parto, que constituye un drama insospechado para el recién nacido), este reencontrará un ambiente tranquilizador y afectuoso: «Bienvenida, pequeña Claudia...».

«Háblame, mamá»

Paso a transcribir el sorprendente texto escrito por el doctor A. A. Tomatis en su libro *La nuit utérine* (La noche uterina), publicado por la editorial francesa Stock en 1981:

Me fascinaba la reacción de los recién nacidos, desde sus primeras horas de vida, cuando la madre pronunciaba su nombre, esa madre hacia la que se inclinaban como para ir a su encuentro, como para revivir aquella relación sonora única y excepcional que habían conocido antaño, en el universo uterino. Sólo mostraban sensibilidad hacia la voz de la madre. El resto no les interesaba en absoluto. Si cualquier otra persona pronunciaba su nombre, no reaccionaban de ningún modo.

Las palabras sobran: el feto percibirá perfectamente la «señal» de la voz materna, demostrando así a su madre que el mensaje de bienvenida lo ha ayudado a franquear el temible «muro» de la vida.

UN POCO DE HISTORIA

En las comunidades primitivas, dar un nombre a una persona tenía una dimensión mágica: este acto le otorgaba un poder, le transmitía determinadas facultades. Por ello, el nombre, lejos de ser algo habitual, estaba reservado a un pequeño número de iniciados.

Originariamente, los hebreos sólo tenían un nombre, extraído de alguna circunstancia específica del niño que acababa de nacer, aunque posteriormente adoptarían tres.

En la cultura griega, en cambio, las personas tenían un único nombre, y los hijos adoptaban el de los padres. En Roma, el uso de los nombres estaba generalizado y era hereditario en las familias; había poca variedad: apenas sí existía una veintena.

Con el triunfo del cristianismo se empezaron a usar nombres de mártires. Del siglo V al X, el nombre bautismal era único. Entre los siglos XI y XV se añadió un apellido, que pasaba de padres a hijos y que acabó convirtiéndose en el nombre de familia (el bello, el fuerte, el mayor, el pelirrojo, etc.).

A partir del siglo XVI, momento en que nace el estado civil, los nombres bautismales quedaron vinculados de forma obligatoria al nombre de familia, que adoptó su forma definitiva. Durante el periodo de las revoluciones se abandonaron los nombres de santos en pro de nombres pertenecientes a la historia antigua, proliferando los Césares, los Augustos y las Ariadnas. Más tarde fue la naturaleza la que proporcionó nuevos nombres: animales, plantas e incluso seres inanimados, una práctica que fue prohibida al finalizar la Revolución Francesa, volviendo de nuevo la mirada al santoral tradicional.

HOY

En la actualidad reina la anarquía, sobre todo en el ámbito de los nombres compuestos: se inventan con empeño insólitas combinaciones de dos nombres, sin atender a su grado de compatibilidad. Ahora bien, con los nombres ocurre lo mismo que con cualquier tipo de palabras: cuanto más extraño sea, más limitado será su público. Mientras que todo el mundo comprende palabras fundamentales como «beber», «comer» o «dormir», a medida que vamos utilizando un vocabulario más específico se reduce el número de personas capaces de asimilarlo, hasta llegar al extremo de contar como auditorio con tan sólo un puñado de especialistas. Como es evidente, a este nivel la palabra produce un efecto menor: de algún modo, se ve debilitada. Del mismo modo, si silbo la melodía del *Puente sobre el río Kwai*, llegaré a la mayoría de la gente. Por el contrario, si tarareo el tercer movimiento del segundo *Quatuor en fa menor* de Paul Hindemith, sólo reconocerán el tema unos cuantos melómanos.

ASPECTOS LEGALES DEL NOMBRE

El nombre queda inscrito en la partida de nacimiento (art. 326 del Código Civil).

De acuerdo con la Ley 40/1999, de 5 de noviembre, sobre Nombres y Apellidos y orden de los mismos, por la que se deroga el artículo segundo de la Ley 17/1977, de 4 de enero, sobre reforma del artículo 54 de la Ley del Registro Civil, los padres son libres de escoger el nombre de su hijo, siempre que este no consista en más de un nombre compuesto o más de dos simples, perjudique objetivamente a la persona o sea un diminutivo o variante familiar y coloquial que no haya alcanzado sustantividad; también quedan excluidos los nombres que hagan confusa la identificación y aquellos que induzcan en su conjunto a error en cuanto al sexo. Por otra parte, no puede imponerse al nacido un nombre que ya tenga uno de sus hermanos, a no ser que haya fallecido, ni tampoco su traducción usual a otra lengua.

A petición del interesado o de su representante legal, el encargado del Registro puede sustituir el nombre propio de un niño por su equivalente onomástico en cualquiera de las lenguas españolas.

3
El color de los nombres

LOS NOMBRES SIMPLES

Los colores también poseen un contenido caracterológico. Así, enrojecemos de ira, nos ponemos verdes de envidia, vemos la vida de color de rosa o algo nos pone negros; en pocas palabras, estos matices están claramente vinculados al tronco común constituido por los juicios de personalidad, de forma que podemos relacionar los colores con los nombres, determinando, por ejemplo, que los llamados José eran rojos; las Marías, azules; los Juanes, amarillos, etc.

Aquí, de nuevo, encontramos de forma inevitable las vibraciones, ya que los colores (y por tanto la luz), los sonidos y las ondas, por nombrar algunos, son fenómenos vibratorios. Todo encaja.

De esta forma, los nombres se dividen en seis sectores básicos, tres primarios (rojo, amarillo y azul) y tres secundarios (naranja, verde y violeta).

A continuación presento la lista de los «nombres modelo[1]» acompañados de su color caracterológico, a fin de hacer lo más explícito posible este planteamiento.

---

[1] Los «nombres modelo» se abordarán a partir de la página 39.

TABLA DE COLORES DE LOS NOMBRES MODELO

N.º	Nombres	Colores	N.º	Nombres	Colores
1	Alberto	azul	41	Francisco	azul
2	Alfonso	violeta	42	Gabriel	azul
3	Alfredo	violeta	43	Genoveva	rojo
4	Ana	azul	44	Gerardo	naranja
5	Andrea	naranja	45	Guido	violeta
6	Andrés	rojo	46	Guillermo	verde
7	Antonia	rojo	47	Hugo	violeta
8	Antonio	amarillo	48	Inés	verde
9	Bartolomé	azul	49	Isabel	naranja
10	Bautista	amarillo	50	Iveta	azul
11	Bernabé	verde	51	Ivo	naranja
12	Bernardo	violeta	52	Ivonne	azul
13	Berta	naranja	53	Jaime	rojo
14	Camilo	amarillo	54	Jaquelina	azul
15	Carlos	rojo	55	Jorge	amarillo
16	Catalina	rojo	56	José	rojo
17	Cecilia	azul	57	Juan	amarillo
18	Clara	verde	58	Juana	amarillo
19	Claudia	rojo	59	León	verde
20	Claudio	naranja	60	Luciano	naranja
21	Clemente	rojo	61	Luis	rojo
22	Cristina	verde	62	Luisa	verde
23	Cristóbal	azul	63	Magdalena	violeta
24	Daniel	amarillo	64	Marcelo	naranja
25	Daniela	violeta	65	Margarita	verde
26	Dionisia	amarillo	66	María	azul
27	Dionisio	naranja	67	Marta	azul
28	Dominga	amarillo	68	Mauricio	violeta
29	Domingo	verde	69	Miguel	rojo
30	Edmundo	violeta	70	Nicolasa	azul
31	Eduardo	rojo	71	Pablo	rojo
32	Elena	amarillo	72	Pedro	amarillo
33	Emilio	azul	73	Raimundo	azul
34	Enrique	violeta	74	Roberto	rojo
35	Enriqueta	rojo	75	Teresa	naranja
36	Esteban	verde	76	Tomás	azul
37	Eugenia	azul	77	Vicente	rojo
38	Felipe	verde	78	Víctor	verde
39	Félix	naranja	79	Virginia	violeta
40	Francisca	rojo			

Más adelante abordaré de forma más amplia el tema de la pertenencia de determinados grupos de nombres a categorías de colores, así como su correspondencia. No obstante, cabe precisar que el hecho de vincular Gerardo al naranja, por ejemplo, no implica en absoluto que el color preferido de los Gerardos y demás nombres emparentados con este sea el naranja. Por el contrario, se trata de analogías que no deben caer en el fetichismo, ya que esto provocaría la pérdida de su auténtico significado psicológico.

A continuación presento la tabla de correspondencia de los colores, que dejará fijadas las ideas relativas a su simbolismo y vibraciones en el plano del cuerpo-existencia, el alma-sentimiento y el espíritu-creación.

TABLA DE CORRESPONDENCIA DE LOS COLORES

Color	Cuerpo	Alma	Espíritu
Rojo	Ira	Pasión	Dominio
Naranja	Sentimientos	Amor-pasión	Seducción
Amarillo	Voluntad	Irradiación	Inteligencia
Verde	Mente	Intuición	Imaginación
Azul	Vitalidad	Amor puro	Espiritualidad
Violeta	Subconsciente	Inconsciente	Consciente

LOS NOMBRES COMPUESTOS

Como ya se ha podido comprobar, están en juego tanto los tres colores primarios, es decir, el azul, el amarillo y el rojo, como los tres secundarios o compuestos, a saber, el violeta, el verde y el naranja. No cuesta imaginar lo que viene a continuación: un nombre amarillo, como por ejemplo Juan, unido a Miguel, que es rojo, dará como resultado un nombre compuesto asociado al color naranja: Juan Miguel. Por otra parte, la suma de Ana y María será de color azul, ya que ambos nombres son de este color. Hasta aquí, todo perfecto.

Pero la cosa se complica cuando se trata de superponer un color primario, como por ejemplo el rojo, con uno secundario, digamos el verde. Con sólo probar la mezcla de estos dos colores, se comprobará que no resulta demasiado atractiva; de hecho, podría tratarse del color asociado a una mezcla de nombres como Carlos Esteban.

No se trata aquí de censurar la libre elección del nombre, un asunto muy personal, sino sólo de advertir sobre las combinaciones indigestas. En efecto, para un caracterólogo, la unión de nombres propios no es necesariamente un fenómeno inocente. En este ámbito, como en muchos otros, y en particular la química, no se puede hacer cualquier cosa. La asociación de dos elementos simples, se produzca esta de forma voluntaria o por obligación, puede dar como resultado un producto neutro, pero también provocar que todo estalle en mil pedazos.

Dicho de otro modo, inventarse un nombre compuesto en función de la inspiración o el sentido del humor no será totalmente inocuo para el futuro del niño en cuestión.

Puedo garantizar que gran cantidad de seres, tanto animales como humanos, perciben el color personal o lo intuyen hasta un punto insospechado, comportándose con la persona en cuestión en función de la impresión de color recibida. Es lo que también se llama «aura».

Por otra parte, existe otro problema añadido: la definición del carácter de una persona llamada Juan Miguel o Ana María. ¿Qué nombre dominará? Para decirlo de forma clara, no existe una regla fija: tanto se puede tener Juan al 70 % y Miguel al 30 como todo lo contrario. Por tanto, cada cual deberá determinar el contenido del nombre en Juan o Miguel analizando las dos fichas en cuestión.

Un último consejo: si una de las dos sonoridades del nombre compuesto resulta molesta, no hay que dudar a la hora de abandonarla. Más vale llamarse Pedro y encontrarse bien con uno mismo, que tener Luis Pedro por nombre y seguir montando en una bicicleta para dos mientras reprochamos al otro que no pedalee tan rápido.

4
El cambio de nombre

EQUIVOCARSE DE NOMBRE

No debemos contribuir a engrosar la lista ya demasiado larga de chicos y chicas que no se encuentran a gusto con su nombre y no piensan más que en cambiarlo.

Por otra parte, resulta relativamente fácil saber si nos hemos equivocado o no con el nombre de un niño: basta con pedir a una persona ajena a la familia, en el transcurso de cualquier conversación, que pronuncie sin alzar la voz el nombre del niño mientras este juega en una habitación contigua. Si reacciona al oír su nombre, es bastante probable que sea adecuado. Por el contrario, puede ocurrir que no se mueva en absoluto, como si no lo hubiese oído; esto se debe a que, de forma inconsciente, lo rechaza, y dicho rechazo ha provocado una «sordera psíquica» en su interior. No quiere oír pronunciar su nombre, y por ello deja de percibirlo.

Las consecuencias de esta situación que acabamos de describir pueden ser graves y requerir la consideración de un cambio de nombre.

Por otra parte, tenemos el problema de los nombres de origen extranjero. Nada impide llamar a un hijo Sasha o Débora, pero siempre es preferible que exista un motivo para la elección, que no se trate de un capricho gratuito, es decir, que exista una armonía natural entre el nombre y el apellido.

Por ejemplo, si un niño tiene ascendencia rusa y su patronímico es Pavlov, no hay ningún problema en que se ponga de nombre a ese niño Tatiana o Dimitri; pero ¿cree que una combinación como Vladimir López resultaría realmente afortunada?

EL CAMBIO DE NOMBRE

Cambiar de nombre es un asunto de gran importancia que no puede tomarse a la ligera. No obstante, tan sólo una persona de cada cincuenta cambia de nombre a lo largo de su vida.

El motivo más habitual es la convicción de que se tiene un nombre ridículo. En realidad, no existe ningún nombre que sea ridículo en sí mismo. Evidentemente, las modas pueden hacer que un nombre adquiera un matiz anticuado; sin embargo, en muchas ocasiones ocurre que se vuelven a usar nombres que se creía perdidos de forma definitiva en el baúl de los recuerdos. Nueve de cada diez veces, los nombres considerados ridículos son, sencillamente, nombres inadecuados para su portador, que no terminan de «cuajar» o cuya resonancia no se corresponde con la vibración profunda del ser. Puede ocurrir que se tenga un nombre bonito y fuerte, y sin embargo uno se sienta tan incómodo con él como con un traje mal cortado.

En este tipo de situaciones se desea un cambio de nombre, a fin de sustituirlo por el de un personaje de novela, un actor favorito o un amigo, sin preocuparse por las consecuencias, que pueden ser temibles.

Y es que el nombre, como ya hemos visto, constituye una señal personal, un resumen de nuestro «yo», el sonido que utilizan los demás para llamarnos y que nosotros reconocemos al instante. Por ello, cualquier cambio de nombre implica una ruptura con el pasado, un nuevo punto de partida o un nuevo comienzo, una orientación diferente o el acceso a nuevas «funciones». Esas letras, que forman una palabra repetida miles de veces ante nosotros para compartir una alegría, llamarnos al orden, convencernos o amenazarnos, no pueden sustituirse repentinamente por otras letras que constituyen otra palabra sin que este cambio influya profundamente en el comportamiento de la persona.

ALGUNOS EJEMPLOS ILUSTRES

● En religión

El cambio de nombre más famoso, el más cargado de significado, es sin lugar a dudas el del fundador de la Iglesia, Simón, al que Jesús, tras una solemne confesión de fe, impuso el nombre de Cefas, es decir, Pedro, que significa «piedra», añadiendo a continuación: «Y sobre esta piedra edificaré mi iglesia»; de este modo, designó al apóstol como el futuro dirigente de la cristiandad. Cristo sintió la necesidad de rebautizar de algún modo a

Simón, para conferirle esta nueva autoridad y confiarle esta misión suprema. Cabe destacar, por otra parte, que en lo sucesivo ningún papa llevó el nombre de Pedro.

Por otra parte, precisamente los papas cambian de nombre a partir de su elección por parte del cónclave, adquiriendo una nueva dimensión: la autoridad con la que el sumo pontífice ha sido investido, de repente, lo desmarca del conjunto del clero. De hecho, la función de este personaje excepcional, que se convierte en guía espiritual de millones de creyentes, lo eleva por encima del ser humano. Se trata de una especie de nuevo nacimiento, como el de los frailes y monjas que, tras pronunciar sus votos, a través de los cuales inician una vida de humildad totalmente dedicada a Dios, modifican también su identidad.

• En tiempos de guerra

Durante la Segunda Guerra Mundial, muchos miembros de la Resistencia en Francia debieron cambiar de nombre al entrar en la clandestinidad. En un principio, se trataba sólo de una medida de seguridad. Sin embargo, se produjo un extraño fenómeno: algunos patriotas enfrentados a enormes riesgos, que requerirían sangre fría, capacidad de sacrificio y espíritu de decisión, se redescubrieron a sí mismos a través de la acción, adquiriendo una nueva personalidad. Al acabar la guerra, muchos de ellos conservaron su identidad de miembros de la resistencia, de forma que la vida civil en que se vieron inmersos de nuevo no correspondía a ese nombre que habían llevado en la lucha y la aventura. Este desfase a menudo conllevó perturbaciones psíquicas importantes, que en ocasiones desembocaron en auténticos dramas.

• En el mundo del espectáculo

Debido a su profesión, los actores, tanto de cine como de teatro, deben encarnar sucesivamente múltiples personajes cuyo destino, preocupaciones y deseos viven literalmente durante un tiempo. Como consecuencia de esto, se ven sometidos a una cierta inestabilidad de carácter, de forma que tienen tendencia a modificar sin consideración alguna su nombre y apellidos por motivos de eufonía o imperativos comerciales, e incluso para rendirse a la moda de los sonidos extranjeros. Normalmente, esta costumbre suele resultar peligrosa, pudiendo conllevar, como se ha podido comprobar en muchas ocasiones, depresiones nerviosas, intentos de suicidio o profundas perturbaciones psicológicas. En el otro extremo, cuando el nombre original del artista resulta inadecuado, o este percibe su patronímico o nombre bautismal como un obstáculo, el cambio puede resultar particularmente beneficioso. Este sería el caso de la actriz francesa Simone Roussel, que confiesa que, al convertirse en Michèle Morgan, tuvo la sensación de transformarse, liberarse de su pasado y comenzar verdaderamente su carrera profesional.

- Y en la política

El mundo de la política tampoco escapa a esta norma. Sería imposible enumerar aquí la interminable lista de cambios de nombre y apellidos que han marcado la vida de algunas importantes figuras de la vida pública. Por ello, sólo mencionaré un par de ejemplos (tomados del ámbito extranjero para no perjudicar a nadie): Lenin (Vladimir Ilich Ulianov) y Stalin (Yosif Visariónovich Dzhugachvili). No cuesta mucho comprender a qué se debieron estos cambios.

EL CAMBIO A EFECTOS LEGALES

Puede solicitar un cambio de nombre cualquier persona que demuestre la existencia de una «justa causa», es decir, que su nombre constituye un obstáculo en el ejercicio de su actividad profesional o dificulta su integración en la comunidad española (art. 59 de la Ley de 8 de junio de 1957, sobre el Registro Civil).

De acuerdo con la misma ley, la apreciación de dicho interés compete al juez encargado del Registro Civil, aunque también puede dirigirse la solicitud al Ministerio de Justicia o al Jefe del Estado. Aunque la solicitud debe estar motivada, si el nombre posee una sonoridad ridícula suele ser admitida por los tribunales.

Las decisiones de cambio de nombre quedan inscritas en los instrumentos de identidad civil del interesado.

Por otra parte, la redacción de la citada ley permite los nombres en cualquier lengua española y los nombres extranjeros, tengan o no traducción al castellano, y con independencia de que el interesado adquiera la nacionalidad española.

5
La caracterología del nombre

LA RUEDA DEL CARÁCTER

A continuación presento la «rueda del carácter», que aportará una mayor claridad y nos permitirá profundizar algo más en la intimidad del nombre. Con tan sólo un vistazo, este diagrama dirá más sobre la persona en cuestión que una larga explicación.

Se trata de un caracterograma circular dividido en veinticuatro «horas». Es extrañamente similar a los antiguos relojes italianos, cuya esfera estaba dividida de este modo y que sólo tenían una saeta, la de las horas, de forma que esta tardaba un día y una noche en dar toda la vuelta.

En realidad, estos veinticuatro «husos» corresponden a dos docenas de parámetros psicológicos, que delimitarán el contorno del carácter de la persona de tal modo que obtendremos una auténtica «huella» caracterológica.

A fin de ilustrar este punto, he escogido dos nombres con características bastante opuestas, Roberto y Bernabé. El primero cubre una superficie considerable y pone de manifiesto una gran capacidad de expansión, mientras que el segundo apenas sale tímidamente de su cáscara y hace gala de una pusilanimidad que en seguida se apodera de su estado de ánimo.

No resulta difícil hacerse una idea del gran interés que posee la comparación, e incluso superposición, de estos diagramas entre novios, padres e

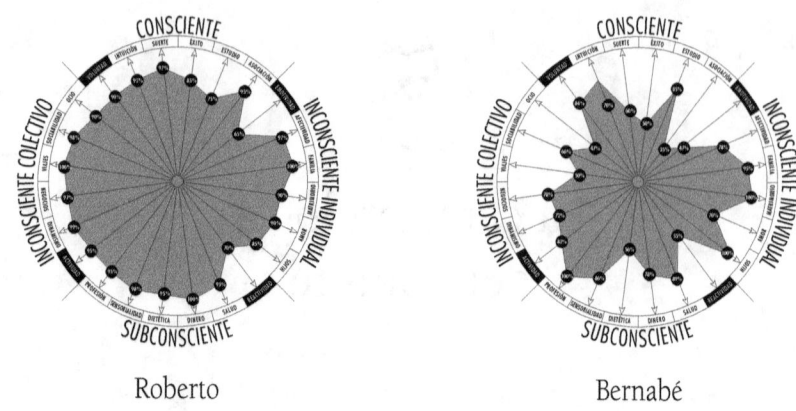

Roberto   Bernabé

hijos o jefes y empleados. Estos diagramas constituyen el «recorte» de ambos nombres, por lo que no cuesta imaginar lo apasionante que resultará contrastar los «caracterogramas» de, por ejemplo, todos los miembros de una familia.

LA ELOCUENCIA DEL CARACTEROGRAMA

En la página siguiente se presenta la «rueda» correspondiente a los llamados Jaime; ya pueden tratar de determinar su carácter. Esto es lo que denominamos un *caracterograma*, y no creo que sea necesario explicar su funcionamiento. Sin embargo, sí cabe resaltar que esta «rueda» se divide en cuatro sectores con diez parámetros cada uno, a los que se han atribuido colores simbólicos: rojo a la voluntad, verde a la emotividad, negro a la reactividad y azul a la actividad. Estos «colores» poseen una dimensión simbólica, ya que se trata de un grafismo convencional que hace uso, como es evidente, del negro y el blanco.

VOLUNTAD	EMOTIVIDAD	REACTIVIDAD	ACTIVIDAD
INTUICIÓN	AFECTIVIDAD	SALUD	DINAMISMO
SUERTE	FAMILIA	DINERO	NEGOCIOS
ÉXITO	MATRIMONIO	DIETÉTICA	VIAJES
ESTUDIOS	AMOR	SENSORIALIDAD	SOCIABILIDAD
ASOCIACIONES	HIJOS	PROFESIÓN	OCIO

LA DEFINICIÓN DEL NOMBRE MEDIANTE CORRESPONDENCIAS

A fin de entender bien este sistema de evaluación caracterológica, analice con gran atención las seis correspondencias indicadas bajo el diagrama de la página 30.
Se agrupan en dos grupos de tres:

1.º Las tres indicaciones astro-caracterológicas:
a) el *elemento*, en este caso el Fuego;
b) el *signo*, Aries en el caso de Jaime. Se trata de una forma de esbozar la persona, ya que el carácter de los nacidos bajo el signo de Aries posee un comportamiento bien definido;
c) el *color*, que es igual al del nombre.
Evidentemente, todo esto no está relacionado en absoluto con la fecha de nacimiento de la persona en cuestión, y sólo se utiliza para delimitar mejor el perfil del sujeto.
2.º Las tres indicaciones totémicas, que requieren una explicación más amplia y que tienen que ver con lo animal, lo vegetal y lo mineral.

• Los «tótems» vinculados a los nombres

Uso la expresión *tótem* de forma voluntaria para hablar de las correspondencias existentes entre los nombres, los minerales, las plantas y los animales. Efectivamente, el autor de estas líneas forma parte de los que creen que en la Tierra todo está estrechamente relacionado y no existen separaciones absolutas entre los diferentes reinos de la creación.
Dicho de otro modo: no estamos solos.
Sin ánimo de caer en la obsesión de los paralelismos y las comparaciones forzadas susceptibles de desembocar en una cierta concepción mágica, digamos que las antiguas tradiciones consideraban que cada ser humano tenía su «reflejo» o «doble» en el mundo mineral, vegetal o animal. La propia Biblia está plagada de este tipo de asimilaciones simbólicas, en las que la mujer pura es una paloma; la paz, una rama de olivo; el hombre astuto, una serpiente, o el amor, una rosa.
Por supuesto, la palabra *tótem* evoca a los indios americanos con sus nombres fabulosos, que constituían una auténtica síntesis de la personalidad del portador. ¿Quién puede olvidar a Toro Sentado, Nube de Plata o al célebre Caballo Loco, figuras que la historia ha terminado entronando? Todo

Jaime (M)

LEMA: *Aquel que lleva la llama*

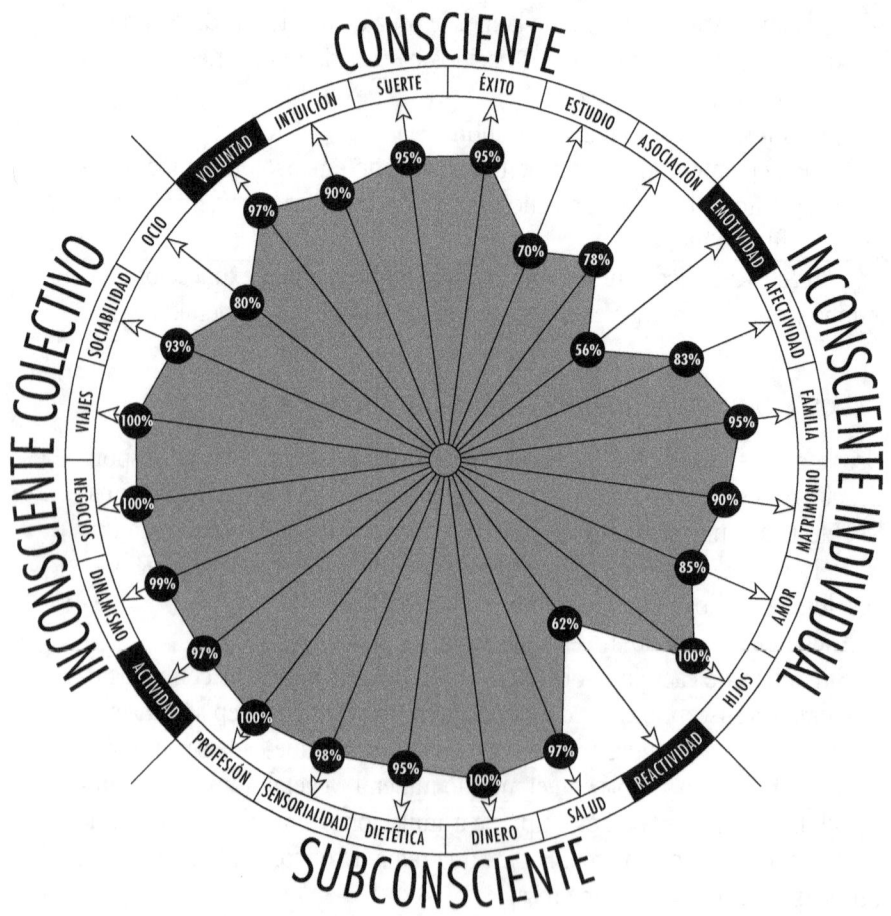

ELEMENTO:	Fuego	ANIMAL:	Ciervo
SIGNO:	Aries	MINERAL:	Carbunclo
COLOR:	Rojo	VEGETAL:	Boj

esto nos haría reír si no fuese porque el análisis psíquico (tal como lo practicó, sobre todo, el filósofo suizo Carl Gustav Jung) no hubiese demostrado la persistencia de las representaciones arquetípicas en el inconsciente colectivo. De este modo, nuestra «psique» está poblada de animales, reales o míticos, desde la serpiente hasta el dragón, pasando por el gato, la esfinge, el vampiro o el fénix.

El objetivo de esta tabla de correspondencias no es otro que resaltar asociaciones de caracteres bastante curiosas. De este modo, el nombre Carlos, asimilado por analogía al elefante en el reino animal, al sauce en el vegetal y al hierro en el mineral, expresa a la perfección la imagen de fuerza y sabiduría (elefante), reflexión y melancolía (sauce) y dureza de vida y decisión (hierro) que constituyen las líneas maestras de la caracterología de este tipo de persona.

Sin lugar a dudas, descubrirán mucho mejor el carácter de su pequeña Daniela y demás nombres emparentados teniendo en cuenta que sus «tótems» son la violeta y el petirrojo, es decir, la humildad y, de forma algo paradójica, cierta pretensión. En cuanto a la «caliza», otorga a esta persona una especie de «friabilidad» en ocasiones desconcertante.

Llegados a este punto considero que ya hemos caminado suficiente tiempo de la mano como para que comiencen a explorar por su cuenta el maravilloso mundo de los nombres, ese bosque mágico en el que, en el tronco de cada árbol, todas las madres, todos los enamorados del mundo y, por último, todos los hombres y mujeres que han vivido en este planeta han gravado un nombre para la vida.

TABLA DE CORRESPONDENCIAS

N.°	NOMBRE MODELO		ELEMENTO	MINERAL	VEGETAL	ANIMAL	SIGNO	COLOR
1	Alberto	M	Aire	Rubí	Digital	Caballito de mar	Acuario	Azul
2	Alfonso	M	Agua	Latón	Saúco	Pulpo	Escorpión	Violeta
3	Alfredo	M	Aire	Oro	Avellano	Culebra	Géminis	Violeta
4	Ana	F	Agua	Diamante	Arándano	Lince	Escorpión	Azul
5	Andrea	F	Aire	Ágata	Jacinto	Zorro	Géminis	Naranja
6	Andrés	M	Fuego	Radio	Almendro	Pavo real	Aries	Rojo
7	Antonia	F	Agua	Serpentina	Ajenjo	Pato	Cáncer	Rojo
8	Antonio	M	Tierra	Hematites	Ajo	Marabú	Capricornio	Amarillo
9	Bartolomé	M	Fuego	Bismuto	Álamo	Salmón	Leo	Azul
10	Bautista	M	Agua	Níquel	Higuera	Jaguar	Cáncer	Amarillo
11	Bernabé	M	Agua	Crisolito	Cerezo	Lucio	Piscis	Verde
12	Bernardo	M	Fuego	Sal	Morera	Cuco	Aries	Violeta
13	Berta	F	Aire	Topacio	Viña virgen	Boa	Acuario	Naranja
14	Camilo	M	Tierra	Sodio	Dormidera	Antílope	Capricornio	amarillo
15	Carlos	M	Fuego	Hierro	Sauce	Elefante	Sagitario	Rojo
16	Catalina	F	Fuego	Circón	Fresera	Cisne	Leo	Rojo
17	Cecilia	F	Fuego	Amatista	Zanahoria	Ardilla	Sagitario	Azul
18	Clara	F	Aire	Arcilla	Cedro	Golondrina	Libra	Verde
19	Claudia	F	Aire	Titanio	Tomillo	Jirafa	Libra	Rojo
20	Claudio	M	Aire	Sílex	Bonetero	Gacela	Géminis	Naranja
21	Clemente	M	Agua	Aguamarina	Eucalipto	Garza	Escorpión	Rojo
22	Cristina	F	Tierra	Granito	Genciana	sapo	Virgo	Verde
23	Cristóbal	M	Fuego	Ámbar	Castaño de Indias	Alce	Aries	Azul
24	Daniel	M	Agua	Arsénico	Acebo	Cachalote	Piscis	Amarillo
25	Daniela	F	Aire	Caliza	Violeta	Petirrojo	Acuario	Violeta
26	Dionisia	F	Tierra	Pizarra	Carpe	Langosta	Virgo	Amarillo
27	Dionisio	M	Tierra	Malaquita	Verbena	Murciélago	Virgo	Naranja
28	Dominga	F	Agua	Granate	Brezo	Carpa	Piscis	Amarillo
29	Domingo	M	Aire	Minio	Plátano	Paro	Acuario	Verde
30	Edmundo	M	Aire	Plata	Junco	Tejón	Acuario	Violeta
31	Eduardo	M	Agua	Jaspe	Maíz	Foca	Escorpión	Rojo
32	Elena	F	Agua	Jade	Orquídea	Bacalao	Géminis	Amarillo
33	Emilio	M	Aire	Turmalina	Lila	Cangrejo de mar	Cáncer	Azul
34	Enrique	M	Tierra	Albatros	Naranjo	Gamuza	Capricornio	Violeta
35	Enriqueta	F	Aire	Zafiro	Vid	Reno	Libra	Rojo
36	Esteban	M	Fuego	Berilo	Laurel	Vampiro	Aries	Verde
37	Eugenia	F	Fuego	Tungsteno	Majuelo	Hipopótamo	Aries	Azul
38	Felipe	M	Fuego	Aluminio	Acacia	Ibis	Leo	Verde
39	Félix	M	Aire	Ópalo	Haya	Atún	Acuario	Naranja

Introducción

N.°	NOMBRE MODELO		ELEMENTO	MINERAL	VEGETAL	ANIMAL	SIGNO	COLOR
40	Francisca	F	Tierra	Selenita	Helecho	Lenguado	Capricornio	Rojo
41	Francisco	M	Aire	Cromo	Limonero	Albatros	Géminis	Azul
42	Gabriel	M	Agua	Mercurio	Ortiga	Caballo	Cáncer	Azul
43	Genoveva	F	Tierra	Cuarzo	Peral	Leopardo	Tauro	Rojo
44	Gerardo	M	Tierra	Lapislázuli	Madreselva	Cebú	Tauro	Naranja
45	Guido	M	Aire	Platino	Tiemblo	Gaviota	Géminis	Violeta
46	Guillermo	M	Tierra	Basalto	Tejo	Jabalí	Capricornio	Verde
47	Hugo	M	Tierra	Turquesa	Hiedra	Cobra	Capricornio	Violeta
48	Inés	F	Aire	Galena	Tabaco	Paloma mensajera	Libra	Verde
49	Isabel	F	Aire	Cobre	Adelfa	Comadreja	Acuario	Naranja
50	Iveta	F	Fuego	Coral	Cerezo	Cigala	Leo	Azul
51	Ivo	M	Tierra	Cinc	Escaramujo	Mariquita	Tauro	Naranja
52	Ivonne	F	Aire	Pecblenda	Valeriana	Erizo	Libra	Azul
53	Jaime	M	Fuego	Carbunclo	Boj	Ciervo	Aries	Rojo
54	Jaquelina	F	Fuego	Estaño	Rosal	Urraca	Aries	Azul
55	Jorge	M	Fuego	Uranio	Olivo	Bisonte	Aries	Amarillo
56	José	M	Fuego	Antimonio	Castaño	Tórtola	Sagitario	Rojo
57	Juan	M	Fuego	Pórfido	Trufa	Delfín	Aries	Amarillo
58	Juana	F	Aire	Cristal	Retama	Termita	Leo	Verde
59	León	M	Fuego	Calcio	Manzano	Marta cibelina	Libra	Naranja
60	Luciano	M	Agua	Bronce	Pino	Camello	Leo	Rojo
61	Luis	M	Tierra	Sardónice	Trigo	Ruiseñor	Cáncer	Verde
62	Luisa	F	Fuego	Piedra de sol	Lavanda	Canguro	Virgo	Violeta
63	Magdalena	F	Tierra	Meteorito	Muérdago	Gallo	Libra	Naranja
64	Marcelo	M	Aire	Molibdeno	Fresno	Visón	Sagitario	Verde
65	Margarita	F	Fuego	Calcedonia	Arce	Trucha	Piscis	Azul
66	María	F	Agua	Esmeralda	Lis	Paloma	Virgo	Azul
67	Marta	F	Tierra	Azabache	Tulipán	Alondra	Sagitario	Violeta
68	Mauricio	M	Fuego	Cornalina	Abedul	Buitre	Sagitario	Rojo
69	Miguel	M	Fuego	Azufre	Olmo	Tigre	Virgo	Azul
70	Nicolasa	F	Tierra	Manganeso	Lino	Ratón	Libra	Rojo
71	Pablo	M	Aire	Asperón	Cicuta	Castor	Sagitario	Rojo
72	Pedro	M	Fuego	Cobalto	Roble	Morueco	Aries	Amarillo
73	Raimundo	M	Fuego	Bromo	Cáñamo	Buey	Tauro	Azul
74	Roberto	M	Tierra	Piedra de luna	Nogal	Pantera	Capricornio	Rojo
75	Teresa	F	Tierra	Mármol	Tilo	Cierva	Acuario	Naranja
76	Tomás	M	Aire	Ónice	Enebro	Pitón	Acuario	Azul
77	Vicente	M	Tierra	Plomo	Ciprés	Gamo	Tauro	Rojo
78	Víctor	M	Tierra	Silicio	Cardo	Grillo	Virgo	Verde
79	Virginia	F	Agua	Obsidiana	Muguete	Lagarto	Cáncer	Violeta

33

EL RELOJ CARACTEROLÓGICO

A continuación se incluye un glosario cuya consulta resultará muy útil, pero que requiere algunas aclaraciones (véase página 35).

Podrá comprobarse que, aparentemente, los veinticuatro parámetros propuestos no responden a las mismas reglas. Dicho de forma más clara, los porcentajes que se presentan para definir el carácter de una persona no pueden compararse entre sí. Por poner un ejemplo: con un 70% de sensorialidad no habrá nada que haga a un hombre levantarse a medianoche; sin embargo, con un 70% de emotividad masculina la puerta queda abierta para todo tipo de exaltaciones. Este último porcentaje, aplicado a un carácter femenino, resultaría menos molesto pero igualmente excesivo.

¡Por eso es tan importante realizar la concordancia de género y número!

Por tanto, podría decirse que el significado de cada parámetro no siempre resulta obvio, ya que no se desprende necesariamente de un baremo único establecido para todo el conjunto de componentes del carácter. Por ello, trataremos de fijar en cierta medida sus ideas mediante estos «intervalos de rendimiento», que resultarán útiles a la hora de formular un juicio aproximativo, pero sin que los límites sean demasiado restrictivos, ya que, en realidad, ningún rasgo del carácter de una persona puede responder a reglas matemáticas, como podrá comprenderse.

Quizá resulte sorprendente que algunos porcentajes que se califican de fuertes no lleguen al 100%. Esta moderación resultará comprensible con sólo admitir que la reactividad, es decir, la capacidad de respuesta ante los estímulos externos, difícilmente puede superar el 60% en el caso de los hombres y el 75% para las mujeres. Por encima de estos porcentajes, existiría la posibilidad de que se produjeran todo tipo de arrebatos y accesos de locura incontrolables.

GLOSARIO

Sector de la voluntad - Consciente

VOLUNTAD: Se trata, obviamente, de la facultad de decidir libremente la realización de acciones, con pleno conocimiento de causa y tras haber reflexionado. Hablamos aquí de la capacidad de llevar a la práctica fuerzas mentales de resistencia y decisión. Por tanto, se trata de un poder y una potencia creadora que deberían convertir al hombre en un ser libre y consciente. Ahora bien, hay que tener cuidado con la obstinación.

Intervalos:
DÉBIL	MEDIO	BUENO	MUY BUENO
30%-60%	60%-75%	75%-85%	85%-100%

INTUICIÓN: Forma de conocimiento directa e inmediata que no recurre al razonamiento; toma de conciencia de un hecho, una idea o un sentimiento que conlleva una convicción instantánea y absoluta. Se trata de tener «buen olfato», de algo que no se impone y que a menudo origina una conducta espontánea.

Intervalos:
DÉBIL	MEDIO	BUENO	MUY BUENO
10%-45%	45%-70%	70%-90%	90%-100%

SUERTE: Se trata del conjunto de circunstancias acertadas, y a menudo imprevistas, que modifican el rumbo de una persona en sus asuntos tanto sentimentales como materiales. La felicidad y la suerte constituyen dos claves del éxito. Pero cuidado, este índice no constituye necesariamente el anuncio de un éxito seguro.

Intervalos:
DÉBIL	MEDIO	BUENO	MUY BUENO
00%-40%	40%-60%	60%-80%	80%-100%

ÉXITO: Es la posibilidad de obtener buenos resultados en las acciones emprendidas, contando, además de con el valor reconocido, con el impulso de la fortuna, que añade acierto a los méritos propios. Tampoco debemos olvidar cierto deseo de gratificación vanidosa: «honor y fortuna».

Intervalos:
DÉBIL	MEDIO	BUENO	MUY BUENO
00%-50%	50%-70%	70%-90%	90%-100%

ESTUDIO: Más allá del esfuerzo intelectual destinado a adquirir conocimientos, aquí estamos hablando de la mayor o menor inclinación de la persona al aprendizaje y sus privaciones. Así pues, se trataría más bien de un sentido de la información.

Intervalos:
DÉBIL	MEDIO	BUENO	MUY BUENO
00%-55%	55%-70%	70%-85%	85%-100%

ASOCIACIÓN: Voluntad de unir los esfuerzos propios a los de otras personas, agrupándose con vistas a un objetivo bien definido; ganas de sentirse reafirmado en los sentimientos u opiniones propios a través de un consenso reconocido y codificado. Esta idea abarca desde las asociaciones para realizar excursiones hasta las sociedades secretas, pasando por una universidad politécnica o un club de petanca.

Intervalos:
DÉBIL	MEDIO	BUENO	MUY BUENO
00%-40%	40%-55%	55%-75%	75%-100%

Sector de la emotividad - Inconsciente individual

EMOTIVIDAD: Capacidad de la persona de reaccionar tanto psíquica como físicamente ante estímulos orgánicos o mentales: se trata de la sensibilidad general del ser y del grado de participación en los sentimientos de los demás. Pero cuidado, más allá del 60%, la emotividad se convierte en una capacidad de estímulo más difícil de controlar cuanto mayor es el porcentaje.

Intervalos:

DÉBIL	MEDIO	BUENO	MUY BUENO
15%-25%	25%-35%	35%-55%	55%-100%

AFECTIVIDAD: El conjunto de los fenómenos de vinculación, el dominio de lo agradable y lo desagradable, de la atracción y la desconfianza. Se trata del lazo que nos une a los demás a través de nuestro yo más íntimo, y que permite el diálogo emocional con el otro. La sensibilidad, los sentimientos.

Intervalos:

DÉBIL	MEDIO	BUENO	MUY BUENO
20%-45%	45%-60%	60%-85%	85%-100%

FAMILIA: Aquello que representa el ambiente familiar para la persona. Se trata de su deseo profundo de vivir la aventura necesariamente «tribal» del grupo parental, su voluntad de participar o, en el otro extremo, aislarse con respecto a las responsabilidades colectivas.

Intervalos:

DÉBIL	MEDIO	BUENO	MUY BUENO
00%-45%	45%-60%	60%-80%	80%-100%

MATRIMONIO: Las ganas, más o menos manifiestas, que tiene la persona de vincularse a una pareja del sexo opuesto a través de un trámite legal. Este índice va mucho más allá de un simple interés ocasional, y va unido al deseo profundo y arquetípico de fundar una familia y perpetuar la especie, indicando asimismo una necesidad de unirse al ser amado mediante lazos sólidos.

Intervalos:

DÉBIL	MEDIO	BUENO	MUY BUENO
00%-60%	60%-75%	75%-85%	85%-100%

AMOR: Tendencia a la atracción, sobre todo si no tiene como único objetivo la satisfacción de una necesidad física; inclinación a desear el bien de otra persona y dedicarse a ella. En cualquier caso, se trata de un sentimiento que puede materializarse de diferentes formas, dependiendo de la persona que lo experimenta y del sujeto que lo suscita. La intensidad de la pasión que puede sentirse por otra persona.

Intervalos:

DÉBIL	MEDIO	BUENO	MUY BUENO
20%-55%	55%-70%	70%-85%	85%-100%

HIJOS: Interés hacia el mundo de la infancia, hacia la integración de un niño en el marco familiar, en el sentido de la responsabilidad educativa que ello conlleva. Esto puede responder a un deseo profundo de dedicación.

Intervalos:

DÉBIL	MEDIO	BUENO	MUY BUENO
00%-50%	50%-65%	65%-80%	80%-100%

Sector de la reactividad - Subconsciente

REACTIVIDAD: La reactividad es la capacidad de una persona de responder con más o menos fuerza e ímpetu ante estímulos externos. Cabe prestar atención a los intervalos de porcentajes, ya que, más allá de un determinado nivel, esta reactividad se convierte en irritabilidad, e incluso en una cierta modalidad de manía persecutoria.

Intervalos:	DÉBIL	MEDIO	BUENO	MUY BUENO
	15%-25%	25%-45%	45%-60%	60%-100%

SALUD: Este índice de vitalidad no determina el nivel de salud o enfermedad, sino que más bien expresa el rendimiento de los recursos profundos de la persona y la intensidad de su respuesta ante cualquier tipo de agresión, ya sea biológica o psicológica. Se trata de la posibilidad fundamental de vivir una vida intensa.

Intervalos:	DÉBIL	MEDIO	BUENO	MUY BUENO
	35%-60%	60%-70%	70%-85%	85%-100%

DINERO: El arte de administrar bien un hogar y gestionar los bienes propios. Ahora bien, también se trata de la importancia otorgada al dinero, el hecho de considerarlo como el motor de la ambición personal o la única condición en la vida ordinaria. Se trata de un índice relativamente difícil de interpretar, ya que está relacionado tanto con lo más positivo como con lo más negativo, y sólo cuenta la verdadera intención de su uso.

Intervalos:	DÉBIL	MEDIO	BUENO	MUY BUENO
	00%-45%	45%-60%	60%-80%	80%-¿?

DIETÉTICA: La importancia otorgada a los problemas de nutrición y la actitud relacionada con la adopción de un régimen racional o incluso restrictivo. Algunos porcentajes permiten excesos mesurados, mientras que otros exigen una estrecha vigilancia.

Intervalos:	DÉBIL	MEDIO	BUENO	MUY BUENO
	00%-35%	35%-60%	60%-80%	80%-100%

SENSORIALIDAD: Incluye tanto los cincos sentidos tradicionales como la sexualidad. Por tanto, engloba toda una variedad de modalidades sensoriales de mayor o menor complejidad. Se trata de un conjunto enrevesado de pulsiones y emociones al servicio de la dimensión relacional de la vida.

Intervalos:	DÉBIL	MEDIO	BUENO	MUY BUENO
	30%-40%	40%-55%	55%-75%	75%-100%

PROFESIÓN: Se refiere a la importancia que la persona otorga a la elección de una profesión y su correcta realización; el modo en que se adhiere a las reglas que rigen al práctica de dicho oficio, del que obtiene sus medios de subsistencia; la dinamización del sector profesional.

Intervalos:	DÉBIL	MEDIO	BUENO	MUY BUENO
	00%-50%	50%-70%	70%-85%	85%-100%

Sector de la actividad - Inconsciente colectivo

ACTIVIDAD: Conjunto de fenómenos físicos y fisiológicos correspondientes a las acciones del ser vivo resultantes de la voluntad, las tendencias, los hábitos, el instinto, etc. Capacidad de dedicar energía vital para la consecución de un objetivo fijado.

Intervalos:	DÉBIL	MEDIO	BUENO	MUY BUENO
	15%-40%	40%-70%	70%-85%	85%-100%

DINAMISMO: Carácter de la persona que imprime ímpetu y energía a sus acciones, y que pone de manifiesto un espíritu emprendedor y de decisión. Capacidad de trabajo. En ocasiones, el exceso de dinamismo puede llevar a una exageración de la vitalidad profesional y provocar una autoridad desmesurada.

Intervalos:	DÉBIL	MEDIO	BUENO	MUY BUENO
	15%-50%	50%-65%	65%-80%	80%-100%

NEGOCIOS: El modo en que una persona participa en una aventura económica o financiera con el objetivo de obtener beneficios seguros o una reputación halagadora; la posibilidad de la persona de ser eficaz y convincente en este mundo peligroso y de códigos muy específicos.

Intervalos:	DÉBIL	MEDIO	BUENO	MUY BUENO
	10%-50%	50%-70%	70%-90%	90%-100%

VIAJES: En esta época de frenesí viajero, es importante conocer el grado de apertura de una persona con respecto a lo que podríamos denominar «desnacionalización euforizante». No obstante, también se trata de los traslados profesionales y del grado de «nomadismo» de la persona.

Intervalos:	DÉBIL	MEDIO	BUENO	MUY BUENO
	00%-45%	45%-60%	60%-75%	75%-100%

SOCIABILIDAD: Se trata, evidentemente, de la capacidad de vivir en sociedad. Por tanto, hablamos aquí de una búsqueda y estudio del contacto humano. Este índice posee numerosas ramificaciones, pero no es necesario realizar un inventario completo: eso sí, abarcan desde la simple convivencia hasta el sistema de la Seguridad Social.

Intervalos:	DÉBIL	MEDIO	BUENO	MUY BUENO
	15%-45%	45%-55%	55%-75%	75%-100%

OCIO: La necesidad más o menos imperiosa que siente cada persona de disponer de tiempo libre para dedicarlo a realizar determinadas actividades relajantes o gratificantes, al margen de las ocupaciones habituales y las restricciones impuestas por estas.

Intervalos:	DÉBIL	MEDIO	BUENO	MUY BUENO
	00%-30%	30%-55%	55%-75%	75%-100%

LOS NOMBRES
MODELO

Los nombres modelo

Llamaremos así, nombres modelo, a los 79 nombres que, de alguna manera, actúan de «cabeza de familia» de los otros cinco mil que constan en el índice.

Por desgracia, no ha sido posible establecer tantos «caracterogramas» como nombres, ya que de lo contrario esta obra habría adquirido unas dimensiones desmesuradas: nada menos que más de veinte mil páginas. Por esta razón, se han agrupado todos los nombres cuyo diagrama presentaba analogías evidentes con alguna de las 79 estructuras caracterológicas básicas.

¿Y por qué, se preguntarán ustedes, esos 79 nombres precisamente? ¿A qué se debe? ¿Por qué no 50, 80 o 100?

Sin lugar a dudas, la respuesta que daré a continuación resultará algo insuficiente, ya que haría falta todo un tomo para explicar el porqué y el cómo de estas decisiones.

Así pues, bastará con decir que las tradiciones más antiguas siempre han considerado que sólo existe un número finito de posibilidades vitales. De esta forma, sólo habría 79 modelos que se reproducen en todos los niveles de la creación.

Según esta concepción ancestral, en este «casillero cósmico» imaginario se podrían distribuir todos los tipos de rostro, el nombre de todas las ciudades del mundo, las diferentes especies vegetales, animales y minerales posibles, los nombres propios y, lo esencial: los 79 arcanos o cartas del Tarot iniciático, que constituye el célebre Libro Universal del que hablaban, antiguamente, los rosacruces: 56 arcanos menores, 21 mayores y un Loco doble.

Esta explicación resultará suficiente.

GRANDES FAMILIAS

Llamaremos «nombres asociados» o «nombres con características análogas» a todos aquellos que, al poseer caracteres similares a uno de los 79 nombres modelo, quedarán agrupados, en función de sus afinidades, en torno a cada uno de los mismos. Ahora bien, hemos de ser conscientes de que estos «nombres asociados» no son parientes pobres que un rico primo acoge en su morada; de hecho, en principio las diferencias son ínfimas y, por tanto, no desnaturalizan el retrato psicológico aplicado a cada uno de ellos.

De esta forma, Elena engloba más de ochenta nombres de mujer con prácticamente las mismas características, como por ejemplo Bárbara, Blanca, Dulce, Gisela o Nelly.

María, por su parte, reúne más de doscientos nombres afiliados, desde Beatriz a Cita, pasando por Eva, Gracia, Muriel o Verónica.

Sobre todo, es importante no buscar una similitud de sonoridad fonética, sino más bien una correspondencia de determinadas resonancias caracterológicas tras más de cincuenta años de investigación.

A partir de ahora, tendrá la ocasión de experimentar todo esto, sin olvidar, eso sí, que existe la posibilidad de que una de cada diez personas posea un nombre inadecuado, y por tanto no se reconozca en el retrato caracterológico que se da de ella.

Comienza, así pues, el apasionante juego de buscar el nombre que corresponda realmente a su temperamento: un juego que, sin lugar a dudas, será de gran utilidad.

Alberto (M)

LEMA: *Aquel que vive en dos mundos*

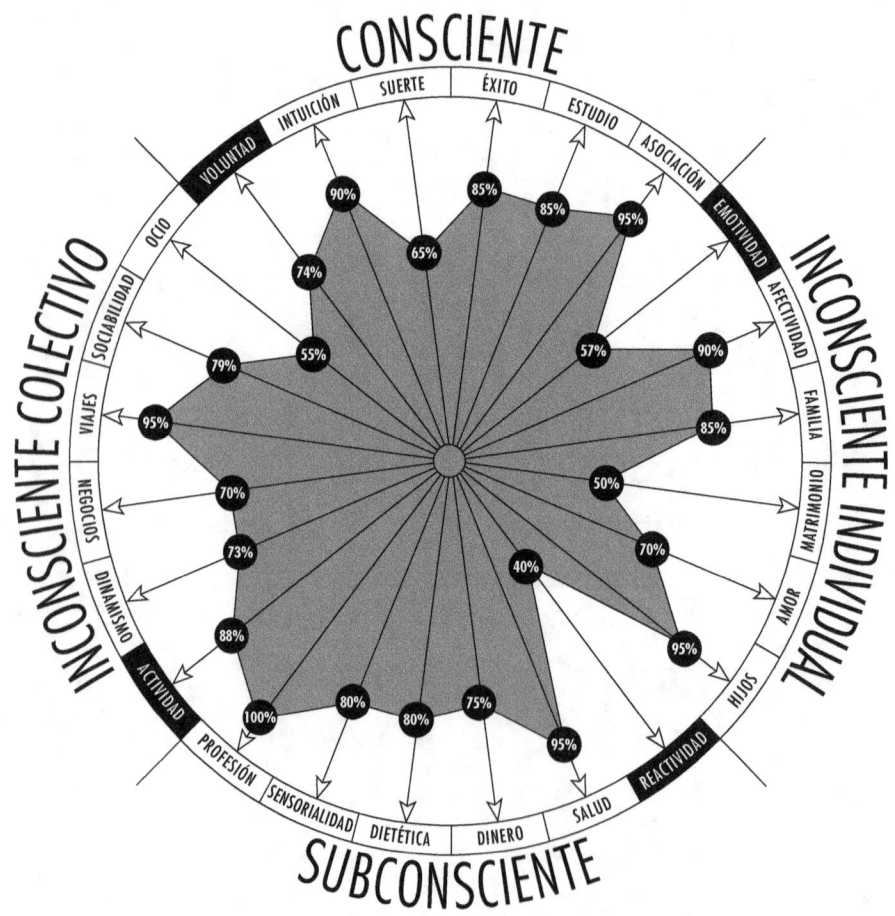

ELEMENTO:	Aire	ANIMAL:	Caballito de mar
SIGNO:	Acuario	MINERAL:	Rubí
COLOR:	Azul	VEGETAL:	Digital

Alberto

y todos los nombres con características análogas indicados en el índice, incluyendo:

Adelino	Alberto	Eugenio
Agobardo	Albino	Norman
Albain	Albrecht	Radberto
Albano	Aldeberto	Tiburcio
Albert	Duncan	Tobías...

• **Tipo caracterológico**

Los portadores de este tipo de nombre son personas que se muestran a la vez nerviosos y sentimentales, una dualidad que encontramos a cada momento en su comportamiento.

Poseen una emotividad mediana, una actividad más bien tranquila y unas reacciones no demasiado entusiastas. El conjunto de estos rasgos les otorga una cierta estabilidad, aunque necesitan un estímulo que los mueva. Son nerviosos pero apagados. Desde el punto de vista psíquico se parecen al caballito de mar, su animal tótem, que parece dormir entre dos aguas para, de repente, distenderse de forma extraña. Los padres deberán tratar de comprender bien a estos niños, bastante difíciles de manejar, ya que pueden mostrarse tanto tiernos como herméticos.

• **Psiquismo**

Se trata de personas afectuosas con cambios de humor bruscos. Son posesivos pero no lo demuestran. Su intuición puede resultar sorprendente: de niños sienten las situaciones mucho más allá de los hechos y las palabras. Además, su sexualidad se ejerce también en estos dos planos: un sentimentalismo que los lleva a idealizar a determinadas personas y les acarrea crueles decepciones, y, de forma paralela, una sensibilidad que en ocasiones resulta auténticamente agresiva y que los coloca en situaciones delicadas. No tienen unas creencias demasiado tajantes, y su fe puede fluctuar en cierta medida. Lo mismo ocurre con sus amistades, ya que no siempre resulta fácil seguirlos en el laberinto de sus sentimientos, con frecuencia contradictorios.

En ellos encontramos una inercia que raya en el rechazo y que puede incluso desembocar en una leve tendencia al masoquismo, contra la que deberemos luchar desde muy pronto.

• **Voluntad**

Si consultamos el diagrama de carácter de este tipo de nombre, comprobaremos que el porcentaje de voluntad es relativamente reducido. Esto no quiere decir que la persona carezca de voluntad, sino que destaca la indecisión, que ya se ha mencionado, en el comportamiento.

- **Emotividad**

Ya hemos visto que en lo que se refiere a emotividad esta es mediana. Ahora bien, en este caso también es necesario matizar, ya que se trata de una emotividad de «emergencia» que a menudo se hace esperar y que en ocasiones resultará sorprendente.

- **Reactividad**

Parecen dormir en el fondo de su «río» interior, ya que no debemos olvidar que son introvertidos; sin embargo, lo perciben todo con una agudeza que no podemos pasar por alto.

- **Actividad**

Afirmar que su actividad es tranquila no implica en absoluto que se trate de una actividad menor, sino que acumulan grandes potencialidades antes de lanzarse a la acción.

- **Intuición**

La utilizan muy a menudo, y mucho más para protegerse y evitar sacudidas que para desarrollar su dinamismo. En la vida, tienen tendencia a usar mucho esta dualidad que habita en ellos, y que les permite escoger la solución que resulta más adecuada.

- **Inteligencia**

En este ámbito, de nuevo, nos encontramos con un nerviosismo que hace que estas personas reaccionen en ocasiones de forma brusca, cosa que haremos bien en recordar. Tienen una curiosidad extrañamente selectiva. Se apasionan por pequeñas menudencias y pasan de largo ante grandes acontecimientos, sin ni siquiera volver la vista.

- **Afectividad**

Son, sin lugar a dudas, personas introvertidas. Para ellos, su pequeño mundo interior representa más que todo lo que pueda ocurrir fuera de su esfera mental. En determinados momentos son influenciables, y en otros, por el contrario, se muestran obstinados. Son individuos muy subjetivos, aunque no tienen una gran confianza en sí mismos, sino que pueden llegar a ser incluso tímidos. Por tanto, los educadores deberán seguir de muy cerca a estos niños, que son bastante desconcertantes.

- **Moralidad**

Su moralidad es excelente; sin embargo, al empezar a conocerlos uno tiene la impresión de que saben adaptarse a los acontecimientos en función de las circunstancias y que, por tanto, «sueltan lastre» cuando es necesario. Esto no es tan sencillo como pueda parecer, y en ocasiones su sistema de valores resulta algo confuso.

- **Vitalidad**

Poseen una buena vitalidad, aunque se cansan con bastante rapidez. No tienen un régimen alimenticio equilibrado, sino que tienden a abusar de los excitantes. Muy a menudo llevan una vida agitada, aunque lo que les haría falta es dormir más y llevar una vida tranquila. Deben mantenerse alerta ante las enfermedades infecciosas. Sobre todo, deben cuidar los ojos y los bronquios.

- **Sensorialidad**

Se trata de su jardín secreto, y en ellos la sexualidad casi siempre está sometida al afecto. Aparentemente, se toman mucho tiempo para declarar sus sentimientos, pero después, de repente, todo comienza a ir muy rápido. No es recomendable invadir su pequeño mundo interior.

- **Dinamismo**

Poseen un dinamismo muy poco convincente, por lo que a menudo deberemos incentivar el entusiasmo de los niños o adolescentes con estos nombres. Llevan sus estudios a imagen y semejanza de sí mismos: largas olas sobre un océano de potencia secreta y temible, pero que los llevan sanos y salvos a tierra firme. Son excelentes técnicos cuando se especializan en electricidad o electrónica, destacables ingenieros aeronáuticos e investigadores organizados capaces de llevar a cabo varias tareas de forma simultánea. Al ser muy buenos representantes comerciales, saben dirigir los negocios de forma muy diplomática, adaptándose a todo con gran rapidez.

- **Sociabilidad**

Su sociabilidad es excelente, aunque no siempre presentan el mismo estado de ánimo y es preferible no privarlos de sus pequeños hábitos. Se caracterizan por una tenacidad mediana y por una tendencia a dejarse llevar por los acontecimientos. Por ello, deberemos procurar que los pequeños Albertos y demás nombres asociados no caigan en la trampa de una vida fácil gracias a su gran ingenio y su sentido de la intriga. Poseen una suerte vacilante pero una buena capacidad de éxito. Puesto que están constantemente oscilando entre dos mundos, cuentan con un encanto bastante misterioso, pero que sin embargo no favorece la consecución del éxito en una edad temprana.

- **Conclusión**

Sobre todo, no debemos dejarnos desconcertar por el comportamiento de estas personas, que, más de una vez, nos sorprenderán con la rapidez de sus acciones, cuando habíamos pensado que no eran capaces de coger el toro por los cuernos. Por otra parte, si a veces estas personas nos parecen «venenosas», no debemos olvidar que su planta totémica es la digital.

Alfonso (M)

LEMA: *Aquel que toma*

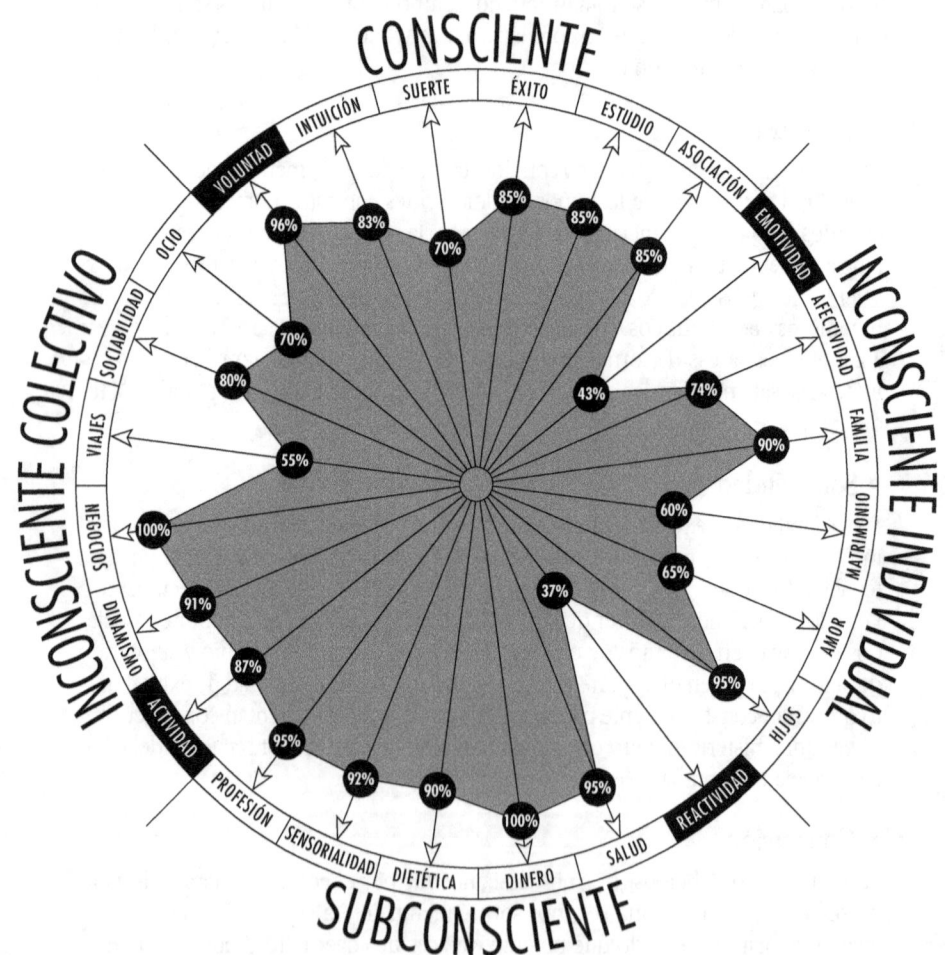

ELEMENTO:	Agua	ANIMAL:	Pulpo
SIGNO:	Escorpión	MINERAL:	Latón
COLOR:	Violeta	VEGETAL:	Saúco

Alfonso

y todos los nombres con características análogas indicados en el índice, incluyendo:

Alfons
Alfonsino
Algis
Alphonse
Andeolo

Arnaldo
Beranguer
Berenguer
Fonso
Hegesipo...

- **Tipo caracterológico**

Son personas reflexivas y eficaces. Poseen una emotividad tranquila al servicio de una notable actividad, pero sus reacciones son secundarias, es decir, que saben dominar su tendencia «explosiva»; incluso son capaces de elaborar planes con una paciencia algo maquiavélica. Son grandes apasionados, pero pueden controlar sus pasiones. Al igual que el pulpo, su animal tótem, son luchadores y tenaces. Organizan a la perfección sus asuntos y su vida. A menudo su existencia posee dos caras: una pública, de gran fecundidad, y la otra discreta, por no decir secreta, lo que complica particularmente las cosas.

- **Psiquismo**

Son acaparadores por naturaleza. Cuando se trate de negocios, querrán abarcar todo lo posible, aun a riesgo de pasarse. Además, son muy introvertidos: tan sólo muestran una mínima parte de lo que piensan y casi siempre ocultan los motivos que mueven sus acciones. Tienen una memoria muy buena y una curiosidad en ocasiones indiscreta. Es difícil influir en ellos. Carecen de objetividad y poseen una confianza en sí mismos que raya en el orgullo.

- **Voluntad**

Su voluntad es muy fuerte. Ante ellos es necesario doblegarse, incluso sin decir el porqué. Desde su más tierna infancia serán tiránicos en sus juegos y los padres tendrán dificultades para escapar a estos pequeños bandidos. En cuanto a los abuelos, desempeñarán un papel de rehenes definido a la perfección.

- **Emotividad**

Se encuentra oculta y, junto a la actividad, se sitúa en la base del cóctel relativamente explosivo que constituye este tipo de carácter. No deberemos permitir que este tipo de niño desarrolle en exceso su tendencia a la represión, ya que de lo contrario podría convertirse en un agresivo impenitente.

- **Reactividad**

Curiosamente, la reactividad no parece revestir demasiada importancia, sino que se encuentra oculta, disimulada de forma voluntaria; a veces tendremos la impre-

49

sión de que dan sus golpes «por debajo». Son polemistas natos, y en ocasiones incluso buscan el enfrentamiento. Como jefes, son muy difíciles. Cuando algo no funciona, culpan a los demás; afirmarán que se conspira contra ellos, que se les pone trampas o que se socava su autoridad.

- **Actividad**

Sienten la necesidad de actuar para reafirmarse, hasta el punto de que esta actividad puede alcanzar cotas adictivas. Necesitan la acción por la acción. La elección de una profesión tendrá lugar a una edad bastante temprana, ya que lo normal es que estos niños tengan una idea exacta de su futuro trabajo. Saben ser disciplinados, tienen conciencia profesional y poseen una capacidad de adaptación buena y rápida, así como una fecundidad mental que los convierte en valiosos inventores, investigadores, ingenieros o técnicos, sobre todo en el ámbito de la investigación atómica o la prospección petrolífera. Les gusta ocupar cargos públicos y son excelentes parlamentarios, así como alcaldes y concejales muy activos. También pueden formar parte de servicios de información o policiales.

- **Intuición**

Se caracterizan por una intuición viva, una indudable capacidad de seducción, con algo turbio pero inidentificable y una imaginación constructiva. Además, se trata más de buen olfato que de intuición, ya que con ellos todo está encaminado al éxito y el control.

- **Inteligencia**

Cuentan con una inteligencia práctica y ordenada. A primera vista pueden parecer menos listos que otros, pero haríamos mal en subestimar las consecuencias de sus reacciones, que resultan temibles a pesar de su discreción. Dicho de otro modo: para estas personas, ya de por sí vengativas, la venganza es efectivamente un plato que se sirve frío.

- **Afectividad**

No resulta fácil saber si nos quieren o no, ya que a menudo actúan en función de un deseo de eficacia. Por el contrario, cuando quieren expresarse y dar rienda suelta a sus opiniones, demuestran tener grandes dificultades. Por ello, será necesario acostumbrar a estos niños desde muy pronto a analizar las cosas con claridad y reaccionar con rapidez y franqueza. No debemos olvidar que son posesivos y pueden embaucar a los padres si estos no están en guardia.

- **Moralidad**

Debido a su gran pragmatismo poseen una moralidad muy mediocre. Su espíritu práctico y de eficacia es tal que de vez en cuando deberán procurar que su moral se muestre algo más «comprensiva». En cuanto a sus creencias, son bastante opacas. Es todo un misterio saber qué creen exactamente, qué importancia otorgan a la religión y qué idea tienen de la vida y de su destino. Como amigos son difíciles, ya que les cuesta tanto dar como recibir. Adoptan una actitud tiránica en las relaciones con sus amigos, con sus parientes y en su propio hogar.

• Vitalidad

Poseen una buena salud y una resistencia a prueba de bombas, aunque deberían controlar los intestinos y el aparato genital, así como evitar cualquier tipo de sustancia estimulante. Su punto débil son los ojos, que pueden provocarles jaquecas. Su vegetal totémico es el saúco, otra prueba más de su enorme vitalidad.

• Sensorialidad

Su sensorialidad es intensa y compleja. Tienen una idea de la sensualidad bastante particular, que mucha gente tendrá problemas en aceptar. En este sentido, será positivo ser muy explícitos con ellos en relación con este punto durante la niñez. Por otra parte, sus sentimientos dependen en gran medida de sus necesidades físicas, y a menudo proceden de deseos tiránicos cuya satisfacción querrán conseguir a toda costa. Cuidado con los excesos en la mesa y sus consecuencias.

• Dinamismo

Ya hemos visto que son luchadores, una cualidad que manifestarán durante sus estudios: moverán cielo y tierra para alcanzar sus objetivos, aunque ello requiera una gran inversión de tiempo. Por otra parte, y abusando de la analogía con su animal tótem, el pulpo, cabe indicar que tienen los brazos largos a la hora de mover influencias, y en el ámbito de los negocios sabrán servirse bien de esta capacidad.

• Sociabilidad

Poseen una sociabilidad positiva de tendencia pragmática, es decir, que les gusta tratar con gente que pueda contribuir a su carrera o reafirmar su posición social. Como ya hemos visto, se caracterizan por una voluntad fuerte, y persiguen el objetivo que se han marcado con tal vigor y entusiasmo que, en ocasiones, hacen dudar en cierta medida sobre la moralidad de la operación. En cualquier caso, son muy eficaces, y esto es lo principal para ellos. Tienen suerte y a menudo gozan de un éxito duradero, siempre que no se sobrepasen en sus acciones: habrá que recordarles constantemente que el precipicio nunca se encuentra lejos de la cima.

• Conclusión

Se trata de hombres muy contundentes cuya personalidad encaja bien con la del pulpo. Resultan tan atrayentes como incansables son sus ventosas. Son socios eficaces pero difíciles de tratar, y maridos celosos de fidelidad en ocasiones sospechosa. Pero, claro está, esto en el peor de los casos.

Alfredo (M)

LEMA: *El hombre que duerme al sol*

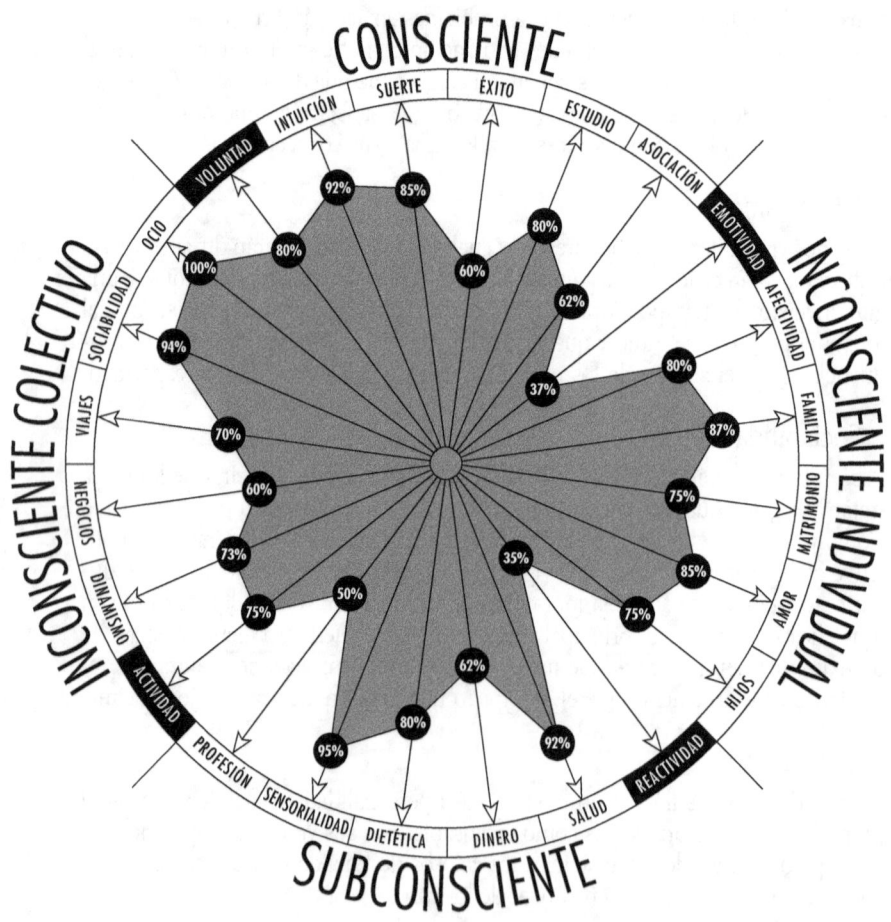

ELEMENTO: Aire
SIGNO: Géminis
COLOR: Violeta

ANIMAL: Culebra
MINERAL: Oro
VEGETAL: Avellano

Alfredo

y todos los nombres con características análogas indicados en el índice, incluyendo:

Alfred	Celiano	Olav
Auberto	Nalberto	Oleg
Auffray	Norberto	Olof
Aufray	Olaf	Rogatiano...
Aufroy	Olan	

- **Tipo caracterológico**

Teniendo en cuenta que su animal tótem es la culebra y que su fórmula caracterológica conlleva una actividad dividida, no cuesta comprender que en muy raras ocasiones sean grandes guerreros. ¿Acaso son sentimentales o impasibles? Uno siempre duda con ellos. De hecho, son tanto una cosa como la otra. Dotados de una emotividad discreta, rebosantes de cortesía y delicadeza, se caracterizan asimismo por sus insulsas reacciones, y no están en absoluto convencidos de que el trabajo sea sinónimo de libertad.

- **Psiquismo**

Son introvertidos y poseen una vida interior intensa, lo que se hace totalmente evidente cuando conocemos su emotividad y su gran imaginación. Es fácil influir en ellos y, de forma bastante curiosa, suelen hacer en la vida justo lo contrario de aquello que propugnan. Dicen ser hogareños, incluso burgueses, pero después hacen largos viajes y en ocasiones incluso emigran. Saben ser objetivos y son capaces de realizar grandes sacrificios cuando existen motivos para ello. Poseen una confianza en sí mismos ligeramente endeble: no es extraño que se muestren algo temerosos.

- **Voluntad**

Más que de una voluntad de progreso, se trata de una voluntad de protección, que además es bífida y les permite hacer gala de grandes reacciones, aunque de forma relativamente escasa. Son tan «flexibles» como su planta tótem, el avellano.

- **Emotividad**

Ya se ha hablado de ella: está muy vinculada a su intensa afectividad, y este desfase constituirá un obstáculo hasta el punto de provocar reacciones de timidez que, en ocasiones, parecerán auténtica pereza.

- **Reactividad**

Es aún más débil que la emotividad: con sólo echar un vistazo al diagrama, se comprobará que la reactividad, sumada a la emotividad, arroja un resultado mediocre que puede explicar muchas cosas de su conducta.

- **Actividad**

En general les gusta mucho estudiar, aunque a su manera, es decir, de forma relajada. A menudo «desconectan» y, mientras el profesor prosigue con su lección de álgebra, ellos descienden el Amazonas o atraviesan el Sahara. Será necesario seguir de cerca los estudios de estos niños en vez de limitarnos a consultar las notas de fin de curso: deberemos asegurarnos de que están asimilando de verdad los conocimientos impartidos, así como desconfiar hasta cierto punto de los buenos resultados de los exámenes, que responderán más a su desenvoltura (sobre todo a nivel oral) que a sus conocimientos. En el ámbito profesional, se sienten muy atraídos por la literatura. Poseen un gran talento para el periodismo, aunque también destacan en las matemáticas, y a menudo acaban siendo profesores por toda una multitud de intereses, entre los que destacan las vacaciones. Son buenos gestores y excelentes tesoreros. En general, les gusta todo lo relativo a las finanzas.

- **Intuición**

Poseen una intuición prodigiosa gracias a la dualidad de su carácter, conformado por sendas dosis de inmovilismo y flexibilidad. Alcanzan a comprender con facilidad la dimensión dualista de las cosas y tienen una enorme capacidad de sorpresa, salvo en los momentos más sombríos, en los que el pesimismo, que se encuentra de forma latente en su interior, se apodera de la situación. Poseen un poder de seducción muy sutil y eficaz, y suelen gustar mucho a las mujeres.

- **Inteligencia**

En general son muy inteligentes y se caracterizan por una inteligencia sintética que les permite considerar las situaciones de un solo vistazo. Poseen una memoria notable, así como una curiosidad siempre despierta. Por desgracia, les cuesta bastante pasar de la idea a la realidad. No es que sean soñadores propiamente dichos, sino que tienen excelentes ideas, la mayoría de las veces muy prácticas, pero necesitan a alguien más para concretarlas.

- **Afectividad**

Su timidez también supondrá un obstáculo en el plano afectivo. A menudo tienen dificultades para expresar sus sentimientos más sinceros, ya que poseen una dimensión muy profunda, pero la mayor parte del tiempo oculta por una discreción habitual en ellos. No obstante, a la larga, esta primera impresión termina desvaneciéndose y entonces descubrimos hombres llenos de delicadeza y capacidad de comprensión. Los padres deberán evitar bloquear a estos niños y otorgarles la mayor libertad de expresión posible.

- **Moralidad**

Su moral es buena, aunque depende de las circunstancias. Se caracterizan por unas creencias más intelectuales y cerebrales que anímicas. Además, les gusta todo lo concerniente a las religiones e incluso a las ciencias ocultas. En este punto vuelve a manifestarse ese carácter que los impulsa, por una parte, hacia aquello que se ve, y, por otra, hacia lo que se adivina. Poseen un sentido de la amistad mediocre, son muy independientes y llevan mal las obligaciones sociales. Eso sí, cuando han elegido a un confidente, suelen serle muy leales.

- **Vitalidad**

Poseen una salud satisfactoria en su conjunto, aunque deberemos estar atentos ante eventuales agotamientos intelectuales, que sí serán reales, al contrario del cansancio físico del que a menudo se quejan, que responde más bien a su leve pereza natural. Sus puntos débiles son el aparato digestivo y la circulación, aunque poseen una buena vitalidad. Sin embargo, hay que tener cuidado para que, durante la juventud, no desarrollen alguna forma de linfatismo, así como vigilarlos para que no abusen de la siesta ni se levanten muy tarde por las mañanas.

- **Sensorialidad**

Es intensa aunque a menudo depende de su sentimentalismo. Pueden sufrir impactos importantes ante realidades de cierta brutalidad. Normalmente no piden explicaciones, pero sí vigilan en silencio. Por ello, convendrá mantenerlos informados puntualmente de los problemas importantes de la vida.

- **Dinamismo**

Su primera reacción es la oposición, el rechazo del acuerdo, aunque se trata más de una actitud que de una convicción. Cierta astucia mezclada con inercia les lleva a rechazar rápidamente las discusiones que no llevan a ninguna parte. Son sensibles ante el fracaso, puesto que poseen un orgullo secreto, y tienen tendencia a contener sus sentimientos. Deberemos evitar que, durante la adolescencia, se obsesionen con pensamientos melancólicos.

- **Sociabilidad**

Debido a su gran sociabilidad, aceptan de buena gana recibir visitas y hacerlas, siempre que no interpreten el papel protagonista ni se vean obligados a hacer un «número». Por el contrario, prefieren las conversaciones individuales en un rincón del salón a los grandes discursos vaso en mano. Se caracterizan por una buena voluntad, tanto de partida como a la hora de pasar a la práctica. Les gusta la vida familiar, a menos que resulte demasiado tiránica. Tienen buena suerte y también suelen tener éxito, salvo excepciones, como es evidente. Saben dirigir bien su pequeño barco, incluso cuando desean pasar el timón a otra persona para disfrutar del sol en cubierta.

- **Conclusión**

A veces no deberemos dudar en despertar la «culebra» que yace dormida. Los padres de estos niños afectuosos pero ocasionalmente resignados deberán seguir su evolución con atención y no dejarse engatusar por su indolencia filosófica.

Ana (F)

LEMA: *Aquella que observa y descubre el mundo*

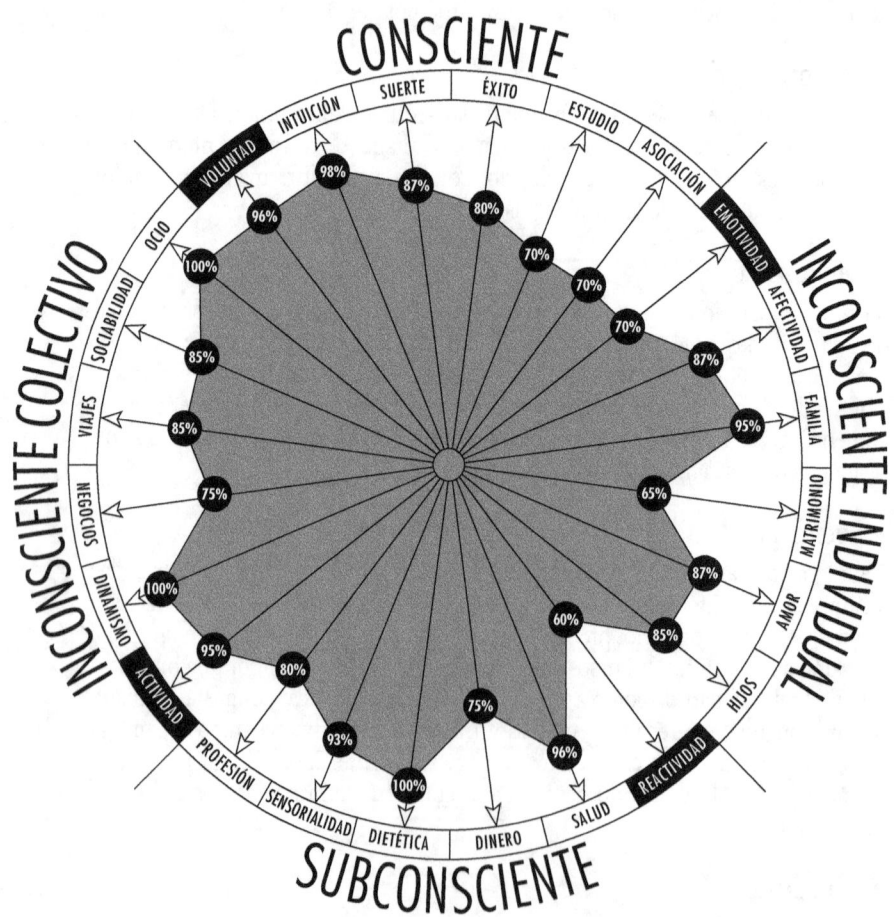

ELEMENTO: Agua
SIGNO: Escorpión
COLOR: Azul

ANIMAL: Lince
MINERAL: Diamante
VEGETAL: Arándano

Ana

y todos los nombres con características análogas indicados en el índice, incluyendo:

Albertina	Anouk	Priscila
Alexandra	Aude	Roxana
Amelia	Corina	Sandrina
Anaís	Emilia	Solemnia
Anémona	Estela	Tatiana...

- **Tipo caracterológico**

Basta con enfrentarse al rostro de una niña que lleve uno de estos nombres y observar sus ojos, llenos con la vida de todo el universo, para comprender que podría tratarse de la mirada de la primera mujer, nuestra madre Eva. En ella se encuentra la pasión de los albores del mundo. Las Anas (y demás nombres asociados) son muy emotivas, activas y reaccionan con gran rapidez, además de ser la curiosidad personificada. Descaradas hasta límites insospechados, auténticos chicos fallidos, observan y juzgan como su animal tótem, el lince. En ocasiones su insolencia resulta irritante, aunque su alegría es tan contagiosa que uno las seguiría hasta el fin del mundo. En edad adulta, darán la impresión de poseer una sabiduría oculta, de tener en sus manos el libro de la vida.

- **Psiquismo**

Son ligeramente introvertidas, es decir, que pueden encerrarse en sí mismas, además de ser poco influenciables y poseer una memoria increíble, que lo acecha y se mete en todo. Desde la más tierna infancia, debemos hacerles comprender dónde empieza y dónde acaba su reino, ese reino secreto en el que se erigen al mismo tiempo como reinas y papisas; algo que, sin lugar a dudas, se corresponde a la perfección con la discreción del arándano, su vegetal totémico.

- **Voluntad**

Su voluntad es fuerte, incluso demasiado fuerte, hasta un nivel que roza la provocación «voluntarista». Además, poseen una gran subjetividad: todo pasa por el filtro de su visión personal. Son insaciables, lo quieren todo y lo quieren ya. No saben qué significa la timidez y nos quedamos cortos si afirmamos que sólo tienen confianza en sí mismas. ¡Pero qué encantadoras son!

- **Emotividad**

Afortunadamente, podemos afirmar que la emotividad está muy presente en ellas. En efecto, si echamos un vistazo al diagrama de carácter, no tardaremos en descubrir que, de no existir esta emotividad tan importante y una buena reactividad para compensar la tiranía de la voluntad y la actividad, no cabe duda de que se produciría un desequilibrio.

- **Reactividad**

No es que su reactividad sea particularmente invasora, sino que, unida a la emotividad, define bien este carácter mediante una oposición formal ante todo aquello que sea «burgués» o pueda aceptarse con demasiada facilidad en la esfera social. El espíritu preferido de estas adorables criaturas es, sin duda, el de Mayo del 68. Y es que son la viva imagen de la polemista incendiaria y diabólica: vengativas, orgullosas, fieras, mordaces y en ocasiones violentas. Nunca se hunden con los fracasos, ya que siempre responsabilizan a los demás de ellos, y nunca se desesperan: tarde o temprano, acaban triunfando.

- **Actividad**

Hacen gala de una actividad insaciable; o, mejor dicho, devoradora, ya que uno tiene la impresión de que este incesante ajetreo resulta más extenuante y abrumador para los demás que para la misma persona. Tendrán problemas en el colegio desde muy pronto. Les gusta estudiar, pero se trata del tipo de niña que se queja de todos los profesores y muy especialmente de los que sean mujeres. No les gustan demasiado los estudios clásicos, sino que prefieren los ámbitos más concretos y técnicos. Sueñan con ser artistas: pintoras, cantantes, actrices o escultoras, con ellas todo es posible... o al menos eso es lo que ellas creen.

- **Intuición**

Lo que poseen ya no es intuición, sino casi videncia. Hostigan, adivinan, envuelven a los demás con su seducción de encantadora hechicera y uno no puede sino ceder feliz y vencido. Los hombres no tardarán en comprobarlo. A pesar de ello, o precisamente por ello, merecen ser escuchadas. Sencillamente, cabrá evitar a toda costa que se tomen a sí mismas demasiado en serio y que su intuición acabe transformándose en un culto a la personalidad adivinatoria.

- **Inteligencia**

Poseen una inteligencia muy analítica. Observan todo lo que les rodea con ojo de lince, ese animal tótem que tan bien encaja con ellas y que además refleja su agresividad clarividente; y es que no hay que hacerse ilusiones: nunca harán grandes cumplidos, no dejarán pasar ni una y, debido a su sentido innato de la maquinación, llegarán incluso a enfrentar a toda la familia.

- **Afectividad**

Son posesivas de una forma insaciable. Tan sólo se sienten atraídas por aquello que les pertenece, y cualquier negativa a ceder a sus fantasías constituye un delito. Desean ser queridas y necesitan personas que lo hagan. Los padres estarán perdidos si, por desgracia, caen en la trampa de sus enfados y accesos de ira. Hay que saber resistirse a ellas. Su punto débil es el orgullo.

- **Moralidad**

Poseen una moralidad mediocre. Por otra parte, no hablamos aquí de inmoralidad o amoralidad, sino más bien de la extraña sensación de que se encuentran por encima de las normas y las costumbres, algo que resultará difícil de aceptar para los demás. Si les preguntamos si son extraterrestres o hechiceras, nos responderán que sí. Uso la palabra «hechicera» en sentido amistoso, y es que verdaderamente lo son. Uno no sabe cuáles son sus creencias: inventan religiones y lanzan conjuros... En la Edad Media, habrían elaborado venenos o fabricado oro.

- **Vitalidad**

Es menos importante de lo que podría pensarse. Su salud parece excelente, pero la realidad posee sus matices: tienen los huesos relativamente delicados y presentan cierta fragilidad intestinal. No se recomiendan los regímenes de adelgazamiento y debe evitarse la costumbre de acostarse tarde. Cuidado con los accidentes de coche. Asimismo, deberán vigilar la vista, sobre todo en la infancia. Resulta interesante comprobar que, a menudo, les interesa más la salud de los demás que la suya propia. Su sueño, si no es convertirse en médicas, es casarse con un médico, para que les explique cómo sanar a sus propios pacientes.

- **Sensorialidad**

La palabra *sensorialidad* no rima con este tipo de mujer. Con los sentidos y el sexo, es todo o nada. Cuando están enamoradas, es todo; cuando no lo están, es nada. En cualquier caso, siempre es blanco o negro, nunca hay medias tintas y resultan apasionadas porque despiertan pasión en los demás. En efecto, no tardarán en vivir una vida que podrá ser tormentosa en el ámbito sentimental.

- **Dinamismo**

Se trata del auténtico polvorín de este carácter, el ámbito en el que se desencadena su pasión. Todo aquel que no piense como ellas será un tonto o un cobarde, y pobres de aquellos que no puedan seguir su ritmo infernal. Les gusta la medicina, sobre todo las medicinas alternativas y las profesiones paramédicas. También poseen una dimensión científica, así que serán excelentes ingenieras. Saben dar órdenes y la gente les obedece. Son valientes y bastante disciplinadas. Serán buenas deportistas y políticas muy eficaces. Como diputadas harán un buen papel, ya que saben desenvolverse en todas las circunstancias.

- **Sociabilidad**

Son sociables cuando quieren. Reciben con los brazos abiertos a la gente que les cae bien, y a los demás los ponen de patitas en la calle. Sería bueno que se casasen con un hombre de tipo indolente, aunque lo normal es que los coleccionen. Cuando alguien las trata de tú a tú, reclamando su amistad y sorteando sus trampas, todo cambia. Si te pasas a su bando, podrás contar con la amiga más fiel del mundo. Pero, eso sí, no hay que hacerle la corte de forma gratuita.

- **Conclusión**

En lo que a ellas respecta, no cabe llegar a ninguna conclusión. A cada momento todo vuelve a empezar, y ni el matrimonio ni la madurez acabarán con ellas: son inquebrantables y nunca dejan de reinventarse.

Andrea (F)

Lema: *El perfume de la tierra*

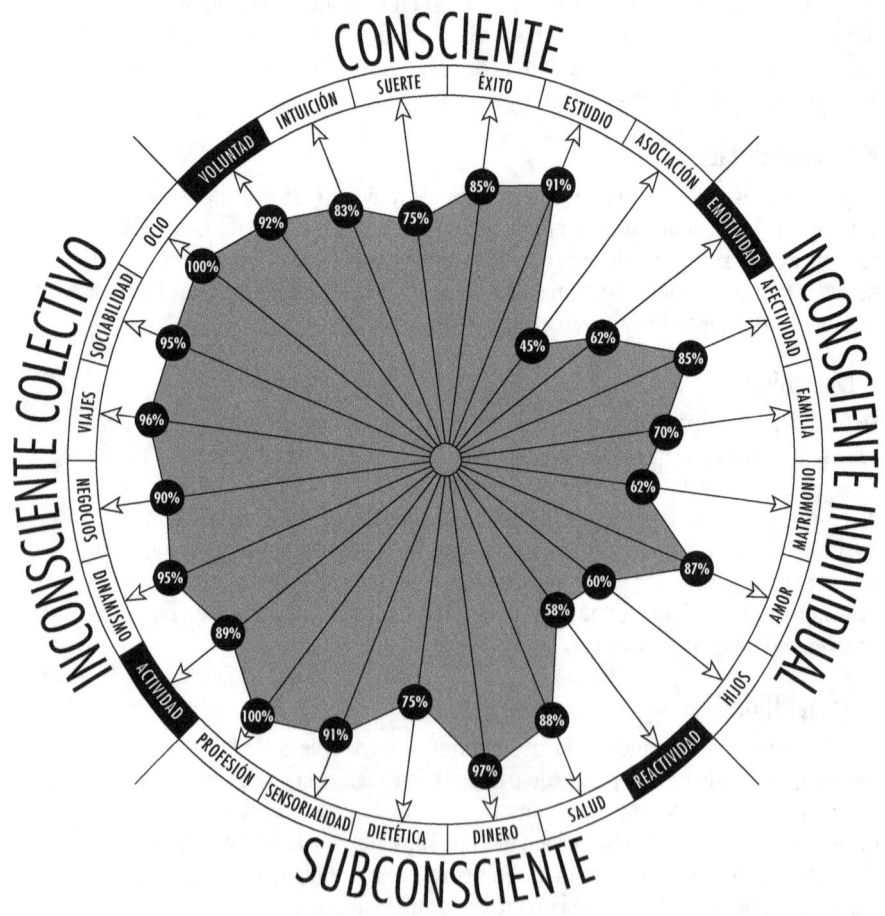

Elemento: Aire
Signo: Géminis
Color: Naranja

Animal: Zorro
Mineral: Ágata
Vegetal: Jacinto

Andrea

y todos los nombres con características análogas indicados en el índice, incluyendo:

Andrée	Florencia	Patricia
Faina	Floriana	Patriciana
Fanny	Florine	Patsy
Flor	Maxencia	Patty
Flora	Maximiliana	Rebeca…

• **Tipo caracterológico**

Son personas apasionantes pero complejas, con una gran emotividad y terriblemente activas, que reaccionan de forma repentina e imprevisible. Se trata, pues, de caracteres excesivos, que deberán manejarse con precaución. Su animal tótem es el zorro; como él, son desconfiadas y astutas. No obstante, su desconfianza se transforma rápidamente en ironía, ya que son muy aficionadas a las bromas y las risas, cosa que su entorno no tardará en padecer.

• **Psiquismo**

Hacen todo lo posible para hacerse notar y son muy extrovertidas. Se visten con telas estampadas, vestidos de corte extravagante y, desde muy jóvenes, aprovecharán cualquier excusa para disfrazarse. Son curiosas y de trato agradable. Además, tienen una memoria de elefante, o de zorro si así lo prefieren. Es difícil influir en ellas, y salen airosas de todas las situaciones con una capacidad de adaptación que, en ocasiones, resulta inquietante. Debido a su gran afán de posesión, necesitan a su público para sentirse cómodas.

• **Voluntad**

Se caracterizan por una buena fuerza de voluntad que, en determinados momentos, puede mezclarse con cierta astucia para colocar a los demás en situaciones imposibles. Cuando sean niñas no habrá que dejarse «enredar» por ellas, sino hacerlas seguir unos principios claros y transparentes.

• **Emotividad**

Son mujeres de gran emotividad que siempre se muestran temerosas. Se dan cuenta de todo lo que ocurre a su alrededor y se servirán de ello para escapar. Se trata de personas exquisitas, pero cuyo trato no resultará necesariamente fácil en el matrimonio.

• **Reactividad**

En este ámbito resulta fácil comprender que este tipo de carácter tenga reacciones bastante enérgicas y, a menudo, desconcertantes. Deberemos tratar por todos los medios de prever estas reacciones y no darles la impresión de que nos sentimos

61

superados y nos hemos quedado sin recursos. Los padres deberán evitar perder los papeles, aferrándose a principios simples y definitivos.

- **Actividad**

En ocasiones su actividad resulta confusa; al menos de forma aparente, claro está, ya que en realidad saben borrar las pistas a la perfección y proteger su pequeño mundo personal. En el ámbito académico son razonables, sin más. Les gustan las lenguas vivas y las ciencias, por lo que pueden convertirse en excelentes traductoras, azafatas de vuelo o relaciones públicas. Ámbitos como el comercio y la diplomacia encajan muy bien con ellas, que incluso pueden transformarse en actrices y cantantes de talento.

- **Intuición**

Bajo este aspecto teatral y ameno se esconde un ser que no siempre se encuentra cómodo en su piel, en constante búsqueda de sí mismo, que no desea mostrar a su entorno su rostro trágico por miedo a perder su poder de atracción, un poco como un payaso que teme traicionar su capacidad de emocionar. Poseen una intuición fuerte y una capacidad de seducción potente, aunque ligeramente artificial.

- **Inteligencia**

Su inteligencia es muy enérgica, espontánea y algo frívola: una inteligencia analítica que disecciona sin piedad hasta el más mínimo detalle, sobre todo los aspectos más recónditos de las personas y las situaciones para dibujar cómicas caricaturas de forma magistral. Gracias a su sorprendente memoria, durante la juventud pueden hacer creer que han comprendido la lección limitándose a repetir la clase que siguieron algunos días antes y sirviéndose de un repaso de última hora realizado a toda prisa.

- **Afectividad**

Se lanzan a los brazos de todo el que le rodea, aunque bajo esta apariencia desenvuelta se esconde un ser más hermético al que le cuesta entregarse. Los padres y educadores deberán intentar limitar estos entusiastas excesos tratando de hacer coincidir estas dos personalidades tan diferentes de las pequeñas Andreas y demás nombres con las mismas características: por una parte, un ser bastante serio que hay que tratar de descifrar, y, por otra, la eterna adolescente desbordante de energía vital e ideas peregrinas.

- **Moralidad**

Es buena, aunque se manifiesta de forma intermitente. Cuando la rutina de la vida parece acallarlas en cierta medida, todo va bien. Pero luego, de repente, harán cualquier cosa por obstinación o para hacerse las interesantes. Y «cualquier cosa» significa exactamente eso. La cuestión de la fe les turba bastante. Su sentido de la amistad es algo superficial y se basa en la oposición. Sin embargo, tienen miedo al fracaso, de forma que en ellas no resulta extraño que se generen represiones sentimentales, ya que, al contrario de lo que suele pensarse, poseen la susceptibilidad de su flor totémica, el jacinto.

- **Vitalidad**

En el ámbito de la salud, presentan dos dimensiones diferenciadas: cuando están contentas, gozan de buena salud; por el contrario, si se hunden en la melancolía, todo se desmorona. Cuando hablamos de que todo va mal, en realidad queremos decir «menos bien», ya que se caracterizan por una gran vitalidad. Son valientes, y poseen una capacidad de autocuración fuera de lo común. No obstante, deberán controlar el sistema respiratorio, que puede causarles algún que otro quebradero de cabeza. En términos generales, poseen unas proporciones armoniosas y una complexión atlética, además de ser capaces de superar con facilidad todas las dificultades que su «doble vida» puede plantearles.

- **Sensorialidad**

Sus sentimientos son complejos: desean ser amadas por lo que son, pero como no están seguras de quiénes son exactamente, esta contradicción suele pasarles factura y afectar a su sexualidad. Suelen arrepentirse de entregarse a hombres que no se corresponden con su ideal, como también de dejar escapar a ese hombre ideal, que no sabe que, bajo el disfraz de payaso, se esconde una princesa de tierras lejanas.

- **Dinamismo**

El ámbito del dinamismo se enmarca, como ya podrán imaginar, en el nivel de sus «excesos». Así, dado que en ellas el dinamismo se impone a la actividad, no tardaremos en descubrir que su carácter a menudo gira sin ton ni son y que se entregan a un espectáculo por el simple placer de existir a los ojos de los demás.

- **Sociabilidad**

Son sociables. En general, como ya hemos visto, necesitan un público y harán todo lo posible por encontrarlo. Lo que sí es cierto es que, con ocasión de una tertulia sabrán hacer honor a su reputación. Poseen una voluntad fuerte, una moral sólida y una buena dosis de suerte, que pueden desperdiciar por no creer demasiado en ella. En cualquier caso, se trata de seres extraordinariamente enérgicos cuya complejidad resulta atrayente, y cuya afectividad, algo delirante, no dejará indiferente a nadie.

- **Conclusión**

Si está casado con uno de estos duendecillos maliciosos, seguramente habrá tenido que pasar por momentos fantásticos, y por otros, sobre todo en sociedad, en los que habría dado millones por estar en otro sitio. En cuanto a los padres, tan sólo cabe darles un consejo: «¡Agárrense bien fuerte!». Eso sí, no se precipiten a la hora de acusar a su pequeño renacuajo de tener la rabia.

Andrés (M)

LEMA: *Aquel que reina sobre la tierra*

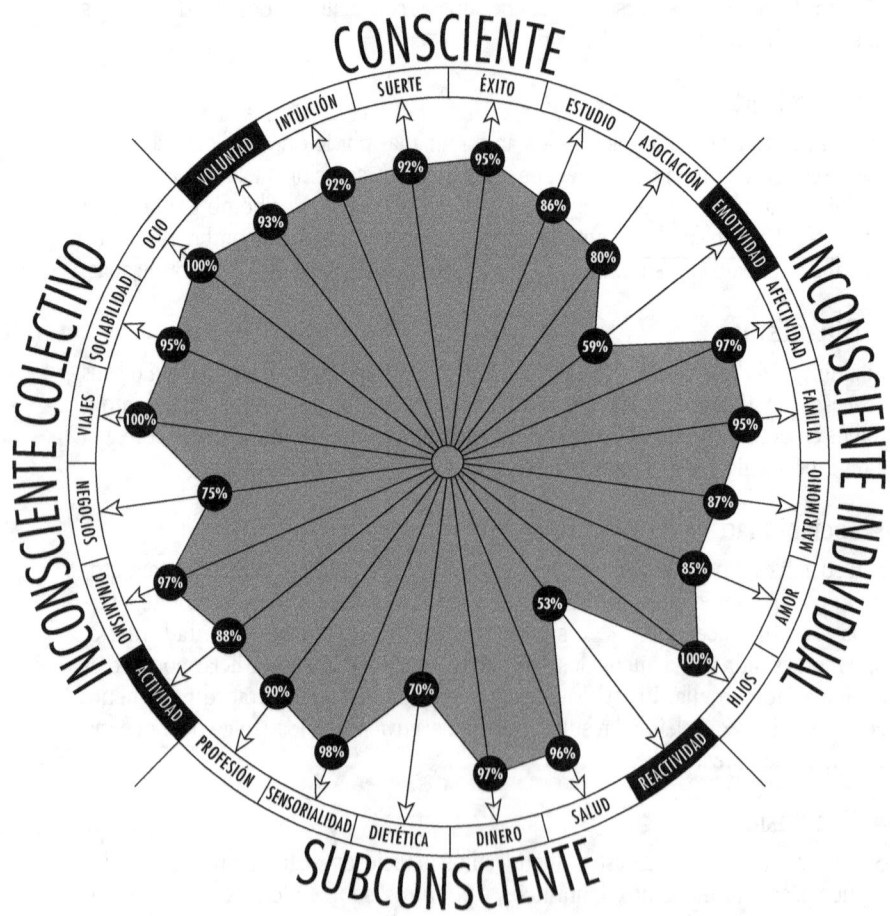

ELEMENTO:	Fuego	ANIMAL:	Pavo real
SIGNO:	Aries	MINERAL:	Radio
COLOR:	Rojo	VEGETAL:	Almendro

Andrés

y todos los nombres con características análogas indicados en el índice, incluyendo:

Andrew	Ciril	Odrán
Andy	Cirilo	Ted
Audrán	Derico	Teddy
Audrano	Dirk	Teodor
Celsino	Doriano	Teodoro...

• **Tipo caracterológico**

Son personas iracundas, no siempre fáciles de manejar debido a su intensa emotividad. Su actividad resulta desconcertante y parecen algo perezosos, cuando en realidad están esperando el momento de actuar. Además, una vez en curso, su éxito es excelente y rápido. Son aventureros, independientes y orgullosos como su animal tótem, el pavo real, y resultan susceptibles e incluso gruñones. Su árbol totémico es el almendro: por tanto, para llegar realmente a ellos deberemos romper la cáscara bajo la que se esconde el sabroso fruto. Se trata de niños sobre los que habrá que estar muy encima si queremos que se realicen plenamente.

• **Psiquismo**

Cabe indicar que poseen a la vez una vida interior intensa y una existencia exterior de gran riqueza. Son hombres de acción y de reflexión. Por tanto, se trata de un nombre muy completo. Obviamente, son poco influenciables, aunque sí es posible impresionarlos. Para mantenerlos dentro de los límites de una determinada actividad y evitar que se sobrepasen, será necesario tener una auténtica influencia sobre ellos y hacerse respetar.

• **Voluntad**

Tienen fuerza de voluntad cuando así lo desean, aunque dicha voluntad es algo caprichosa y puede convertirse en obstinación. Por consiguiente, será necesario vigilar el comportamiento de estos niños y no dejarlos instaurar un pequeño estado autónomo en el seno de la familia.

• **Emotividad**

Ya hemos visto que era bastante intensa, aunque, a pesar de todo, nunca llega a ser tiránica y alimenta en todo momento su afán de exhibicionismo, algo que podrá llevarlos a convertirse antes en payasos que en políticos.

• **Reactividad**

Gozan de una gran objetividad y saben reconocer sus errores. Además, poseen un buen sentido de la justicia y, cuando cometen un error, no les sorprenderá en absoluto ser castigados, incluso si se trata de una sanción corporal. Son observadores y rebosan de confianza en sí mismos, en ocasiones hasta de forma excesiva. La timidez no les ahoga. Suelen buscar la confrontación, pero de un modo sano, es decir, para disfrutar del placer de competir.

- **Actividad**

Tan sólo hacen aquello que les gusta, y tan sólo les gusta lo que ensalza su valor. Esta actitud es bastante peligrosa, ya que puede suscitar multitud de problemas si no se resuelve con firmeza. Es necesario educarlos en un ambiente de estricta disciplina: tienden a distraerse, alborotar y mostrarse dispersos. Les encanta hacer novillos. Se sienten atraídos por los estudios técnicos y las ciencias, de forma que pueden llegar a ser trabajadores del sector industrial, ingenieros, militares eminentes, químicos, agricultores o veterinarios. Poseen una buena conciencia profesional y se adaptan con rapidez.

- **Intuición**

Son intuitivos y tienen unas antenas terriblemente eficaces. Juzgan a los demás de forma fulgurante, además de poseer un encanto al que es difícil resistirse. Pero cuidado: su lado presumido puede llevarlos, para resultar interesantes, a hacer el papel de la pitonisa, lo que sin duda resultará algo decepcionante.

- **Inteligencia**

Cuentan con una inteligencia destacable, que, de forma curiosa, es tanto analítica como sintética, es decir, que se fijan en los detalles de una operación al tiempo que supervisan su desarrollo general sin esfuerzo alguno; se trata de una cualidad muy valiosa. Tienen buena memoria, aunque fundamentalmente afectiva: se acuerdan de aquello que les afecta. Por el contrario, su memoria «mecánica» es más débil. Se caracterizan por una curiosidad muy activa y siempre están listos para probarlo todo. Por ello, será necesario enseñarles a ser prudentes desde muy pequeños, pero sin que ello ahogue el impulso que les hace moverse.

- **Afectividad**

Son afectuosos: desean ser queridos y que se les diga. No tratan de frenar sus impulsos afectivos, ya que son apasionados, aunque sí hacen gala de una gran independencia y quieren «vivir su vida» desde una edad muy temprana. Si se muestran tiránicos, normalmente es por amor. Además, los padres y educadores deberán enseñarles a controlarse, pero sin frustrar en ningún momento sus sentimientos.

- **Moralidad**

Será buena siempre que el niño haya sido educado correctamente, ya que tienen un lado algo salvaje, con una ligera tendencia a la huida. Normalmente son personas equilibradas, y en ellos la cuestión de la fe no surgirá con dramatismo. Saben tener en cuenta las circunstancias y diferencian bien lo perteneciente a la existencia material de aquello que debe reservase a la vida espiritual.

- **Vitalidad**

Poseen una vitalidad notable y una excelente resistencia, pero necesitan dormir bien. Es necesario controlar sus hábitos alimentarios, sobre todo el masticado, ya que pueden tener problemas de asimilación: sus puntos débiles la boca y los dientes.

- **Sensorialidad**

En términos generales, se muestran sensibles ante la seducción de «lo femenino» desde una edad temprana. Son precoces y exigen ser informados de la forma más completa posible sobre los problemas de la vida. Odian tener que oír cuentos chinos, ya que saben bastante bien qué hacer con unas y con otras.

- **Dinamismo**

Son susceptibles, aunque les gusta jugar y suelen superar con facilidad los fracasos que sufren. Poseen una diplomacia bastante rudimentaria, son personas enteras y tienen los pies en el suelo. Si no les gusta un profesor, tendrán problemas en el colegio. Además, les gusta el enfrentamiento; por esta razón, no debemos permitir que, durante la niñez, se instalen en una actitud de cuestionamiento de las estructuras familiares o escolares, sino, al contrario, controlarlos con firmeza.

- **Sociabilidad**

Se caracterizan por una gran sensibilidad. No les gusta estar solos, les encanta pasear por el campo, las meriendas al aire libre y las fiestas sorpresa. Son anfitriones bastante agradables y saben tratar a sus invitados con sencillez. Poseen un gran sentido de la amistad, tanto con hombres como con mujeres. Sienten la necesidad de estar rodeados, pero para poder dar órdenes. Les gustan los movimientos juveniles, las colonias de vacaciones y el excursionismo. Debemos evitar a toda costa tratar a estos niños como hijos únicos u objetos frágiles.

- **Conclusión**

Poseen un gran apoyo en la suerte, aunque ni siquiera le prestan atención. Uno tiene la impresión de que se les debe todo. Corren, pasan y tienen éxito como por milagro, y esto es lo esencial. Por supuesto, después de todo esto, se pavonean, justamente como su animal tótem, el pavo real.

Antonia (F)

LEMA: *Aquella que escucha*

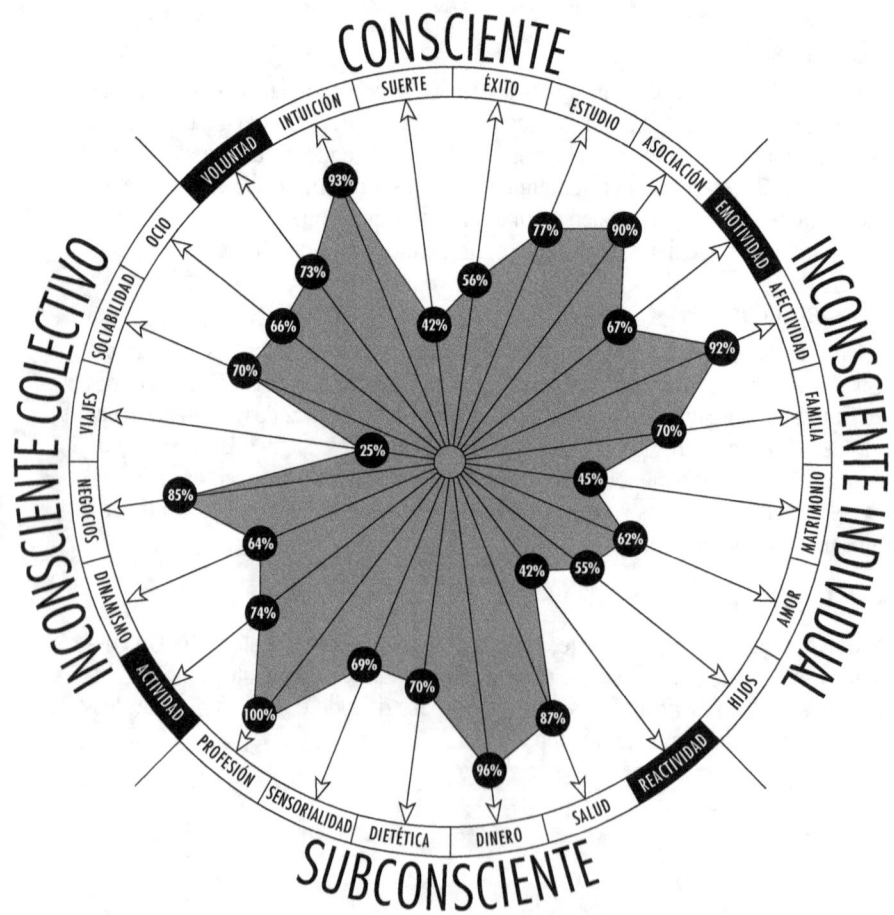

ELEMENTO: Agua
SIGNO: Cáncer
COLOR: Rojo

ANIMAL: Pato
MINERAL: Serpentina
VEGETAL: Ajenjo

Antonia

y todos los nombres con características análogas indicados en el índice, incluyendo:

Antoinette
Antonella
Arlena
Arleta
Arletty

Cirila
Daria
Doriana
Erica
Erika

Odina
Sirena
Toñia
Toña
Toñi...

• **Tipo caracterológico**

Al igual que el pato, su animal tótem, que se desenvuelve a sus anchas en el agua pero se muestra torpe en cuanto pone las patas en tierra firme, el carácter de estos nombres consigue realizarse en un entorno cálido y afectuoso, pero soporta mal las difíciles condiciones de la vida cotidiana. Además, desde muy pequeñas debemos procurar que estas sentimentales, cuya actividad se ve sin embargo frenada por sus reacciones, aunque sean débiles, comprendan la necesidad de conseguir mantener un equilibrio entre estos dos polos.

• **Psiquismo**

Tienen tendencia a huir de las responsabilidades, buscando el olvido ya sea en la euforia de una vida despreocupada o en interminables ensueños. Su memoria resulta bastante deficiente, algo que no nos debería sorprender, ya que rechazan determinados recuerdos y realidades. Son muy introvertidas, y se montan su propio mundo de ensueño, donde la mente es más importante que el corazón. Son muy fácilmente influenciables y a menudo carecen de confianza en sí mismas.

• **Voluntad**

Para tratar de comprender bien el psiquismo de estos seres etéreos, debemos remitirnos al diagrama de carácter, ya que es importante comprobar que, en ellas, la voluntad, la emoción y la actividad se encuentran al mismo nivel, mientras que la reactividad está a la mitad.

• **Emotividad**

No obstante, esta emotividad vecina de la voluntad no consigue arreglar nada, lo que quiere decir que el componente de ensueño será considerable en el plan de vida de estas personas, sean jóvenes o no. Al igual que su animal tótem, el pato salvaje, el más mínimo ruido las hará salir volando hacia los espejismos de otros lugares.

• **Reactividad**

Al poseer una reactividad reducida, puede concluirse que se trata de seres herméticos que difícilmente, por no decir nunca, compartirán las alegrías y delicias de su jardín interior, ese «país de nunca jamás» donde florecen flores maravillosas y vuelan mariposas de colores desconocidos. Se trata de una isla llena de felicidad regada por un mar tranquilo... Sin embargo, detrás de todo esto siempre hay cierta pesadumbre vital procedente de su vegetal totémico, el ajenjo.

- **Actividad**

Seríamos nosotros los que estaríamos soñando si osásemos pedir a estas «flores» que abandonen su mundo para lavar los platos, pelearse con los niños y zurcir los calcetines del marido. Si les brindásemos la posibilidad de elegir los estudios que más les gustasen, todas coincidirían en declarar que el único libro de texto que existe para ellas es el de ciencias naturales, con los cantos de los pájaros, el rumor de los insectos, los aromas del bosque y la belleza del crepúsculo. Podrían ser restauradoras de museo, documentalistas, paleógrafas, bibliotecarias o ayudantes de laboratorio, profesiones todas ellas en las que no es necesario tratar con demasiada gente. Antaño habrían sido fantásticas princesas de largas colas e inagotable tristeza.

- **Intuición**

Poseen una intuición extraordinaria. Más que intuición, se trata de una especie de sueño premonitorio permanente. Además, es verdad que sueñan mucho y saben interpretar sus sueños a la perfección. Pero cuidado con las depresiones psicológicas y, sobre todo, con los análisis freudianos, que sin duda harían añicos estos espíritus dolorosos y frágiles.

- **Inteligencia**

Se caracterizan por una inteligencia viva pero discreta, una inteligencia sintética que les permite detectar a la perfección los medios para conseguir el éxito, hacerse comprender y vivir de una forma auténtica su vida, pero que se ve trabada por cierta timidez. Será necesario hacerles comprender desde pequeñas que la vida de cada día no constituye una aventura espantosa y que un patito andando por la tierra no tiene por qué ser un animal perdido.

- **Afectividad**

Querrían tener todo el amor del mundo para sentirse seguras, pero ese amor les parece tan material, tan brutalmente agresivo, que terminan por rechazarlo. Es difícil amarlas, ya que se refugian detrás de un falso cinismo con el que creen poder escudarse, pero que no consigue engañar a nadie. En este punto, de nuevo, se pasan de la raya y vuelan tan alto que nadie puede acompañarlas en su quimera.

- **Moralidad**

Para empezar, digamos que la palabra «moral» no significa prácticamente nada para ellas, y no porque no se comporten de forma recta, sino sencillamente porque, para ellas, la moral está vinculada a la acción, y como actúan lo menos posible, no costará adivinar que rechazan cualquier tipo de responsabilidad o compromiso ético.

- **Vitalidad**

Poseen una salud confusa, con enfermedades que podrían creerse imaginarias, pero que sin embargo no debemos dejar que evolucionen, ya que podrían acarrear un desequilibrio nervioso. Es indispensable que sigan un régimen dietético riguroso, que descansen después de las comidas, duerman bien, estén tranquilas y realicen alguna actividad deportiva ligera, y más concretamente caminar, en todas las épocas de su vida. Será positivo enseñarles buenos hábitos desde la más tierna infancia.

- **Sensorialidad**

Es débil y constituye la parte de su subconsciente que les da miedo. Su sensualidad es tan compleja como pueda imaginarse. Poseen una sexualidad terriblemente psíquica, en la que todos los seres son sombras que pasan de largo. Para los padres y educadores será necesario otorgar algo de estabilidad a ese corazón y sentimentalismo, una tarea que no siempre resultará sencilla.

- **Dinamismo**

Es aún más débil que la ya de por sí débil actividad a que está vinculado. Ser dinámico consiste en proyectarse al exterior para producir un efecto a través de decisiones. Pero, claro, no hay ninguna razón para salir de la pequeña casa de muñecas, en la que los maliciosos enanos se pasan la vida contándote mágicas historias y el príncipe y la princesa, felices, tienen retoños besándose en la frente.

- **Sociabilidad**

Debido a su encantadora pero algo anticuada sociabilidad, es necesario empujarlas, desde la adolescencia, a divertirse, salir y conocer amigos. Aunque su moralidad es excelente, la suerte de que pueden beneficiarse en la realidad a menudo se ve arruinada por un deseo de desaparecer, que no hay que dejar que se arraigue, ya que sería peligroso para el equilibrio de estas criaturas tan conmovedoras.

- **Conclusión**

Resumiendo, estamos hablando de personas muy afectuosas que podríamos calificar de ecológicas debido a su gran atracción por la naturaleza. Pero claro, hace falta una salud de hierro para ir a buscar al agua a estos patitos salvajes que no dejan de escaparse, en su imaginación, al país del sol y sus sutiles voluptuosidades.

Antonio (M)

LEMA: *Aquel que espera*

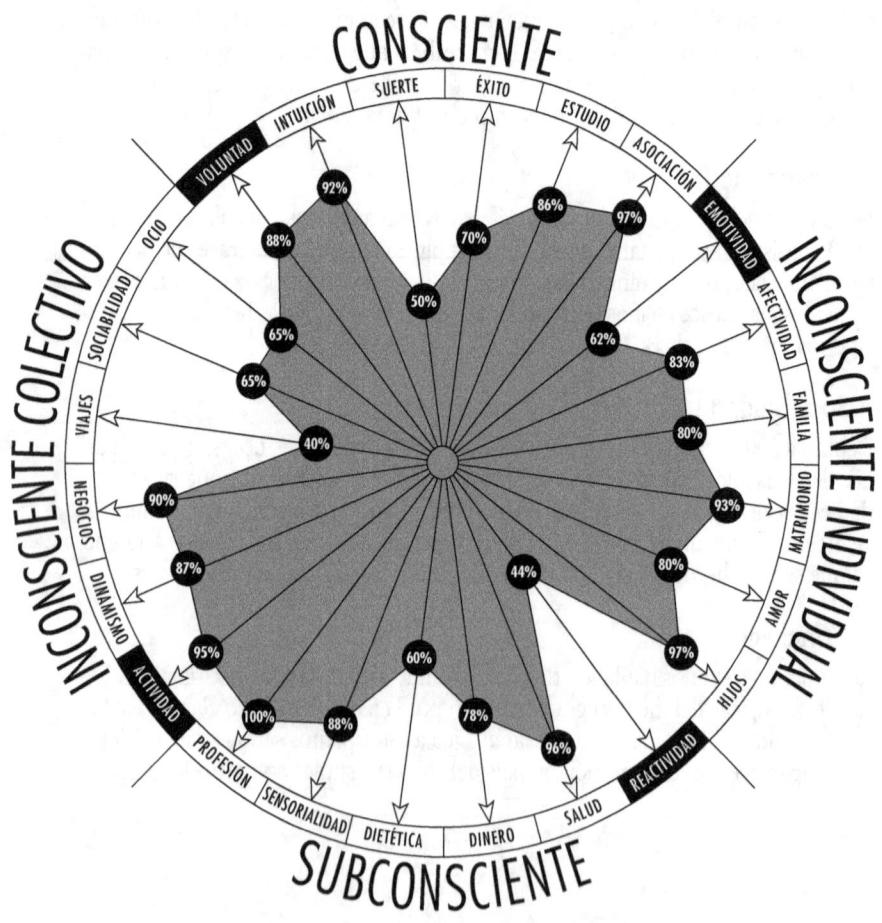

ELEMENTO:	Tierra	ANIMAL:	Marabú
SIGNO:	Capricornio	MINERAL:	Hematites
COLOR:	Amarillo	VEGETAL:	Ajo

Antonio

y todos los nombres con características análogas indicados en el índice, incluyendo:

Abelardo	Antón	Fabiano
Amadeo	Antonino	Fulberto
Amado	Antonio	Óscar
Anthony	Arístides	Swann
Antoine	Fabián	Toni…

• **Tipo caracterológico**

Efectivamente, en ellos hay un modo de observar a los demás, de mirar el mundo, que está bastante relacionado con la sabia inmovilidad del marabú, su animal tótem. Poseen una emotividad intensa y una actividad frenética, pero una capacidad de reacción bastante secundaria, lo que hace que no se lancen a la aventura sin pensárselo muy bien antes. Funcionan con un poco de retardo, y siempre esperan a que los acontecimientos se vayan dibujando de forma precisa para adaptarse totalmente a ellos.

• **Psiquismo**

Son introvertidos, es decir, que para ellos su vida interior es más importante que lo que pasa fuera. Los padres deberán tratar de impedir que estos niños se encierren demasiado en su cascarón y se dediquen a pensar de forma excesiva antes de actuar. Esto no quiere decir que debamos lanzarlos de cabeza a la acción, pero sería una pena que acabasen hundiéndose en la impotencia de la eterna duda. Son objetivos y tienen la capacidad de hacer sacrificios, aunque les falta seguridad en sí mismos. En algunos casos son auténticamente tímidos.

• **Voluntad**

En ellos, la voluntad permanece de forma consciente en la sombra: no son de los que dan un golpe en la mesa. No siempre están seguros de lo que quieren o, como mínimo, tienen dificultades para expresarlo. Eso sí, cuando deciden ponerse en marcha, no hay quien les pare.

• **Emotividad**

Es precisamente su maldita emotividad lo que les provoca tantos tormentos. A pesar de haber esperado antes de tomar una decisión, de repente se ponen nerviosos y hacen lo contrario de lo que habían decidido… En este sentido, son como su vegetal tótem, el ajo, cuyo olor se desprende a lo largo del tiempo.

• **Reactividad**

Poseen una capacidad de reacción mediana, lo que les permite mantener una cierta distancia en un primer momento con respecto a lo que ocurre, aun a riesgo de lanzarse a continuación a la piscina que se acaba de vaciar. Son amigos leales y sólidos. Además, necesitan esta amistad para actuar, y, siempre que pueden, adoptan un oficio en el que estén rodeados de amigos. Son muy sensibles al fracaso, así como propensos a la represión sentimental.

- **Actividad**

Es excelente. Se sienten atraídos por la filosofía y les gusta todo lo tocante a la psicología, así como las profesiones médicas o paramédicas. Como escritores pueden llegar a ser famosos, pero también como músicos o artistas, en cuyo caso se benefician de un contacto fantástico con su público. En otro orden de cosas, también pueden ser agricultores con ideas modernas y atrevidas. Son realistas, algo que los convierte en ingenieros y economistas competentes y que les hace destacar en la electrónica. Es necesario ponerse de acuerdo con estos niños cuanto antes mejor en relación con su orientación profesional; así, ganarán en estabilidad.

- **Intuición**

Son muy intuitivos, incluso se podría decir que demasiado, ya que en ocasiones otorgan una importancia excesiva a lo que consideran su voz interior. Son seductores y poseen una imaginación interesante, aunque a veces tienen dificultades para hacer perceptible esa vocecita que tanto les altera y perturba.

- **Inteligencia**

Se caracterizan por una inteligencia profunda de tipo sintético, es decir, que pasan por alto los detalles para concentrarse en las grandes líneas. Tienen buena memoria y son curiosos. Pero cuidado: no debemos pedirles que hagan varias cosas al mismo tiempo si no queremos que pierdan su equilibrio.

- **Afectividad**

Son sensibles a todo lo que les desconcierta y no es extraño verlos rumiar mucho tiempo las decepciones sufridas. Por tanto, deberemos vigilarlos en la juventud y no permitir que se bloqueen. Son bastante posesivos, más por deseo de protegerse que por voluntad de poseer. Tienen espíritu de propietario y les gusta comprar terreno sobre el que edificar un hogar sólido donde poder refugiarse lejos del mundo cada vez que quieran.

- **Moralidad**

Poseen un sentido de la moral especialmente riguroso. La infracción de una norma de moralidad aumentará su complejo e incrementará su timidez. ¿Se trata entonces de una virtud o de un defecto? ¡Buena pregunta! Por una parte, manifiestan una tendencia a la superstición que ganará terreno a la fe. Sin embargo, en lo profundo de sí mismos guardan un gran misticismo que, por lo general, superará con creces el marco de la religión oficial. Dicho de otro modo, en cierto sentido se fabrican su propia religión.

• **Vitalidad**

Soportan muy bien el cansancio y poseen una vitalidad notable. No obstante, necesitan dormir bien y estar en contacto con el aire libre. Sus puntos débiles son los riñones y la vista, que en ocasiones les provocarán frecuentes dolores de cabeza.

• **Sensorialidad**

Se trata de un tema peliagudo del que no les gusta hablar. Cierto pudor (o cierto complejo de inferioridad) les lleva a tratar este tipo de asuntos en tercera persona. Es necesario alcanzar a comprender su sentido de la sensualidad, y si a veces se muestran agresivos, es más por timidez que por un verdadero deseo brutal de conquista. En realidad, son sentimentales sin saberlo ellos ni los demás, y este es, sin lugar a dudas, su gran drama.

• **Dinamismo**

Poseen un dinamismo muy inferior en porcentaje a la actividad; a este respecto, resulta recomendable remitirse lo máximo posible al diagrama de carácter que acompaña cada análisis de nombre. Así pues, este tipo de personas son más activas que dinámicas, de forma que deberemos darles un empujón para sacarlos de su inmovilidad de marabú.

• **Sociabilidad**

Desde luego, no poseen una sociabilidad a prueba de bombas. En realidad, prefieren un círculo pequeño de amigos a los altibajos ocasionados por un gran número de conocidos más o menos interesantes. Les gusta tener conversaciones profundas con pocas personas. Recordemos que tienen mucha fuerza de voluntad, y que su moral también es sólida. Además, se comportan de forma rigurosa, cosa que les protegerá de eventuales peligros, evitando que caigan en tentaciones destructivas. No tienen especialmente suerte, pero sí saben aprovecharla con gran astucia y otro tanto de generosidad. Normalmente están destinados al éxito y tienen paciencia hasta conseguirlo.

• **Conclusión**

Así pues, deberemos ser tan pacientes con estos Antonios y demás nombres del mismo carácter como ellos lo son consigo mismos: no debemos trastornarlos al permanecer firmes, condenarlos al corregirlos ni olvidarlos mientras los esperamos.

Bartolomé (M)

LEMA: *El hombre del fuego*

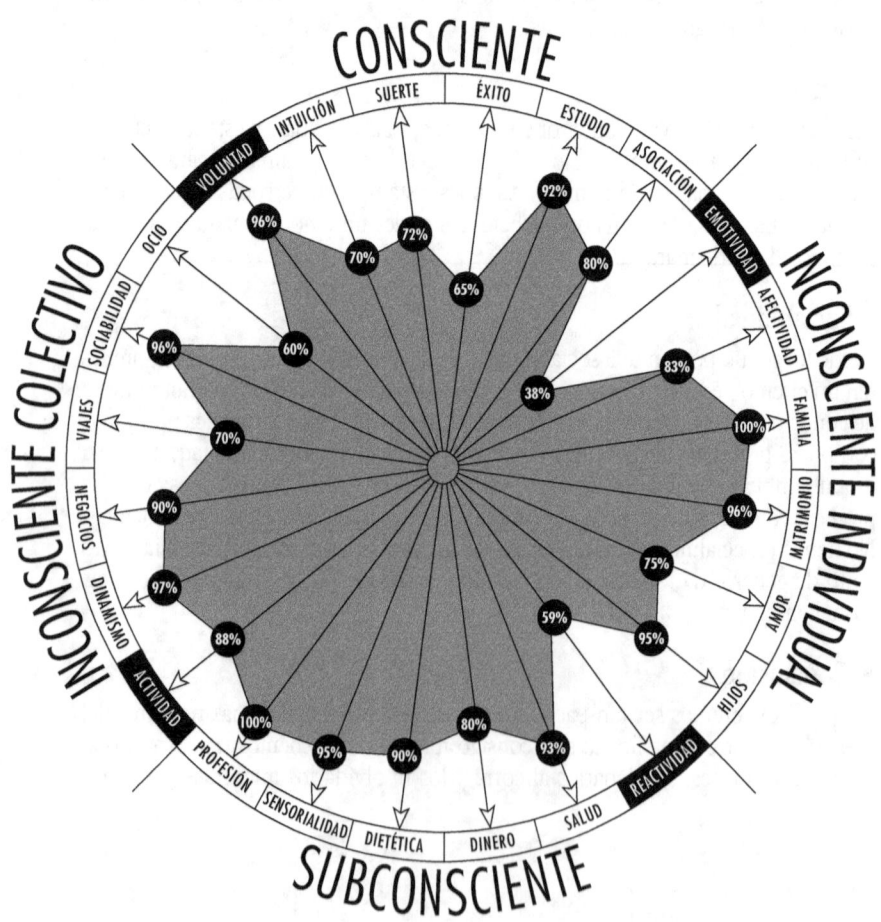

ELEMENTO: Fuego
SIGNO: Leo
COLOR: Azul

ANIMAL: Salmón
MINERAL: Bismuto
VEGETAL: Álamo

Bartolomé

y todos los nombres con características análogas indicados en el índice, incluyendo:

Aldwin	Bartolemeu	Lancelot
Amable	Casimiro	Natanael
Anselmo	Geraldo	Neal
Baldonio	Joel	Octavio
Baldwin	Jos	Zoltán…

• **Tipo caracterológico**

Se trata del tipo de hombre que lo resiste todo, que, contra viento y marea, vuelve allí de donde proviene, como el salmón, su animal tótem. Cuando quieren algo lo consiguen, a veces haciendo uso de la fuerza. Tienen violentos accesos de ira, aunque no muy habituales. Poseen una emotividad y una actividad medianas, pero una capacidad de reacción rápida. Se trata de personas iracundas y nerviosas, no siempre fáciles de educar. Dan problemas a sus padres desde pequeños. Por tanto, deberemos comprender que necesitan disciplina y que no debemos dejarnos dominar por ellos.

• **Psiquismo**

Son extrovertidos: deben salir de sí mismos, entrar en contacto con las realidades vitales y enfrentarse a interlocutores cara a cara. Tienen tendencia a decir «no» en seguida, y al no resultar casi influenciables, no resulta fácil hacerlos cambiar de opinión. Son subjetivos y posesivos, lo hacen girar todo en torno a su persona, tienen ideas preconcebidas muy radicales y una confianza en sí mismos casi insolente. No descartan dramatizar, de forma que debemos evitar entrar en su juego. A fin de cuentas, se parecen mucho a su árbol totémico, el orgulloso álamo, que se enfrenta a la tormenta pero que, en caso de romperse, se inclina a la espera de días mejores.

• **Voluntad**

La enorme fuerza de su voluntad actúa al mismo tiempo como motor y como freno: motor porque, a la hora de competir, de forma real o imaginaria, estos hombres están dispuestos a asumir grandes riesgos para triunfar; y freno porque el orgullo y el complejo de superioridad provocados por esta voluntad pueden impedir que la persona actúe.

• **Emotividad**

Se trata, ante todo, de una emotividad circunstancial, cuyo nivel puede variar de forma considerable en función del momento o el acontecimiento. Constituye más el instrumento o soporte de cierta violencia interior que la coloración emocional de una forma de ver el mundo.

- **Reactividad**

Es importante pero, como ocurre con las personas coléricas y nerviosas, está sujeta a variaciones considerables. En este ámbito, de nuevo, no debemos dejar que los niños y adolescentes vinculados a este tipo de personalidad sean «respondones» o se encasillen en una actitud de enfrentamiento sistemático.

- **Actividad**

Se trata de una actividad intermitente, que los aleja de los empleos sedentarios y monótonos. En este tipo de persona podemos distinguir un perfil aventurero algo disimulado. Su vida académica suele ser tempestuosa pero eficaz, y los padres deberían vigilar sus cuadernos y estar en contacto con los profesores. Este tipo de carácter se siente atraído desde muy pronto por la política y el sindicalismo. Hay que orientarlos, siempre que sea posible, hacia una actividad académica que comporte una parte de trabajo manual que complemente a los estudios de fondo. Y cuidado con su relativa inestabilidad. En el ámbito profesional son excelentes ingenieros, pero de taller, ya que necesitan estar en contacto con los obreros y la realidad. También pueden ser periodistas, reporteros, técnicos instalados en el extranjero, representantes, sobre todo en países cálidos, militares inflexibles, policías o, dicho de forma breve, hombres de acción que, con una buena disciplina y formación, llegarán a obtener resultados destacables.

- **Intuición**

No suelen usar demasiado su intuición: no tienen tiempo y acaban precipitándose aun siendo conscientes de estar equivocados de lleno. Y en este caso, de nuevo, el orgullo no les permite aceptar con facilidad el fracaso. Su amistad es profunda, y tan invasora como los amiguetes que suelen llevar a casa y que no dudan en instalarse con un desparpajo promovido por estos jóvenes.

- **Inteligencia**

Poseen una inteligencia rápida, amplia y sintética. Con un solo vistazo ven de forma inmediata las decisiones que deben tomar y el modo de proceder. Gozan de una memoria de elefante y de una gran curiosidad, y se apasionan por todos los problemas que se cruzan en su camino.

- **Afectividad**

De carácter tiránico, desean ser queridos más de lo que ellos pueden querer. De niños no demuestran demasiado sus sentimientos, y merecen la atenta comprensión de los padres en este aspecto; en cualquier caso, es necesario tratarlos con cierto rigor. Cuando montan en cólera no hay que dejarlo pasar; de lo contrario, la familia se convertirá en un pequeño infierno. Además, suelen aceptar bien los castigos cuando son justos y se imponen en el momento.

- **Moralidad**

Su moralidad cambia en función de la vida que llevan. Todo depende de su entorno y, sin permitir en absoluto que nadie les influya, adaptarán su conducta al signo de los acontecimientos que les vayan ocurriendo. Sus creencias son bastante poco convincentes y nada sólidas. En ellos, la pubertad barrerá muchas aspiraciones espirituales. Tienden mucho al enfrentamiento e incluso a la rebeldía. Se trata de hostigadores, polemistas y hombres de barricada, que habrá que saber dominar sin molestarlos.

- **Vitalidad**

Gozan de una vitalidad excelente, aunque en general sus hábitos alimentarios son malos. Comen a horas irregulares, duermen poco y beben en exceso. Incluso desde muy jóvenes mostrarán una tendencia a abusar de los estimulantes. Hay que tener en cuenta, sobre todo, el deporte, que constituye un buen medio para mantenerlos equilibrados y liberarlos. Son ligeros de cabeza, así que cabrá recomendarles que sean prudentes, una cualidad que, desde luego, no les es innata, ya que su dinamismo explosivo les lleva a ser víctimas de numerosos accidentes.

- **Sensorialidad**

Se ejerce a todos los niveles y, a menudo, con una intensidad vital que puede resultar inquietante. En efecto, hacen pensar en los salmones, que luchan a muerte para reencontrar su fuente vital. Poseen una sexualidad exigente y precoz. No deslumbrarán especialmente por su sentimentalismo, y muy a menudo su vida sexual parecerá más bien un safari, como si cobrasen por piezas cazadas. Cuidado con el vagabundeo afectivo, que predispondrá a estos jóvenes a la huida.

- **Dinamismo**

No cabe seguir hablando de dinamismo, ya que, de hecho, es lo único de que se ha hablado hasta ahora. Sin embargo, sí podemos observar (consultando el diagrama de carácter que acompaña a este análisis) que el dinamismo es más importante que la actividad que lo acompaña, de forma que se produce un desfase entre la «apariencia» y el «ser», algo típico de los aventureros.

- **Sociabilidad**

Poseen una vida social apasionada y temible, alejada de los caminos trillados. Les encanta lo extraño y se enardecen ante todo lo que esté lejos de la vida cotidiana. Cuentan con la voluntad producida por el deseo. Hacen todo lo posible para ganar cuando compiten con un rival. Normalmente tienen buena suerte, porque saben servirse de sus posibilidades con inteligencia, y su éxito suele ser considerable, aunque algo tardío. Les hace falta tiempo para dejar atrás las locuras de la primavera y los calores del verano.

- **Conclusión**

Con este tipo de caracteres uno debe tener toda la paciencia que ellos no tienen, así como la inteligente firmeza que tanto les cuesta aceptar. Por otra parte, no debemos temer enfrentarlos a sus responsabilidades haciéndoles comprender hasta qué punto se alejan de sí mismos, de sus objetivos y de su origen actuando al ritmo de su violencia interna… una tarea nada fácil, desde luego.

Bautista (M)

LEMA: *Aquel que lleva el mundo*

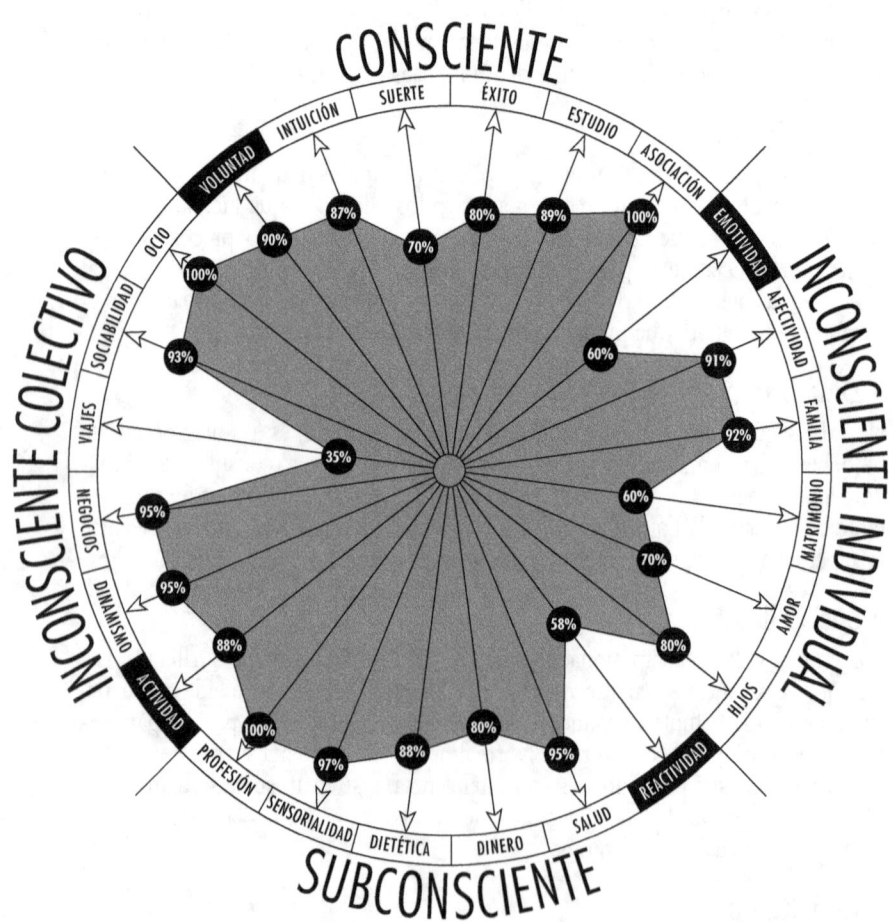

ELEMENTO:	Agua	ANIMAL:	Jaguar
SIGNO:	Cáncer	MINERAL:	Níquel
COLOR:	Amarillo	VEGETAL:	Higuera

Bautista

y todos los nombres con características análogas indicados en el índice, incluyendo:

Anatolio, Archibaldo, Basilio, Cornelio, Donaciano, Donato, Fidel, Fidelio, Mathias, Mateo, Matías, Matteo, Matthew, Vasili, Ceferino...

• **Tipo caracterológico**

Aunque pueda parecer pretencioso, el carácter asociado a estos nombres representa de forma simbólica el conocimiento de determinados secretos del mundo, y su vegetal totémico es la higuera, un árbol que, desde siempre, en las Escrituras, ha sido el símbolo del saber y el descubrimiento. Son nerviosos y emotivos, y reaccionan con gran rapidez. Dicha capacidad de reacción permite compararlos con el jaguar, su animal tótem. Poseen una personalidad muy misteriosa y resulta difícil definirlos, precisamente debido a su dualidad, que los hace parecer tanto un sabio bajo su higuera como un veloz jaguar.

• **Psiquismo**

De forma curiosa son a la vez introvertidos y extrovertidos. Por tanto, dominan totalmente su vida interior, rica y ordenada, pero también saben proyectarse hacia el exterior y comunicarse. Están muy abiertos de cara al mundo y sienten inclinación a inmiscuirse en los asuntos de los demás, no por curiosidad malsana, sino por un deseo sincero de ayudar, algo que no siempre se comprende bien. Resulta difícil influir en ellos.

• **Voluntad**

Poseen una fuerza de voluntad excelente, aunque en ocasiones roza la obstinación. A veces se vuelven tiránicos, y precisamente por esto deberemos procurar que, de niños, no confundan sus deseos con la realidad.

• **Emotividad**

Es muy fuerte y va de la mano de una reactividad notable, algo que puede provocar explosiones incontroladas que podrían tener lugar tanto en el medio familiar como en entornos académicos o profesionales. Son buenos amigos de sus amigos, pero con el matiz de que en seguida sienten ganas de transformar a estos en discípulos, algo que en general complica la situación.

• **Reactividad**

En ellos no predomina la noción de oposición, sino la de cuestionamiento, que no es lo mismo. No quieren destruir de forma sistemática, sino construir, y si puede ser, en terreno virgen. El fracaso les afecta en la medida en que provoca en ellos reacciones de ira.

- **Actividad**

No es tan importante como podría pensarse: estas personas sienten la necesidad (y el interés) de mantener una distancia con respecto a las cosas, y a menudo se retiran para reflexionar. No suelen ser alumnos o estudiantes fáciles, precisamente porque su deseo de cuestionamiento en ocasiones los lleva a dudar de la autoridad docente; sin embargo, en una edad posterior, se convertirán en buenos profesores con un sentido pedagógico muy desarrollado. Se mueven, en esencia, en el terreno de los conceptos, y dejan que los demás lleven las cosas a la realidad; ahora bien, saben juzgar muy bien el valor de estas realizaciones. También pueden convertirse en políticos temibles, y les apasionan los problemas de la mente, de forma que serán buenos psicólogos o psiquiatras. Se adaptan fácilmente a las circunstancias siempre que tengan el timón bien agarrado.

- **Intuición**

Con ellos no debemos hablar de intuición, sino más bien de visión. En efecto, da la impresión de que ante sus ojos se presenten auténticas imágenes que les permiten actuar con una precisión y eficacia notables. Eso sí, debemos matizar esta afirmación precisando que no todos los Bautistas se pasean por el desierto vestidos con pieles de animales y comiendo saltamontes. Su capacidad de seducción, aunque intensa, tiene algo de ruda, y su imaginación se encuentra al servicio de una inteligencia con altas dosis de astucia.

- **Inteligencia**

Poseen una inteligencia abierta y analítica, es decir, que perciben todos los detalles de una operación determinada. Además, cuentan con una memoria afectiva extremadamente viva; dicho de otro modo: se acuerdan muy bien de los estados anímicos. Su memoria formal, por el contrario, es menos importante. Se caracterizan por una gran curiosidad: quieren saberlo todo a toda costa. No debemos dejar que estos niños se mueran de desnutrición intelectual. Hay que darles libros, dejarles ver algo de televisión y permitir que mantengan conversaciones con adultos, por muy extenuantes que puedan resultar.

- **Afectividad**

Son muy sensibles a todos los acontecimientos afectivos, sean positivos o negativos. De esta forma, los veremos apasionarse por un partido político o una religión y defender a todos aquellos que sean atacados de forma injusta. Son muy posesivos, pero más por deseo de acercamiento a las personas que defienden que por instinto de propiedad.

- **Moralidad**

En general poseen una moral positiva y, muy a menudo, también son moralistas e intervencionistas en relación con el comportamiento de la gente que les rodea, mostrando una ligera tendencia a dar órdenes categóricas. Poseen unas creencias de carácter extremista. En algunos casos, pueden llegar incluso al misticismo absoluto; en otros, el materialismo dialéctico les puede llevar al ateísmo más integrista.

• **Vitalidad**

Gozan de una vitalidad casi salvaje, y no tienen ningún miedo al agotamiento intelectual. En ocasiones se tiene la sensación de que han encontrado otra forma de nutrición diferente a los alimentos, tal como nosotros los conocemos. Poseen una resistencia sorprendente, incluso cuando son pequeños, así que deberá evitarse que estos niños abusen de la misma. Cuidado con los accidentes que puedan afectar, particularmente, al sistema óseo. Sus puntos débiles son el aparato respiratorio y la circulación sanguínea.

• **Sensorialidad**

Poseen una sensorialidad muy exigente que les acarreará problemas toda la vida. Para ellos, en este ámbito la vida empieza pronto. Su sexualidad es potente, aunque saben dominarla cuando, por motivos morales, religiosos o políticos, ponen toda su energía al servicio de una causa. En este sentido, deberemos evitar que durante la infancia permanezcan ajenos a los problemas de la sensualidad; por el contrario, necesitan tener una imagen muy clara y transparente de las cosas.

• **Dinamismo**

Se trata de un aspecto claramente excesivo comparado con la actividad. Por esta razón, a menudo tendremos la impresión de que están exagerando y son algo desmesurados. En este caso, de nuevo, presentan una doble dimensión, ya que son a la vez objetivos y subjetivos: objetivos en su acercamiento a las personas y subjetivos a la hora de juzgarlas. No tienen problemas a la hora de usar anatemas o lanzar excomuniones. Su confianza en sí mismos es tal que supera su propia personalidad y da a aquellos que les rodean la impresión de tener una misión que cumplir.

• **Sociabilidad**

Su vida social resulta algo tumultuosa, ya que no suelen tener pelos en la lengua cuando tienen ganas de decir algo a alguien: más de una vez, su interlocutor se llevará una sorpresa. Digamos que la diplomacia no es su fuerte. Debido al gran rigor de su voluntad y su moralidad, se comprenderá que en el mundo de los negocios tengan dificultades para triunfar. Sin embargo, la suerte les sonríe, saben lo que quieren y hacen todo lo necesario en cuanto a esfuerzo y conducta para triunfar... así que terminan triunfando.

• **Conclusión**

Se trata de personajes apasionantes que deberemos controlar de cerca durante la adolescencia, aunque seguirles la pista no será fácil: se trata, nada menos, que de correr detrás de un jaguar.

N.º 11
Bernabé (M)

LEMA: *Aquel que muerde*

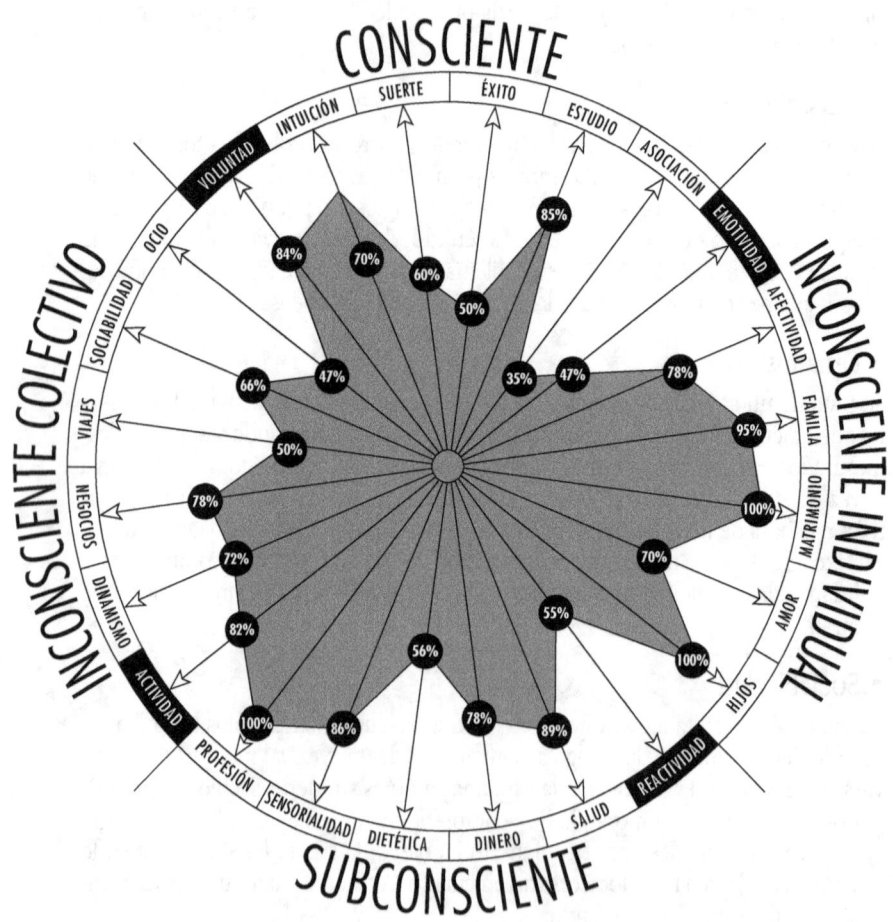

ELEMENTO:	Agua	ANIMAL:	Lucio
SIGNO:	Piscis	MINERAL:	Crisolito
COLOR:	Verde	VEGETAL:	Cerezo

Bernabé

y todos los nombres con características análogas indicados en el índice, incluyendo:

Ariberto	Galmier	Odalrico
Barnabás	Heberto	Ulderico
Ben	Herberto	Ulmer
Benjamín	Heriberto	Ulric
Cándido	Odalric	Ulrico...

- **Tipo caracterológico**

En términos absolutos, estos tipos de carácter son temperamentales, con una emotividad más bien mediana y una buena actividad. Además, reaccionan con rapidez, incluso de forma fulminante. Podría decirse que en ellos moran dos seres: uno razonablemente activo, y otro que, de repente, se vuelve con un giro de cintura y muerde como el lucio, su animal tótem.

- **Psiquismo**

Son introvertidos, es decir, que en ellos predomina la vida interior por encima del deseo de contacto con el mundo exterior. Además, son poco expansivos, bastante influenciables y, en términos generales, susceptibles y vengativos. Desde la infancia deberemos hacerles comprender lo que representa «el otro», en qué consisten las restricciones sociales y los límites necesarios de la libertad individual, más allá de los cuales estamos interfiriendo en la de los demás.

- **Voluntad**

Poseen una voluntad buena pero intermitente. Al decir buena hay que matizar, ya que la bondad de carácter no suele resultar cegadora en este tipo de personas. En efecto, muchas reacciones dejan pensar que poseen un lado feroz y en ocasiones inquietante.

- **Emotividad**

Su emotividad es mediana, como ya hemos visto, y esto les permite controlarla con bastante facilidad. Por tanto, uno tiene la impresión de que su estado de humor, que resulta algo oscilante, está bastante calculado. Los padres y educadores no deben dejarse impresionar, sino mostrarse inflexibles y decididos.

- **Reactividad**

Este aspecto plantea problemas. En efecto, son cambiantes y caprichosos, y están obsesionados con la traición y la infidelidad. El fracaso les trastorna en gran medida, y son propensos a creerse perseguidos. Les falta objetividad y a menudo se convierten en polemistas sistemáticos muy difíciles de manejar. Sin embargo, en general su confianza en sí mismos no es más que una fachada. Cambian rápido de opinión y, en realidad, son muy tímidos.

- **Actividad**

Está sincronizada con la voluntad y depende de ella. Por tanto, habrá periodos desconcertantes de tranquilidad, seguidos de temporadas de «caza» en las que todo valdrá. Con este tipo de carácter, la elección de una carrera profesional es auténticamente decisiva. Si este tipo de personas no se orientan en la buena dirección, o si el ambiente de su profesión les contraría y desequilibra, la puerta quedará abierta a todo tipo de trastornos psicosomáticos. Esta decisión es tan importante que no puede reducirse a dar algunos consejos generales, sino que los padres y orientadores deberán asumir la responsabilidad de indicar con precisión la dirección profesional a tomar.

- **Intuición**

Poseen una intuición mediocre. Prefieren la discusión lógica y las decisiones racionales a todo lo que pueda parecerse a una inspiración incontrolada. Su poder de seducción es notable y resulta algo inquietante, quizá por su agresiva movilidad. En algunos casos hacen gala de una imaginación desbordante.

- **Inteligencia**

Se caracterizan por una inteligencia analítica, lo que les permite analizar hasta el más mínimo detalle y descomponer cada acción en sus elementos más simples. A menudo son de los que buscan tres pies al gato. Su memoria es temible, y su curiosidad, muy viva.

- **Afectividad**

En ellos, la dimensión afectiva es bastante compleja: uno nunca sabe cómo acabarán las cosas. Por ello, habrá que educar a estos niños en una disciplina vital que habilite un muro de contención psicológico destinado a protegerlos durante la adolescencia. Tampoco debemos permitir que vivan en permanente zigzag, cambiando constantemente de estado de humor. Si la diferencia entre los momentos altos y los bajos resulta desmesurada, deberemos analizar la situación muy de cerca con el asesoramiento de un psicólogo.

- **Moralidad**

Su moral es, en cierta medida, «del montón»: esto no es un juicio sobre el valor ético de la persona, sino más bien un indicio de la importancia que esta atribuye a este tipo de cuestiones. Digamos que, en estos casos, la preocupación no será esencial. Tienen creencias poco ortodoxas y tienden a la polémica o al progresismo de buena gana, siempre de forma excesiva.

- **Vitalidad**

Su salud está demasiado ligada a su psiquismo como para permanecer tranquila, así que en cierta medida se asemejará a una montaña rusa que deberemos controlar desde la más tierna infancia. Siempre tendrán una gran necesidad de sueño y tranquilidad vital; y, sobre todo, ¡nada de estimulantes! Su sistema neuroendocrino es relativamente frágil. Deben vigilar la garganta y el aparato respiratorio en su conjunto. También muestran una tendencia al agotamiento.

- **Sensorialidad**

Con ellos, la palabra *sensorialidad* adquiere tintes de realidad multiforme. Tendrán problemas de gula, e incluso de avidez. Son muy posesivos y su materialismo a menudo los llevará a desarrollar tendencias acaparadoras que deberán vigilarse mientras sean jóvenes. Se caracterizan por una sexualidad compleja. En ocasiones, la represión emocional se suma al sentimiento de culpabilidad, al menos en los casos extremos. Aunque, obviamente, existen todos los tonos de gris, sí puede afirmarse que estos caracteres no son sencillos en el ámbito de la sexualidad. De hecho, son algo «retorcidos», precisamente como el cerezo, su árbol tótem.

- **Dinamismo**

Aquí abordamos un punto delicado de esta personalidad, ya que, en efecto, volvemos a toparnos con la doble dimensión que ya hemos calificado de bastante desconcertante. Su dinamismo resulta relativamente débil en comparación con la actividad. Ahora bien, no debemos pensar que son personas indolentes, ya que en realidad son capaces de esfuerzos muy intensos cuando se desencadena su espíritu combativo. Por ello, siempre deberemos manifestar con ellos una vigilancia atenta unida a una comprensión leal.

- **Sociabilidad**

Después de esto, no cuesta comprender que su vida social sea caprichosa: algunos días quieren estar solos y otros optan por verse con todo el mundo. Tanto su fuerza de voluntad como su sentido de la moral varían mucho en función de las circunstancias. La suerte juega un papel en su vida, aunque a menudo la estropean por culpa de una obstinación que lo cuestiona todo. En general, podríamos decir que se trata de un nombre no siempre fácil de llevar, y esto vale tanto para los llamados Bernabé como para los demás nombres de características similares.

- **Conclusión**

Si le gusta la pesca deportiva, no lo dude: entréguese a este tipo de «fiera». Eso sí, recuerde que, aunque la carne del lucio es deliciosa, a veces es peligroso acercarse demasiado, ya que, incluso en el plato, seguirá defendiéndose hasta con las espinas.

Bernardo (M)

LEMA: *Aquel que anuncia la primavera*

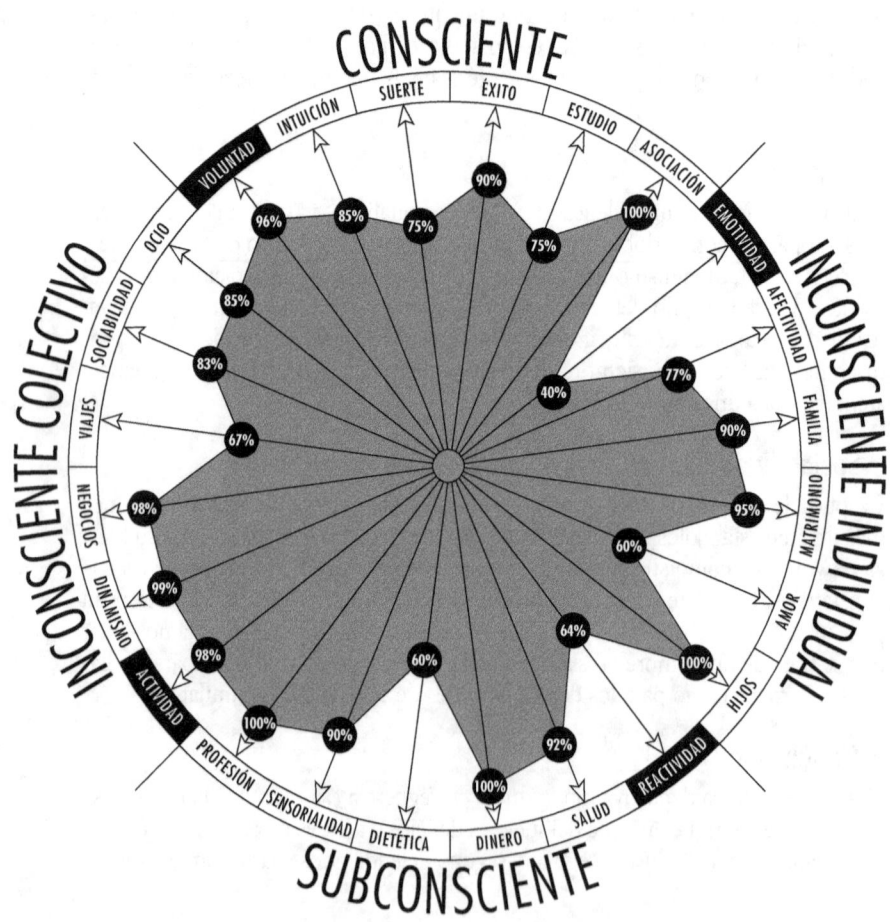

ELEMENTO:	Fuego	ANIMAL:	Cuco
SIGNO:	Aries	MINERAL:	Sal
COLOR:	Violeta	VEGETAL:	Morera

Bernardo

y todos los nombres con características análogas indicados en el índice, incluyendo:

Agenor	Gregori	Nino
Arturo	Gregorio	Stan
Barney	Horacio	Stanley
Boris	Moisés	Teobaldo
Estanislao	Moshé	Tibalt...

• Tipo caracterológico

Se caracterizan por un gran temperamento y una emotividad mediocre; son muy activos y reaccionan con rapidez. Se trata de caracteres bastante secos, incluso tajantes, que deberemos tratar de ablandar desde la infancia, aunque sin llegar a apagarlos. Se expresan de una forma a menudo cortante, que puede provocar desconcierto o irritación. Por otra parte, tampoco es que busquen gustar, sino que más bien son vindicativos. Poseen unos principios inflexibles que están dispuestos a inculcar a los demás, si es necesario por la fuerza. Su lema podría ser «mano de hierro en guante de acero». A pesar de este aspecto ligeramente áspero, su animal tótem es el cuco, un símbolo que pone de manifiesto su calidad ligeramente invasora. Su vegetal tótem es la morera, un árbol de gran eficacia. Y si no, pregunten a los gusanos de seda.

• Psiquismo

Son extrovertidos, es decir, que consideran la vida de los demás como un tema esencial en que sumergirse. Normalmente se trata de líderes obsesionados con dirigir con mano de hierro a sus iguales. Son poco influenciables y tan sólo ceden cuando el argumento es sólido y reiterado. Así pues, habrá que estar muy atento mientras son niños para que, posteriormente, no se conviertan en pequeños dictadores.

• Voluntad

Normalmente es muy fuerte, por no decir tiránica. No obstante, en este sentido hay que subrayar que esta potente voluntad no se aplica tanto al sujeto en sí como a aquellos que lo rodean. Se trata de una voluntad cortante, totalmente carente de diplomacia, que provocará muchos conflictos y discusiones, e incluso abandonos.

• Emotividad

Aunque es mediocre, esto no quiere decir que no exista; de hecho, como complemento de la reactividad, puede aportar, cuando es necesario, un matiz apasionado a los virulentos discursos que tan bien saben pronunciar sobre cuestiones incendiarias.

- **Reactividad**

Es intensa: con ellos, uno no puede aplazar un asunto, sino que más bien tienden a ir al grano, si lo estiman necesario de forma brutal. Son objetivos y están dispuestos a sacrificarlo todo por un ideal, ¡incluso a su prójimo! Son personas enteras incapaces de soportar las medias tintas y las contradicciones. Así pues, nos enfrentamos a un tipo caracterológico muy tajante que, si procede, no dudará en «hacerse un hueco» en los asuntos de los demás, como un auténtico cuco.

- **Actividad**

Su actividad es intensa y se aplica de buena gana a un espíritu comunitario muy desarrollado. Tienen espíritu de equipo, sobre todo si se trata de *su* equipo. Son muy trabajadores: con independencia de la rama que hayan escogido, se dedican a ello con todas sus fuerzas. Lo que importa es el resultado, así que podrán ser tanto técnicos como hombres de letras o científicos. Su verdadera preocupación es realizarse y cumplir sus objetivos. Pueden llegar a ser funcionarios de mucha responsabilidad, religiosos de obstinada ortodoxia, intransigentes parlamentarios y, en general, personas de carácter a menudo molesto.

- **Intuición**

Son intuitivos, pero no de forma constante. A veces consiguen resolver de forma inmediata problemas de enorme complejidad. Digamos que, normalmente, tienen inspiración. Poseen un encanto algo rudo y practican una seducción sin miramientos; no obstante, la mayoría de las veces podremos contar con ellos.

- **Inteligencia**

Su inteligencia es analítica: se sumergen en los detalles y le buscan tres pies al gato, pero siempre por el bien de una causa, ya que son constructores natos. Su constitución mental es muy sólida y tienen una memoria fantástica, una curiosidad infatigable y una atención que siempre está despierta. Su fórmula favorita sería: «No hable tanto de sus derechos y preocúpese más de sus deberes».

- **Afectividad**

Para ellos, el amor es sinónimo de rigor. Son exigentes, auténticos hombres de deber y posesivos para dar y darse mejor. En la infancia no es fácil manejarlos. Su bendito rechazo de la injusticia los lleva a practicar una afectividad igualitaria. No quieren ser los mimados de los padres, pero tampoco quieren que el preferido sea alguno de sus hermanos. Quieren ser comprendidos, no recibir una palmada en la espalda.

- **Moralidad**

Su moral se adhiere a la perfección al ideal o la causa que han adoptado, y en todos los casos se manifestará a través de decisiones tajantes del tipo «eso se hace» o «eso no se hace». La conducta inflexible también forma parte de su sistema filosófico. En este sentido, son sus propios amos, y pueden convertirse tanto en santos como en demonios: no hay término medio. En la fe serán algo fanáticos, y en el ateísmo, exagerados. Asimismo, serán reformistas e incluso revolucionarios.

• **Vitalidad**

Poseen una vitalidad excelente, de la que además abusan con frecuencia. Prestan muy poca atención a su salud. Es algo que nunca tienen en cuenta, e irán hasta el final sin quejarse incluso cuando no se sientan bien. A menudo tienen un régimen alimenticio malo y sufren carencias de vitaminas, un punto que deberá controlarse durante la infancia. Durante toda su vida tendrán necesidad de estar en contacto con el aire libre y podrán sufrir accidentes debido a su carácter impetuoso.

• **Sensorialidad**

Después de todo lo dicho sobre su personalidad, no cuesta imaginar que poseen una sensorialidad de altos vuelos. Eso sí, prefieren no hacerse cargo de ella, así que para calificar su sexualidad nada mejor que retomar la fórmula utilizada en relación con su capacidad de seducción: «sin miramientos».

• **Dinamismo**

Normalmente son auténticas bombas ambulantes. El problema no consiste en saber si van a explotar, sino cuándo lo harán. No olvidemos que vienen anunciando un mundo mejor, una nueva sociedad, y en este sentido merecen todo nuestro interés y atención.

• **Sociabilidad**

La sociabilidad, en ellos, posee muchos matices, ya que no les gusta perder el tiempo con gente que no tenga nada que hacer o decir. Sin embargo, la cortesía les lleva a aceptar determinadas normas mundanas, aunque no lo hagan de buena gana. Como amigos son ariscos, exigentes y tiránicos, pero también fieles y leales, aunque no de una forma tranquila: suelen oponerse de forma constructiva. Con ellos, los fracasos actúan de tonificante. Por último, diremos que a menudo se sienten desestabilizados por la zigzagueante flexibilidad de la psicología femenina.

• **Conclusión**

La verdad es que no es fácil tratar con ellos; pero aún lo es menos ignorarlos, sobre todo porque no tienen ninguna intención de olvidar a las personas que los rodean. Con ellos es imposible aburrirse.

Nunca hablan de su suerte; la trastocan o la ignoran y acaban ganándose el éxito a pulso. Normalmente son hombres que llevan sus ideas al extremo, creadores y anunciadores de nuevas eras; es decir, el eterno joven.

N.º 13

Berta (F)

Lema: *Aquella que envuelve*

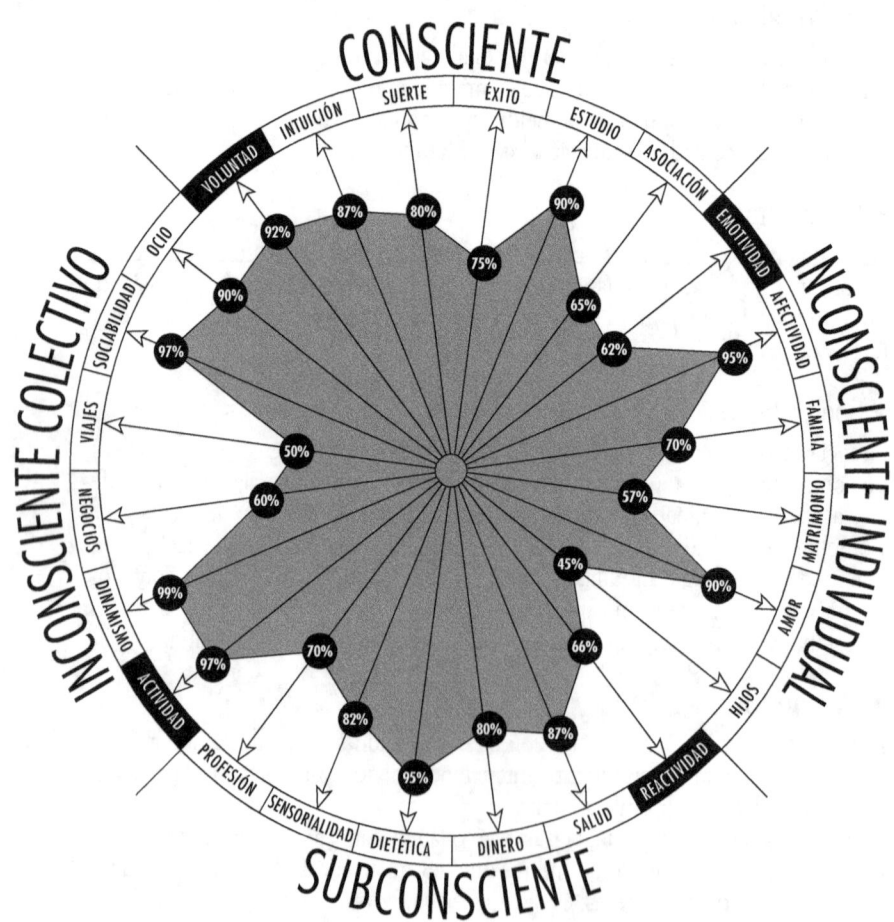

Elemento:	Aire	Animal:	Boa
Signo:	Acuario	Mineral:	Topacio
Color:	Naranja	Vegetal:	Viña virgen

Berta

y todos los nombres con características análogas indicados en el índice, incluyendo:

Amandina, Armela, Aurelia, Berta, Bertila, Clotilde, Colombina, Débora, Delfina, Melania, Melina, Melisa, Oriana, Ornela, Paloma...

• **Tipo caracterológico**

Su animal tótem es la boa. Cuando la boa quiere apoderarse de una presa, la rodea antes de tragarla viva. Pues bien, las Bertas y demás nombres asociados actúan igual: la devoción de su afecto llega a envolver al objeto de deseo con una red de lianas que lo deja paralizado. Su planta tótem es la viña virgen. Este tipo de carácter posee una gran emotividad, así como una actividad no menos intensa. Conclusión: no pueden estarse quietas. Menos mal que sus intensas reacciones llegan con algo de retraso, lo que les da tiempo para reflexionar antes de explotar. Son muy enérgicas, no desdeñan las maquinaciones y siempre presentan dos caras: o son «viñas», con toda la exuberancia del vino nuevo, o predomina la «virgen», con su mirada hierática y lejana.

• **Psiquismo**

Son extrovertidas, es decir, que necesitan estar muy abiertas al mundo. Necesitan un público para montar su número, ya que son bastante comediantes y, en particular, utilizan la inestabilidad de su salud para hacerse las interesantes, aunque eso sí, con mucho encanto y astucia. Son muy poco influenciables.

• **Voluntad**

Con un solo vistazo al diagrama psicoestructural de estos nombres se hace evidente la notable potencia de la voluntad, que se ve respaldada por una intensa actividad. Durante la juventud, deberemos canalizar bien los esfuerzos voluntarios de estas personas para evitar que se dispersen.

• **Emotividad**

Es bastante importante, ya que constituye el detonador de este psiquismo de extraordinaria potencialidad. No obstante, su intensa emotividad les llevará a tomar decisiones precipitadas y, sobre todo, hará que pierdan el control de su confianza. A la larga, son previsibles muchas meteduras de pata.

• **Reactividad**

También se encuentra muy presente. Es tan intensa como la emotividad, y originará numerosas situaciones de tensión y complejidad. Este tipo de carácter no tiene ni una pizca de objetividad... Ven las cosas de forma muy personal, y estaremos perdiendo el tiempo si tratamos de convencerlas de cambiar de opinión. Son muy posesivas: tienen «su» marido, «su» piso, «su» vida, y así con todo. Tienen confianza en sí mismas y pasan en medio de la sociedad como un huracán turbulento y apasionado. Durante la infancia, deberemos tratar de encauzar estas aguas tan tumultuosas.

- **Actividad**

Se trata de un aspecto omnipresente: quieren encargarse de todo y meterse en todo. No hay nada que no sepan, y no tienen problemas en explicar a los demás, con gran amabilidad e incluso sentido del humor, que no han entendido nada y no saben hacer nada. Suelen ser muy buenas estudiantes, así como saber pronto qué harán en la vida, ya que son personas decididas y su orientación profesional no suele plantear problemas. Digo «no suele» porque tienden a escoger profesiones dobles e incluso a tener dos profesiones a la vez. Así, las podremos ver vestidas de enfermeras, serviciales y eficaces, pero también como actrices fantasiosas y rebosantes de humor. En ocasiones estas dos dimensiones coexistirán, en cuyo caso tendremos a una inestimable maestra que, al caer la noche, se pondrá a tocar en una orquesta. Y eso si no se convierten en espías a jornada completa.

- **Intuición**

Poseen una intuición considerable, así como un olfato sorprendente: ven más allá de las cosas, adivinan y juzgan a las personas, aconsejando a unos y trastocando a otros. Son muy seductoras. A menudo son extravagantes y son fantásticas narradoras de cuentos.

- **Inteligencia**

Su inteligencia es viva y sintética, es decir, que comprenden muy rápidamente todos los aspectos de un problema pasando por alto los detalles. Cuentan con una memoria excelente, sobre todo afectiva. Se acuerdan muy bien de todo lo que se les dijo o hizo, y puesto que son bastante rencorosas, no es recomendable herir su susceptibilidad. Poseen una curiosidad insaciable y les encantan los chismorreos, incluso por teléfono, su aparato favorito.

- **Afectividad**

Ya hemos visto que eran posesivas; no obstante, si poseen es para amar mejor: los padres deberán procurar no ser «tragados» por estos niños de apetito insaciable y espíritu prodigiosamente rápido. Muy a menudo, prefieren amar a ser amadas, y si bien su amor en ocasiones resulta asfixiante, desde luego es verdadero.

- **Moralidad**

Cuentan con una irresistible moralidad verbal que tratarán de imponer a su entorno. Y puesto que su conducta es muy correcta, las escucharemos y seguiremos. ¡Por las buenas o por las malas! Tienen un gran sentido de la amistad. Se adaptan fácilmente a todos los tipos de amigos que pueden tener y conocen bien el arte de hacer que les cuenten su vida; por tanto, serán confidentes atentas y devotas, y tratarán las cuestiones más íntimas con delicadeza. Normalmente tienen unas creencias bastante clásicas y cualquier innovación en materia de fe les resulta sorprendente e incluso incómoda.

- **Vitalidad**

Gozan de una resistencia envidiable, una vitalidad muy intensa y, de forma simultánea, a veces se ven aquejadas de mil pequeños males cuya causa no siempre está clara, y que a menudo poseen un origen psíquico. Deben vigilar su sistema circulatorio, que puede provocarles frecuentes quebraderos de cabeza. Durante la juventud, habrá que obligarlas a hacer deporte y dar paseos; en una palabra: a salir al aire libre lo máximo posible y no ser demasiado aprensivas. Su punto débil son los intestinos.

- **Sensorialidad**

No hay que olvidar que su animal tótem es la boa, denominada «constrictor». Su sensorialidad, y más concretamente su sexualidad, se engloba en la esfera de la posesión. Pero seamos claros: serán ellas quienes le rodeen con sus anillos, y esto incluye el de matrimonio. Aquí, de nuevo, debemos remitirnos discretamente a la comparación simbólica anterior, cuando dijimos que eran similares a la viña virgen: en efecto, manifestarán una sensualidad de dos caras que podrá originar algunos malentendidos.

- **Dinamismo**

Desde luego, es su punto fuerte. Serán del tipo de, con todos los respetos, «Olvídate de eso, que ya me ocupo yo» o «Si no eres capaz de hacerlo, dilo desde el principio». Algo que resulta encantador cuando uno está de buen humor.

Su alegre personalidad a menudo esconde un ser más profundo y reprimido desde el punto de vista sentimental, que tiene problemas para expresarse y hacer que lo tomen en serio. Por tanto, desde muy jóvenes deberemos procurar que se expresen de forma afectuosa y distendida.

- **Sociabilidad**

Después de todo lo visto, resulta evidente que este tipo carácter es sociable y hasta un punto agresivo, ya que necesita tener acceso a mucha gente. Su voluntad es más fuerte de lo que parece, y cuando algo se les mete en la cabeza, resulta bastante difícil hacerlas cambiar de opinión. Su moral es, en apariencia, excelente. Tienen buena suerte, aunque si tienen éxito es más por su presencia y su magnetismo que por saber maquinar para conseguirlo.

- **Conclusión**

Cualquier explorador africano le explicará que la boa se deja caer sobre sus presas desde lo alto de un árbol: no se la ve venir. Antes de ni siquiera darnos cuenta, ya estaremos «enlazados»… Y para escapar de ese lazo, la historia es muy distinta.

N.º 14

Camilo (M)

LEMA: *El hombre inquieto*

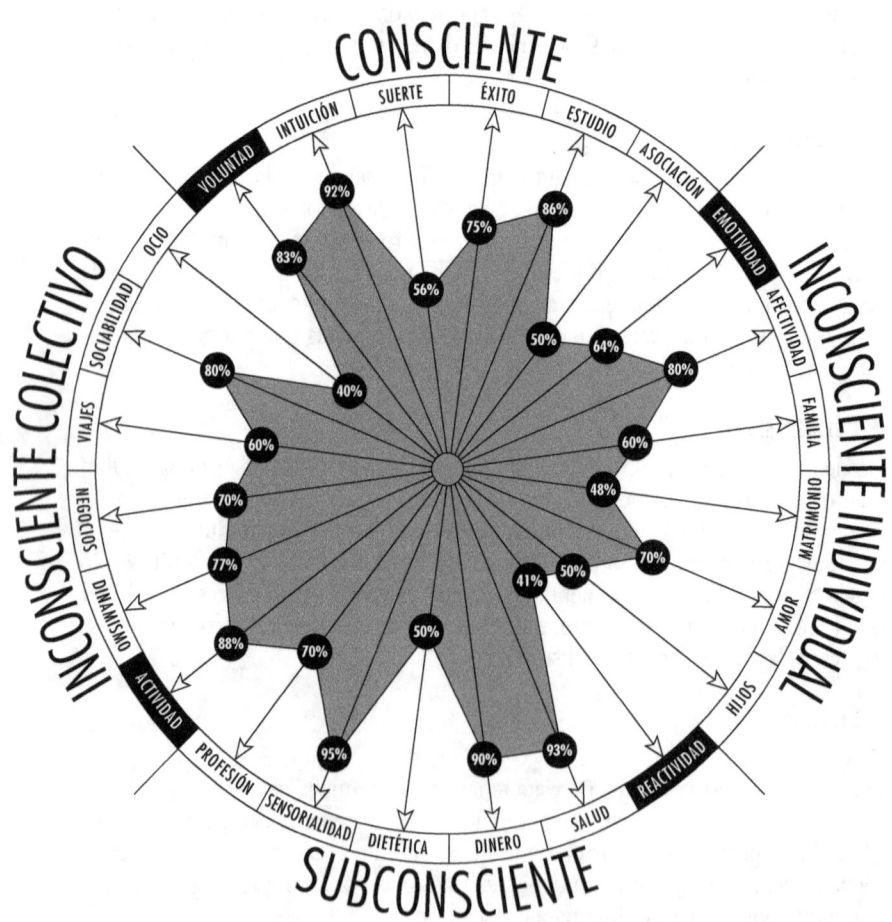

ELEMENTO: Tierra
SIGNO: Capricornio
COLOR: Amarillo

ANIMAL: Antílope
MINERAL: Sodio
VEGETAL: Dormidera

Camilo

y todos los nombres con características análogas indicados en el índice, incluyendo:

Armando	Eusebio	Galterio
Benedicto	Fernán	Kamilka
Blas	Fernando	Martín
Blay	Ferran	Maturino
Casiano	Fulgencio	Oliverio...

- **Tipo caracterológico**

Son inquietos por naturaleza. Sin ánimo de exagerar la relevancia de esta inquietud, sí es verdad que condiciona el carácter de estas personas. En efecto, a su gran emotividad se suma una buena dosis de actividad y una capacidad de reacción mediana. Su animal tótem es el antílope, que siempre está tenso, temeroso, preparado para huir. A pesar de todo, los Camilos son personas con los pies en la tierra, aunque sean unos pies frágiles. De forma curiosa, a menudo ocurre que aquellos nombres cuyas formas masculina y femenina son muy similares (y, en idiomas como el francés, incluso idénticas), incluyen en su fórmula caracterológica cierta inquietud que, en este caso, aparece con total claridad. Esto también es válido para los nombres asociados a ellos y que comparten esta indecisión temperamental.

- **Psiquismo**

Son introvertidos, es decir, que tienen tendencia a encerrarse en sí mismos y a juzgar el mundo en función del reflejo que perciben del mismo en su interior. En este punto, de nuevo, deberemos procurar que, durante la infancia, estén en contacto con las realidades de la vida y se enfrenten a ellas con valentía. Poseen una memoria afectiva desarrollada: recuerdan más las situaciones que los hechos en sí. Tienen una gran curiosidad, en ocasiones demasiado grande, que puede ponerlos en situaciones delicadas. Les falta algo de objetividad. No tienen demasiada confianza en sí mismos, algo que, a partir de la juventud, puede convertirse en una gran timidez si no se presta la atención necesaria.

- **Voluntad**

Es bastante mediocre. Observando el diagrama de carácter, podrá comprenderse el origen de la inquietud mencionada comprobando que la actividad de la persona es superior a su voluntad, lo que provoca un sentimiento de desequilibrio y de fuga hacia la vida interior.

- **Emotividad**

Desde niños, deberemos hacerles comprender que las decisiones no llegan con los acontecimientos, sino que deben tomarse con la voluntad, y que, por tanto, en un hombre no debe dominar la emotividad, sino más bien la noción de un compromiso motivado.

- **Reactividad**

Se sitúa muy por detrás de la emotividad, y, de nuevo, este desfase originará una gran incomodidad. Es la actitud típica del comportamiento del antílope, que salta al menor ruido y reflexiona después, deteniéndose en seco, para tratar de considerar la situación. Poseen un sentimiento afianzado de oposición, así como una gran sensibilidad al fracaso que les da ganas de huir. Precisamente por esto es importante la intervención de los padres y educadores en este ámbito, para que el niño no sufra la sensación paralizante del fracaso reiterado.

- **Actividad**

Es muy eficaz pero también restrictiva, ya que se encuentra mucho más influida por la emotividad que por la voluntad, como ya se ha dicho. Estos hombres se sienten inclinados a profesiones que concilian lo intelectual con lo manual. Por tanto, deberemos estar atentos cuando llegue el momento de la elección: con ellos, lo más seguro es que debamos enfrentarnos a una encrucijada. Así, será necesario optar por la vía de la derecha, que podría llevarles a profesiones como abogado, periodista o profesor, o por la de la izquierda, que les convertirá en ganaderos, comerciantes o artesanos. Será necesario disciplinarlos desde muy pronto si queremos que su conciencia profesional esté a la altura de sus cualidades.

- **Intuición**

Gozan de una intuición enérgica: cualquier cosa los pone alerta. Aunque parezcan algo inestables, en realidad poseen un poder de seducción notable y una imaginación que habrá que controlar cuanto antes.

- **Inteligencia**

Se caracterizan por una inteligencia rápida, muy analítica y meticulosa. Por otra parte, a veces su gran emotividad origina interferencias que perturban una reflexión en profundidad y les hace tener algunas dificultades de expresión. De jóvenes, será necesario vigilar su elocución para que no tartamudeen, así como enseñarles a poner orden y mesura en sus ideas y palabras.

- **Afectividad**

A menudo temen que un afecto demasiado intenso termine por esclavizarlos. Son independientes, y si queremos conquistarlos cuando son niños, desde luego no será colmándolos de mimos y besos. Por el contrario, percibirán este tipo de manifestaciones como una muestra de propiedad y huirán de las mismas.

- **Moralidad**

Este tipo de nombres suele llevar a sus portadores a reacciones morales de gran intensidad. No les gustan las situaciones ambivalentes o dudosas, y a menudo su moralidad constituye más un temor que una decisión ética de profundidad. Exigen una franqueza total en lo que respecta a su fe. Tan sólo son auténticamente capaces de creer una vez han comprendido lo que se espera de ellos y lo que se les está proponiendo, algo que no siempre ocurre con facilidad.

- **Vitalidad**

En principio, poseen una salud excelente, aunque deberían tratar de evitar el agotamiento intelectual. Por el contrario, gozan de una buena resistencia al cansancio. Conviene que duerman mucho y lleven una vida tranquila, así como un régimen equilibrado. Además, deben desconfiar de los estimulantes, una recomendación en la que hay que insistir por su gran importancia. Son bastante sensibles a las enfermedades virales y su punto débil es el sistema nervioso.

- **Sensorialidad**

Su intensa sensorialidad hace que aprecien lo que suele llamarse las «cosas buenas» de la vida. Quizá así se sientan más tranquilos. Son apasionados y, con frecuencia, la sensualidad prima sobre el sentimentalismo. Incluso estarían dispuestos a despojarse de este último para no sentirse comprometidos desde una perspectiva moral hacia su pareja. Así pues, cuando son niños no deberíamos contarles cuentos chinos: necesitan explicaciones claras.

- **Dinamismo**

En este ámbito también se produce una diferencia clara entre actividad y dinamismo. Aparentemente, el «ser» de la persona supera a veces a su «apariencia». Dicho de otro modo, y haciendo uso de un lenguaje más llano, van por detrás de sí mismos. Su amistad es sólida, y tienen pocos amigos, pero les gusta ponerla a prueba para asegurarse de su rectitud y disponibilidad. Mientras son niños, habrá que explicarles que la principal cualidad de la amistad es no ser un tirano.

- **Sociabilidad**

Son muy sociables pero bastante inestables: ahora quieren estar en compañía, y al instante siguiente les gustaría vivir solos en medio del Pacífico. Poseen una buena voluntad, aunque a veces resulta intermitente. Aceptan la vida familiar siempre que no sea despótica. Tienen buenas oportunidades, aunque no suelen saber aprovecharlas, de forma que a menudo su éxito es más bien consecuencia del azar. Así pues, tan sólo deberán preocuparse por mantener cuidadosamente ese don de la providencia y no malgastar su suerte.

- **Conclusión**

Ya que es muy difícil impedir que nuestro antílope salga huyendo, al menos deberemos enseñarle el arte de reflexionar con rapidez mientras corre a toda prisa. Cuanto más acerquemos el nivel de la voluntad al de la actividad, más equilibrados estarán estos nerviosos natos. Por último: su planta tótem es la dormidera, cuyas virtudes son muchas, aunque destaca, en particular, su eficaz efecto calmante... ¡cuando no se usa como una droga de temibles efectos!

Carlos (M)

LEMA: *Aquel que pasa, aquel que aplasta*

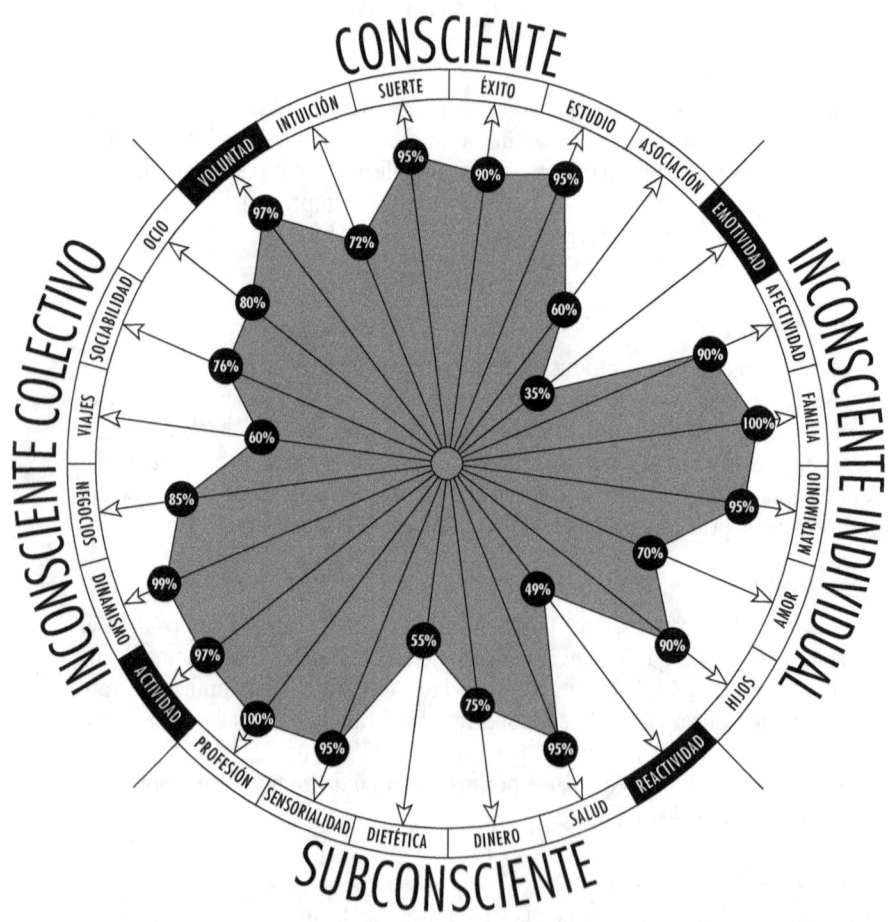

ELEMENTO: Fuego
SIGNO: Sagitario
COLOR: Rojo

ANIMAL: Elefante
MINERAL: Hierro
VEGETAL: Sauce

Carlos

y todos los nombres con características análogas indicados en el índice, incluyendo:

Baltasar	Gaspar	Nick
Carles	Jeremías	Nicky
Charlie	Klaus	Nicolás
Cristian	Malcolm	Niels
Cristiano	Mallory	Nikita...

- **Tipo caracterológico**

Cuando se ponen en marcha, no hay nada que los pare. En esto se parecen a su animal tótem, el elefante, que avanza a través de la selva hacia delante, impasible, aplastándolo todo a su paso e indiferente ante los gritos de miedo u odio que ello provoca. Poseen una emotividad bastante débil, una actividad prodigiosa y una capacidad de reacción controlada. Además, de forma extraña, estas personas indolentes dan la impresión de permanecer inmóviles mientras dejan a todo el mundo atrás.

- **Psiquismo**

Este tipo de carácter no puede vivir sin fijarse un objetivo preciso, ya sea en el plano material, espiritual o filantrópico. Llevando esto al límite, prefieren equivocarse avanzando que dar marcha atrás con toda la razón. Sienten horror ante la debilidad de los demás y resulta inútil tratar de que sientan pena. Tienen espíritu de líder y no se detienen en consideraciones humanitarias. Se vuelven más hacia las funciones que hacia las personas que las desempeñan. Por ello, resultará interesante hacerles comprender, desde jóvenes, que el mundo consiste en «los demás y ellos», y no en «ellos y los demás». A pesar de ser subjetivos y centrarse en su propia persona, son capaces de darlo todo por una causa. Poseen una confianza total en sí mismos y sólo se definen verdaderamente a través de la acción.

- **Voluntad**

Su voluntad resulta aplastante. Desde pequeños experimentarán esa voluntad implacable que empuja a este tipo de carácter a atravesar la selva de la vida aplastándolo todo a su paso. Saber resistirse ante ellos en según qué aspectos no resultará una tarea fácil, desde luego.

- **Emotividad**

Su emotividad está controlada, rodeada de un muro de contención, ocupando un lugar muy concreto. Eso sí, estará plenamente disponible cuando su propietario la necesite para dar color a un discurso, humanizar una orden o manifestar entendimiento.

101

- **Reactividad**

Poseen una capacidad de reacción mediana, que en realidad esconde un enorme control. Se niegan a dar rienda suelta a sus sentimientos para no dar ventaja al enemigo. Además, es difícil ser su amigo. Para ellos, tan sólo existe un amigo verdadero: uno mismo. Los hombres son un poco como soles solitarios, de cuyo calor y vida dependen los planetas. Con ellos, la amistad será una modalidad de dependencia. Por el contrario, necesitan enemigos: la acción implica oposición. Los fracasos les afectan muy poco, en el sentido de que un fracaso no lo es realmente si no se acepta como tal.

- **Actividad**

Más que de actividad, se trata de un maremoto que no sólo ahoga a los colaboradores, sino también a la familia. Sin lugar a dudas, estos sólidos seres no tardarán, desde su primera juventud, en lanzarse de cabeza a la batalla de la vida, que empieza por la obtención de títulos. Y es que la única forma que tienen de protegerse de la necedad de los demás es acorazarse con pergaminos. ¿En qué se convertirán posteriormente? La mayoría de las veces en jefes, ya sea en el comercio o la industria, así como en militares o jueces, es decir, todas aquellas profesiones destinadas a enseñar al resto de la humanidad, de una forma u otra, a veces de forma ruda, que tan sólo existe una vía honrosa: el combate. También pueden convertirse en religiosos reivindicativos, quizá maquiavélicos, pero siempre eficaces.

- **Intuición**

Normalmente, su inteligencia alcanza tal complejidad debido a sus dos dimensiones (analítica y sintética), que los Carlos y demás nombres vinculados pueden prescindir de intuición. De hecho, la sustituirán por esa prodigiosa acción que todo lo barre y todo lo justifica a sus ojos. Su capacidad de seducción es terminante: «O la cosa funciona, o la cosa no funciona».

- **Inteligencia**

Son inteligentes, pero no de forma demasiado evidente, ya que no son comunicativos y no pretenden destacar. Poseen una inteligencia tanto analítica como sintética, algo nada habitual: así, perciben al mismo tiempo las grandes líneas de una acción y los detalles que la condicionan. Por otra parte, esta inteligencia de doble filo tan sólo alcanza su punto álgido (a menudo con tintes cáusticos) cuando muestran su verdadero yo durante un breve instante. Sus éxitos más conseguidos son aquellos que menos se ven.

- **Afectividad**

Demuestran una gran capacidad de retención a la hora de expresar sus sentimientos, a pesar de poseer una verdadera sensibilidad interior. Dicho de otro modo, son introvertidos. Tan sólo muestran de sí mismos lo que quieren aparentar, algo que provoca cierto inmovilismo sentimental, a menudo desconcertante, por no decir petrificante.

• Moralidad

Poseen ante todo una moral basada en la acción, que puede parecer excesiva, y que, sin embargo, aplican con tanto rigor a sí mismos como a los demás. La palabra *chanchullo* los saca de sus casillas y tienen un lado Cirano de Bergerac que no tardará en manifestarse. En la infancia habrá que tratarlos como adultos desde que empiecen a desarrollar su sentido de la responsabilidad.

• Vitalidad

Tienen, como todo hijo de vecino, sus puntos débiles: los huesos y el hígado. Aunque en general son sobrios, también es verdad que exigen mucho a su salud. Son incapaces de detenerse hasta llegar a su objetivo. Además, a menudo son tan orgullosos que desaparecen antes de llegar al final, una vez han llevado a buen puerto su cometido; precisamente como los elefantes, que, según se dice, saben por anticipado el momento de su muerte y acuden a refugiarse en un lugar misterioso para esperarla.

• Sensorialidad

De forma curiosa, la sensorialidad desempeña un papel importante en este carácter a pesar de su relativa frialdad, algo que quedará reflejado tanto en su sexualidad como en la glotonería y la comodidad. Hay que resaltar, y esto explica muchas cosas, que nunca serán esclavos de sus sentidos: toman y dejan cuando les viene en gana. Poseen una sexualidad potente, a la vez secreta y directa, pero sin embargo dominada. A menudo poseen un aire de monje guerrero que resulta sorprendente, sobre todo en este ámbito.

• Dinamismo

Para comprender su dinamismo, basta con consultar el diagrama de carácter presentado junto a este análisis. Veremos que su actividad y su dinamismo se encuentran al mismo nivel, el más alto de todos, y que al mismo tiempo se corresponde con el de la voluntad. De aquí deriva un equilibrio y una eficacia en la acción que superan con creces el nivel del resto de hombres.

• Sociabilidad

Su sociabilidad depende de las circunstancias. Personalmente no sienten gran inclinación a rodearse de una muchedumbre inútil. Cuentan con una voluntad inflexible y una moral al servicio de la acción. Su suerte parece increíble, aunque en realidad sólo disfraza al trabajo. Y después encontramos, en lo más profundo de su ser, esa melancolía algo desengañada, que procede de su árbol totémico, el sauce.

• Conclusión

«Cualidades no les faltan», podríamos pensar. «Vaya una raza de superhombres». Pues bien, no todo es de color de rosa en este tipo de carácter: hace falta una buena dosis de valentía y, en ocasiones, de abnegación, para dejarse subir a los pies de estos elefantes venidos de otro mundo.

Catalina (F)

LEMA: *El secreto de la sangre*

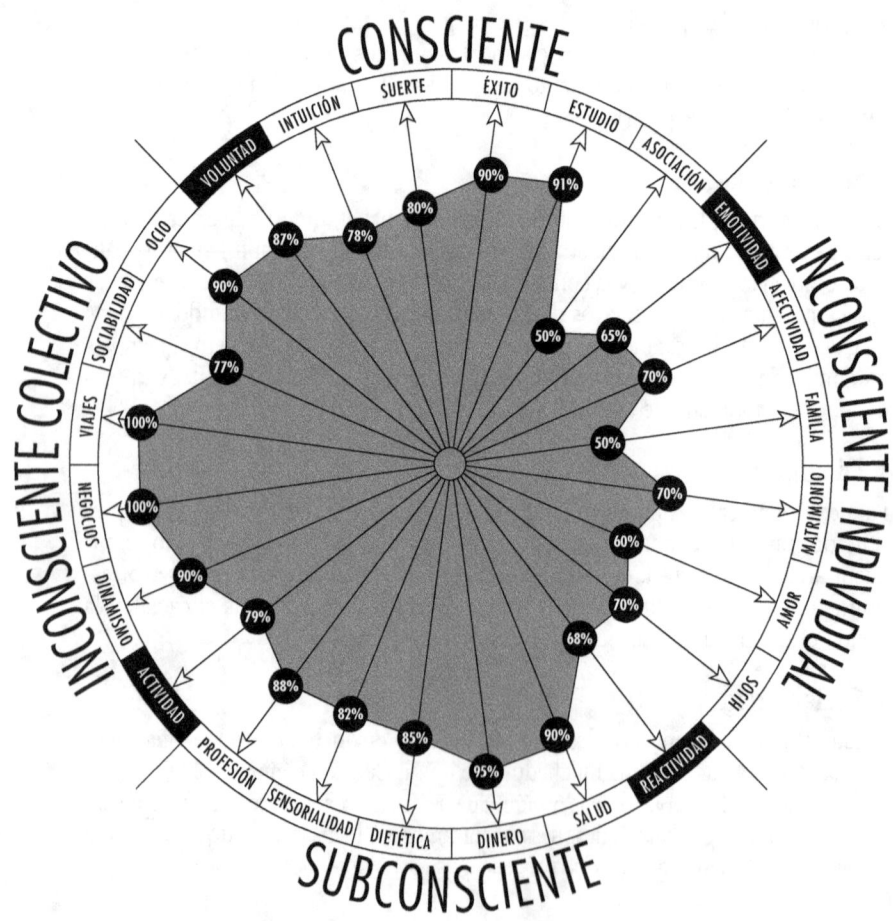

ELEMENTO:	Fuego	ANIMAL:	Cisne
SIGNO:	Leo	MINERAL:	Circón
COLOR:	Rojo	VEGETAL:	Fresera

Catalina

y todos los nombres con características análogas indicados en el índice, incluyendo:

Alieta, Audrey, Berila, Cora, Coralia, Doriana, Fulvia, Kate, Katia, Kelly, Regina, Rejana, Simona, Teodora, Wanda...

- **Tipo caracterológico**

Son nerviosas e iracundas y poseen una gran emotividad. Debido a que reaccionan con gran rapidez, pierden con bastante facilidad su sangre fría. Por el contrario, su actividad es más débil, lo que a menudo hace que confundan acción con agitación. Al ser susceptibles, e incluso un poco altivas, se pensará que también son pretenciosas. Ahora bien, esto no es del todo cierto. Si bien es verdad que, al igual que el cisne, su animal tótem, pueden parecer altaneras y despectivas, en realidad son ansiosas y están atormentadas. Por tanto, durante la niñez habrá que evitar que tengan crisis nerviosas en las que se sobrepasen con las palabras, y darles mucha tranquilidad, disciplina y una existencia regular.

- **Psiquismo**

Son inteligentes, lo saben y lo hacen sentir a los demás. Por tanto, habrá que procurar que no terminen considerándose genios. Su memoria, de tipo analítico, no deja pasar ni una. Tienen la lengua larga y no les importa. Además, son curiosas, poco influenciables y bastante introvertidas, con una tendencia clara a hacerlo girar todo en torno a sí mismas. A esto hay que añadir que son subjetivas, y a menudo de mala fe, aunque poseen una capacidad de comprensión rápida. En resumen, su carácter es más bien difícil, enredado y rebosante de vida.

- **Voluntad**

Es relativamente buena, aunque no siempre llega hasta el final de las cosas. Por tanto, veremos a las personas con este tipo de carácter adquirir un aire de alta dama herida y retirarse de la acción con cara de hastío, e incluso promover una pequeña revolución por ello. En realidad, lo que ocurre es que se han «desinflado», en el sentido literal de la expresión, y deciden envolverse en su globo roto como si de un manto real se tratase.

- **Emotividad**

Está demasiado presente como para que puedan tomarse el tiempo de reflexionar. Además, de sus encantadoras bocas no tardan en salir palabras mordaces e incluso hirientes, así que, cuando sean niñas, no deberemos permitir que respondan con insolencia a las personas mayores, sino tenerlas bien controladas.

- **Reactividad**

Cuando decimos que un caballo se «desboca» con frecuencia, significa que tiene reacciones intensas, es muy nervioso y las emociones se apoderan de él. Pues bien, este es el caso de este tipo de carácter, cuyos accesos de ira resultarán desconcertantes y sorprendentes, ya que cada vez que estallen, será con el objetivo, más o menos reconocido, de herir y destruir.

- **Actividad**

Su actividad es más bien escasa, aunque suele engañar debido a que su dinamismo es de tal intensidad que, cuando las vemos actuar, tenemos la impresión de que son indispensables. Ahora bien, en esta acción hay una parte de engaño, algo que queda reflejado a la perfección (véase diagrama de carácter) en la fórmula actividad/dinamismo. Carecen de continuidad a la hora de hacer esfuerzos y no dudan en perseguir dos liebres al mismo tiempo. Cuando viajan, tienen la impresión de estar actuando. Son excelentes periodistas, buenas comerciantes y publicistas, así como políticas. Además, poseen un sentido innato de la maquinación y una gran facilidad de adaptación. En algunos casos, también pueden ser videntes o astrólogas.

- **Intuición**

Su intuición es mediocre, sobre todo si tenemos en cuenta que se ve literalmente eclipsada por la dimensión intelectual de esta personalidad, que, bastante a menudo, es tan «rastrera» como su planta tótem, la fresera.

- **Inteligencia**

Este tipo de personalidad es un terreno abonado para las cavilaciones: estas mujeres se pasan el día calculando y maquinando. Normalmente se creen muy inteligentes y no les cuesta tomar a los demás por imbéciles. A buen seguro, la vida les reservará un buen número de sinsabores, ya que nunca se cuestionan, sino que, al contrario, se muestran satisfechas consigo mismas.

- **Afectividad**

Debido a su carácter posesivo e incluso tiránico, los padres deberán ser firmes y negarse a discutir con ellas. Confían ciegamente en su inteligencia, que no siempre resulta tan eficaz como ellas creen, sobre todo cuando se trata de juzgar a los demás. En realidad, se trata de una afectividad muy nerviosa e impulsiva; y, por qué no decirlo: egoísta.

- **Moralidad**

Su moral varía en función de las circunstancias y los acontecimientos. Por ello, es necesario inculcarles principios sólidos durante la juventud para combatir sus aspiraciones a dominar todo lo que les rodea. Reaccionan bien ante el fracaso, pero a costa de cargar los fallos a espaldas de los demás. Vacilan en sus creencias: un día es casi todo, y el día siguiente casi nada. No dudan a la hora de culpar al cielo de sus desgracias, que perciben como todo un atentado a su poder. Por último, les cuesta mucho confiar en los demás.

- **Vitalidad**

Gozan de una buena vitalidad, aunque su salud no es demasiado sólida al estar sometida al psiquismo. Necesitan tranquilidad, descanso y mucho sueño. Deben seguir una alimentación equilibrada, ya que su sistema nervioso es frágil. Las Catalinas y demás nombres de características similares tienden a abusar de los estimulantes o de los calmantes. Se cansan y agotan con facilidad.

- **Sensorialidad**

Es mediocre y tiene dificultades para manifestarse, sobre todo si tenemos en cuenta que este tipo de personas acostumbran a adoptar una máscara de indiferencia que roza el desprecio y de la que apenas sí pueden desprenderse. Esto provocará numerosos malentendidos, que a menudo serán crueles. Su sexualidad es caprichosa. Su ideal de pareja es tan exagerado que resulta poco verosímil que puedan encontrarlo algún día. Por tanto, es necesario enseñarles desde pequeñas a separar realidad de ilusión.

- **Dinamismo**

En ellas el dinamismo se reduce a la agresividad, sobre todo si tenemos en cuenta que la actividad no se encuentra, ni mucho menos, al mismo nivel, como hemos visto. Tienen suerte y abusan de ella, además de mostrar una tendencia al abuso excesivo de cosas y personas. Suelen tener éxito a edades tempranas, aunque en ocasiones este adquiere el aspecto de una cacería en la que se comportan como hombres. En definitiva, son personas que necesitan el éxito para vivir. Tienen muchas posibilidades, aunque les falta humanidad. Habrá que enseñarles desde pequeñas lo que significa el otro, y cómo respetarlo y amarlo.

- **Sociabilidad**

Con este psiquismo tan complejo y algo «falseado», resulta difícil que la sociabilidad resulte satisfactoria. De hecho, llegan a perderse en sus propias complicaciones, y en pocas ocasiones son capaces de encontrar el hilo de Ariadna. Poseen una sensibilidad brusca y les gusta estar rodeadas de gente; saben mezclar lo agradable con lo útil. Muy a menudo, su salón es la continuación de su despacho. Son voluntariosas cuando hace falta, aunque también es verdad que se pasan una parte de la vida creyendo que están realmente actuando.

- **Conclusión**

Estas personas, sobre todo durante la juventud, deberían reflexionar sobre el simbolismo del cisne, cuya elegancia e incuestionable belleza no hacen sino enmascarar una aridez de corazón y una falta de comprensión hacia el otro contra las que siempre es posible luchar. Ahora bien, este combate contra el mito de Leda será, sin lugar a dudas, largo.

Cecilia (F)

LEMA: *Aquella que atesora*

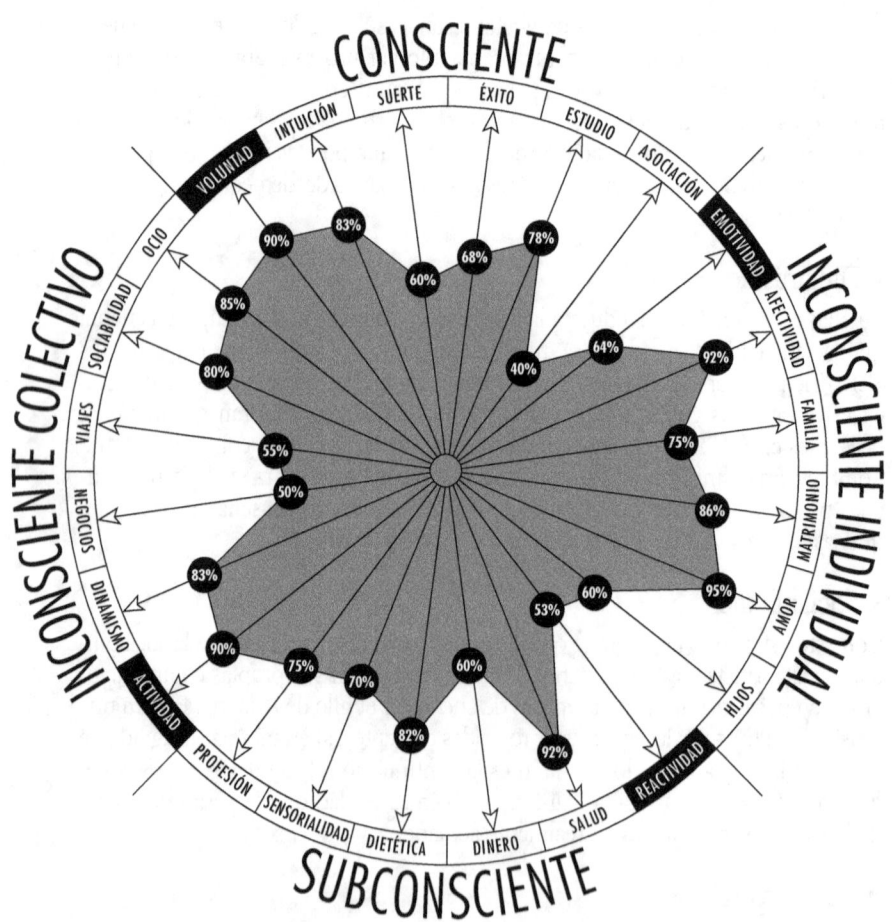

ELEMENTO:	Fuego	ANIMAL:	Ardilla
SIGNO:	Sagitario	MINERAL:	Amatista
COLOR:	Azul	VEGETAL:	Zanahoria

Cecilia

y todos los nombres con características análogas indicados en el índice, incluyendo:

Álix   Eloísa   Ofelia
Apolonia Hortensia Salomé
Ariel   Iliana   Sharon
Cecil   Jessica   Sheila
Eliana   Joselina Shirley...

• **Tipo caracterológico**

Poseen una emotividad muy intensa que, añadida a una actividad igualmente fuerte y a una capacidad de reacción veloz, convierte a estas mujeres en seres ardientes e incluso ocasionalmente coléricos. Podemos comprender bastante bien su carácter fijándonos en su animal tótem, la ardilla, que recorre los bosques, recoge avellanas y las guarda de cara al invierno. Como este animal, las personas con este carácter sienten una necesidad de seguridad, guardan provisiones por adelantado y, con mucha paciencia y tiempo, acaban por alcanzar los objetivos que se habían fijado cuando eran jóvenes.

• **Psiquismo**

Son introvertidas, es decir, que, al igual que una ardilla, se esconden en su nido cuando surge un peligro, pero no sin haber protestado con violencia. Son poco influenciables. No obstante, no debemos creer que se refugian en su hogar para huir del mundo y esconderse, sino que, muy al contrario, es allí donde encuentran la comodidad que necesitan, así como la posibilidad de elaborar un nuevo plan de acción.

• **Voluntad**

La fuerza de voluntad está muy presente en ellas y además sostiene con gran eficacia su enérgica actividad. Sin embargo, resulta curioso comprobar que dicha voluntad, que es excelente (basta con remitirse al diagrama de carácter que acompaña este análisis), se asemeja bastante al vegetal totémico de las Cecilias y demás nombres con las mismas características, a saber, la zanahoria. En efecto, esta planta es el símbolo de la voluntad secreta de acumular reservas en la tierra, mostrando a la vista tan sólo algunas hojas relativamente discretas.

• **Emotividad**

La emotividad desempeña un papel importante, pero no resulta molesta, ya que, lejos de conllevar una obstinación fastidiosa, aporta a su personalidad una sensibilidad bastante seductora, así como un gusto considerable por la aventura. Así pues, durante la juventud no deberemos bloquear su psicología con la intención de impedir los desahogos afectivos.

- **Reactividad**

Poseen un sentido desarrollado de la oposición, por lo que no siempre resultan fáciles de convencer. Son sensibles al fracaso, que les suele provocar accesos de ira, aunque no tardan en recuperarse y seguir el camino hacia su objetivo.

Puesto que son fundamentalmente objetivas, tienen la capacidad de entregarse a una causa cuando la estiman valiosa. Por el contrario, y puesto que no son demasiado posesivas, suelen sorprender por un desapego que no siempre parece corresponderse con su carácter. Tienen una confianza en sí mismas bastante mediocre, llegando incluso a ser tímidas.

- **Actividad**

No pueden vivir sin actuar de acuerdo con un plan fijado tras mucho reflexionar. Por otra parte, esta actividad posee una dimensión altruista, de forma que, una vez la pequeña ardilla haya terminado su recolecta, acudirá de buena gana a echar una mano (o una pata, mejor dicho) a aquellos que lo necesiten. Tienen una buena conciencia profesional y tratarán de decidir su eventual profesión futura desde muy pequeñas; tomada la decisión, se lanzarán a estudiar con gran ímpetu e incluso obstinación, hasta alcanzar su objetivo ante y contra todo. Sienten predilección por las profesiones difíciles que exigen olfato, así que podrán ser, por ejemplo, médicas o mujeres de negocios. Les convendrá cualquier profesión que requiera entrega, compromiso y cuestionamiento, ya que verdaderamente se definen a través de la acción.

- **Intuición**

Gozan de una gran intuición que les será tremendamente útil en la vida. Sienten venir las cosas, y en ocasiones tienen sorprendentes iluminaciones que no siempre saben aprovechar.

- **Inteligencia**

Poseen una inteligencia enérgica y un espíritu crítico desarrollado que les hace lanzar sentencias duras pero carentes de auténtica maldad. Esta inteligencia es analítica y cuentan con una percepción fantástica a la hora de distinguir todo aquello que no se ve, así como para juzgar a las personas. Tienen una memoria sorprendente, pero su curiosidad es mediocre.

- **Afectividad**

Son afectuosas, pero de forma bastante íntima, y en general no les gustan las grandes declaraciones de afecto. Por tanto, hay que saber cómo quererlas y comprenderlas, así como ayudarlas a expresarse en el plano emocional sin poner condiciones a este acercamiento.

- **Moralidad**

La moral no les plantea problemas concretos, ya que se comportan de forma natural con una corrección que, muy a menudo, adquiere tintes de rigurosa fidelidad.

En materia de fe, les gustaría creer, pero desconfían de las cosas demasiado simples. Para ellas, la religión es algo misterioso, y se sorprenden en gran medida ante los actos de fe ciega.

• Vitalidad

Poseen una gran vitalidad y resisten bien el cansancio. No obstante, durante la juventud deberán llevar cuidado con el agotamiento intelectual. Debido a la impetuosidad de su carácter, pueden sufrir accidentes susceptibles de afectar, sobre todo, a su sistema óseo. Y cuidado con las fracturas. Además, son sensibles ante cualquier afección microbiana. El hígado constituye su punto débil.

• Sensorialidad

Su sensorialidad posee un componente de razón muy marcado. En ocasiones, uno tiene la impresión de que sus compromisos ocupan tanto su vida privada que se alejan de los deseos intempestivos y perturbadores. Poseen una sexualidad bien polarizada, a veces algo compleja debido a represiones procedentes del ámbito familiar o educativo. Tan sólo expresarán su sensualidad en el marco de una vida sentimental llena de confianza, ya que tienen mucho miedo a la traición.

• Dinamismo

Este ámbito se encuentra algo rezagado con respecto a la actividad, y de este hecho deriva cierta timidez, en ocasiones bastante sorprendente, que surge en el momento más inesperado. Cuentan con un espíritu de amistad sólido y buscan amigos sinceros. Poseen una buena memoria afectiva que les permite recordar todo aquello que se les dice o hace. Son bastante vengativas cuando alguien se burla de ellas.

• Sociabilidad

Son relativamente sociales, es decir, que no hace falta invadir su pequeño reino ni sorprenderlas con una visita en cualquier momento. Además, suelen tener bastante buena suerte y tienen éxito gracias a su fijación y a la buena elección de una profesión que las hace valer. Uno puede invitarlas a cenar pero sin segundas intenciones, ya que gozan de un olfato terrible a la hora de descubrir las trampas que un hombre les ha tendido. Aparte de esto, son unas compañeras excelentes.

• Conclusión

No debemos pedirles más de lo que pueden dar, ni olvidar que son incapaces de sacrificar sus ambiciones a cambio de una semiesclavitud doméstica. Por el contrario, es preferible darles confianza y proponerles un nido más cómodo para el invierno.

N.º 18

Clara (F)

Lema: *Aquella que corta y decide*

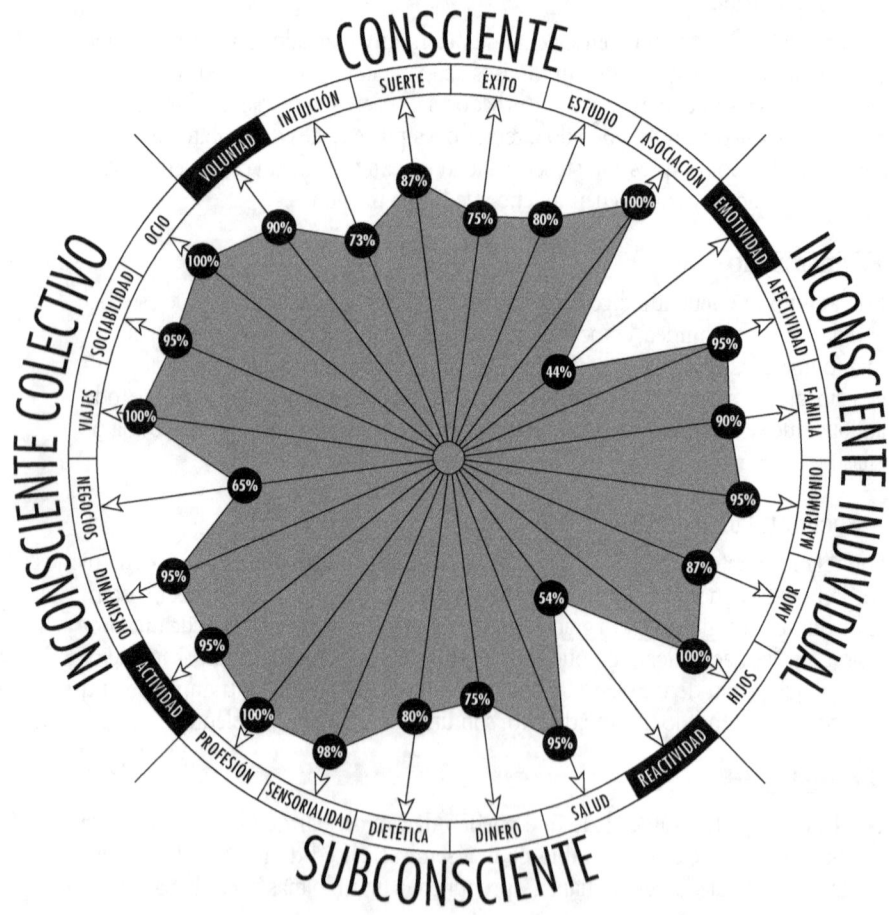

Elemento: Aire
Signo: Libra
Color: Verde

Animal: Golondrina
Mineral: Arcilla
Vegetal: Cedro

Clara

y todos los nombres con características análogas indicados en el índice, incluyendo:

Alana, Alec, Agustina, Augusta, Benjamina, Chiara, Claire, Clarisa, Flavia, Flaviana, Gillis, Hilaria, Justina, Olimpia, Olympia...

• **Tipo caracterológico**

Se trata de personas sorprendentes desde la juventud más temprana. Son apasionadas e imponen un ritmo extraordinario a su familia. Poseen una actividad intensa y evolucionan con una sangre fría admirable en medio de un pequeño mundo que orquestan a la perfección. Saben ser al mismo tiempo ardientes y flemáticas, y son capaces de resolver un problema en muy poco tiempo. Por tanto, habrá que procurar que, de niñas, no se vean afectadas por decisiones arbitrarias procedentes de padres o profesores bloqueados. Rebosan de astucia, no pueden estarse quietas y, al igual que su animal tótem, la golondrina, no paran de moverse, les encanta el sol y no pueden resistirse a ningún viaje.

• **Psiquismo**

Son extrovertidas, es decir, que en ellas todo se dice y vive. No son de las que permanecen en la sombra, sino que necesitan definirse y practicar, de buena gana, una especie de exhibicionismo mental bastante sorprendente. Hay que escucharlas con atención cuando son niñas, ya que nada les hiere tanto como confesar algo y que no se las escuche, o que se les niegue una confidencia.

• **Voluntad**

Este ámbito se encuentra a medio camino entre la voluntad y la ambición, y no está claro si quieren por querer o por deseo de constituirse y reafirmarse más allá del obstáculo o la oposición. En realidad, son ellas quienes deciden en función de su imaginación o intereses.

• **Emotividad**

Se trata de una emotividad sutil que puede llegar a ser de encargo. Dicho de otro modo: son perfectamente capaces de interpretar la emoción convenciéndose a sí mismas con la ayuda de emotivas confesiones más o menos imaginarias. Eso sí, más que de doble personalidad, se trata de un juego.

• **Reactividad**

Gozan de buena capacidad de reacción, y no aceptan que las cosas se hagan sin ellas o no tener un papel protagonista, por no decir decisivo, en la vida.

Tienen un sentido muy intenso de la amistad; les gusta sentirse rodeadas de un grupo alegre y resplandeciente de amigos. No se sienten demasiado afectadas por el fracaso. Rara vez son reprimidas, ya que su existencia suele consistir en una especie de autoanálisis continuo que se traduce en una satisfacción definitiva ante uno mismo. Pero cuidado, no hay que dejarse devorar por ellas. Si bien es cierto que debemos escucharlas, no debemos asumir un papel de magnetófono que se limita a grabar la «palabra del evangelio». Hay que saber disciplinar esa marea de palabras precipitándolas a la acción. Una niña con este carácter que permanezca inactiva es una auténtica bomba.

- **Actividad**

No puede decirse que sientan una gran pasión por los estudios. Viven a base de accesos de obstinación y tan sólo aprenden verdaderamente leyendo el libro del mundo, es decir, viajando. No cuesta comprender que su prioridad consista, fundamentalmente, en desplazarse. Por ello, serán reporteras destacables, excelentes relaciones públicas y, en cualquier caso, viajeras llenas de fervor. Su conciencia profesional es bastante relativa y depende del interés que tengan en lo que hacen. Siempre están preparadas para irse y emigrar.

- **Intuición**

No son demasiado intuitivas, y confían mucho más en sus reflexiones que en su inspiración. Poseen un gran poder de seducción, ya que aportan alegría a la acción, y acción al amor.

- **Inteligencia**

Poseen una inteligencia global, unos gestos precisos y una mente rápida. Son hábiles con las manos y saben hacerlo todo, o al menos eso dicen. Esta inteligencia es de carácter sintético, así que serán mujeres de negocios de primera categoría.

- **Afectividad**

Este tipo de carácter desea ser amado. Preguntará a sus padres diez veces al día si es la hija preferida, y si la respuesta es afirmativa, no tardará en acudir a sus hermanos para explicarles, de forma profusa, que es la hija preferida. Dicho de otro modo, son auténticas artistas en lo que a sembrar la discordia se refiere. Dicho esto, hay que añadir que tienen un carácter jovial y chispeante.

- **Moralidad**

Con ellas, sólo Dios sabe dónde empieza y dónde acaba la moral. Oyéndolas, uno las cree capaces de los más grandes heroísmos, de la renuncia total y la retirada definitiva. Y al verlas, siempre con la risa en la cara, parecen más comprensivas y caritativas con las debilidades de los demás, y más sensibles ante los errores propios. En fin, son adorables pecadoras en proceso de redención.

En cuanto a la fe, son bastante eclécticas. A menudo adoptan la religión que esté más de moda, porque les gusta estar al día.

• Vitalidad

Cuentan con la vitalidad y la resistencia necesarias para llevar a buen puerto su agitada vida. Son glotonas, algo que les puede jugar malas pasadas; más concretamente, es posible que el peso les dé más de un quebradero de cabeza. Desde jóvenes, habrá que vigilar sus hábitos alimentarios, ya que la celulitis les acechará. Durante la infancia necesitan dormir mucho, aunque no les gusta nada acostarse temprano.

• Sensorialidad

Sin lugar a dudas, gozan de una sensorialidad excepcional. Basta con analizar el sector correspondiente en el diagrama de carácter para comprobar que la actividad, el dinamismo y la sensorialidad comparten los niveles más altos y se combinan con una intensidad vital y amorosa de la que no encontraremos muchos ejemplos.

Durante toda su vida, mostrarán una tendencia a lanzarse de cabeza a los brazos de las personas que amen, y hay que decir que aman con bastante facilidad. Tienen un gran corazón y basta con tener ganas de ser reconfortado para despertar de forma inmediata el interés de estas encantadoras maestras del consuelo. Eso sí, no debemos olvidar nunca que tienen el instinto de una golondrina a pesar de contar con la secreta sabiduría de los cedros libaneses, que Salomón tanto estimaba. Evidentemente, se trata de su árbol totémico.

• Dinamismo

Así pues, siguiendo todos estos parámetros caracterológicos, dibujamos un dinamismo rebosante de potencialidad y tumulto, que sostiene a las mil maravillas la actividad, y que a su vez es respaldado por una sorprendente sensorialidad: una estructura impecable.

• Sociabilidad

Son sociables hasta decir basta y les encanta tener invitados en su mesa. Se vuelven locas con las sorpresas, y para ellas las vacaciones constituyen una ocasión perfecta para llevar una vida desenfrenada. Tienen fuerza de voluntad cuando quieren. Poseen una moral buena pero desigual y les gusta mucho la familia; son madres algo fantasiosas pero llenas de amor por sus hijos. En cuanto a su rol de esposa, lo conciben de forma algo extravagante, así que su marido necesitará una buena dosis de filosofía para apreciar totalmente el enérgico amor de estas mujeres de enorme corazón.

• Conclusión

La conclusión será discreta, puesto que ya se ha dicho todo, o como mínimo se ha dejado entender. Una última consideración: tienen suerte y saben aprovecharla. Saben de qué dirección sopla el viento. Entienden las cosas a la primera y consiguen triunfar gracias a su esnobismo y su don de gentes. Despiden luz, son adorables demonios a los que los ángeles adoran desposar.

Claudia (F)

Lema: *La mujer de fuego*

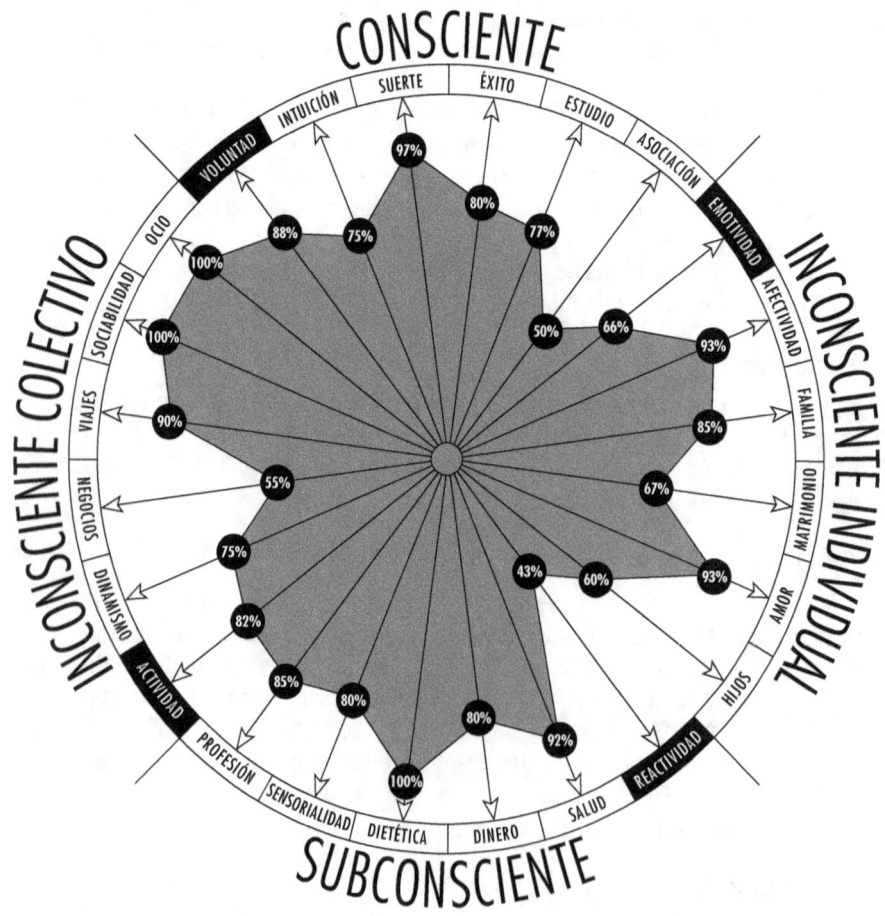

Elemento:	Aire	Animal:	Jirafa
Signo:	Libra	Mineral:	Titanio
Color:	Rojo	Vegetal:	Tomillo

Claudia

y todos los nombres con características análogas indicados en el índice, incluyendo:

Arabela	Paola	Pola
Edna	Paula	Polly
Genciana	Paule	Violena
Gladis	Paulette	Violeta
Hildegarda	Paulina	Violette...

- **Tipo caracterológico**

Normalmente son sentimentales de gran emotividad, con una actividad muy mediocre y una capacidad de reacción bastante lenta. Así pues, son más bien afectuosas e indolentes, como su animal tótem, la jirafa, que no resulta difícil de imaginar: algo desgarbada, alta y flexible bajo el tórrido sol del ecuador. Estas personas tienen un toque muy adolescente, son agradables y poco polemistas, además de poder adaptarse fácilmente a cualquier situación.

- **Psiquismo**

Son extrovertidas y necesitan gente a su alrededor. Son cambiantes, pero más por deseo de novedad que por inestabilidad, puesto que nunca rechazan a los viejos amigos. Les gusta la vida fácil y son bastante influenciables, por lo que hará falta inculcarles, desde jóvenes, unos principios rigurosos. Además, esa misma capacidad de recibir influencias las lleva a preguntarse constantemente si algo les gusta o no, o si han hecho bien en hacer esto o aquello, ya que la más mínima crítica u observación les provocará desconcierto y turbación.

- **Voluntad**

Poseen una voluntad sólida a pesar de no llevar siempre sus actos hasta las últimas consecuencias. Por tanto, de niñas no habrá que permitir que abandonen rápidamente sus proyectos, sino exigirles que acaben lo que empiecen.

- **Emotividad**

La emotividad es el punto débil de este carácter tan seductor como versátil. Se ponen nerviosas con facilidad y, si no canalizan sus emociones dirigiéndolas hacia la acción, no tardan en buscar en su entorno una ocasión de divertirse. Precisamente, tienen un gran sentido de la amistad, que a menudo será tierna y que puede originar algunas perturbaciones en su vida sentimental, ya que tendrán problemas a la hora de separar su concepto de amistad del de sexualidad.

- **Reactividad**

Se caracterizan por una reactividad muy mediocre asociada a una emotividad de gran intensidad, algo que complica en gran medida este panorama caracterológico.

En efecto, estos nombres conllevan una ambigüedad fundamental, ya que, al igual que la jirafa, son lentas y solemnes de puertas para afuera, pero efervescentes en su interior. En ellas existe cierta indolencia filosófica que las lleva a observar a las personas y las cosas con una parsimonia llena de ternura. Tienen confianza en sí mismas, ya que están seguras de su encanto, aunque también saben entusiasmarse y entregarse a una causa que consideren importante.

- **Actividad**

Su ritmo de actividad es considerable pero siempre al borde del abandono. No hace falta presionarlas demasiado para que renuncien a un proyecto y se entreguen al vagabundeo intelectual o, sencillamente, hagan novillos. Durante la pubertad podrían tener problemas con los estudios. En este ámbito también habrá que vigilarlas para que no conviertan la coquetería en una asignatura más de su curso escolar. Su orientación profesional también podría dar algunos problemas; se sienten atraídas por oficios basados en el lujo o la belleza, como por ejemplo esteticismo, peluquería o moda de alta costura. Ahora bien, también muestran una tendencia a cambiar bastante a menudo de profesión y a experimentar cierta inestabilidad. Cuanto más especializada y técnica sea la profesión que hayan escogido, más posibilidades habrá de que la mantengan.

- **Intuición**

No suelen utilizar su intuición ni su imaginación. En este ámbito son algo estáticas, y se limitan a despedir, como el tomillo, su planta tótem, el perfume de su presencia sin pretender destacar, por mucho que les guste el aspecto más brillante de la vida.

- **Inteligencia**

Poseen una buena inteligencia de tipo analítico, es decir, que buscan los detalles. Tienen una gran memoria, aunque su curiosidad es bastante tranquila. En general, no les preocupan demasiado las cuestiones intelectuales. Además, tienen una opinión excelente de sí mismas, y a veces sentirán la tentación de tomar a los demás por «retrasados».

- **Afectividad**

Son muy afectuosas y necesitan sentirse queridas; de hecho, juzgarán el valor de su vida basándose en este aspecto. Pueden tener graves problemas cuando se sientan abandonadas; por ello, deberemos colmarlas de ternura desde pequeñas, aunque también enseñarles a bastarse por sí solas y no depender de forma sistemática de la atención que los demás puedan profesarle.

- **Moralidad**

Su moral es excelente, aunque más bien secreta. Esto quiere decir que, a pesar de lo relajado de su conducta, lo cierto es que después, de repente, y a pesar de que uno cree que todo va a las mil maravillas, se bloquean, adquieren un aspecto afectado y se alejan, con aparente calma y solemnidad.

¿Y qué hay de sus creencias? En este aspecto no saben muy bien a qué atenerse; para ellas, la religión es más la expresión de un sentimiento que una fe que deba desembocar en unos principios vitales.

- **Vitalidad**

Tienen buena salud, aunque no es recomendable que, durante la adolescencia, se vean sometidas a excesos extraescolares. En efecto, les gustan mucho los bailes y las fiestas sorpresa, y se pasarían de buena gana toda la noche bailando para, al día siguiente, quejarse de dolencias diversas. En este sentido, también necesitarán disciplina. Puede ocurrir que sufran pequeñas fiebres de poca gravedad, aunque su punto más sensible es, sin duda alguna, el aparato respiratorio. Hay que vigilar la calcificación en la infancia. ¡Y nada de tabaco!

- **Sensorialidad**

Se trata de una sensorialidad bastante difícil de definir. Como con todos los problemas que se le planteen, uno siempre se preguntará si quieren o no quieren. En este campo, ceden menos al deseo que a las circunstancias, y menos a estas que al temor de parecer estúpidas al huir ante una situación delicada o peligrosa.

No es que sean complicadas, es simplemente que, en ocasiones, les cuesta definir una frontera precisa entre sentimiento y sensualidad. En cualquier caso, ejercen una gran atracción sexual y son atractivas. Durante la adolescencia, habrá que explicarles bien hasta dónde pueden llegar para no excederse.

- **Dinamismo**

Desde luego, no es su fuerte; se encuentra muy por debajo del nivel de actividad, y es de los más mediocres. Aunque da la impresión de que estas encantadoras niñas se burlan constantemente de aquello que deben hacer, la realidad es más compleja: al final harán bien el trabajo, pero más por conciencia profesional que por entusiasmo. Habrá que desarrollar este dinamismo durante la juventud mediante un uso astuto de la competición y el amor propio.

- **Sociabilidad**

Podríamos casi afirmar que son tiránicas en sus relaciones sociales, tal es su necesidad de estar en un ambiente que las saque de sí mismas, que las transporte. Las vacaciones son esenciales para ellas. Su voluntad no es monolítica, sino que evoluciona con las circunstancias y depende de las personas con que conviven. Tienen buena suerte y el éxito puede llegarles de un solo golpe, gracias a un encuentro que desemboque en matrimonio.

- **Conclusión**

Podríamos definirlas así: una alegre gacela en la piel de una jirafa. Así pues, no hay que entrar en el juego de estas falsas indolentes, cuya aparente lentitud resulta tranquilizadora y que pueden dar más de una sorpresa. Con ellas no hay que soltar las riendas demasiado, ya que tienen tendencia a ponerse excesivamente eufóricas.

N.º 20

Claudio (M)

Lema: *El hombre que salta*

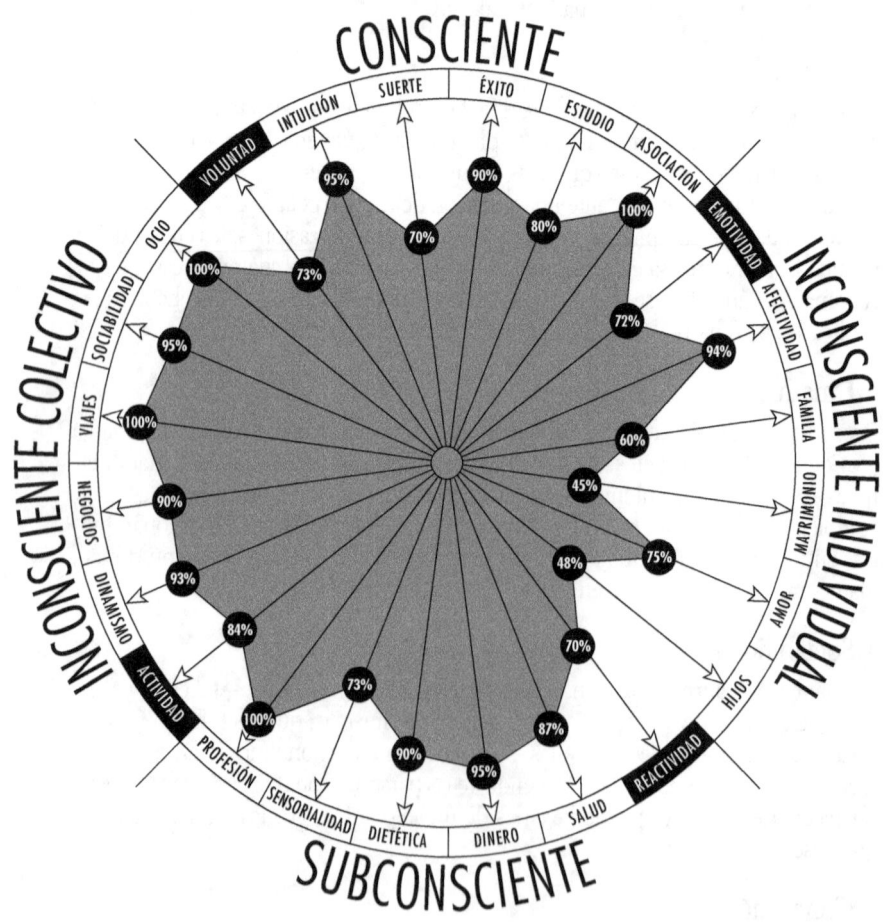

Elemento:	Aire	Animal:	Gacela
Signo:	Géminis	Mineral:	Sílex
Color:	Naranja	Vegetal:	Bonetero

Claudio

y todos los nombres con características análogas indicados en el índice, incluyendo:

Bertín	Clovis	Inocencio
Beltrán	Gilberto	Pascual
Beltram	Gisberto	Pascualino
Claudi	Guiberto	Pasqual
Claudius	Guilbaut	Urbano…

- **Tipo caracterológico**

Los nombres de este tipo giran en torno al de Claudio, que a su vez es un nombre doble o andrógino, es decir, que en algunas lenguas, como el francés, puede ser tanto masculino como femenino sin ninguna modificación ortográfica (Claude), algo que, ya desde un principio, plantea algunos problemas caracterológicos. En cualquier caso, ahora nos interesa la variante masculina, y esta se divide en dos: los hombres que se atan al lugar en que viven, que en cierto modo están «domesticados» y tienen el bonetero como vegetal totémico, y aquellos más valientes, con un ligero excedente de feminidad en su personalidad, que corresponderían más bien a la gacela, su animal tótem. Para los padres será importante reconocer desde el principio a qué tipo pertenece su niño.

- **Psiquismo**

Son introvertidos, es decir, que en algunos casos rechazan el contacto con la vida y se encierran en sí mismos, pero al mismo tiempo algo exhibicionistas, ya que les gusta hacer espectáculo. Cuentan todo tipo de historias sobre su persona, la mayoría inventadas, y son profundamente sensibles a esta dualidad que habita en ellos. Los padres, al ser conscientes de ello, deberán evitar cualquier alusión a cambios de personalidad, a fin de no acentuar esta división de carácter. Por el contrario, deberán admitir que su hijo es un águila de dos cabezas.

- **Voluntad**

Poseen una voluntad relativamente débil; consultando el diagrama de carácter, podrá comprobarse que este parámetro caracterológico básico está más o menos al mismo nivel que otros dos índices fundamentales, la emotividad y la reactividad, algo que, desde luego, resulta inquietante en cierta medida.

- **Emotividad**

En ellos, la emotividad es tan intensa como la voluntad y constituye un molesto freno para la actividad, así que podemos suponer que la vida de estos hombres será de tipo nervioso y artístico. Poseen una gran sensibilidad pero también un psiquismo irregular, con momentos altos de verdadero delirio y bajones de abatimiento.

- **Reactividad**

Es claramente excesiva, ya que se sitúa al nivel de la emotividad. Sobre todo, tienden a creer en lo que ven y comprenden, aunque ello no les impide tener una mente amplia. Tienen muchas amistades, que en ocasiones pueden resultar ambiguas. Sería interesante que gozasen de un equilibrio óptimo, y que, durante la niñez, puedan disfrutar de una vida al aire libre, feliz y sana. Ya hemos dicho que son susceptibles, y a esto podemos añadir su gran sensibilidad al fracaso.

- **Actividad**

Su nivel de actividad dependerá de las circunstancias. Para ellos, los estudios serán más un descubrimiento del mundo y su problemática que una búsqueda de conocimientos académicos. Les apasionará más la gente que vean por la calle que las sombras evocadas en los libros. Les cuesta concentrar la atención, así que los padres deberán vigilar sus progresos de cerca con la ayuda de un psicólogo. Se sienten atraídos por todo lo tocante al lujo y la fantasía. Su creativa imaginación les llevará bastante a menudo a dedicarse a la costura, el espectáculo o la danza, donde sin duda destacarán. Son excelentes músicos, así como cantantes de talento. Su orientación profesional no será fácil, ya que se deciden en función de las circunstancias, y rara vez siguiendo una vocación presente desde la juventud. No obstante, no hay que inquietarse por ellos, ya que se las arreglan mejor de lo que cabría esperar.

- **Intuición**

Tienen una intuición más bien femenina y son conscientes de ello. Son susceptibles y manejan la ironía de forma bastante hiriente para los demás. Tienen grandes cualidades y se adaptan con facilidad. No obstante, esta intuición también resulta algo molesta, y habrá que procurar que no terminen desembocando en experiencias adivinatorias y ocultistas sin fundamento alguno.

- **Inteligencia**

Su inteligencia siempre es ágil, rápida y analítica. Hacen gala de una buena actividad y, sobre todo, reaccionan de inmediato. Los niños que se llamen así tendrán la costumbre de replicar. Habrá que ponerlos en su sitio de inmediato si no queremos que adquieran una insolencia insoportable. Tienen mucha memoria y una curiosidad insaciable.

- **Afectividad**

Son orgullosos y odian ser comparados. Más que ser queridos de forma incondicional, piden ser comprendidos y quieren expresarse. Esta mezcla de obstinada independencia y necesidad de refugio (representado por la familia y, especialmente, por la madre) constituye una de las contradicciones más importantes de su carácter. De nuevo, se trata de la doble dimensión de su personalidad: el hogar y la libertad. Cuando las cosas van mal y se sienten heridos, recurrirán a la familia y a la ternura; pero en cuanto lleguen días mejores, retomarán su camino sin ni siquiera decir adiós.

- **Moralidad**

Es mediocre y, de nuevo, se trata de una moral coyuntural: nunca recurrirán a principios fijos. Por el contrario, reaccionan bastante bien ante una «rebelión» moral, es decir, que mientras sean niños convendrá equiparles con automatismos de reacción ante determinadas situaciones. En efecto, a veces tienden a perder la cabeza, y si adoptan la costumbre de obedecer a un esquema de conducta preciso, se dejarán guiar por sus actos reflejos condicionados.

- **Vitalidad**

Estos hombres cojean un poco en la salud, aunque en realidad es buena. Tienen mucha vitalidad, pero utilizan un poco sus problemas para crearse un personaje y ganar valor tanto a sus ojos como a los de los demás. Por tanto, hay que equilibrarlos a toda costa para que sigan una disciplina vital estricta: el deporte y una buena alimentación les calmará y fortalecerá. Sus puntos débiles son los pulmones, el corazón y los nervios. Cuidado con la gula: conciben los dulces como un calmante nervioso.

- **Sensorialidad**

Este aspecto es algo vacilante. En principio, no sienten necesidades inmediatas y violentas, sino que sus deseos se van definiendo a medida que transcurren los acontecimientos. Ante todo, son hombres de vivir el momento: permanecen atentos ante la vida, curiosos y listos para vivir experiencias. Su sexualidad depende del estado de ánimo y el entorno. Los nombres andróginos a menudo plantean problemas de difícil solución en este ámbito, problemas que también se dan, quizá a un nivel diferente, en los nombres de características similares.

- **Dinamismo**

Son rápidos como su animal tótem, la gacela; pero se trata de un dinamismo que, a pesar de su importancia, es superficial. Se entusiasman rápido, hacen castillos en el aire con una velocidad prodigiosa y, de pronto, pierden el interés por un proyecto que un cuarto de hora antes era toda su vida; entonces, se lanzan a otra aventura con el mismo ardor algo caótico.

- **Sociabilidad**

De niños son seductores para los padres, y sobre todo para la madre, que no deberá dejarse acaparar por su hijo. Son sociables, pero de forma irregular. Habrá que tratar de fijarlos desde la juventud, y no dejar que hagan su «número», ya que a menudo tienen un lado bastante cuentista. Debido a su moral oportunista y su voluntad intermitente, habrá que contenerlos y no dejarlos abusar de su suerte, que tiene un límite, y que también puede afectar a su éxito, en general muy bueno.

- **Conclusión**

Se trata de un nombre tan apasionante como difícil de llevar, y muy rico en posibilidades. Uno nunca se aburre con ellos, aunque a veces resulten inquietantes. Eso sí, correr detrás de una gacela no siempre resulta sencillo.

Clemente (M)

LEMA: *Aquel que grita*

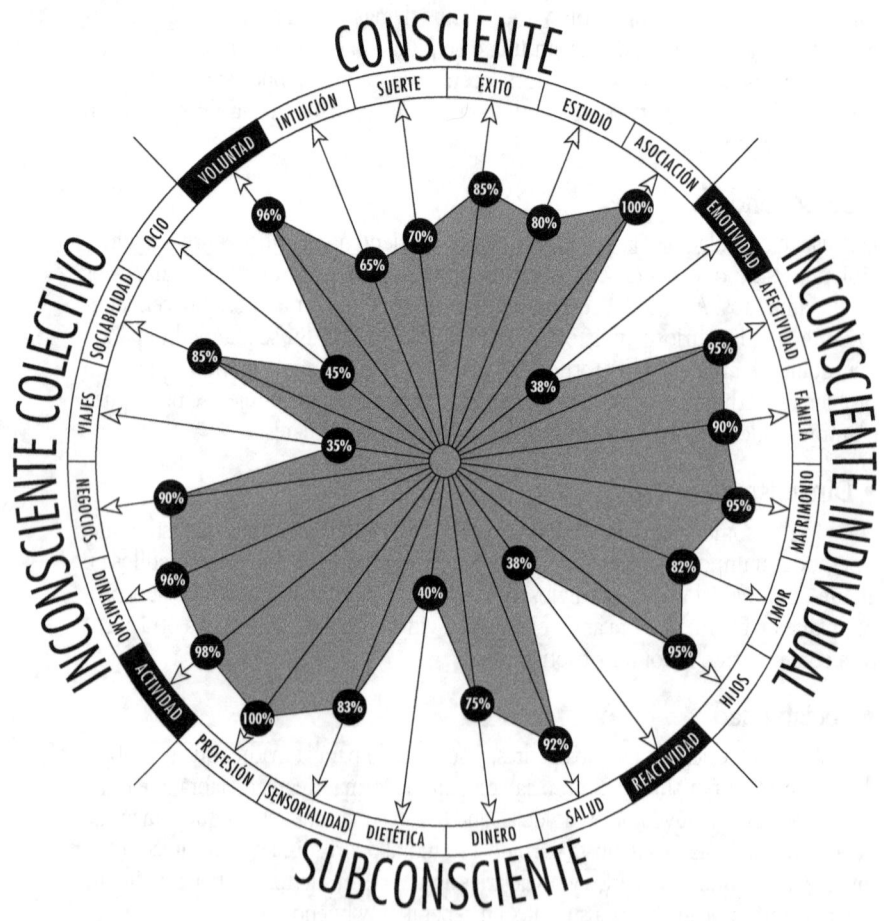

ELEMENTO:	Agua	ANIMAL:	Garza
SIGNO:	Escorpión	MINERAL:	Aguamarina
COLOR:	Rojo	VEGETAL:	Eucalipto

Clemente

y todos los nombres con características análogas indicados en el índice, incluyendo:

Arcadio	Jules	Osmond
Clementino	Julián	Toussain
Donald	Juliano	Uriel
Euriel	Julio	Urbano
Gurvan	Melchor	Vianney...

• **Tipo caracterológico**

No se dejan dominar. Poseen incluso un espíritu de caballero, preparado para defender a la viuda y el huérfano; y gritan, vaya si gritan. Claman a los cuatro vientos su indignación, su amor y su dolor; gritan para manifestar su opinión o protestar contra una injusticia. Poseen un carácter bien equilibrado, una emotividad reprimida y una actividad desenfrenada. Sus reacciones son ponderadas, y no actúan así por arrebato, sino por profunda convicción. Además, tienen una personalidad hecha para afrontar la vida y luchar hasta el final. Son reflexivos y hacen reflexionar. En eso, se parecen a su animal tótem, la garza.

• **Psiquismo**

Sin lugar a dudas, tienen un lado quijotesco que a menudo les hace lanzarse de cabeza a aventuras en las que lo único que pueden recibir es golpes; pero aun así van con buena cara. Son a la vez introvertidos y extrovertidos, es decir, que están prestos a acudir en ayuda de una Dulcinea, meterse en peleas e incluso provocarlas, pero una vez el salvamento ha finalizado con éxito, vuelven de repente a su ermita, donde reflexionarán sobre la condición humana. Al principio se muestran firmes, pero al final terminan siendo influenciables cuando uno sabe cómo tocarles su ligero orgullo. Son subjetivos, no ven más que a través de su visión particular, y son a la vez grandes líderes y grandes tímidos. Además, no consiguen hacerse una idea demasiado clara de la psicología femenina.

• **Voluntad**

Poseen una voluntad muy fuerte y eficaz, que sin embargo también resulta molesta. Efectivamente, se trata de una voluntad «a la carta», que sólo hace acto de presencia en determinados momentos; eso sí, en momentos que serán importantes, tanto en su vida, como en la de sus padres o educadores.

• **Emotividad**

Su emotividad se encuentra casi por debajo de lo normal, y se corresponde a la perfección con la tranquilidad de sus reacciones. Ahora bien, tienen un lado idealista que se explica por su gran sentido de la justicia. Y es que son auténticos caballeros.

- **Reactividad**

En este ámbito también se mantiene la paradoja de la emotividad reprimida de estos combatientes de lo imposible. Si son tan poco reactivos, ¿cómo pueden abordar el asedio de una ciudadela o conciliar una moral a menudo fanática con sus reacciones en apariencia discretas? La explicación deberemos buscarla en la dimensión misionera de este tipo de personalidad: son a la vez caballeros del Apocalipsis y profetas con pieles de borrego que se alimentan de saltamontes. Si tienen que lanzar un maleficio, lo lanzan, y todo lo demás son cuentos.

- **Actividad**

Hacen gala de una actividad de muy Señor mío. Y uso a propósito la palabra «Señor», ya que estos «templarios» están dispuestos a montarse toda una cruzada para asegurarse su partida hacia la guerra en Tierra Santa.

El sueño de estos perdonavidas de infieles es, evidentemente, estudiar Derecho y convertirse en abogados, jueces, parlamentarios o publicistas: cualquier profesión donde puedan expresar su indignación, clamar su ira y pedir que rueden cabezas. El sindicalismo tampoco les disgusta, y puede ocurrir que lleguen a ser algo maquiavélicos. De niños manifestarán muy pronto un sentido acusado de la conspiración en la familia y el colegio, así que convendrá no dejarlos jugar con el equilibrio del medio en que viven. Asimismo, deberemos saber ponerlos en su sitio de forma enérgica.

- **Intuición**

Demasiado a menudo desprecian su intuición y sólo hacen caso a la razón, mientras que en realidad lo único que siguen es su imaginación. Así pues, no hay que tener miedo de explicarles sabiamente los motivos de nuestras convicciones profundas. Piden a gritos ser convencidos, pero de forma científica.

- **Inteligencia**

Maduran muy pronto. Normalmente son niños razonables y poseen una inteligencia sintética muy desarrollada, es decir, que pasan por alto los detalles para fijar su atención rápidamente en las generalidades de una situación determinada. Poseen un juicio excelente, una memoria sólida y una curiosidad viva.

- **Afectividad**

Es difícil comprender su afectividad, ya que se muestran susceptibles, censuradores, combatientes e imaginativos; no obstante, desean ser queridos y están dispuestos a llorar de ternura a la mínima ocasión. No hay que decepcionar a este tipo de personas, ni burlarse de estos Quijotes en ciernes; sencillamente, deberemos enseñarles qué son los molinos de viento, y explicarles que, a pesar de todo, en la vida, a veces se libran batallas inútiles.

- **Moralidad**

Su moralidad tiránica y en ocasiones ciega lo complicará todo, ya que estos monjes guerreros emprenderán su cruzada en nombre de su ética.

¿Y qué decir de su fe? Bueno, pues simplemente que está a la altura de su imaginación. A veces uno se pregunta si son seres totalmente encarnados, y de repente percibimos que tampoco se hacen demasiadas ilusiones con su personaje apocalíptico. Su sentido de la amistad también es bastante torturado y se pasarán la vida buscando amigos de verdad.

- **Vitalidad**

Su salud es bastante caprichosa y va siguiendo la quebradiza línea marcada por las obstinaciones y las pequeñas depresiones en que suelen desembocar. Durante la juventud hay que saber garantizarles una vida sana sin excitaciones inútiles, con mucho deporte para calmarlos y buenas dosis de sueño. Habrá que controlar sus hábitos de lectura: no es necesario que se ocupen de la política antes de tener edad para ello. Sus puntos débiles son la garganta, los pulmones y los riñones.

- **Sensorialidad**

¿Cómo definir la sensorialidad de una persona que siempre anda tras el Santo Grial? Pues bien, sólo la conciben a través de sus sueños. Está vinculada a la búsqueda de su ideal y seguirá los azarosos caminos de la misma, que a menudo los llevarán a países tropicales muy adecuados para su árbol tótem, el eucalipto. Además, es bien sabido que las cruzadas siempre se realizan en países cálidos.

- **Dinamismo**

El dinamismo posee la misma envergadura que la gran actividad de este tipo de carácter. Esto puede ser bastante peligroso si su dimensión más incendiaria se pone al servicio de una vaporosa ideología que bien podría convertirlos en personajes «teledirigidos» particularmente temibles.

- **Sociabilidad**

Una sociabilidad difícil de manejar, una voluntad oportunista y una moral basada en el fanatismo: estos caracteres, llevados al extremo, pueden convertirse en agitadores o iluminados, y deberán mantener los pies en la tierra a toda costa. Hay que enseñarles a abrir los ojos sobre el mundo, en el que afortunadamente no todo es negro.

- **Conclusión**

Desde luego, hay que dejar que estos hombres rebosantes de ideales no siempre bien definidos clamen a los cuatro vientos su entusiasmo y sus convicciones. Ahora bien, será precisamente en ese ámbito donde los padres y los educadores deberán decir la suya. Las cruzadas son muy bonitas, pero la historia también nos trae el recuerdo de aquella «cruzada de niños», que puso en peligro a cientos de miles de pobres chiquillos que habían confundido fe con fanatismo.

Cristina (F)

LEMA: *La mujer que guarda secretos*

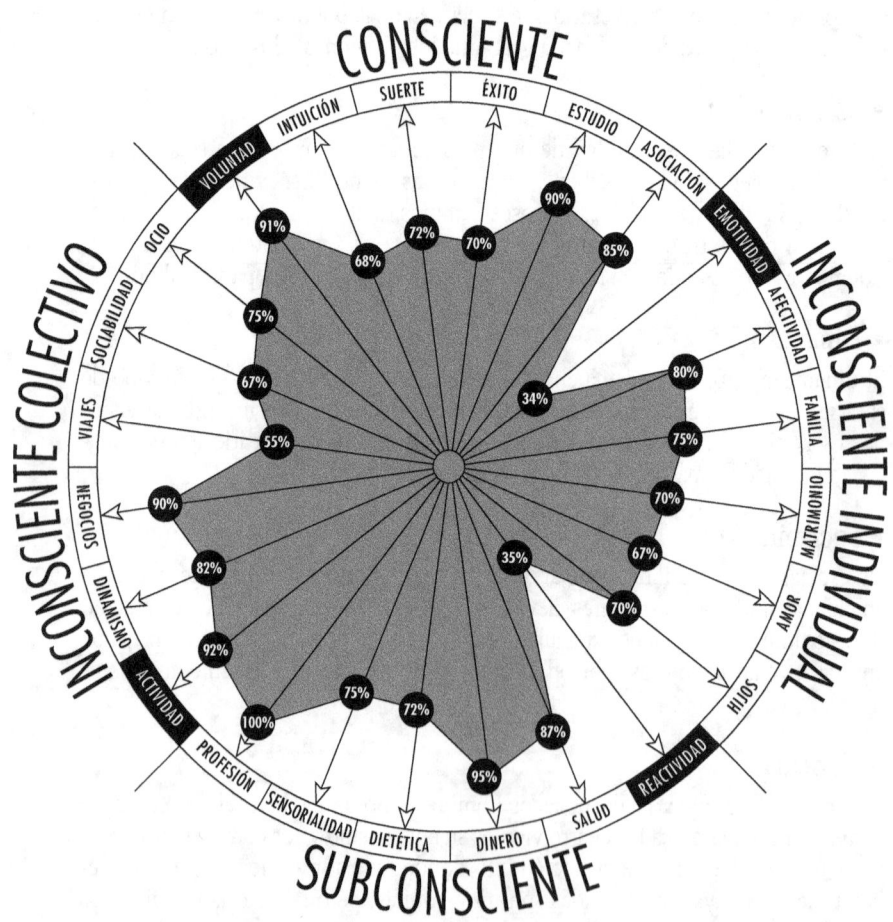

ELEMENTO: Tierra
SIGNO: Virgo
COLOR: Verde

ANIMAL: Sapo
MINERAL: Granito
VEGETAL: Genciana

Cristina

y todos los nombres con características análogas indicados en el índice, incluyendo:

Cris	Felipa	Tina
Cristela	Fiona	Vick
Cristiana	Sonia	Vicky
Dafne	Sofía	Victoria
Domitila	Tamara	Victòria

- **Tipo caracterológico**

Son mujeres indolentes. Esto no quiere decir que sean inactivas, ni mucho menos, pero sí que su emotividad se encuentra mitigada y sus reacciones llegan con algo de retraso. Nunca se precipitan a la hora de actuar, y cuando lo hacen ponen gran seriedad en ello. Tienen los pies en la tierra y no se pasan la vida soñando, aunque por las mañanas les cueste arrancar. Así pues, no es necesario trastornar a estas niñas, bastará con levantarlas media hora antes.

- **Psiquismo**

Son ligeramente introvertidas y no entregan con facilidad sus secretos interiores. Uno no siempre sabe qué están pensando; su silencio puede hacer pensar que están enfadadas, cuando en realidad están observando y escuchando. A menudo son muy objetivas y no pretenden acaparar todo lo que les rodea. Al contrario, dan de sí de buena gana, aunque siempre que forme parte de su proyecto de vida. Parecen tímidas porque son reservadas, y pueden dar la impresión de carecer de confianza en sí mismas, ya que reflexionan antes de pasar a la acción.

- **Voluntad**

Es excelente, aunque con una pequeña reserva: parece que estas mujeres no siempre llevan al extremo sus decisiones voluntarias, sino que, cuando el trabajo ya ha «arrancado», se dedican en cierta medida a observar cómo trabaja la máquina, dejándose llevar por ella.

- **Emotividad**

Como es evidente, su emotividad, que se encuentra claramente por encima de la media, otorgará un aire reflexivo, e incluso tímido, a estas personas que se toman su tiempo para pensar y tomar decisiones. Por tanto, hará falta «activarlas» pero sin trastornarlas, ya que son susceptibles y se encierran en sí mismas.

- **Reactividad**

Este carácter, bastante neutro, tiene reactividad débil. Las Cristinas y demás nombres asociados no hacen uso de su suerte por la sencilla razón de que no la necesitan: su espíritu metodológico y preciso las lleva a ir sobre seguro. Casi en todos los

129

casos les esperará un éxito, más que brillante, satisfactorio, aunque llegue tarde. En resumen, podemos afirmar que, si bien no cuentan con una desbocada imaginación, sí poseen cualidades basadas en la seriedad que, junto a su perdurable encanto, a menudo las convierten en grandes mujeres.

- **Actividad**

En ellas, la actividad es algo superior a la voluntad, lo que indica que estos caracteres tienden a refugiarse en la acción, permitiendo en algunos casos que su profesión ocupe demasiado espacio. En general, se dedican con pasión a los estudios. Podrán convertirse en notables investigadoras, ingenieras o profesoras, así como dedicarse con éxito a la electrónica. Poseen una fuerte conciencia profesional, así como una fecundidad mental potente y una fantástica capacidad de atención. Durante la niñez, deberemos controlar bien su orientación profesional, ya que necesitan estar bien documentadas para decidirse. Nunca hay que imponerles una elección, sino hablarlo largo y tendido con ellas.

- **Intuición**

Se trata de una intuición controlada. No tienen inspiraciones repentinas, y organizan su plan de acción de forma minuciosa, algo que en ocasiones impide que actúen, ya que temen intervenir a destiempo. En este caso, deberemos empujarlas, durante la infancia, a que realicen sus proyectos aún a riesgo de equivocarse, así como explicarles que la vida no es más que un juego.

- **Inteligencia**

Son muy inteligentes y, a menudo, tienen una forma de pensar bastante masculina. En el ámbito laboral, se integran bien en un equipo con mayoría de hombres. Poseen una inteligencia analítica que busca con paciencia los detalles y una memoria excelente. Hablan con precisión, a veces con algo de lentitud; y hacen gala de una curiosidad sana y productiva.

- **Afectividad**

Desde luego, no son chicas que se lancen a los brazos de su pareja para preguntar a cada momento: «¿Me quieres?». Deben comprender el gran afecto que se les profesa, pero sin grandes demostraciones que puedan turbarlas. Ya casadas, el marido deberá adoptar esta misma actitud y no trastocarlas en el plano afectivo. En este ámbito, es muy importante hacerse comprender, ya que no dejan borrar los malentendidos fácilmente y les cuesta perdonar: una pizca de amargor en sus sentimientos que, posiblemente, proceda de su planta totémica, la genciana.

- **Moralidad**

Poseen una moral convencional que algunos calificarían de burguesa. Evitan los enfrentamientos por mucho que, en ocasiones, tengan ganas de soltar coces a diestro y siniestro; no es más que una fachada. En materia de religión, nunca son fanáticas. Sus creencias son razonables y a menudo frías. Con ellas, uno está más cerca de la «apuesta de Pascal» que de los milagros.

• Vitalidad

Es relativamente mediocre y durante la infancia deberán ser vigiladas de cerca, pero sin que se den cuenta. Tienen una predisposición natural a la indolencia. Necesitan llevar una vida sobria y salir al aire libre lo más posible, dar paseos y hacer deporte. El esquí es especialmente recomendable para ellas. Son muy sensibles a las enfermedades virales, en particular la hepatitis. Cuidado con la pérdida de calcio, y por tanto con los huesos y los dientes. Necesitan dormir mucho. Muestran una tendencia fuerte al agotamiento. Por último, diremos que son de las que «no escuchan a su cuerpo», algo que provocará muchos sinsabores.

• Sensorialidad

Este es un capítulo delicado de tratar y que las irrita fácilmente: «¿Y a ti qué te importa? ¡Eso es asunto mío!». En cuanto al sexo, constituye el lado secreto de su pequeño mundo. Para ser claros: digamos que la comparación con su planta tótem, la genciana, amarga por fuera y llena de delicias en su interior, será válida a lo largo de toda su vida. Pero, eso sí, cuidado con las represiones.

• Dinamismo

Según el diagrama, presentan un dinamismo claramente inferior a la actividad; por tanto, necesitan tiempo para conseguir que se aprecie su auténtico valor. Así pues, habrá que enseñarles desde la infancia a salir de su caparazón y expresarse. El mayor peligro sería contentarse con el mesurado comportamiento de estas niñas. Al contrario, hay que infundirles confianza, combinando disciplina e imaginación.

Su sentido de la amistad es enérgico, y ello hacia personas de ambos sexos. Pocas son las mujeres que puedan ser compañeras profesionales o deportivas de un hombre, y ellas lo son. Son cooperadoras en el trabajo, permanecen enteras ante el fracaso, restablecen la confianza con una sola palabra y son tenaces y fieles.

• Sociabilidad

Son sociables, pero no de forma excesiva. No les gusta estar con gente por estar, sino que prefieren los amigos bien escogidos al caos de las fiestas. Les gustan los acontecimientos bien organizados y algo solemnes. Odian las irrupciones inesperadas de amigos que llegan con la intención de «dar una sorpresa». Hay que enseñarles a tratar con la gente de forma más relajada.

En ellas, el respeto hacia la familia y las convenciones es importante, y serán madres rigurosas pero justas. Son muy valientes y, en algunos casos, se convertirán en excelentes cabezas de familia.

• Conclusión

Se trata de mujeres enteras, a las que sólo les falta promover movimientos feministas, pero que necesitan tener cerca a unos padres o un marido sólidos que las afiancen en su deseo de tener un hogar estable y organizado, en cuyo seno se ocupen de ellas sin tiranizarlas. ¿Quién sabe si no serán algo hechiceras como su animal tótem, el sapo, cuya mirada e inmovilismo son fascinantes?

N.º 23

Cristóbal (M)

LEMA: *Aquel que lleva la vida, que la conduce*

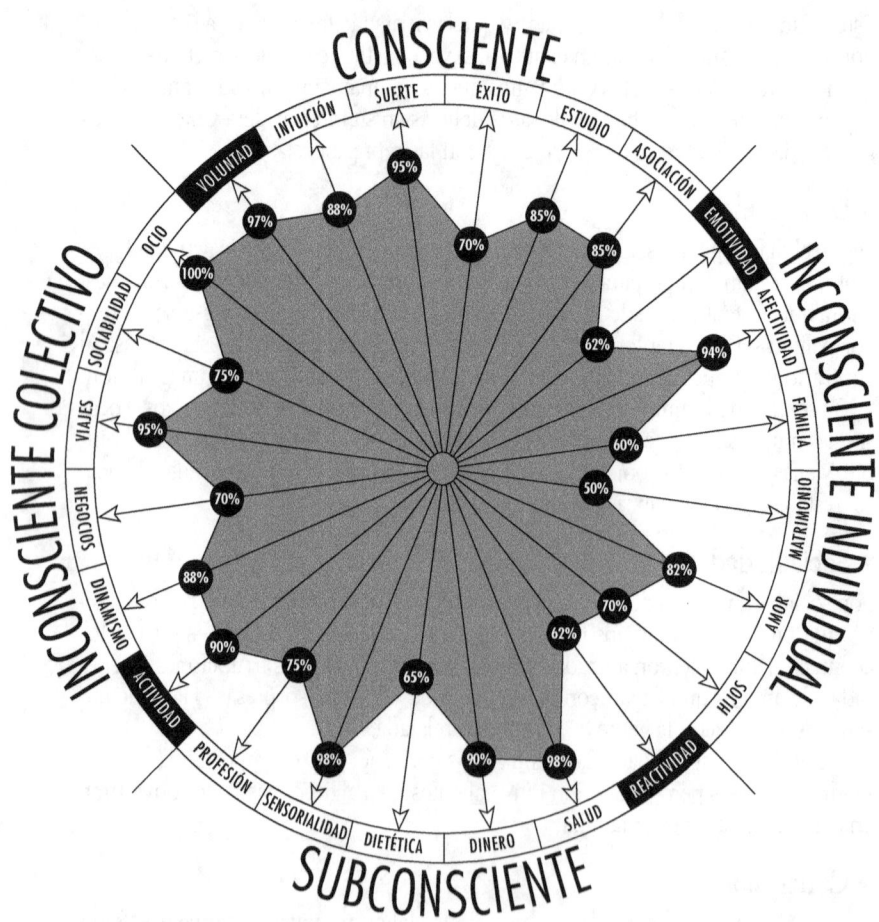

ELEMENTO:	Fuego	ANIMAL:	Alce
SIGNO:	Aries	MINERAL:	Ámbar
COLOR:	Azul	VEGETAL:	Castaño de Indias

Cristóbal

y todos los nombres con características análogas indicados en el índice, incluyendo:

Amelino, Christopher, Cristòfol, Fortunato, Gwenael, Harvey, Herveo, Materno, Néstor, Quentin, Renando, Salomón, Selim, Valentino, Xavier...

• **Tipo caracterológico**

Se apasionan por todo lo que implica vida. Poseen una gran emotividad y son capaces de interesarse por todo. Son investigadores que se pasan la vida tratando de comprender el porqué de las cosas. Gozan de una gran actividad y siempre hay que darles la oportunidad de realizarse, de sacar el ímpetu que llevan dentro. Por algo su animal tótem es el gran alce, el rey de los inmensos territorios septentrionales, que se caracteriza por una enorme energía vital. Precisamente, su pasión desemboca en cierta frialdad, debido a reacciones secundarias que, por suerte, atemperan y disciplinan su lado más atrevido. No hay mejor manera de definirlos que citando las palabras que el escritor francés Romain Rolland puso en boca de su héroe, Juan Cristóbal, que en sus últimas horas murmuraba: «Algún día volveré para afrontar otras batallas».

• **Psiquismo**

Son extrovertidos y están muy abiertos al mundo, aunque al mismo tiempo son capaces de reflexionar cuando es necesario. Es muy difícil influir en ellos y no podremos hacerlos actuar con amenazas, sino mediante el libre juego de la emulación. Tienen espíritu de primero de la clase, aunque hay que saber alentarlos. Como ya hemos visto, son emotivos y necesitan comprensión y amor, a pesar de que, de entrada, no resultan demasiado fáciles, como el fruto del castaño de Indias, su árbol totémico, que está envuelto en una cáscara llena de pinchos.

• **Voluntad**

Su voluntad está ante todo ligada al deseo de ser el primero. No ven el sentido de las cosas si no es para ser admirado, envidiado u objeto de celos. Esta voluntad necesita un público y depende de él, de forma que, a menudo, se hunde cuando dicho público desaparece.

• **Emotividad**

Casi podríamos decir que es demasiado intensa y está orientada a la propia persona: se sienten observados, implicados, y por ello tienen la necesidad de triunfar. Consiguen ser objetivos, pero no sin grandes dificultades. Algunos actúan como si todo girase en torno a sí mismos, aunque en general son altruistas. Por tanto, de

133

niños habrá que incitarlos a ser generosos desde muy pronto. Poseen una buena confianza en sí mismos, a pesar de sufrir accesos de timidez repentinos que resultan sorprendentes.

- **Reactividad**

Casi se trata de susceptibilidad. Normalmente no tienen un sentido demasiado marcado de la oposición y es fácil razonar con ellos. Por el contrario, suelen tomarse bastante mal los fracasos y les cuesta superarlos. No hay que dejar que se bloqueen en una derrota, sino aprovechar su ímpetu vital y volver a ponerlos en camino rápidamente, proponiéndoles no ya un nuevo objetivo, sino una nueva perspectiva de aquel que persiguen con tanta paciencia.

- **Actividad**

No es totalmente acorde con la voluntad que la acompaña, quizás por pereza o vacilación. Se sienten muy atraídos por las profesiones médicas o paramédicas y llegan a ser eminentes ginecólogos. Saben aceptar bien la disciplina exigida por oficios como cirujano, explorador, profesor o investigador. También son excelentes militares. Gozan de una gran conciencia profesional, aunque son algo lentos a la hora de adaptarse. Son muy estables y poseen un espíritu artístico mediocre, a pesar de ser imaginativos y poseer una buena capacidad de atención.

- **Intuición**

Tienen una gran intuición y un olfato sorprendente. Hay que ser sinceros con ellos. Tienen autoridad y, si bien su capacidad de seducción es más bien discreta, siempre resulta eficaz, aunque va por momentos. No obstante, siempre harán intervenir su psicología espontánea, un arma siempre temible en ellos.

- **Inteligencia**

Su inteligencia es muy sólida y flexible. Poseen una memoria vigorosa de tipo sintético, que lo retiene y clasifica todo. De niños hay que «sobrealimentarlos» intelectualmente: con cinco años comprenderán lo que otros entienden con siete u ocho. Debemos hablarles con claridad y franqueza. Requieren de una gran rectitud. Su curiosidad es intensa, e incluso a veces brutal.

- **Afectividad**

Son apasionados y, por tanto, posesivos en el plano afectivo. En ellos, el amor y el odio llegan con lentitud, pero siempre de forma duradera. Son celosos, unos celos que habrá que combatir desde muy pequeños, ya que más tarde podrían adquirir tintes de reivindicación, o incluso de explosión anárquica o provocadora.

- **Moralidad**

Su moral se sitúa al mismo nivel que la voluntad y la afectividad, lo que quiere decir que este tipo de personas puede dominarse a sí mismo y que posee un gran sentido del deber y la familia. Serán buenos padres, firmes y afectuosos.

Les gusta creer en algo o alguien. No hay que decepcionarlos ni desequilibrarlos negando la fe o burlándose de todo. Debemos respetar sus creencias, incluso y sobre todo si no coinciden con las nuestras. Poseen un gran sentido de la amistad, y eligen muy bien a sus amigos. En general, son muy fieles.

• **Vitalidad**

Su vitalidad es notable, y de ello deriva una salud excelente, aunque habrá que llevar cuidado con los golpes de frío. Tienen el hígado sensible, así que habrá que evitar los excesos alimentarios y muy especialmente los debidos al alcohol. Resisten bien al cansancio, aunque habrá que luchar contra su tendencia al agotamiento intelectual. Se les recomienda caminar y practicar deportes moderados, dormir mucho y seguir un régimen equilibrado. Y cuidado con el tabaquismo.

• **Sensorialidad**

Esta sensorialidad se encuentra muy presente y les planteará problemas a lo largo de toda su vida. Son apasionados y, a imagen y semejanza de su animal tótem, el gran alce, están dispuestos a enfrentarse a muerte por su supremacía sexual. Así pues, en este ámbito también querrán ser los primeros. Son precoces, y durante la pubertad desarrollan un sentimiento de protección al mismo tiempo que un deseo de agresión. Son muy paternalistas y les gusta proteger y dar seguridad a los demás. En una edad más adulta, se sentirán atraídos por las mujeres aniñadas.

• **Dinamismo**

Consiguen tener éxito aunando trabajo y suerte. Su vida estará llena y se compondrá de búsquedas dirigidas de forma inteligente. Llevan las antorchas que iluminan a esta humanidad que tanto aman.

El problema de la elección tiene mucha importancia en ellos y no deben equivocarse de dirección, ya que más tarde tendrían problemas para reorientarse. Podríamos compararlos al castaño de Indias, cuyos frutos poseen una firmeza y una belleza sin igual, pero que sólo surgen tras un fuerte impacto. Nunca habrá que contrariar su vocación, ya que llevan reflexionando en ella desde su más tierna juventud.

• **Sociabilidad**

Su sociabilidad es mediocre. Tienen otras cosas que hacer aparte de pasarse el día con sus semejantes hablando por hablar. Nunca deberemos hacer que escojan entre su deber y su ocio, ya que darán prioridad a sus objetivos.

• **Conclusión**

Son grandes viajeros, necesitan recorrer el mundo para comprender la existencia y el objetivo de todo. No debemos sorprendernos por las incesantes cuestiones planteadas por estos seres abiertos a todo lo que existe. Quieren comprender y viven para ello con plenitud, incluso de un modo salvaje.

Daniel (M)

Lema: *Aquel que sonríe*

[Figura pág. 144]

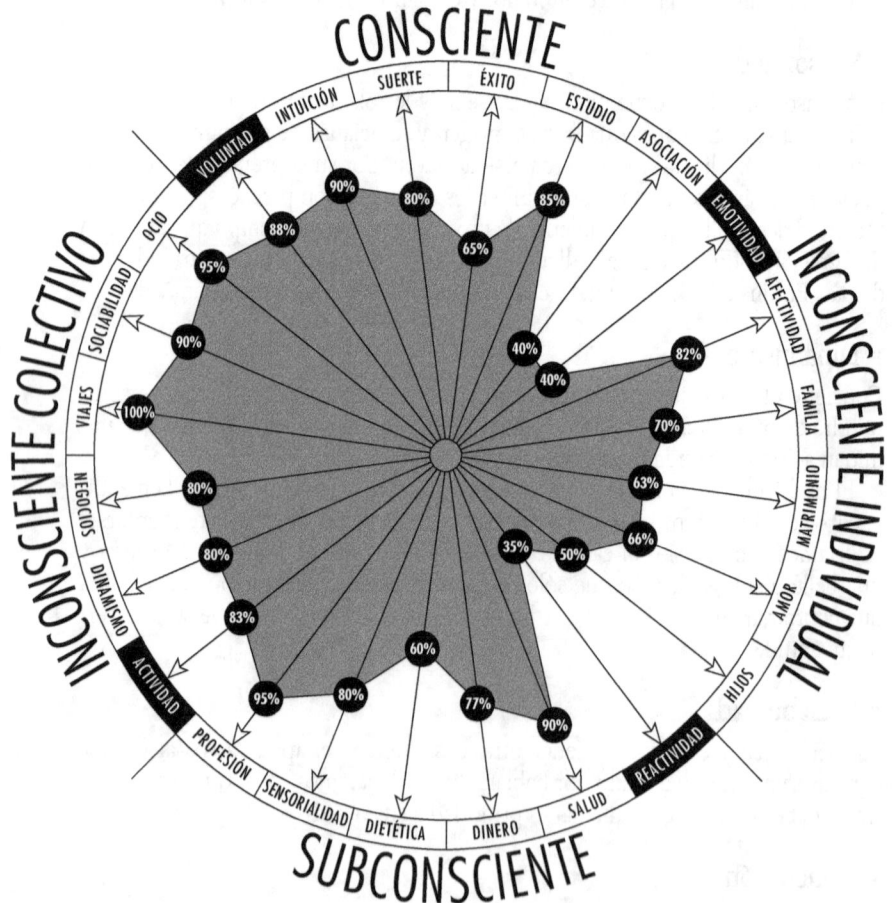

Elemento:	Agua	Animal:	Cachalote
Signo:	Piscis	Mineral:	Arsénico
Color:	Amarillo	Vegetal:	Acebo

Daniel

y todos los nombres
con características
análogas indicados en
el índice, incluyendo:

Aldemar
Amílcar
Berardo
Dan
Domiciano

Ernesto
Ernie
Evaristo
Hamilcar
Kim

Lamberto
Nicéforo
Orestes
Rómulo
Teofrasto...

• **Tipo caracterológico**

Se trata de un carácter tranquilo, casi flemático. La emotividad, la actividad, las reacciones... con estas personas todo se encuentra en un punto medio; en principio no se irritan nunca. No les gusta sentirse trastornados. Son eficaces, pero sin prisas, y detestan a las personas que reclaman méritos sin mover un dedo. Se muestran afectuosos y fieles, y no pierden la sangre fría, ni siquiera cuando las cosas van mal. Ahora bien, es difícil comprenderlos: mantienen la sonrisa intacta incluso cuando están atravesando todo un drama interior. Prefieren no molestar a los demás contando historias sobre sus problemas, y es que efectivamente a ellos les molesta cuando esto ocurre.

• **Psiquismo**

En este caso nos encontramos de nuevo ante una psicología de tono moderado, es decir, no buscan destacar a toda costa. Su psiquismo es equilibrado, y la voluntad y la actividad se sitúan más o menos al mismo nivel, contando asimismo con una emotividad y una reactividad bastante prudentes.

• **Voluntad**

Su fuerza de voluntad es bastante positiva, aunque está sujeta a doblegamientos difícilmente previsibles. En algunos momentos, un asunto ya avanzado parecerá desvanecerse en el aire, sin llegar a saber nunca la razón. Si pedimos una explicación, no obtendremos más que una ligera sonrisa... y, como su animal tótem, el cachalote, volverán a sumergirse en las profundidades de su ser.

• **Emotividad**

Son introvertidos, es decir, que dan más importancia a su pequeño mundo interior que al mundo que les rodea. Como es obvio, esto acarreará ciertos inconvenientes, ya que su discreta emotividad se refugiará, a veces, en una timidez que el gran valor de estos hombres no justifica en absoluto.

• **Reactividad**

«No hace falta enfadarse», parecen decir los rostros de estas personas, que abogan por la concordia. Desde la infancia, deberemos utilizar con ellos argumentos que los convenzan de que deben actuar; la brusquedad, por el contrario, los bloqueará. Poseen un gran sentido del otro y son celosos con la amistad: les gusta que sus amigos les sean fieles y estén presentes, hasta el punto de que uno podría preguntarse si prefieren la amistad al amor.

Son sociables y suelen conseguir lo que se proponen; su carácter aparecerá móvil y cambiante a un observador atento. Son muy sensibles al fracaso.

- **Actividad**

Su actividad es, en cierta medida, dispersa, y tienen tendencia a perseguir varios objetivos al mismo tiempo. Da la impresión de que una única misión les intimida, mientras que el hecho de diversificar sus esfuerzos les reafirma y tranquiliza. De forma algo curiosa, suelen estudiar varias cosas de buena gana, por ejemplo literatura y música o ciencias y arte dramático. Se sienten especialmente atraídos por las profesiones liberales que les dejen tiempo libre para leer o escribir; debido a su dimensión artística, los veremos convertidos en médicos pintores, abogados poetas, cantantes, músicos y escritores. De hecho, tienen una gran imaginación creativa y se adaptan a cualquier profesión.

- **Intuición**

Su intuición es excelente. Además, saben escucharse a sí mismos. A menudo, hablando con ellos, surgirán frases como «Tengo la impresión de que...». Hay que escucharlos y no tratar de convencerlos de hacer algo a toda costa.

- **Inteligencia**

Su inteligencia es profunda y analítica. Van hasta el fondo de las cosas, fijándose hasta en el más mínimo detalle. Juzgan bien a las personas. Son altruistas y se parecen a su vegetal tótem, el acebo, que presenta el mismo aspecto en verano e invierno, y que incluso nos ofrecerá sus frutos rojos, tan apetitosos a la vista, en medio de la estación más fría. Poseen una gran intuición, son seductores y saben ser pacientes y fieles en el amor, una cualidad, desde luego, muy valiosa. No obstante, cuidado con permitir, durante la niñez, que se queden dormidos en un mundo restringido y demasiado protegido.

- **Afectividad**

Son muy imaginativos y hacen «teatro» de buena gana. Tienen sueños de amor y después se topan con problemas a la hora de llevarlos a la vida de cada día. Además, no saben muy bien dónde están. Navegan entre dos aguas y a veces les falta agresividad. Por otra parte, les cuesta comunicar su afecto. De jóvenes, se sentirán incómodos ante las grandes demostraciones emocionales y las ristras de besos. Como adultos, sentirán auténtico horror ante la repetitiva frase «Dime que me quieres». ¡Hay que tenerlo en cuenta!

- **Moralidad**

De forma general, la moral de este tipo de carácter resulta destacable. No les gusta vivir al margen de las normas. Son fieles y atentos a la vida en familia, que respetan a pesar de que, en algunas ocasiones, darán la impresión de querer mantener cierta distancia. Sufren mucho ante la falta de rigor en el comportamiento de los demás, y sobre todo ante su infidelidad.

- **Vitalidad**

Poseen una buena vitalidad, aunque algo lenta. Esto quiere decir que se recuperan con lentitud y superan las enfermedades menos rápido de lo que les gustaría. Poseen una salud mediana. Las pequeñas dolencias que pueden sufrir se deberán, nueve de cada diez veces, a un estilo de vida defectuoso. Necesitan tener una alimentación equilibrada, practicar deporte y, sobre todo, estar en contacto con el agua: hidroterapia, natación y baños en el mar. Deben vigilar la boca, los dientes y la pereza intestinal.

- **Sensorialidad**

A decir verdad, este es un tema difícil de tratar, ya que ni a ellos mismos les gusta hablar de ello. Y no es de extrañar, ya que constituye una fuente de problemas. En ellos se produce una tensión considerable entre los sentimientos, que tienen dificultades en expresar, y la sexualidad, cuya «presencia» en ocasiones les inquieta. Estos hombres, incluso en la juventud, deberán tener el valor de hablar con franqueza con su pareja.

- **Dinamismo**

Evidentemente, es mediocre. Al encontrarse algo por debajo de la actividad, no les permite ser capataces industriales ni aventureros, aunque sí podrán llevar adelante esta misma actividad de forma duradera si la persona decide abstenerse de cambiar de objetivo sin motivo justificado.

- **Sociabilidad**

Son sociables, e incluso tiránicos. Necesitan salir y que la gente les vea. Poseen una sensibilidad exquisita y siempre van bien vestidos, ya que suelen desarrollar desde pequeños una sensibilidad ante el gusto por la ropa. Les gusta recibir visitas de forma algo ceremoniosa, y toda su vida serán ligeramente esnobs. Su fuerza de voluntad es mediana y su moral buena, aunque un poco burguesa. No triunfarán gracias a la suerte, sino más bien a sus cualidades, la mayoría de las veces destacables. En resumen, son seres rebosantes de seducción, algo lunares y algo ondeantes, como el agua. De niños, habrá que saber limitarlos para que no se pierdan en la riqueza de su propio mundo.

- **Conclusión**

Son seres verdaderamente encantadores. No obstante, los padres y educadores no deberán fiarse demasiado de su sonriente tranquilidad, ya que están vinculados al acebo, una planta caracterológica cuyas hojas perennes y lustrosas dejan resbalar el agua sin retenerla nunca, y que, asimismo, poseen duras espinas capaces de hacer daño al contacto.

Daniela (F)

LEMA: *Aquella que se interroga*

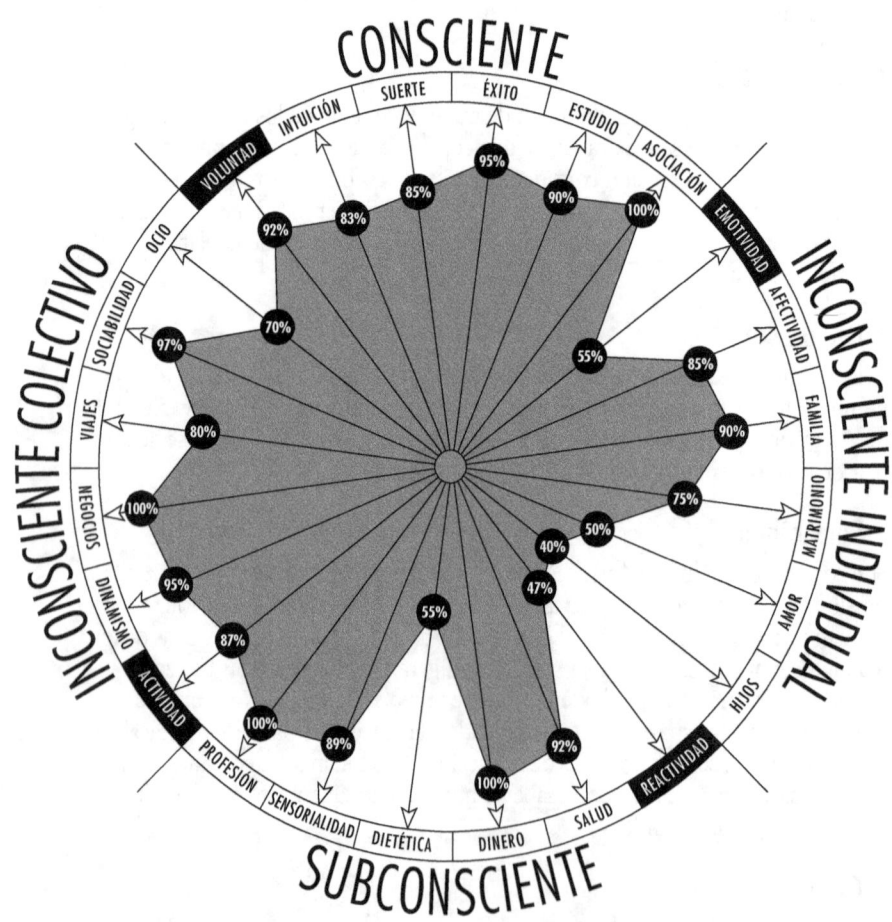

ELEMENTO:	Aire	ANIMAL:	Petirrojo
SIGNO:	Acuario	MINERAL:	Caliza
COLOR:	Violeta	VEGETAL:	Violeta

Daniela

y todos los nombres con características análogas indicados en el índice, incluyendo:

Alfia	Aselina	Dany
Alfreda	Dana	Elfia
Alfrède	Danièle	Elfrid
Acelina	Daniella	Javiera
Ascelina	Danny	Talasa…

- **Tipo caracterológico**

Son sentimentales y poseen una emotividad mediana, una actividad bastante tranquila y reacciones equilibradas. Discretas, quizás algo sosas, pero sin embargo de elegante presencia, se asemejan a la violeta, su planta tótem. Nunca dejan de plantearse preguntas sobre lo que acaban de hacer en este mundo, así como sobre la verdadera naturaleza de su doble rostro, formado por reserva y, al mismo tiempo, un deseo de apariencia. Por tanto, en ellas hay dos tipos de carácter bastante opuestos y fáciles de determinar, ya que la otra cara de su personalidad corresponde al petirrojo, su animal tótem, que simboliza el deseo de hacerse notar.

- **Psiquismo**

Su constante búsqueda a menudo provoca que se encierren en sí mismas, en el interior de su universo personal, en el que pueden perder el contacto con los demás. Desde su más temprana juventud, es necesario que comprendan la dualidad de su carácter. En algunos casos carecen de confianza en sí mismas, aunque los primeros éxitos sentimentales o profesionales no tardarán en reafirmarlas. A menudo saben cómo sacar partido a su timidez.

- **Voluntad**

Remitiéndonos al diagrama de carácter propuesto, podrá apreciarse la supremacía de la voluntad sobre el resto de índices caracterológicos. Esta fuerza de voluntad es intensa y les servirá para erigir su éxito sobre los cimientos de una destacable conciencia profesional.

- **Emotividad**

Su emotividad es mediana pero astuta. Muestran una gran sabiduría a la hora de detenerse a tiempo y no rebasar el límite permitido, algo que no calma en absoluto su tendencia a convertirlo todo en un verdadero circo, aunque sí impide que choquen con demasiadas personas.

- **Reactividad**

Poseen una capacidad de reacción secundaria que les resulta útil, ya que contribuye a crear en torno a su persona un aura de humildad tranquila que les permite conseguir combinaciones socioprofesionales de gran eficacia. Con ellas no puede hablarse de oposición propiamente dicha, sino más bien de una inercia calculada, que les proporciona al instante una libertad de actuación muy útil.

- **Actividad**

Viendo cómo viven uno tiene la impresión de que les gusta más hacer trabajar a los demás que trabajar ellas mismas. Además, saben invertir los papeles muy bien. Son buenas alumnas pero no destacan ni por unos resultados demasiado buenos ni por una conducta demasiado rebelde. Siguen una trayectoria sin grandes acontecimientos ni ambiciones declaradas, pero con plena conciencia de hacia dónde dar el siguiente paso. Les gusta el deporte y suelen ser excelentes nadadoras. Les conviene todo lo relacionado con la electrónica, la radio y la televisión, donde triunfarán gracias a su presencia, amabilidad y educación. También son buenas en relaciones públicas. Asimismo, podrán convertirse, incluso siendo muy jóvenes, en pediatras o encargadas de guarderías, a pesar de sentir una inclinación más bien discreta hacia los niños. Por último, los varones no deberían olvidar que son capaces de vencer su resistencia en el ámbito profesional y que muchas de ellas han triunfado casándose con su jefe.

- **Intuición**

Cuentan con una buena intuición reforzada por una psicología espontánea de primera categoría. Lo entienden todo a la primera y en seguida determinan qué estrategia adoptar. Saben interpretar el papel de «mujer-niña» con mucha astucia, y en ocasiones deberemos impedir que, pasados ya los cuarenta, sigan haciéndose nudos con el pelo o metiéndose el chupete en la boca.

- **Inteligencia**

Se trata de una inteligencia que sabe ser atenta y paciente, que no pretende destacar por el simple placer de sorprender o seducir. Esta inteligencia, de gran eficacia, es de carácter muy sintético, lo que les permite evitar muchos errores de comportamiento gracias a su capacidad de ver con bastante claridad los límites de una situación. Por otra parte, manifestarán esta facultad desde muy jóvenes, algo que los padres no tardarán en comprobar.

- **Afectividad**

Son posesivas de un modo inteligente y saben conquistar a las personas sin encadenarlas de forma demasiado visible y sin asustarlas. Son afectuosas con un matiz de falsa inocencia que suele tener bastante éxito entre los hombres. Su gran intuición, unida de forma muy afortunada a su sentimentalismo, las convierte en personas atractivas en muchos aspectos. Poseen unas creencias que resultan tranquilizadoras. Por lo general, se caracterizan por una fe algo burguesa, y cuando son escépticas no suelen dar demasiadas muestras de ello. Como se dice hoy en día, no quieren desvalorizar su «imagen de marca». Como amigas son excelentes, tanto con hombres como con mujeres, algo que, debemos remarcarlo, es bastante extraño.

• **Moralidad**

Poseen una moral mediana y bastante íntima. Son capaces de mantener una compostura adolescente y tranquila a pesar de haber realizado acciones más o menos brillantes. En estos casos, saben jugar a un doble juego con gran valentía y sin que su entorno se dé cuenta. Por eso, los padres deberán permanecer atentos.

• **Vitalidad**

Su vitalidad es muy buena y les proporciona una resistencia excelente. No obstante, deben llevar cuidado con los estimulantes o excitantes. A menudo tienen tendencia a engordar, incluso siendo jóvenes. Sin embargo, deberán desconfiar de las dietas de adelgazamiento demasiado eficaces y rápidas, ya que su equilibrio metabólico, algo débil, podría resentirse de forma peligrosa. Se les recomienda tranquilidad y sueño. Deben vigilar la circulación y las rodillas; por tanto, cuidado con los deportes de invierno.

• **Sensorialidad**

Su sensorialidad es intensa y compleja, ya que se mezclan de forma simultánea conceptos como interés, indecisión, temor, sexualidad y masoquismo, algo que resulta bastante difícil de encajar. Su sexualidad difícilmente desembocará en maternidad, un ámbito en el que estas jóvenes podrían sufrir problemas.

• **Dinamismo**

Ya se ha indicado que, con estos caracteres, se produce cierta forma de decepción; este término puede parecer demasiado fuerte, pero resulta difícil calificar el desfase existente entre los porcentajes de actividad y dinamismo recurriendo a otra fórmula. A todas luces, es este último el que domina, lo que demuestra que estas personas hablan más de lo que actúan.

• **Sociabilidad**

Gozan de una sociabilidad notable, siempre listas para hacer favores, aunque lo hagan con cierta intención de reciprocidad. Son muy buenas amas de casa. Reciben a sus visitas con mucho estilo y, con ellas, la conversación siempre es interesante y divertida. Si algunas personas consideran que les falta algo de personalidad, es sencillamente porque saben permanecer en su sitio y llevan cuidado de no suplantar en ningún momento a su pareja. Son personas muy agradables, y aún más si tenemos en cuenta que tienen suerte y suele irles bien en la vida; además, gozan de la capacidad de saber disculpar este éxito.

• **Conclusión**

Pues bien, ¿cómo es posible que estas encantadoras criaturas se cuestionen a sí mismas y manifiesten, en la misma cima del éxito, cierta inquietud e incluso falta de confianza? Quién sabe, quizá se deba a su relativa conciencia del desfase existente entre sus méritos personales y el éxito que han conseguido. El caso es que esto explica que, a menudo, desaparezcan de la escena pública como si se las hubiese tragado la tierra.

Dionisia (F)

LEMA: *Aquella que asimila*

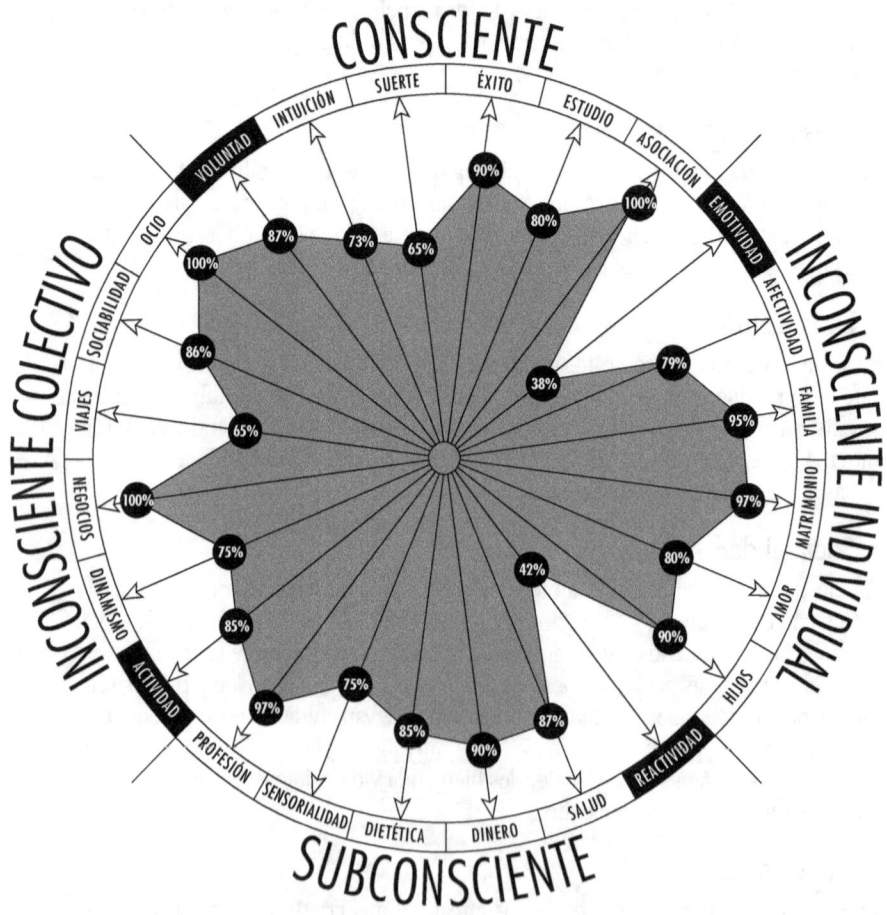

ELEMENTO:	Tierra	ANIMAL:	Langosta
SIGNO:	Virgo	MINERAL:	Pizarra
COLOR:	Amarillo	VEGETAL:	Carpe

Dionisia

y todos los nombres con características análogas indicados en el índice, incluyendo:

Casia	Fabia	Rafaela
Climena	Fabiana	Raffaela
Elvia	Fabianna	Tulia
Elvira	Hiacinta	Yacina
Elvire	Jacinta	Yacinta...

- **Tipo caracterológico**

Son personas indolentes por naturaleza. Esto no quiere decir que no sean activas, sino más bien que se caracterizan por una emotividad y una capacidad de reacción medianas. Son pacientes, organizadas y consiguen sus objetivos con una notable eficacia. Lo rumian todo como su animal tótem, la langosta. Tan sólo se muestran como son en realidad cuando sienten la necesidad de hacerlo, aunque siempre están ahí, presentes en los vaivenes de la vida, esperando el momento propicio con la paciencia de su vegetal tótem, el carpe.

- **Psiquismo**

A veces muestran una tendencia a ser bastante ácidas cuando hablan. Digamos, también, que se manejan con mucha precisión a la hora de jugar malas pasadas. A largo plazo, su carácter termina por agriarse a medida que se acumulan los fracasos.

Desde muy jóvenes será necesario proporcionarles una perspectiva más amplia de las cosas. Son poco influenciables y, cuando algo se les mete en la cabeza, a menudo resulta difícil hacerlas cambiar de opinión. Son muy subjetivas y tan sólo se fijan en sí mismas. Se dan cuenta de todo y son muy astutas, además de beneficiarse de una gran confianza en sí mismas. Por otra parte, tienen la capacidad de destacar y ser discretas al mismo tiempo.

- **Voluntad**

Su voluntad es ambigua y, sin embargo, les falta algo que se traduce en cierta relajación del esfuerzo que están realizando, tal como muestra nuestro diagrama. A menudo su voluntad depende de las circunstancias y no deben coger la costumbre de esperar hasta el último momento para decidirse.

- **Emotividad**

Son introvertidas y, por tanto, manifestarán lo menos posible sus emociones, al fijarse exclusivamente en los movimientos y las sensaciones de su pequeño mundo interior. Tienen pocos pero buenos amigos, y sobre todo amigos útiles y eficaces. Poseen un gran sentido del compañerismo, sobre todo en la profesión que hayan escogido.

- **Reactividad**

Su capacidad de reacción también es mesurada y controlada. Por otra parte, hemos visto que este tipo de carácter apenas sí puede resistirse a lanzar comentarios punzantes contra las «buenas de sus amigas», o, lo que a todas luces resulta peor, contra su marido, que en ocasiones hará las veces de auténtica diana en público. Quien avisa no es traidor...

- **Actividad**

Poseen una actividad interesante, pero que no se ve respaldada por el dinamismo, algo que no tardaremos en ver. Por suerte, gozan de una perseverancia que, a la larga, llevará a término las vacilaciones iniciales. Son bastante disciplinadas y organizadas. Por tanto, lo normal es que sean buenas alumnas, aunque más aplicadas que brillantes. No hacen ascos a las ciencias exactas y no dudarán en estudiar carreras áridas y de carácter marcadamente masculino. Pueden ser secretarias de dirección, auxiliares administrativas y comerciales, y destacan en todo lo que implique una parte de subjetividad. Son muy observadoras y saben controlar con rigor e incluso de forma inflexible. Son buenas mujeres de negocios, bastante duras cuando se trata de finanzas. En cualquier caso, en ellas prevalece una obstinación, en ocasiones encarnizada, que las lleva al éxito.

- **Intuición**

Su intuición es mediocre y la utilizan poco, ya que prefieren proceder de forma lógica. Su capacidad de seducción es algo lenta: hace falta algo de tiempo para empezar a conocerlas y apreciarlas.

- **Inteligencia**

Son personas reflexivas, aunque más allá de cierta agilidad de pensamiento se bloquean, ya que su inteligencia es muy analítica y, a veces, se pierden en los detalles y no pueden seguir las líneas generales fundamentales de un acontecimiento o situación. Poseen una memoria muy buena y una curiosidad enérgica.

- **Afectividad**

No dejan que surjan sus sentimientos con demasiada facilidad. Parecen frías, aunque en realidad son cerradas. Se crean una pequeña vida en el seno de la familia en vez de integrarse en ella. Por tanto, durante la juventud será necesario enseñarles a abrirse a los demás.

- **Moralidad**

Podríamos decir que su sentido de la moral es considerable, aunque se trata más de una moralidad instintiva que de una actitud social. Creen que, en según qué situaciones, es posible saltarse ciertos principios. No es que esto sea muy grave, pero sí sería necesario evitar que durante la juventud se instalen en un laxismo oportunista que nuestra sociedad aceptará de buen grado. Poseen unas creencias bastante convencionales. Siguen la corriente y, en este ámbito también, hacen uso de cierta «fachada» religiosa para garantizar su tranquilidad.

• Vitalidad

En un principio poseen una vitalidad excelente, razón de más para desconfiar del abuso de medicamentos. Son prudentes y organizadas, y saben gestionar bien su energía. Por tanto, gozan de una buena salud en términos generales. Sin embargo, deberán vigilar el estómago, ya que en según qué momentos sufren de una ligera ansiedad y, además, comen rápido. El aire libre les beneficiará en gran medida; asimismo, se les recomienda practicar yoga y caminar.

• Sensorialidad

Desde luego, no podemos afirmar que se vean aplastadas por sus sentidos. Sin embargo, tampoco nos hemos de confiar demasiado. En ellas existe un lado de «volcán inactivo» que puede propinarnos más de una sacudida imprevista. Hablan poco de su vida sentimental, un tema con el que no siempre se sienten cómodas. Durante la pubertad deberemos procurar que no se queden bloqueadas en este ámbito, que hay que vigilar muy de cerca.

• Dinamismo

Su dinamismo planteará algunos problemas al encontrarse por detrás de la actividad. En efecto, desde el momento en que tan sólo pueden contar con su propia energía y su espíritu emprendedor para tener éxito, resulta difícil comprender cómo obtendrán resultados excelentes si no hacen gala de un gran dinamismo. Los padres deberán dar nuevos empujes al entusiasmo de sus hijas del mismo modo que se impulsa regularmente un péndulo.

• Sociabilidad

Se caracterizan por una sociabilidad en minúsculas que dependerá del humor de la persona, a menudo cambiante. Como se canta en la ópera *Rigoletto*, la *donna è mobile*. Uno no siempre sabe qué piensan. Detrás de su sonrisa algo afilada a menudo se esconde una obstinación inquietante, sobre todo porque no se expresa con claridad. Tan sólo son sociables en función del objetivo preciso que se han fijado. Cuentan con una buena fuerza de voluntad, pero su moral obedece a principios bastante pragmáticos. Poseen una suerte media y tampoco es que crean demasiado en ella. Sólo alcanzan sus objetivos mediante el esfuerzo personal, algo que resulta muy satisfactorio para su orgullo. Cuando sean pequeñas, deberemos evitar animarlas a que realicen corrosivas reflexiones destinadas a entretener a padres y amigos, ya que esto podría agravar la sequedad potencial de su carácter. Por el contrario, hay que humanizarlas y abrirlas a la vida.

• Conclusión

Podríamos afirmar que son mujeres de «fondo» del mismo modo que hablamos de «corredor de fondo». Les cuesta arrancar en la vida, pero luego cogen un enorme impulso que puede llevarlos muy lejos. Poseen valores sólidos y, si no fuese porque pecaríamos de falta de galantería, diríamos que tienen un lugar seguro como padres de familia.

Dionisio (M)

LEMA: *Aquel que esconde el fuego*

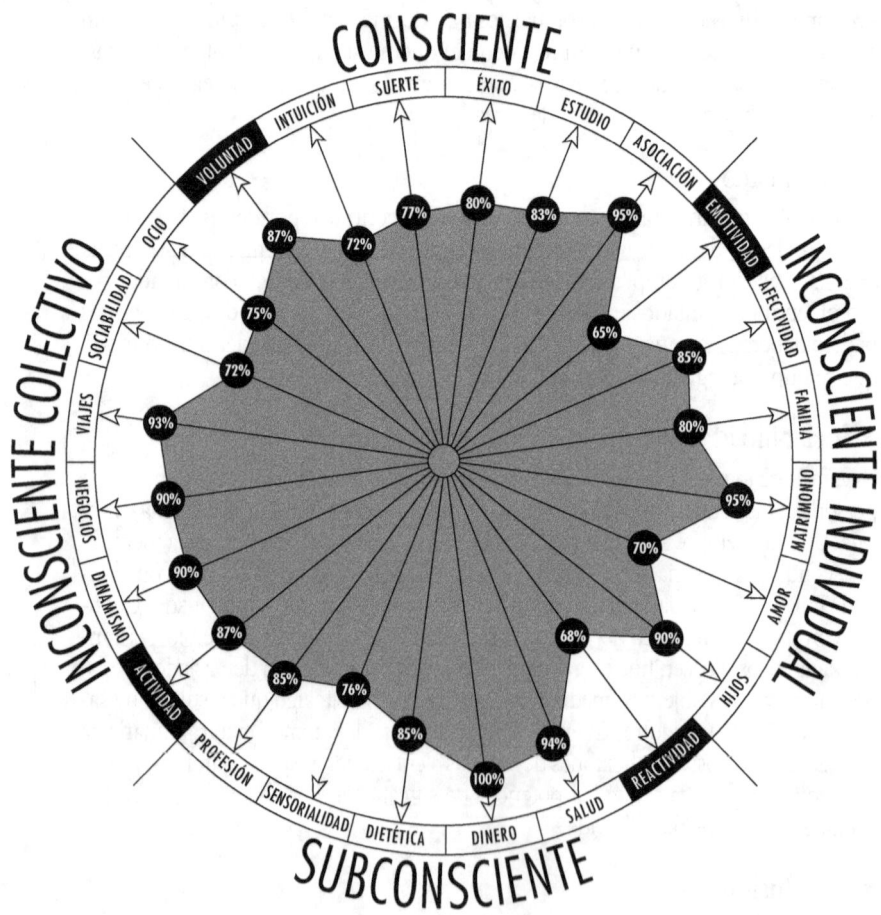

ELEMENTO:	Tierra	ANIMAL:	Murciélago
SIGNO:	Virgo	MINERAL:	Malaquita
COLOR:	Naranja	VEGETAL:	Verbena

Dionisio

y todos los nombres con características análogas indicados en el índice, incluyendo:

Amancio	Ferreolo	Honorio
Brendan	Ferranto	Lisandro
Denís	Fermín	Pacosme
Denny	Hermes	Raúl
Denys	Honorino	Tito...

• **Tipo caracterológico**

A menudo son personas algo misteriosas o, mejor dicho, difíciles de comprender. Poseen una emotividad intensa, una actividad a la altura de su voluntad (algo bastante extraño) y una rapidez de reacción verdaderamente sorprendente. Por tanto, se da la situación de que sus aptitudes de imaginación y adaptación son más importantes que su poder de realización; de esto deriva un desfase que puede convertirlos en personas sombrías, aparentemente temerosas de que la luz los moleste en su actividad. Su animal tótem es el singular murciélago, que sólo actúa cuando ha caído la noche y que hace uso de extraños medios para guiarse.

• **Psiquismo**

Son introvertidos, es decir, que en ellos la vida interior prima sobre la participación en actividades externas. A menudo tienen un carácter taciturno, hasta el punto de que parecen enfadados, mientras que sólo se han replegado en sí mismos para analizar la situación y tomar decisiones. Son poco influenciables. Se trata de personas problemáticas a las que no deberemos plantear problemas ni preguntas si queremos ganarnos su confianza.

• **Voluntad**

Se trata de una voluntad que vacila entre las ganas de dominar y el temor de no estar a la altura de las ambiciones. Dicha voluntad se verá eclipsada en mayor o menor medida por la emotividad, de una intensidad excesiva, y que suscitará inquietud y hará que la persona se bloquee.

• **Emotividad**

La emotividad constituye, en cierta medida, el talón de Aquiles de este carácter, ya que, en conjunción con su gran reactividad, provocará que estos hombres adopten complejos psíquicos molestos. Se muestran algo desconfiados hacia la amistad. Para ellos, entregarse a otra persona constituye una decisión de suma importancia, tanto en el amor como en la amistad. Por otra parte, no conocen muy bien la psicología femenina, y en muy raras ocasiones tienen amigas del sexo opuesto. Además, gozan de la discreción vacilante de su planta totémica, la verbena.

149

- **Reactividad**

Su capacidad de reacción desempeña un papel muy importante. Para decirlo con claridad, incluso resulta excesiva. Da la impresión de que estas reacciones, en ocasiones violentas, sólo sirvan para ocultar un profundo desasosiego ante las provocaciones de la vida social y afectiva. Son personas polemistas, a las que les cuesta decir «sí». Sufren profundamente los fracasos y todo aquello que pueda herir su susceptibilidad. La represión sentimental de que pueden ser víctimas podría provocar accesos de agresividad repentinos.

- **Actividad**

Su actividad es muy abierta en la medida en que estas personas sienten la necesidad de actuar (con mayor o menor fortuna) para definirse con plenitud. Normalmente son alumnos disciplinados, capaces de realizar un gran trabajo personal. Fuera del colegio estudiarán solos hasta muy entrada la noche. Incluso en el marco de su profesión, tendrán tendencia a buscar soluciones a problemas que otras personas pasarían totalmente por alto. Son buenos investigadores, técnicos e ingenieros. Muy a menudo trabajan «a tientas» y llegan a realizar sorprendentes descubrimientos con muy pocos medios materiales. También son médicos muy buenos y profesores de carácter algo difícil. Poseen una capacidad de adaptación lenta, pero una enorme fuerza de trabajo.

- **Intuición**

La sola palabra *intuición* les resulta molesta: para ellos, conlleva ceder a una llamada incontrolable del inconsciente. Por el contrario, prefieren utilizar un sistema racional de conocimiento para conseguir sus objetivos. Cuentan con una capacidad de seducción positiva, pero a largo plazo, ya que no siempre resulta fácil comprenderlos y llegar a quererlos. Tienen una buena imaginación, sin más.

- **Inteligencia**

Se caracterizan por una inteligencia potente y sintética pero desconcertante: les cuesta asimilar algunas cosas de gran sencillez y, sin embargo, percibirán con total claridad situaciones complejas. Poseen una memoria ordenada y de notable capacidad, así como una curiosidad viva, pero que siempre responde a un motivo.

- **Afectividad**

Son posesivos. Necesitan reafirmarse erigiéndose como propietarios, tanto en el plano sentimental como en el material. Habrá que seguir de cerca su evolución psicológica para que no acaben bloqueándose o encerrándose en sí mismos. Deben contar con la posibilidad de expresarse con total libertad, sin miedos.

- **Moralidad**

Para ellos resulta bastante difícil separar la moral de cierta noción de religiosidad. Muestran una tendencia importante a echarse la culpa a sí mismos, lo que les termina llevando, evidentemente, a un complejo proceso de autodestrucción. Los padres y educadores deberán estar muy atentos ante la problemática planteada por estos niños y no permitir que desarrollen actos reflejos de hermetismo. Hay que castigarlos inteligentemente, de forma firme pero con amor. Sus creencias, cuando existen, son frágiles. Es posible que terminen refugiándose en un escepticismo tranquilizador para su persona.

- **Vitalidad**

Poseen una salud excelente, así como una destacable vitalidad. Resisten muy bien al cansancio y son capaces de trabajar hasta bien avanzada la noche; eso sí, cuidado con el agotamiento. Sobre todo, necesitarán una alimentación muy equilibrada y de horas fijas. Muestran una tendencia a los accidentes relacionados, concretamente, con el sistema óseo. Su punto débil es el estómago.

- **Sensorialidad**

Para ellos, las palabras *sensorialidad, sensualidad* y *sexualidad* sólo esconden agresivas rivalidades cuya integración en la psicología de la persona plantea importantes problemas. Además, no suelen tener a nadie con quien hablar de ello. En efecto, su sensualidad a menudo se ve frenada por represiones de origen familiar o religioso. Aquí, de nuevo, deberemos evitar que, en la época adolescente, acaben ensombreciéndose o manifestando rechazo para encerrarse en un mundo sin aperturas positivas.

- **Dinamismo**

Su dinamismo es muy equilibrado, y casi se encuentra al mismo nivel que la actividad, representando un elemento sólido de su psiquismo y su carácter. Saben ser objetivos, aunque a veces carecen de confianza en sí mismos, hasta llegar a la timidez. A veces son valientes y se enfrentan a problemas complicados con una fe extraordinaria, mientras que en otros momentos pierden los estribos con cualquier dificultad relativamente pequeña.

- **Sociabilidad**

Su sociabilidad es algo confusa y se enmarca en las importantes vacilaciones e inquietudes que caracterizan a estas personas. Cuando se trata de acontecimientos organizados, prefieren un rincón tranquilo en compañía de un pequeño grupo de amigos. Normalmente presentan una voluntad y una moral fuertes, e incluso tiránicas en algunos casos. Gozan de una suerte mediana y su éxito dependerá sobre todo de la obstinación con que realicen aquello que hayan decidido hacer. Cuando se topan con obstáculos importantes o traiciones, son capaces de mostrar una ira terrible.

- **Conclusión**

Si bien es cierto que estas desconcertantes personas esconden algo, también lo es que existe un fuego que los alumbra y los quema a la vez. Dichoso de aquel o aquella que consiga hacer visible la misión que llevan dentro. Por desgracia, ellos son los únicos que la conocen, aunque al menos sí podremos infundirles esa confianza que tanto necesitan.

Dominga (F)

LEMA: *La mujer del silencio*

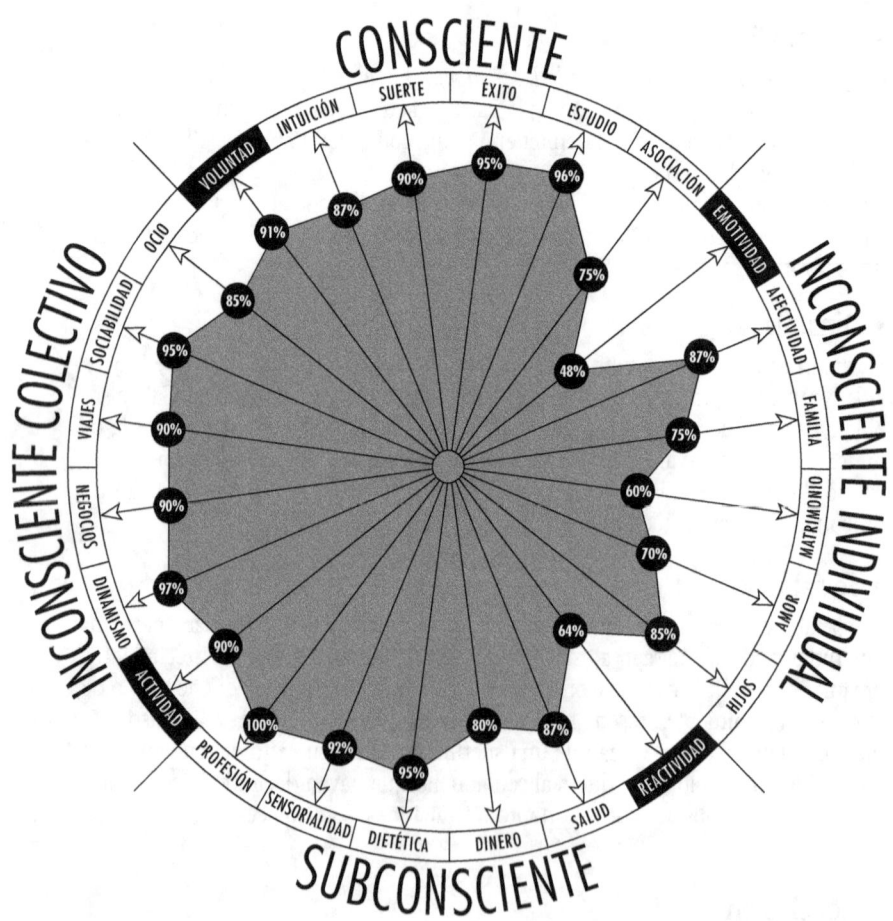

ELEMENTO: Agua
SIGNO: Piscis
COLOR: Amarillo

ANIMAL: Carpa
MINERAL: Granate
VEGETAL: Brezo

Dominga

y todos los nombres con características análogas indicados en el índice, incluyendo:

Armando	Eusebio	Galterio
Benedicto	Fernán	Kamilka
Blas	Fernando	Martín
Blay	Ferran	Maturino
Casiano	Fulgencio	Oliverio...

• **Tipo caracterológico**

Por mucho que su animal tótem sea la carpa, no debemos creer que son mudas. Eso sí, se trata de mujeres que saben llevar a cabo sus proyectos más secretos. En general, tienen mucha clase e inspiran una gran simpatía. Cuentan con un buen nivel de emotividad y actividad, pero en ocasiones tienen reacciones iracundas. En ellas nos encontramos, de nuevo, con el problema de los nombres mixtos o andróginos; así, comprobaremos que, muy a menudo, las mujeres que llevan este nombre, como por ejemplo las llamadas Claudia, poseen un porcentaje bastante alto de masculinidad en su fórmula caracterológica. Recordemos que los otros nombres vinculados a este comparten de forma significativa estos mismos parámetros de personalidad.

• **Psiquismo**

Son extrovertidas, es decir, que poseen la intuición del contacto humano. Sienten la necesidad de expresarse, pero mucho más mediante acciones que mediante palabras. Son poco influenciables y bastante dominantes. Poseen un concepto algo masculino de la jerarquía. Saben ser objetivas y son capaces de entregarse en cuerpo y alma a una causa. Tienen confianza en sí mismas y una fuerza de agarre tan intensa como el brezo, su vegetal totémico.

• **Voluntad**

Desarrollan su fuerza de voluntad desde la infancia, de forma que los padres y educadores no deberán subestimarla. En efecto, este tipo de caracteres necesita tener ante sí otras voluntades que se manifiesten con intensidad; de lo contrario, serán ellas quienes asuman su destino y el de toda la familia.

• **Emotividad**

Se trata de una emotividad rebosante de delicadeza que, cuando se expresa, descubre toda la riqueza de esta personalidad tan atractiva. Poseen un gran sentido de la amistad tanto con hombres como con mujeres, algo que resulta bastante poco habitual. Además, como amigas son fieles, aunque su comportamiento hacia dichos amigos esté sometido a altibajos que a veces nos recordarán una montaña rusa.

- **Reactividad**

Como debe ser, su reactividad es explosiva. Eso sí, habrá que precisar que nunca explotan de forma gratuita, sino que esperan a tener un buen «detonador» y aprovechan la explosión provocada por este para ajustar las cuentas: su sentido de la oposición está muy desarrollado. Les gusta decir que no y discutir, y son muy obstinadas, algo que los padres deben tener presente. El fracaso sólo les afecta hasta cierto punto, pero mostrarán una tendencia a la represión sentimental, ya que en este ámbito presentan una dualidad permanente a la que le cuesta tener salida.

- **Actividad**

Dan muestras de una actividad en ocasiones brusca: en cuanto deciden algo, pasan a la acción de forma precipitada. Y nada de avaricia: ellas suelen ser generosas e incluso derrochadoras. Les gusta estudiar, aunque normalmente se lo quitarán de encima con una especie de intrepidez: si hay que hacerlo, se hace, y punto. Lo más importante para ellas es la elección de un oficio, y en este sentido les atraen las profesiones que impliquen liderazgo e incluso conlleven cierto riesgo. Se sienten bien en el sector inmobiliario y, en general, en los negocios; la publicidad les interesa, y normalmente se sienten atraídas por todo lo estético. Si son artistas, cosa que ocurre a menudo, serán pintoras o escultoras. En cualquier caso, tienen las ideas claras y, como suele decirse, saben meterse a los demás en el bolsillo. En otros momentos, por el contrario, lo enviarán todo a paseo.

- **Intuición**

Tienen una intuición precisa y una notable capacidad de seducción. Normalmente, en ellas existe algo misterioso e indefinible, que hace que uno se haga mil preguntas sobre su personalidad. Su imaginación es magnífica, aunque no suelen dejarse llevar por ella.

- **Inteligencia**

Cuentan con una inteligencia rica y completa. Además, pueden hablar de muchos temas porque es de tipo sintético. Dicho de otro modo: comprenden rápidamente la globalidad de un asunto sin necesidad de entrar en los detalles. No obstante, como no es positivo pasar por alto los detalles, habrá que acostumbrar a estas mujeres durante la juventud a que analicen a fondo cada problema. Cuentan con una memoria destacable y una curiosidad que, a pesar de ser enérgica, nunca se convierte en indiscreción.

- **Afectividad**

Son posesivas pero no de forma excesiva. Adolecen de cierto pudor en los sentimientos: sus afectos se mantienen bastante en secreto y no les gusta anunciar a los cuatro vientos su amor, a menudo muy profundo. Los padres deberán procurar que, de niñas, comprendan la necesidad de expresarse totalmente en la vida. En efecto, uno tiene la impresión de que no se entregan por completo porque creen que los demás son incapaces de comprenderlas.

- **Moralidad**

Poseen una moralidad de amplio alcance, aunque a veces tiende a arraigarse en un sentido muy desarrollado de las situaciones sociales, es decir, que en estas personas la moral sigue a la acción del mismo modo que la intendencia al ejército: o tienen una fe militante, o este tema no les interesa en absoluto. En cualquier caso, no dudarán en cambiar de religión si lo creen conveniente.

- **Vitalidad**

Disponen de un fondo de vitalidad excelente, pero tenderán a abusar de él. Su salud es aceptable. Deben llevar cuidado con el agotamiento, porque no siempre saben marcarse una disciplina, equilibrar su alimentación y permitirse dormir suficientes horas. Creen que tienen una salud inmejorable, pero sin embargo sufren multitud de pequeñas dolencias susceptibles de trastocar su existencia. Sus puntos débiles son el sistema vegetativo y el aparato genital.

- **Sensorialidad**

Su sensorialidad es exigente, ya que este tipo de carácter presenta una inclinación muy clara a mezclarlo todo en un deseo de vivir muy intenso. Son sensuales, pero no se trata de una sensualidad compartimentada, de forma que la gula, la afición por lo estético, el ocio o la sexualidad se mezclan de forma despreocupada o peligrosa. En cualquier caso, es imposible aburrirse con ellas.

- **Dinamismo**

Resulta recomendable echar un vistazo al diagrama de carácter presentado junto a este análisis para comprobar que existe una zona de intensidad sorprendente que comprende la voluntad, la actividad, el dinamismo y la sociabilidad. Se trata, sin lugar a dudas, de toda una garantía de éxito para estas mujeres de masculinidad oculta.

- **Sociabilidad**

Gozan de una sociabilidad admirable que, unida a su intuición realista, las convierte en anfitrionas con un poder de seducción infinito. Saben tratar a sus invitados con mucha clase, y es que no tienen parangón como amas de casa: consiguen que los invitados se encuentren cómodos y saben utilizar de forma inteligente sus relaciones para llevar adelante sus asuntos; así pues, también son ambiciosas. Les encanta la familia, pero esta nunca deberá resultar demasiado agobiante para no interferir con su ánimo de independencia. Suelen tener suerte, algo que, en conjunción con un encanto innegable y una tenacidad a menudo fuerte, les confiere una seguridad, en términos generales, excepcional.

- **Conclusión**

Se trata de un tipo de carácter muy fuerte para una mujer, así como uno de los más eficaces, ya que desprende un halo de misterio particularmente fascinante. Ahora bien, también debe decirse que estas «mujeres del silencio» (aunque sea de forma simbólica), siempre guardarán un poder extraño que nunca compartirán.

N.º 29

Domingo (M)

LEMA: *Aquel que viene*

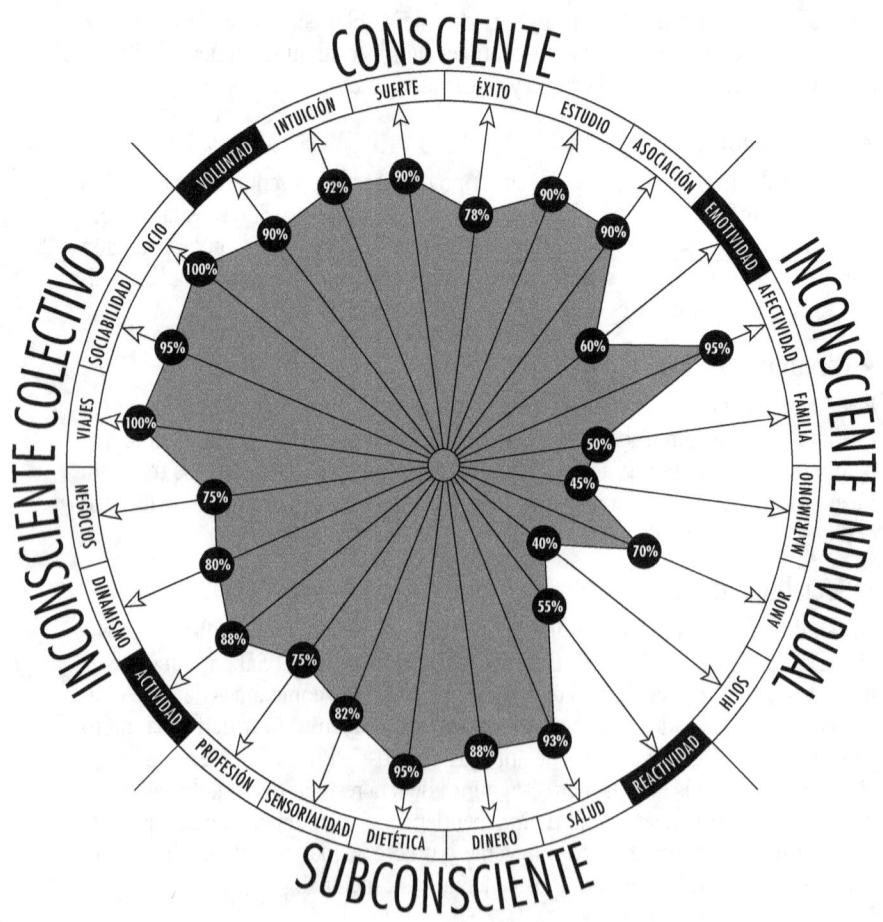

ELEMENTO:	Aire	ANIMAL:	Paro
SIGNO:	Acuario	MINERAL:	Minio
COLOR:	Verde	VEGETAL:	Plátano

Domingo

y todos los nombres con características análogas indicados en el índice, incluyendo:

Agnan
Doménech
Foulques
Gildo
Hilario
Justiniano
Justino
Silvano
Silverio
Silvestre
Silvio
Tim
Timmy
Timoteo
Timothy...

• **Tipo caracterológico**

Se trata de un carácter doble, con una dimensión femenina y masculina y que, por tanto, se manifiesta de dos formas diferentes. Poseen una emotividad muy intensa, una actividad mediana y reacciones importantes, aunque pueden aparecer bajo el aspecto de una persona relativamente inmóvil y flemática, es decir, el carácter que corresponde a su árbol tótem, el plátano. Por otra parte, presentan un aspecto más dinámico, correspondiente al paro, su animal tótem, que según los alquimistas medievales anunciaba la llegada del pavo real, es decir, de la resurrección. Los Domingos, por tanto, nos traen un mensaje de esperanza.

• **Psiquismo**

Son tan extrovertidos que necesitan comunicarse porque siempre tienen algo que decir. Están muy abiertos al mundo exterior y desean beneficiar al mayor número de personas posible con sus conocimientos y convicciones. No obstante, esta apertura hacia el mundo conlleva algunos inconvenientes, ya que implica un pluralismo que lleva a estos hombres a considerar demasiado la opinión de los demás y en ocasiones a no saber en qué punto se encuentran.

• **Voluntad**

Su voluntad encuentra la forma de ser fuerte, aunque a pesar de todo es algo indecisa, sencillamente porque se enfrenta a la alianza emotividad-reactividad, relativamente alta. Por tanto, asistimos a una lucha entre estos dos ámbitos, que en ocasiones se salda con dudas, y otras, con obstinación.

• **Emotividad**

En términos absolutos no es de las más importantes, ya que otros nombres poseen una emotividad mucho más fuerte; sin embargo, en este caso se ve respaldada por una reactividad del mismo nivel, lo que origina una mezcla relativamente inestable e incluso explosiva.

• **Reactividad**

Si analizamos los dos parámetros caracterológicos anteriores, veremos que ya hemos retratado esta intensa reactividad pero carente de suficiente apoyo por parte de la actividad, lo que hace que este tipo de carácter presente cierta inestabilidad psíquica. Son más bien objetivos y con ellos es posible tratar temas delicados, e incluso incendiarios, sin temor a verlos caer en el fanatismo o la ironía. Son bastante captadores, es decir, que de forma inconsciente buscan rodearse de personas sobre las que poder ejercer una influencia real. Poseen una confianza mediocre en sí mismos, y a menudo no se sienten a gusto con como son.

- **Actividad**

Hacen gala de una actividad considerable pero totalmente insuficiente para poder controlar por completo el aspecto hipersensible de su carácter. Con ellos no podemos hablar de «estudios» sino de «conocimientos», y en algunos casos de «reminiscencias», ya que da la impresión de que, más que aprender, recuerden. Se encuentran a gusto en muchos ámbitos que parecerán misteriosos o confusos a aquellos que no posean el mismo modo de percepción que ellos, y a menudo estudiarán dos cosas a la vez. Se sentirán verdaderamente atraídos por profesiones que algunos considerarán extrañas: escritores de ciencia ficción, arqueólogos, profesores de teorías poco ortodoxas, etc. Debido a que tienen mucha presencia, e incluso cierto magnetismo, son excelentes reporteros, así como periodistas de radio y televisión. Se sienten atraídos por todo lo relacionado con las ondas; serán buenos radiólogos o aviadores. En cualquier caso, deberán vivir de forma extravagante si desean cumplir sus sueños más profundos.

- **Intuición**

Tienen una intuición fuerte, a veces femenina. Su imaginación es muy despierta, al igual que su poder de seducción. De niños, hay que procurar que los Domingos y demás nombres relacionados no sueñen su vida en vez de vivirla.

- **Inteligencia**

Poseen una inteligencia muy sintética: analizan por encima los problemas y en seguida perciben las principales líneas maestras. No se detienen en los detalles, algo que puede provocar dificultades. Los padres deberán imponerles una disciplina mental que les haga ocuparse de las cosas concretas aunque sólo quieran ver lo general. Tienen una memoria muy buena.

- **Afectividad**

Son muy afectuosos y poseen una sensualidad espontánea. No se contentan con aprobaciones vagas o promesas lejanas. Necesitan ser queridos y que se les diga. Los padres no deben subestimar las posibilidades sentimentales de sus niños, ya que estos no tardarán en buscar en otras partes la ternura que no reciban en casa.

- **Moralidad**

Su necesidad de compartir su sentido de la responsabilidad con otras personas que tengan las mismas creencias y principios es tan grande que casi se podría afirmar que viven una moral colectiva. Sin embargo, su rigor personal les basta para saber, en principio, desmarcarse de los compañeros de comportamiento dudoso. Normalmente son bastante místicos y necesitan creer en algo más allá de la existencia cotidiana. Están dispuestos a emprender auténticos peregrinajes, en sentido literal y figurado, para descubrir su verdad intelectual o espiritual.

- **Vitalidad**

Poseen una buena vitalidad que se ve comprometida por un psicosomatismo algo negativo. A veces se «fabrican» determinadas enfermedades. Tienen una salud bastante inestable, sobre todo en lo relativo a la osificación. Durante la infancia será indispensable vigilarlos muy de cerca para que no sufran descalcificación al tener una fractura. Para mantenerse en buenas condiciones deberán seguir un régimen adaptado a su temperamento, aunque en este ámbito son más bien negligentes. Hay que vigilar los intestinos y cuidado con la apendicitis.

- **Sensorialidad**

Estas personas necesitan hasta tal punto comunicarse que toda su sensorialidad gira en torno a la participación. Les gusta mucho comer, pero en compañía de amigos. Ni se les ocurriría ir solos a ver un espectáculo. Su sexualidad a menudo se complica porque su fórmula caracterológica conlleva un porcentaje de feminidad ligeramente por encima de la media. Por tanto, no habrá que educar a estos niños entre algodones, y hacer todo lo posible para que no se bloqueen al nivel de la sensualidad o los sentimientos.

- **Dinamismo**

En este punto, de nuevo, nos topamos con la necesidad de llevar a cabo una empresa de valor en comunidad, de forma colectiva. Son muy sensibles a la amistad y pueden dar mucho más de lo que nunca recibirán; profesarán esta amistad tanto a hombres como a mujeres, algo nada habitual. Por otra parte, sienten de forma muy dolorosa el fracaso y se sienten mal cuando no se los comprende, mostrando una tendencia corriente a la represión sentimental.

- **Sociabilidad**

Son personas encantadoras, sociables, que normalmente demuestran una gran curiosidad. Su fuerza de voluntad es algo débil, pero hace acto de presencia en los momentos críticos. A veces tendrán tendencia a dejarse agobiar por la familia cuando están casados. Tienen buena suerte; sin embargo, los esfuerzos que dediquen no siempre se verán recompensados en un primer momento, de forma que el éxito a menudo les llegará tarde. En cualquier caso, cuentan con una intensa actividad mental, y si vivimos con ellos tendremos la impresión de que evolucionan en un plano diferente al de la mayoría de las personas.

- **Conclusión**

En este análisis se ha usado mucho la palabra *sentimental*, la clave de este carácter, que pide ser comprendido y querido ante todo. Es verdad que desea «venir», pero sobre todo necesita que se le espere debido a su miedo a la soledad.

Edmundo (M)

LEMA: *Aquel que soporta la tormenta*

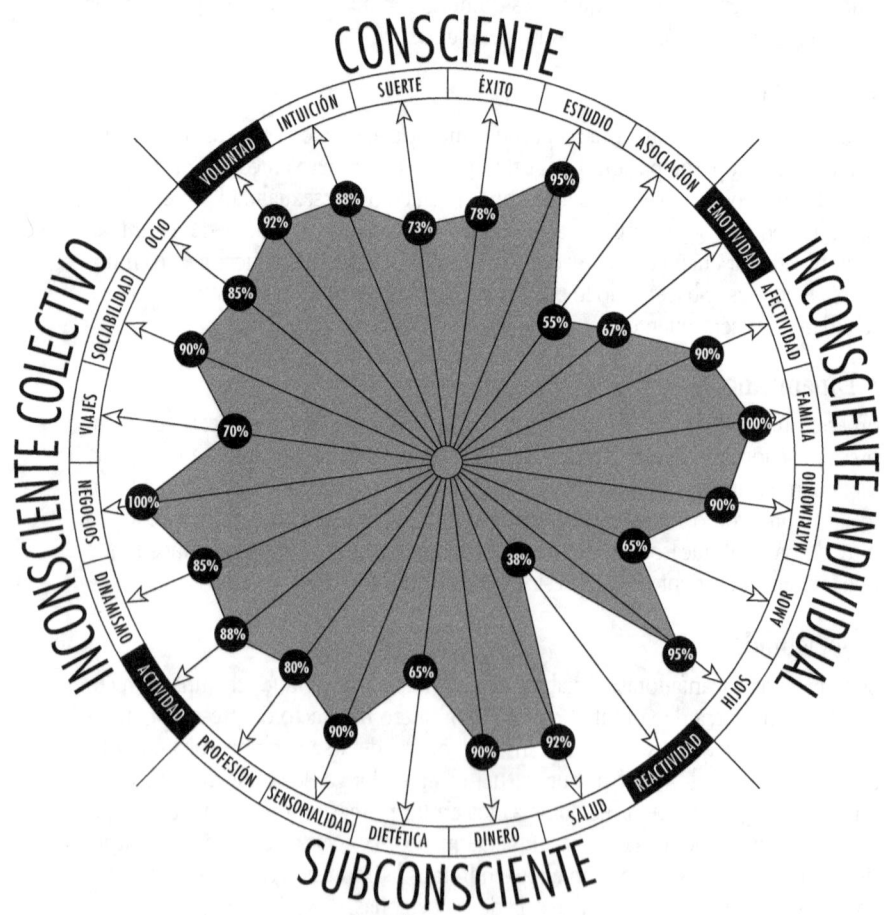

ELEMENTO:	Aire	ANIMAL:	Tejón
SIGNO:	Acuario	MINERAL:	Plata
COLOR:	Violeta	VEGETAL:	Junco

Edmundo

y todos los nombres con características análogas indicados en el índice, incluyendo:

Ael	Edmé	Maixent
Ambrosi	Edmundo	Plácido
Ambrosio	Eustaquio	Simbad
Ángel	Juventino	Sinclair
Ángelo	Lino	Steward...

• **Tipo caracterológico**

Normalmente son grandes sentimentales dotados de una intensa emotividad, una actividad contenida y reacciones tardías, lo que no les impide ser personas de gran valor, aunque eso sí, matizando que su falta de energía los llevará a ser personas que hacen trabajar a los demás antes que personas trabajadoras. Teniendo en cuenta que su vegetal tótem es el junco, se entenderá que, cuando el viento sopla con violencia, prefieren doblegarse a resistir. No son demasiado ambiciosos: desean tener una vida tranquila y cómoda. Necesitan seguridad, y desde muy pequeños los padres deberán acostumbrarlos a luchar.

• **Psiquismo**

Son introvertidos: pasan por alto el mundo exterior demasiado a menudo y se encierran en sí mismos, contentándose con su modesta comodidad mental. Así pues, será necesario habituarlos, desde la juventud, a ocuparse de los demás, participar en movimientos juveniles y hacer deporte de competición. Puesto que es fácil influir en ellos, será necesario estructurar y disciplinar bien su carácter.

• **Voluntad**

No debemos creer que carecen de voluntad, ya que está ahí, presente y eficaz. Pero existen dos tipos de voluntad: la que merece verdaderamente el apelativo de «voluntad» al no necesitar ninguna restricción para manifestarse, y la denominada voluntad circunstancial, que sólo aparece cuando los acontecimientos la obligan a actuar. Este es nuestro caso. No olvidemos que su animal tótem es el tejón, cuya vida subterránea e invernal es de las más retiradas del mundo animal.

• **Emotividad**

La emotividad provocará la actuación de la voluntad. Les gusta tener amigos, pero sin sentirse demasiado comprometidos. Prefieren no asumir demasiadas responsabilidades.

• **Reactividad**

Existe un desfase, e incluso un abismo, entre la reactividad y la emotividad, que debemos subrayar y que podrá apreciarse con claridad en el diagrama de carácter.

En efecto, dicha emotividad representa casi el doble de la reactividad y provocará cierto efecto de «aplastamiento» de molestas consecuencias. No son polemistas obstinados, pero sí tienen un sentido desarrollado del fracaso que los traumatiza y desanima. A menudo tienden a la represión sentimental.

- **Actividad**

Precisamente el índice de actividad inferior a la voluntad convertirá a este tipo de carácter en personas que «soportan la tormenta». Normalmente son buenos estudiantes, ya que se adaptan bien a todas las materias impartidas y, siempre que no se dejen llevar por la imaginación, saben concentrar la atención. Se sentirán atraídos por profesiones situadas a medio camino entre la obediencia y el control, es decir, que en realidad tienen espíritu de dominación. Así, los veremos como funcionarios de Hacienda, aduaneros o de otro tipo, así como administrativos. Dada su gran meticulosidad, también serán excelentes ingenieros electrónicos, además de poder triunfar en determinadas profesiones médicas y paramédicas. Son buenos cirujanos y excelentes dentistas. Los padres deberán estar atentos en el momento de elegir la profesión, ya que a veces estos jóvenes tienen problemas para decidirse y comprometerse en una carrera.

- **Intuición**

La intuición es decisiva para ellos. Incluso puede parecer que tienden a utilizarla demasiado y a lanzar sentencias del tipo: «No creo que lo haga porque no lo siento». Esto deja la puerta abierta a todo tipo de huidas y renuncias. Cuentan con un gran poder de seducción y un enorme encanto, aunque no debemos olvidar que es precisamente en la tormenta cuando más fuerte debe sujetarse el timón.

- **Inteligencia**

Poseen una buena inteligencia impulsada por una imaginación inusual. Su inteligencia es analítica y les permite fijarse en los detalles con una seguridad notable, una cualidad, además, que estará presente en la elección de su oficio. Tienen buena memoria y una curiosidad algo débil. De nuevo, prefieren imaginarse las cosas desde su cómodo piso que salir a descubrir el mundo en medio de la tormenta.

- **Afectividad**

Son afectuosos y sensibles a todo lo relacionado con el corazón. Son susceptibles, de forma que, cuando sean niños, deberemos dirigirnos con tranquilidad a ellos, pero sin necesidad de renunciar a cierta firmeza cuando debamos hacerles alguna observación. No son demasiado posesivos, y en general no tienen la impresión de que aquello que les pertenece sea auténticamente suyo.

- **Moralidad**

Poseen una moral excelente, pero que algunos calificarán de hipócrita con demasiada rapidez. Entendámonos: no es que finjan un rigor de comportamiento que no poseen, sino que más bien tienen algo que hace que esas manifestaciones de virtud que a veces dejan caer de forma inoportuna resulten irritantes. A menudo sus creencias fluctúan. En muy raras ocasiones tienen una fe fija, sino que se dejan llevar, la mayoría de las veces, por un ensueño metafísico algo borroso. Habrá que devolverlos a la tierra de vez en cuando.

• Vitalidad

Poseen una vitalidad fuerte, pero se cansan rápido; además, hemos visto que no se trata de un carácter excesivamente activo, así que tenderán a agotarse. No obstante, debemos distinguir entre el agotamiento auténtico y el bloqueo físico, que en ellos a veces parecerá más bien pereza. Necesitan dormir mucho. Les interesa estar en contacto con el agua durante las vacaciones, y especialmente con el mar. Sus puntos débiles: el aparato genital y el sistema nervioso.

• Sensorialidad

A pesar de ser muy sensorial, este tipo de carácter se pasará la vida tratando de conciliar las tendencias antagonistas de su personalidad. Su sexualidad también presenta esta dualidad que lo divide en dos: así, tendremos al hombre sentimental y delicado que sabe adaptarse de forma admirable a los movimientos de la psicología femenina; pero también, en ocasiones, a un hombre de reacciones algo brutales, sobre todo en materia de sensualidad. Durante la pubertad habrá que vigilarlos de cerca e informarles cuanto antes de las cuestiones más importantes.

• Dinamismo

No está a la altura de la actividad ni de la voluntad, y denota cierta timidez y reparo ante el compromiso y el enfrentamiento. Normalmente son objetivos, aunque más por indiferencia que por dominio de sí mismos. A menudo son tímidos e inseguros. De niños habrá que animarlos constantemente y comprender bien la dualidad de su carácter, ya que a veces serán apacibles y, otras, podrán ser rebeldes y dar buenos mordiscos, como el tejón, su animal tótem.

• Sociabilidad

Son encantadores, aunque a veces podrán manifestar un nerviosismo colérico de poca gravedad. Les gusta estar con gente, aunque no pueda considerárselos auténticos amigos. Su voluntad fluctúa: actúan durante un tiempo, luego su tensión se relaja y se desaniman, para después empezar de nuevo. Tienen un sentido de la familia muy desarrollado; en ella buscan tranquilidad y seguridad, y están dispuestos a grandes concesiones para conseguirla. No deben acostumbrarse a confiar demasiado en la suerte: al fin y al cabo, su éxito dependerá sobre todo del esfuerzo realizado en el marco de una labor bien definida y estable.

• Conclusión

Se trata de hombres de confianza que, más allá de sus dudas, proporcionan una imagen tranquilizadora del hogar. Desde luego no son grandes líderes, pero sí poseen cualidades bastante poco habituales hoy en día, en una época en que se tiende demasiado a juzgar a las personas por su nivel de agresividad.

N.º 31

Eduardo (M)

LEMA: *Aquel que vive en dos elementos*

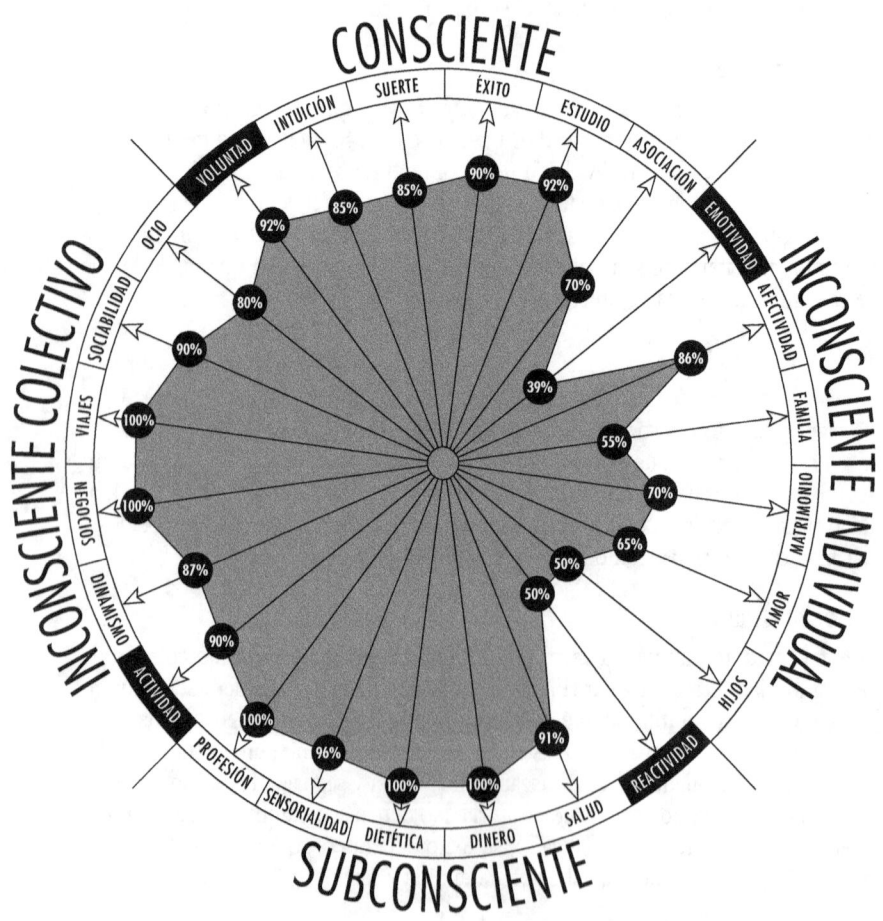

ELEMENTO:	Agua	ANIMAL:	Foca
SIGNO:	Escorpión	MINERAL:	Jaspe
COLOR:	Rojo	VEGETAL:	Maíz

Eduardo

y todos los nombres con características análogas indicados en el índice, incluyendo:

Alberico	Luderico	Ned
Derian	Marc	Neil
Eddy	Marco	Sansón
Gauvino	Marcos	Wenceslao...
Kevin	Marcus	

• **Tipo caracterológico**

Se trata de caracteres bastante difíciles de entender: no puede afirmarse que este tipo de nombres presente una personalidad verdaderamente doble, pero sí que evolucionan en dos elementos diferentes, y ello sin perder su personalidad propia.

Para aclarar esto, recurriremos al simbolismo de su animal tótem, la foca, que es tanto terrestre como acuática sin perder su carácter particular. De esta forma, aparecerán como hombres apasionados e indolentes. Podemos decir, utilizando el lenguaje figurado, que vistos de frente son flemáticos, pero de lado, apasionados; algo, desde luego, muy desconcertante.

• **Psiquismo**

Se trata de personas con reacciones sorprendentes. Uno nunca sabe cómo se comportarán o en qué nivel se moverán. Son auténticas sorpresas andantes, que adquirirán el aspecto que más les convenga de forma deliberada y sin cambiar la propia estructura personal. Así, los veremos mostrando dejadez y una sangre fría inquebrantable en un momento, para después estar llenos de pasión e incluso de violencia.

Ahora bien, podemos afirmar que siempre se expresarán en función de una idea muy concreta que tienen de sí mismos y del objetivo que desean conseguir. Son objetivos y tienen capacidad de dedicación a una causa. Confían en sí mismos y son poco influenciables. A veces se hacen los tímidos, pero esto es más apariencia que realidad.

• **Voluntad**

Su voluntad es eficaz y se encuentra en primer plano. Esto quiere decir que no sólo son voluntariosos, sino que además se dan aires de voluntariosos. Mientras sean niños habrá que evitar que adopten esta actitud.

• **Emotividad**

Su emotividad es de las más mediocres, y tal como muestra el diagrama, se ve respaldada por una reactividad de gran presencia que le otorga un aspecto relativamente explosivo pero, sin embargo, controlado.

165

- **Reactividad**

En el marco general de este carácter, la capacidad de reacción es intensa y llevará a los portadores de estos nombres a zanjar con rapidez una discusión e incluso a lanzar una réplica mordaz capaz de tocar puntos sensibles y hacer daño. No hay que dejar que, de jóvenes, sean respondones, ya que si se dan cuenta de que los demás no están «a la altura» en estos combates verbales, estos podrán perder buena parte de su prestigio.

- **Actividad**

Se trata de una actividad razonada: quieren saber por qué y para quién trabajan. Por ello, habrá que informarlos extensivamente y marcar un objetivo preciso a sus acciones desde la juventud. Deben saber adónde se dirigen. Pronto serán conscientes de quiénes son, así como de lo que pueden y quieren hacer. Son brillantes pero no de forma deslumbrante, autoritarios sin ser agresivos y poseen una buena conciencia profesional; se dirigirán rápidamente hacia profesiones de contacto y combate: jueces, religiosos comprometidos, industriales de vanguardia o altos cargos; se unirán de buena gana a amplias corrientes de pensamiento social. Son parlamentarios comprensivos y generosos, así como médicos muy dedicados de cualidades ocasionalmente extraordinarias.

- **Intuición**

Cuentan con una intuición precisa y muy estructurada, que utilizan del mismo modo que su poder de seducción: sacando partido a sus facetas complementarias de contacto: la del «apasionado» que pueden parecer y la del «flemático» que parecen ser. Esta intuición les confiere una precisión de diagnóstico sin parangón.

- **Inteligencia**

Poseen una inteligencia amplia, tanto sintética como analítica, es decir, que engloban mentalmente todo un acontecimiento en su totalidad al tiempo que se sumergen en los detalles, algo que a menudo resulta cautivador.

- **Afectividad**

Su afectividad es profunda y de amplio alcance. Los sentimientos que manifiestan y los que reciben los convierten en personas con las antenas desplegadas, con una capacidad de comprensión extraordinaria. Saben atender al comportamiento de los demás y observarlos con gran sagacidad. Expresan sus afectos o su amor con mucho equilibrio y de forma matizada. Durante la niñez, no es necesario obligarlos a demostrar ternura, sino más bien comprenderlos y saber interpretar en su mirada a quién profesan su respeto y ternura.

- **Moralidad**

Se trata de una moral de «militante», por no decir de «militar», hasta tal punto se ciñe a un código o manual de disciplina. Con ellos no hay discusión posible: algo «se hace» o «no se hace». Y, desde luego, no hacen más trampas con su conciencia que con la vecina de esta, las creencias, que también gozan de gran riqueza. En ellos existe una iluminación casi espiritual del ser. Creen en sí mismos, creen en su misión y en los principios que les sirven de guía en cualquier ámbito. Son místicos iluminados, aunque su religión sea, en algunos casos, más política que confesional.

• **Vitalidad**

En ellos la vitalidad forma parte de la retaguardia, así que se limita a seguir sin plantear ningún problema en términos generales. Normalmente es destacable, aunque deberemos desconfiar de cierta indolencia durante la juventud. Poseen una salud equilibrada. Sus puntos débiles son la sangre y la digestión.

• **Sensorialidad**

Se trata de una sensorialidad de buena calidad, potente sin ser tiránica, que hace que este tipo de carácter desarrolle muy pronto un gusto por las «cosas buenas» de la vida, aunque eso sí, sin obligarse a realizar acciones que no encajarían con sus principios. Su sexualidad resultará con frecuencia exigente, y se desarrollará de forma precoz pero discreta. En este sentido, su madurez resulta en ocasiones sorprendente, pero siempre equilibrada. Desde muy jóvenes se convertirán en hombres dignos de ser escuchados y que las mujeres respetan. Son fieles y capaces de vivir un gran amor al mismo tiempo apasionado y tranquilo.

• **Dinamismo**

Se trata de un dinamismo en consonancia perfecta con la actividad a la que subyace. De forma algo interesante, se percibirá que dicha actividad siempre lleva impresa una sociabilidad segura. Dicho de otro modo, este tipo de carácter, a pesar de poseer una disciplina firme, introduce un matiz de consideración familiar muy apreciado en sus relaciones con lo personal, pero sin caer en el paternalismo.

• **Sociabilidad**

Este punto ya ha sido analizado en cierta medida. Se trata de personas con autocontrol, que nunca se desconciertan y con un carácter rico que se abre mucho al mundo. Necesitan crecer en un ambiente sano y sólido. Poseen un sentido profundo de la autoridad y el poder, es decir, de la función de la madre y del padre: «las dos antorchas del mundo», como se decía en la Antigüedad. Son anfitriones al tiempo dignos y generosos, con tendencia a derrochar de forma algo inconsciente en este ámbito.

• **Conclusión**

Se trata de un carácter con mucha fuerza, de hombres de primera categoría cuyo único defecto quizá radique en su insistente deseo de desconcertar a la pareja jugando con sus hábiles cualidades de «anfibio» (no olvidemos que son focas), que les llevarán a discutir en dos planos diferentes: los negocios y los sentimientos, siempre controlados. Eso a menos que no sean híbridos, como su vegetal tótem, el maíz.

Elena (F)

LEMA: *Aquella que es perfecta; la belleza del Reino*

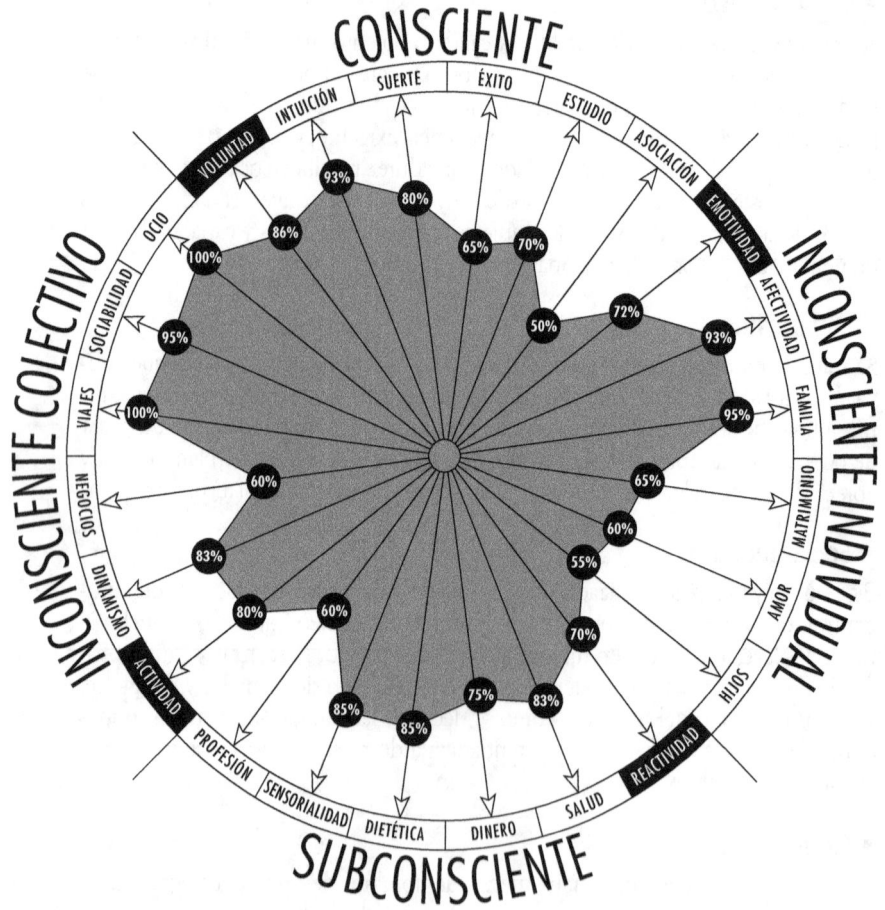

ELEMENTO:	Aire	ANIMAL:	Bacalao
SIGNO:	Géminis	MINERAL:	Jade
COLOR:	Amarillo	VEGETAL:	Orquídea

Elena

y todos los nombres con características análogas indicados en el índice, incluyendo:

Bárbara
Bianca
Blanca
Cleo
Gaela

Gisela
Helena
Helieta
Lena
Maturina

Milena
Mylena
Nell
Nelly
Quiteria...

• **Tipo caracterológico**

Son sentimentales y muy emotivas. Todo les afecta, son sensibles a todo lo que confiere encanto a la vida y poseen un sentido innato de la poesía, la belleza y la elegancia. Están hechas para ser admiradas, mimadas y consentidas. Sin lugar a dudas, se trata de los nombres más femeninos de todos, pero también de los más difíciles de llevar. Durante la infancia no debemos permitir que adquieran el rol de pequeñas reinas que desprecian las nimiedades de la vida cotidiana y se dedican a soñar subidas indolentemente en una nube rosa. Muestran una tendencia a la pereza, a reaccionar de forma blanda y a dejarlo toda para el día siguiente. A imagen y semejanza de su flor totémica, la orquídea, son flores de invernadero que necesitan calor y sol.

• **Psiquismo**

Son muy introvertidas, o, dicho de otro modo, sólo se sienten cómodas en su mundo personal, donde sueñan con joyas (son muy coquetas), palacios (les gusta el lujo) y encantadores príncipes (son más sentimentales que sensuales). Son posesivas, sólo perciben la vida desde su pequeña ventana y habitan en un universo imaginario, lo que las lleva a practicar una ficción casi permanente y a menudo involuntaria.

• **Voluntad**

Consultando el diagrama de carácter incluido con este análisis, veremos que el porcentaje de voluntad es mayor de lo que podría imaginarse: bajo su apariencia de «mujer aniñada» poseen sorprendentes recursos que usarán a voluntad.

• **Emotividad**

Su emotividad es, a todas luces, muy intensa, y les conferirá un carácter caprichoso que constituye a la vez su encanto y su punto débil. No profesarán mucha amistad con mujeres; algo más con los hombres, aunque en este caso su exuberante feminidad se sobrepondrá y no tardarán en transformar a estos pobres desafortunados en esclavos. Tienen propensión a la reflexión, algo que no hace sino empeorar las cosas. Son polemistas y sensibles al fracaso, que para ellas constituye un insulto a su poder de seducción.

169

- **Reactividad**

Cuentan con una gran reactividad que les confiere cierta susceptibilidad. Les cuesta mucho perdonar y son muy rencorosas. En cuanto a los estudios, no les gusta nada estudiar, o bien llevan los estudios a su terreno de fantasía, interesándose por la geografía, por ejemplo, porque el profesor tiene unos ojos muy bonitos. Por el contrario, cuando estudian con seriedad gracias a la vigilancia de los padres, suelen gustarles los estudios clásicos: les gusta mucho la Antigüedad.

- **Actividad**

Su actividad no es nada del otro mundo, ya que piensan que, más que la acción, lo que cuenta es la «presencia». Dicho de otro modo, consideran que con su sola participación ya se han ganado el sueldo. Así pues, les interesa todo lo tocante al arte, la elegancia, la joyería o la belleza. Pueden ser pintoras o modelos, modistas e incluso relaciones públicas, pero no les pidas que fichen a las siete de la mañana en una fábrica. Son muy independientes, escriben bien y necesitan lujo y hombres ricos. En fin, chicas con las ideas claras. En este entorno de «vida fácil» poseen una capacidad de adaptación prodigiosamente rápida, algo que dejará de ser tan obvio si dejan de poder vestirse a la última moda.

- **Intuición**

Su intuición y su encanto se imponen con tanta habilidad que harían que la serpiente se comiese la manzana. Ya no se trata de seducción, sino de auténtico embrujo. Además, esta intuición está al servicio de un proyecto de vida complejo, ya que son bastante calculadoras en según qué ámbitos. Hay que evitar que terminen tomándose por videntes.

- **Inteligencia**

Poseen una inteligencia sintética: lo entienden todo en bloque sin molestarse a entrar en los detalles. Si no lo comprenden todo en seguida, lo dejan correr. Hará falta mucha paciencia y mucho tacto para inculcar disciplina a estas bellas durmientes que, cuando quieren, sí son muy vivas. Son curiosas como gatas, charlatanas y con una memoria afectiva muy desarrollada.

- **Afectividad**

Para ella los afectos lo son todo: o aman o no aman. En este último caso, sólo existe una posibilidad: irse. Ahora bien, si aman, la pareja siempre recibirá una de cal y otra de arena: un día, «todo va bien»; el siguiente, «esto no funciona». Los padres deben evitar caer en esta trampa. Para ello, deberán hacer gala de una firmeza llena de tacto y de una disciplina de hierro en guantes de terciopelo.

- **Moralidad**

Sería sorprendente que un carácter como este, para el que los caprichos son sagrados, no realizase algunas concesiones ante la moral clásica. Para ellas, siempre hay alguna forma de arreglarlo. Sus creencias son como una montaña rusa. ¡Creen sin creer, pero creyendo! Les gustan las grandes ceremonias: suspiran oyendo los órganos, lloran en las bodas y evitan los entierros. En este ámbito, también, será necesario evitar que se dispersen mentalmente.

- **Vitalidad**

Su vitalidad no resulta del todo satisfactoria. Son relativamente frágiles. Se caracterizan por una percepción algo esnob de la enfermedad y por un decaimiento permanente de mejillas sonrosadas, y no dudarán en «apuntarse» a numerosas enfermedades sin importancia de origen mayoritariamente psíquico. No obstante, hay que llevar cuidado con la diabetes, el páncreas y los riñones, así como vigilar la columna vertebral (se les recomienda caminar sobre dos horas diarias) y los intestinos, que tenderán a la irritación.

- **Sensorialidad**

No resulta fácil explicar el mecanismo sensorial de estas mujeres debido a la mezcolanza existente entre coquetería, sociabilidad, afán de comodidad, deseo de cambio, viajes y seducción más o menos inocente. En cuanto al sexo en sí, complica las cosas de forma definitiva: su encanto es tal que uno no sabe muy bien dónde empieza y dónde acaba la sensualidad. Se trata del estereotipo de «mujer-niña» o «mujer-flor» que perturba y desconcierta, hechiza y desespera a sus anhelantes pretendientes hasta el día en que tropieza con un «hombre-padre».

- **Dinamismo**

Puesto que saben servirse del dinamismo de los demás, y en especial del de sus innumerables pretendientes, no se preocupan por el suyo propio.

Tienen suerte y, a la vez, no la tienen. Esto significa que, a menudo, echan a perder oportunidades precipitándose demasiado. No saben esperar al momento adecuado. Quieren, a la vez, ser felices, soñar con su felicidad y ser queridas, pero sin que ello trastoque su pequeño mundo de tintes algo infantiles.

- **Sociabilidad**

Son muy sociables, no porque participen realmente en la vida de los demás, sino más bien porque quieren integrarlos en su propia vida. Además, son encantadoras, coquetas y provocadoras. Y no hablamos sólo de las adultas: basta con observar a una niña de estas características en un salón para darse cuenta. No puede decirse que tengan mucha voluntad, pero sí que saben lo que quieren y lo consiguen con astucia. Su moral deberá ser objeto de un seguimiento particular por parte de los padres, ya que, en ausencia de principios, podrán sacrificar muchas cosas para llevar una vida fácil e independiente.

- **Conclusión**

No debemos permitir que se abandonen a sí mismas en ningún momento de la vida. Deben aprender a dominar su invasora emotividad, que las conduce a sueños imposibles. Desde pequeñas habrá que darles responsabilidades inmediatas; de lo contrario, podrán usar su maravilloso encanto para evitar el contacto con la realidad. Un último apunte: su animal tótem es el bacalao.

Emilio (M)

LEMA: *Aquel que se esconde*

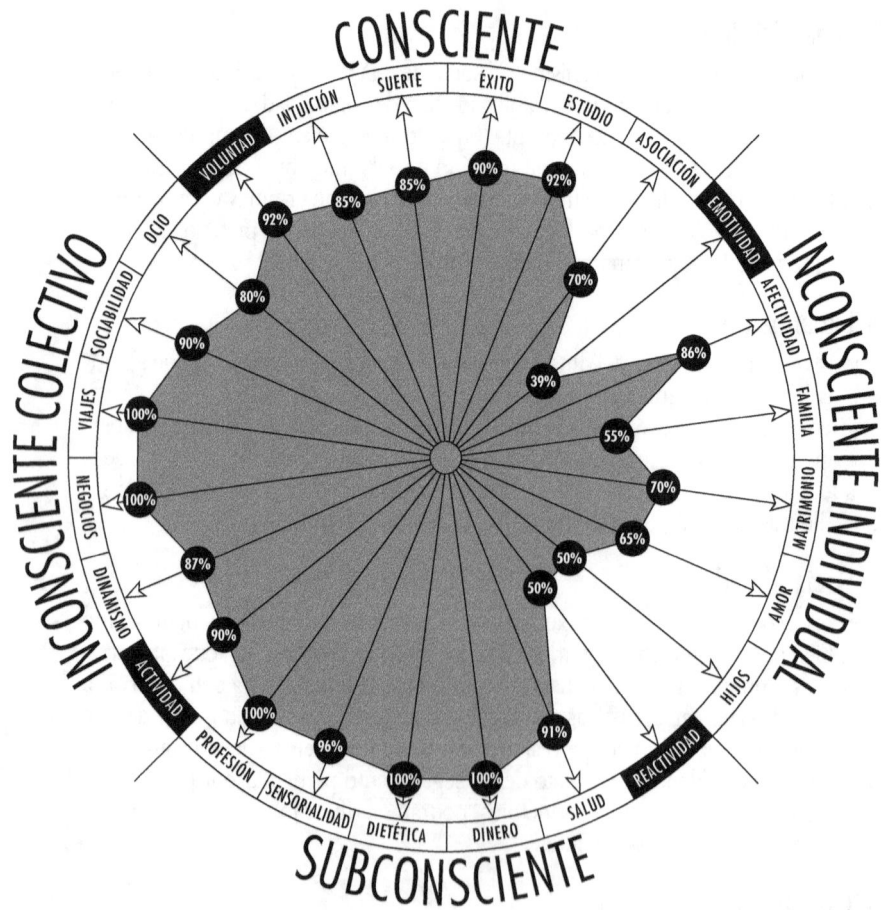

ELEMENTO:	Agua	ANIMAL:	Cangrejo de mar
SIGNO:	Cáncer	MINERAL:	Turmalina
COLOR:	Azul	VEGETAL:	Lila

Emilio

y todos los nombres con características análogas indicados en el índice, incluyendo:

Alejandro
Álex
Alexis
Bruno
Elmo

Emiliano
Homero
Lais
Lô
Morgan

Prudencio
Ronaldo
Sacha
Sander
Ursulino…

• **Tipo caracterológico**

Para entenderlos bien uno debe tener presente que su animal tótem es el cangrejo de mar, un crustáceo cuyo comportamiento es muy extraño. Andan en diagonal, atacan, asen con sus pinzas, se van andando hacia atrás con su presa y, si el combate es desigual o la amenaza considerable, se entierran en la arena. Esta es en cierta medida la situación, algo incómoda, de este tipo de carácter, que se caracteriza por una actividad confusa y una buena emotividad, pero unas reacciones en retirada. De forma curiosa, podría decirse que son flemáticos apasionados. Saben «debatirse» cuando es necesario, pero también «hacerse el muerto» como la lila, su planta totémica, que espera hasta que la llegada de la primavera sea definitiva.

• **Psiquismo**

Son introvertidos, es decir, que en ocasiones huyen de la hiriente realidad hundiéndose en las arenas de su inconsciente personal. Cuentan con una imaginación enérgica que les separa de lo real. Son influenciables y a menudo tratan de justificar su comportamiento por anticipado, por miedo a ser juzgados. Por tanto, son más bien de naturaleza temerosa y no deberemos abusar de la inquietud que pueda originarse en los pequeños Emilios y demás nombres asociados, que necesitan afecto e impulso para tener confianza en sí mismos.

• **Voluntad**

Aparentemente cuentan con una fuerza de voluntad fuerte, pero no tardaremos en darnos cuenta de que puede convertirse en obstinación, a pesar de que, en otros momentos, pasará por alto según qué cosas sin reaccionar. Desde que sean pequeños habrá que luchar contra esta tendencia a los extremos.

• **Emotividad**

Poseen una intensidad en cierto modo molesta, ya que acentúa cierta inestabilidad de carácter. Si bien es cierto que este tipo de personalidad otorga a los artistas y periodistas una perspectiva emocionante de las personas y las cosas, en otras circunstancias podrá conducir a acciones incontroladas debido a un entusiasmo sin motivo.

- **Reactividad**

Por desgracia, estas personas se caracterizan por una reactividad a menudo negativa, que en ocasiones adquiere tintes de huida. Tienen un sentido profundo de la amistad, e incluso, en determinados momentos, llegan a transformar un amor pasional en una amistad amorosa, algo que no será del agrado de todas las mujeres. En otros momentos se bloquean y alimentan, con frecuencia sin razón, un temor enfermizo al fracaso, así como una represión sentimental y artística. Les gustaría expresarse con plenitud, pero se ven neutralizados por una especie de timidez; se trata, sin duda, de la discreción de su planta tótem, la lila.

- **Actividad**

Aunque es cierto que gozan de una buena actividad, si analizamos el diagrama veremos que a veces resulta anárquico o incluso incompleto debido a un nivel de dinamismo débil. No se apasionan de forma especial por los estudios, o más bien habría que decir que estudian por su cuenta, es decir, que son autodidactas e independientes, y les cuesta aceptar la vida de cuartel, los institutos o colegios. Tienen espíritu de artista y se sienten apasionados por todo lo que implique una aspiración profunda del ser. Serán buenos actores y directores, así como conferenciantes y periodistas de radio y televisión. Por otra parte, en ellos también encontraremos viajeros solitarios, marineros y monjes, lo que les permite alejarse, en cierto modo, de un mundo por el que sienten rechazo.

- **Intuición**

Gozan de una intuición de carácter bastante femenino, así como de un poder de seducción tierno, a veces algo implorante, y una magnífica imaginación que los lleva a un mundo fantástico del que será difícil hacerlos volver.

- **Inteligencia**

Su inteligencia se compone de trucos y de cierta modalidad de oportunismo. Es de naturaleza sintética, es decir, que actúan mucho más en función de un principio que analizando todos los aspectos de la operación en curso. Tienen una memoria fiel y, sobre todo, una curiosidad intensa y, a veces, peligrosa, que hará que se comprometan con demasiada intensidad en batallas o empresas, de las que tan sólo podrán salir mediante una hábil maniobra de evasión.

- **Afectividad**

En cuanto a afectos son difíciles de domesticar: si se sienten incomprendidos atacarán con sus pinzas, y ante un afecto agobiante huirán. Son muy independientes pero buscan un refugio donde puedan disponer de ternura y seguridad cuando les convenga. Los padres tendrán una tarea difícil que realizar a la hora de evitar que, de niños, se desentiendan de sus responsabilidades.

- **Moralidad**

Casi se podría afirmar que se trata de una moral inesperada, en la medida en que la persona no descubrirá su existencia hasta después de haber realizado la acción comprometida. Es entonces cuando surge la pregunta: «¿He hecho bien en hacer esto?». A menudo habitan un mundo imaginario situado a medio camino entre el cielo y la tierra, o bien entre la tierra y el infierno, dependiendo del día. Son místicos o cínicos según el momento, y en este punto también habrá que permanecer atentos al rumbo de sus pensamientos, sobre todo durante la juventud.

- **Vitalidad**

Su vitalidad es bastante mediocre. Desde luego, no son fenómenos de la naturaleza y se cansan muy rápido. Se caracterizan por una salud no siempre excelente, tienen el estómago delicado y deben llevar cuidado con la digestión y los intestinos. Estas dolencias de importancia secundaria les abaten y a menudo les desaniman más que cualquier otro problema reconocido. Necesitan seguir una disciplina vital estricta, tanto desde el punto de vista físico como psíquico, a fin de evitar que su mente se disperse demasiado.

- **Sensorialidad**

No debemos olvidar que, en lo que a los sentidos se refiere, estos hombres (tanto en la juventud como en la madurez) son «aquellos que se esconden». Por tanto, no cabe esperar una sensualidad explosiva ni agresiva.

Su sexualidad es fundamentalmente psíquica y tienen tendencia a «hacer teatro». Más que vivirlo, sueñan con el amor, y su sensualidad siempre tendrá algo de infantil, caracterizada por una búsqueda constante y oscura del calor materno.

- **Dinamismo**

Se trata de uno de los puntos débiles de su carácter, que por desgracia a veces les hace dudar a la hora de actuar. Desde luego, no son grandes cabecillas ni líderes llenos de entusiasmo. Más bien uno tiene la impresión de que trabajar les aburre y de que tan sólo sienten ganas de volver a casa para hacer lo que les apetezca, o sencillamente para no hacer nada.

- **Sociabilidad**

Son sociables de una manera tierna y permanecen atentos ante todo lo que se les propone. Son inquietos, y a menudo se trata de personas torturadas que esperan lo imposible y, por tanto, acaban pasando al lado de la realidad. Cuentan con una voluntad intermitente que habrá que educar a toda costa, pero con una moral más estable, y pueden confiar en la buena suerte para salir de los baches con que tropiecen. En algunos casos el éxito tendrá problemas para decidirse a llegar debido a sus grandes dudas sobre el comportamiento a adoptar. Durante la infancia se tratará de niños que deberemos estructurar y equilibrar con fuerza.

- **Conclusión**

Se trata de un carácter que necesitará apoyarse durante toda su vida en una pareja fuerte, ya sea la madre o la esposa. En cualquier caso, no hay que dejar que estos cangrejos se duerman en el fondo de su madriguera; sobre todo, y muy especialmente, en lo que afecta a su mujer.

N.º 34

Enrique (M)

LEMA: *La flor secreta de la tierra*

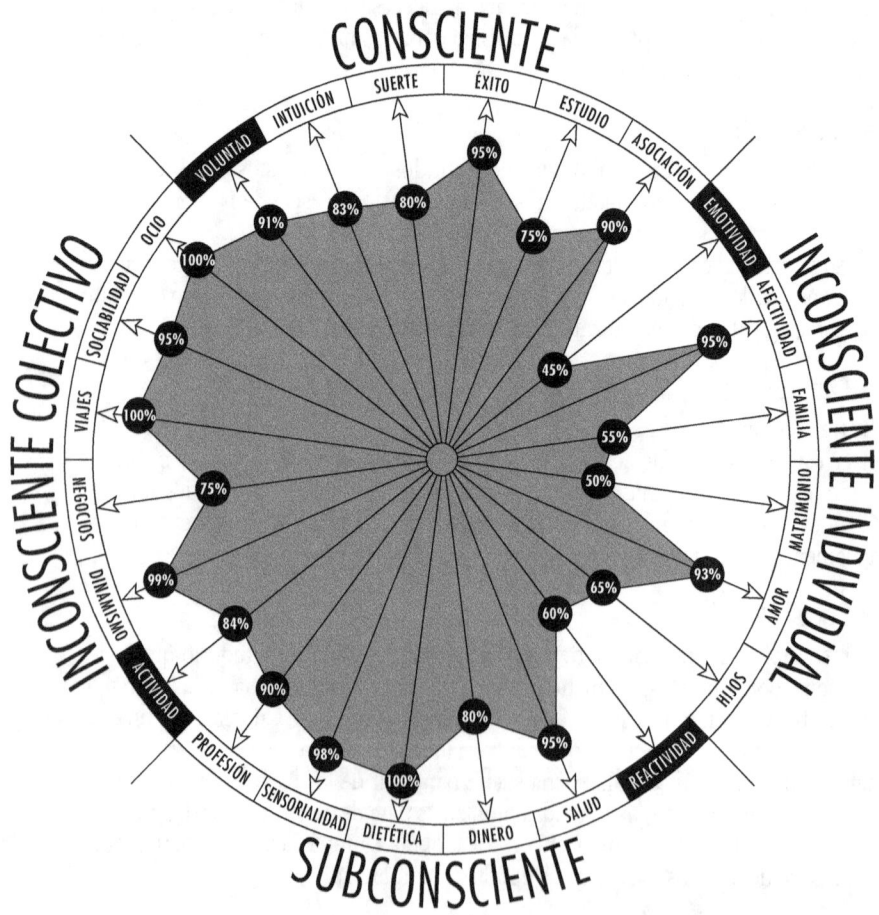

ELEMENTO:	Tierra	ANIMAL:	Gamuza
SIGNO:	Capricornio	MINERAL:	Albatros
COLOR:	Violeta	VEGETAL:	Naranjo

Enrique

y todos los nombres con características análogas indicados en el índice, incluyendo:

Adalberto
Arnold
Arnoul
Acelino
Enric

Enrico
Hank
Harry
Henrik
Henry

Hércules
Sidney
Sinforiano
Tarek
Tristán...

• **Tipo caracterológico**

Tienen tendencia a ser cerrados. Son relativamente confusos y, si bien manifiestan una emotividad mediana, su actividad es positiva y su rapidez de reacción notable. Su animal tótem es la gamuza; como ella, suelen saltar sobre las oportunidades. Por el contrario, no poseen un carácter fácil, incluso resulta algo áspero. Son iracundos y siempre tienen aspecto agitado, como a punto de explotar. Tienen los pies sobre la tierra, pero la cabeza en las nubes. Por último, uno nunca sabe con exactitud en qué punto se encuentran, algo que, por otra parte, ellos tampoco suelen tener claro. Tienen un espíritu alegre, les gustan los placeres de la vida y podría decirse que se encuentran cómodos en ella.

• **Psiquismo**

Son a la vez introvertidos y extrovertidos, es decir, que es necesario mantenerlos en contacto con los demás, pero al mismo tiempo sienten una necesidad de volver a sí mismos, tomar algo de distancia con respecto a su entorno y vivir su vida interior. Son poco influenciables e, incluso, a veces obstinados.

• **Voluntad**

Tienen fuerza de voluntad y echando un vistazo al diagrama de carácter, veremos que domina claramente sobre el conjunto del psiquismo. Ahora bien, tan sólo se aplica a los acontecimientos de forma selectiva: pasará por alto un deber urgente para lanzarse con todas sus fuerzas a una operación inútil o dudosa.

• **Emotividad**

Su emotividad mediana les sirve sobre todo para sazonar las delirantes historias que cuentan sobre las aventuras que les han ocurrido. Desde luego, se trata de excelentes fabuladores. Tienen una noción muy intensa de la amistad. No tener amigos implica dejarse llevar por las corrientes de la pasión, y odian hacer eso.

• **Reactividad**

Reaccionan con intensidad y, además, exageran sus reacciones. Oyéndolos parecen auténticos guerreros o mercenarios. La realidad, sin embargo, es mucho más simple: dicen lo que sea con tal de destacar. Les gusta la polémica más que nada en el mundo y les encanta decir «no». El fracaso les afecta poco y, cuando se produce, lo tratan con desprecio o ira. Cuando algo no funciona, siempre es culpa de los demás. A un nivel más íntimo, son muy sensibleros, algo que les hace desarrollar cierta represión sentimental... que tampoco durará demasiado.

- **Actividad**

Desconfían un tanto de la acción; no es que sean perezosos, pero sí temen caer en la trampa de los demás. En realidad, no quieren trabajar para los demás a ninguna costa. Este tipo de carácter acepta de mejor grado la disciplina física que la mental. Por ello, podrán ser comerciantes, ingenieros de minas o agricultores. En general, prefieren las profesiones que les permitan estar en contacto con las realidades del mundo y les gusta ver el fruto de sus esfuerzos. También suelen ser médicos rurales y veterinarios afanosos. Se adaptan con facilidad; desde muy pequeños, será necesario despertar su interés por una profesión concreta, para que puedan considerar todos sus aspectos y vincularse a ella. Además, sabrán lo que quieren desde muy pronto.

- **Intuición**

Más que intuición, tienen buena vista, aunque no se trata de un sexto sentido, sino de sentido común. Son muy directos. Resultan seductores por su sencillez e incluso abusan de ello, ya que este famoso olfato a menudo les sirve para «borrar» situaciones delicadas, por no decir otra cosa.

- **Inteligencia**

Su inteligencia es rápida sin ser muy profunda. Les gustan la oratoria y las grandes máximas. Poseen una inteligencia sintética, es decir, que tienen una percepción muy clara e inmediata de las líneas principales de un problema, pero en ocasiones tenderán a pasar por alto los detalles. Por consiguiente, los padres deberán permanecer atentos al comportamiento de estos niños, de forma que no pasen por alto lo particular para ceñirse exclusivamente a las generalidades. Tienen mucha memoria y, normalmente, manifiestan una curiosidad muy viva.

- **Afectividad**

Son muy posesivos. Necesitan comodidad física y la seguridad que proporciona la amistad. Incluso son algo tiránicos y dan la impresión de que se les deben muchas cosas, sobre todo en el ámbito afectivo. Poseen un concepto egoísta de la familia, y los padres deberán acostumbrarse a estos niños que, a pesar de andar siempre de un lado para otro, en realidad están muy unidos a la noción de hogar. Odian vivir solos y desean ser comprendidos más de lo que ellos están dispuestos a comprender a los demás.

- **Moralidad**

Para ser sinceros, hay que decir que poseen una moral vacilante por momentos. Son bastante oportunistas, y son capaces de aferrarse a un hecho hasta el punto de olvidar su valor ético, y viven la vida con cierta indecisión, aunque prevalecen unos principios más o menos burgueses que suelen salvarles en el último momento: hablan mucho de ellos, pero sólo los aplican ocasionalmente. En el ámbito de las creencias son más bien escépticos. Son tolerantes.

• **Vitalidad**

A veces tendremos la impresión de que han firmado un pacto secreto con la Tierra, que, como a Anteo, les proporciona el fluido vital que tanto necesitan. En cuanto a su salud, en general es excelente. Gozan de gran vitalidad, pero cuidado con el hígado y con los excesos de comida y alcohol. Deben vigilar los intestinos y evitar cualquier abuso de antibióticos. Necesitan dormir bien, lo que a veces hará que se quiten horas de trabajo para satisfacer su deseo de descanso.

• **Sensorialidad**

Se trata de una sensorialidad de primera categoría, lo que resulta comprensible tras lo dicho en relación con la vitalidad. Sus mayores necesidades son comer, beber o dormir, y estarán dispuestos a cualquier sacrificio para satisfacerlas, sobre todo si implican a los demás. Normalmente, su sexualidad es muy exigente y precoz; además, son de los que van directos al grano, algo que, aun así, no evitará que se genere cierto bullicio de forma ocasional en su vida sentimental.

• **Dinamismo**

La diferencia entre los porcentajes de actividad y dinamismo, el foso existente entre lo que quieren hacer (y claman a los cuatro vientos) y lo que hacen en realidad alcanza tales dimensiones que podríamos hablar de «faroleros» profesionales. Oyéndolos, todo será bonito y fácil: lo tendrán todo controlado; ahora bien, viéndolos actuar, a veces nos sorprenderá incluso verlos en libertad.

• **Sociabilidad**

Son totalmente sociables. Les gusta compartir la mesa con una buena panda de amigos y son compañeros alegres. No siempre cuentan con un conocimiento profundo de la psicología femenina, y en su galantería hay cierta rudeza que, por otra parte, podrá incluso agradar. Su moral es, como hemos visto, poco segura. En lo profundo de sí mismos poseen un sentido de la desenvoltura que les permite comportarse de forma correcta incluso en situaciones delicadas. Tienen mucha suerte, sobre todo en la segunda mitad de su vida, y alcanzarán un éxito positivo, ya que poseen la sabiduría de buscar la tranquilidad en vez de correr tras una gloria inútil y agotadora. En resumen, se trata de hombres simpáticos, con un estado de ánimo en ocasiones cambiante, pero muy entregados.

• **Conclusión**

Tienden a ser irónicos para defenderse y a mostrarse risueños por sistema; uno se preguntará si siempre se sienten bien consigo mismos. Tienen prejuicios y una subjetividad bastante marcada. Todo se reduce a su comodidad y tienen una visión muy personal del mundo. Dado su relativo hedonismo, desean una vida fácil. Además, estos personajillos tienen una curiosa confianza en sí mismos.

Enriqueta (F)

LEMA: *Aquella que lleva el vino de la vida*

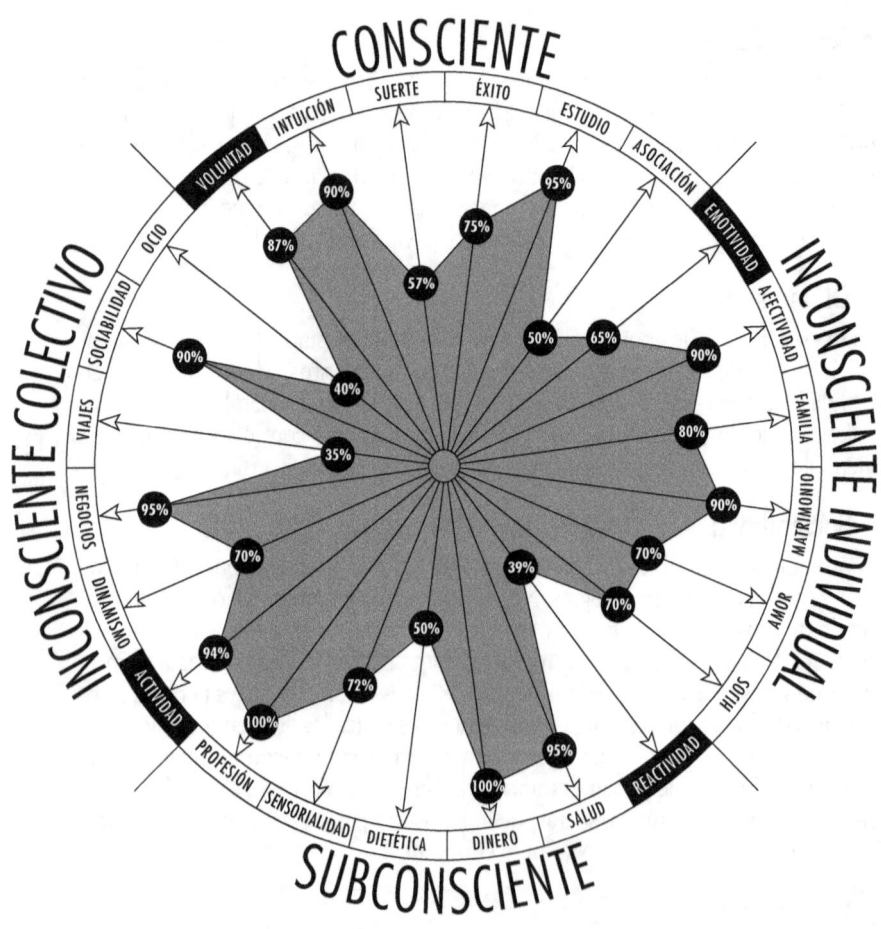

ELEMENTO: Aire
SIGNO: Libra
COLOR: Rojo

ANIMAL: Reno
MINERAL: Zafiro
VEGETAL: Vid

Enriqueta

y todos los nombres con características análogas indicados en el índice, incluyendo:

Brígida	Carolina	Julieta
Capuchina	Enriqueta	Nadegia
Carla	Josefa	Nadia
Carlota	Josefina	Sara
Carola	Julia	Sibila...

• **Tipo caracterológico**

Normalmente son mujeres muy seductoras, rebosantes de majestuosidad y gracia. Aunque pueden parecer un poco pretenciosas, por no decir distantes, en realidad sólo se trata de una frialdad de postín, de un mecanismo de autodefensa, ya que temen constantemente sentir afecto o parecer vulnerables. Son cerradas y ligeramente tímidas, y les cuesta algo de tiempo reaccionar; no obstante, cuentan con una intensa emotividad y una actividad positiva. Al igual que su vegetal tótem, la vid, requieren de supervisión para realizarse con plenitud; un matrimonio feliz o una profesión interesante les darán el apoyo que necesitan.

• **Psiquismo**

Son introvertidas y les cuesta participar en la vida comunitaria. Rehúyen el contacto con el mundo y la muchedumbre. En este sentido son algo salvajes, como el reno, su animal tótem. En términos generales, tienen un aspecto refinado, incluso aristocrático, y no les gustan demasiado las celebraciones populares como bailes o fiestas. Son poco influenciables. Tienen confianza en sí mismas cuando se sienten respaldadas, y es entonces cuando dan sus frutos más preciados.

• **Voluntad**

De acuerdo con el diagrama de carácter, el porcentaje de voluntad es considerable; sin embargo, al observar la vida de este tipo de personas, uno tendrá la impresión de que hace todo lo posible para que dicha voluntad no deba manifestarse y siga permaneciendo discreta, por no decir secreta. Ahora bien, está ahí y, cuando llegue el momento oportuno, se manifestará sin problemas.

• **Emotividad**

Se trata de su punto débil, ya que esta emotividad es demasiado intensa en comparación con la reactividad. Lo extraño es que este exceso de emociones se traducirá en última instancia en una especie de frialdad aparente.

• **Reactividad**

Es en este punto donde interviene la débil reactividad de este tipo de carácter. En efecto, para disimular la gran presencia de la emotividad, que ya hemos visto, bloquearán sus reacciones hasta el punto de parecer insensibles o distantes ante una situación que en realidad les está perturbando o, sencillamente, emocionando. Será necesario vigilar esta forma de reaccionar durante la juventud.

- **Actividad**

En ellas la actividad es más importante que la voluntad, lo que hace creer que a veces se dejan superar por el trabajo, es decir, que se convierten en prisioneras de lo que hacen. Son poco sensibles a la atracción ejercida por los estudios: estudian porque es necesario, por un sentido del deber. Su pasión sólo despertará en el momento de elegir una profesión. En ese momento, se les abrirán dos vías. La primera consiste en la solución de la vida casera, en la que destacarán como amas de casa, serán anfitrionas con mucha clase y aportarán un gran apoyo a su marido en los asuntos cotidianos, además de ser excelentes madres, llenas de firmeza y ternura. La segunda posibilidad de que dispondrán será renunciar en mayor o menor medida al hogar para escoger un oficio absorbente como el de abogado, psiquiatra o azafata de vuelo.

- **Intuición**

Aunque no está claro si se trata de intuición o presciencia, lo cierto es que casi todas gozan de una doble visión a la hora de prever los grandes periodos de su vida. Poseen un auténtico poder de seducción, que sin embargo resulta algo intimidante, lo que quizá se deba, sencillamente, a que ellas mismas se sienten, a su vez, intimidadas.

- **Inteligencia**

Su inteligencia es enérgica y sintética, es decir, que no siempre se detienen en los detalles de las cosas, sino que más bien gozan de una perspectiva amplia de los problemas, algo que resulta muy práctico cuando se trata de abordar los planes de un asunto sobre el papel, pero que lo será menos cuando deba pasarse a la fase de ejecución. Tienen una memoria excelente y una curiosidad dentro de lo normal.

- **Afectividad**

Cuando sienten afecto por alguien, en principio será para mucho tiempo, por no decir para siempre. Así pues, resulta comprensible que se muestren muy reservadas y prudentes a la hora de elegir: en ocasiones, apasionadas y llenas de discreción esperarán muchos años a su príncipe azul, cuyo retrato se habrán hecho mentalmente, ya no soñando, sino sumando las cualidades fundamentales que esperan encontrar en un hombre. Por consiguiente, serán lúcidas a la hora de decidir, pero sacarán a la luz una noción idealista de la utopía a la hora de hacer.

- **Moralidad**

Mantienen una moral muy intensa que también sabrá permanecer en su lugar: nada de discursos moralizantes ni reproches fuera de tono, sino una gran dignidad en el comportamiento y, normalmente, una fidelidad fantástica, así como un respeto hacia los compromisos que las podrá llevar incluso a sacrificar la felicidad exclusivamente mundana. Son tan púdicas en sus creencias como en sus amores. Ahora bien, aunque su fe sienta inclinación por las penumbras, también es cierto que rebosará de devoción e incluso abnegación. Para ellas, la amistad es algo maravilloso, y se llevarán bien con hombres y mujeres. Sienten muy profundamente las traiciones y los abandonos, y son sensibles al fracaso, sobre todo si es de carácter sentimental.

• Vitalidad
Normalmente gozan de una salud excelente. Tienen mucha vitalidad y, sobre todo, una gran voluntad de vivir y llevar a término sus acciones sin quejarse jamás. Son poco sensibles al cansancio y siempre se muestran muy sobrias. Sus puntos débiles son el sistema endocrino y la sangre.

• Sensorialidad
Son personas con los sentidos abiertos, y sería un error pensar que este tipo de carácter no vive más que de amor y agua fresca. Ahora bien, son reservadas por los motivos ya expuestos, cosa que no impedirá que sientan grandes impulsos sensuales cuando hayan encontrado a su pareja ideal.

• Dinamismo
Este es un punto peliagudo y hará falta mucho tacto y, al mismo tiempo, firmeza, para desarrollar el dinamismo de estas mujeres durante la juventud. En efecto, mostrarán una tendencia a considerar vulgar, e incluso grosero, cualquier intento de imposición de su punto de vista o de su persona. Por ello, deberemos procurar que comprendan que la toma de conciencia de su propio valor no equivale ni a pretensión ni a fanfarronería.

• Sociabilidad
Son muy sociables y muestran cierta tendencia a lo solemne en la forma de tratar a sus invitados; también hay que decir que no les gusta la actitud de dejar pasar las cosas. Dado que tienen una voluntad reservada y una moral impecable, se trata de personas que sabrán sobreponerse a las dificultades más extremas de la vida. Los padres deberán hacer todo lo posible para no acentuar el lado distante de estas niñas, así como procurar que estén lo máximo posible en contacto con la realidad social: hay que evitar que estas mujeres, cual Hebe, se crean destinadas a verter el hidromiel o vino de la vida sólo a los dioses.

• Conclusión
Se trata de mujeres particularmente atractivas, aunque hay que conocerlas bien para no contrariarlas ni herirlas. Por su parte, ellas querrían no tener que explicarse por temor a verse obligadas a entregar las instrucciones de uso de su carácter. Su sueño sería que el príncipe azul pudiese comprenderlas sin necesidad de hablar, y que sus padres adivinasen o presintiesen lo que les ocurre... ¡A ver si esta modesta obra les ayuda un poco!

Esteban (M)

LEMA: *El hombre que busca*

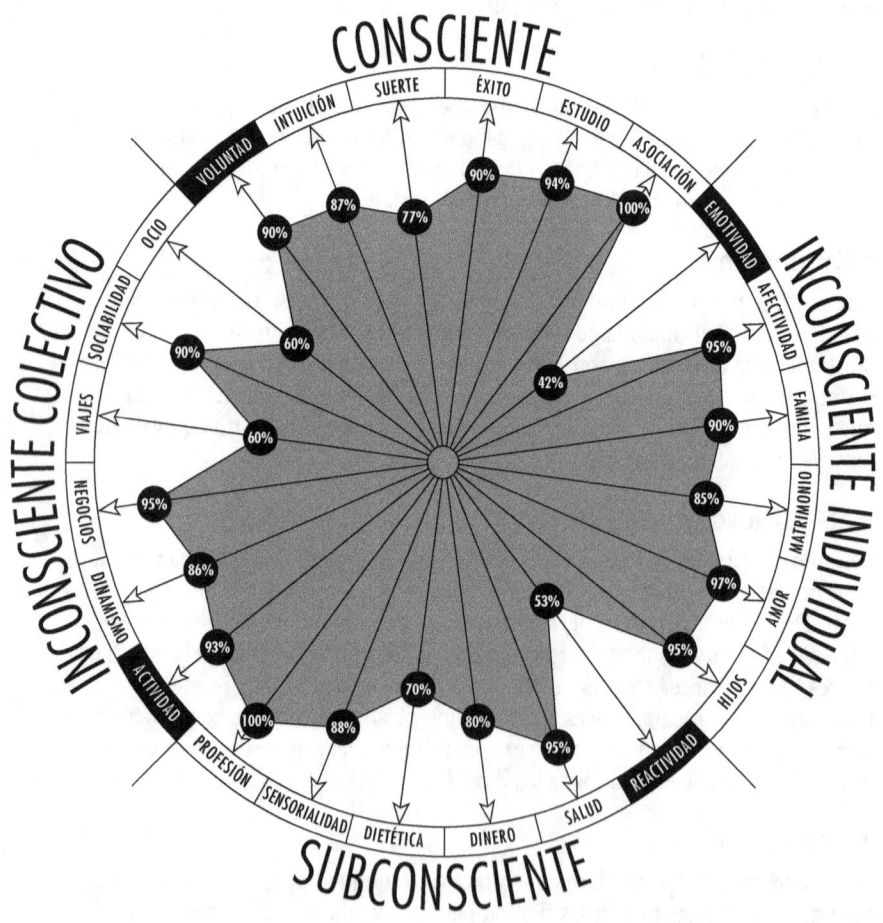

ELEMENTO:	Fuego	ANIMAL:	Vampiro
SIGNO:	Aries	MINERAL:	Berilo
COLOR:	Verde	VEGETAL:	Laurel

Esteban

y todos los nombres con características análogas indicados en el índice, incluyendo:

Amado	Cesario	Mahomet
Agustino	Erasmo	Marciano
Augusto	Estéfano	Marty
César	Esteve	Serafín
Cesáreo	Flaviano	Steeven…

• **Tipo caracterológico**

Existe un equilibrio muy interesante en este tipo de carácter. En efecto, el diagrama de carácter presentado junto a este análisis nos ofrece un ejemplo de inusual igualdad de índices: por una parte, la voluntad posee la misma intensidad que la actividad; y, por otra, la emotividad es similar a la reactividad. Se trata de personas con una gran capacidad de autocontrol a pesar de tener una «presencia», un impacto y una vitalidad destacables. Son grandes luchadores, pero prudentes.

• **Psiquismo**

En la mayoría de los casos encontramos en ellos un gusto por la vida y el trabajo. En efecto, nos dan la impresión de moverse en un mundo sencillo, donde basta con comprender y amar para ser feliz. Son extrovertidos y saben entregarse en cuerpo y alma a la causa que defienden. Este rasgo de su personalidad será visible incluso cuando sean niños: así pues, deberemos aprovechar esta capacidad de dedicación y no frustrarla. A veces se muestran algo iracundos, aunque se trata más de una muestra de dinamismo que de agresividad.

• **Voluntad**

Ya hemos visto que esta voluntad respalda una actividad del mismo nivel. Es potente y razonable, y nunca pretende dominar, dando siempre una impresión de espontaneidad y facilidad, alejada de cualquier esfuerzo opresor.

• **Emotividad**

En este caso nos enfrentamos a una emotividad de «contacto». La emotividad se encontrará adormecida al nivel de la vida interior, pero siempre se despertará al sentir el contacto con el otro. En algunos casos podríamos afirmar que se trata de una emotividad «compasiva». En este punto debemos comprender bien el simbolismo de su animal tótem, el vampiro, que se alimenta de los demás pero sin llegar a «vaciarlos» nunca… muy al contrario de lo que suele decirse.

• **Reactividad**

Poseen una capacidad de reacción fuerte, pero que en realidad prefieren no utilizar. ¿Qué se gana montando en cólera o irritándose cuando la situación está totalmente bajo control? Tan sólo las personas débiles disimulan la mayor parte del tiempo sus dudas enmascarándolas con accesos de agresividad. Estos hombres, sin embargo, se abren sin complejos. A veces reaccionarán con fuerza, pero sin llegar demasiado lejos.

- **Actividad**

Hablamos aquí de una actividad que gana en riqueza por la total eficacia que la caracteriza. Con ellos nada se pierde, sino que más bien se transforma. Su dinamismo y fuerza de voluntad sostienen esta actividad y le otorgan una potencia muy poco habitual. La mayoría de ellos son eternos estudiantes que se pasan la vida recorriendo el mundo de las ideas y los sentimientos para descubrir al Hombre Universal. Les apasiona la psicología y la medicina, y se entregan de forma admirable a los desequilibrios nerviosos, a los caracteres infantiles y, en general, a la investigación en materia de psiquismo. Además, su gran capacidad de adaptación y su fecundidad mental los convierten en notables escritores, poseedores de una potente experiencia humana. En otro orden de cosas, serán profesores de gran calidad, lúcidos sindicalistas y políticos clarividentes.

- **Intuición**

Se trata, ante todo, de una intuición secundaria, que nunca desempeñará el papel de «informador», sino de «confirmador», con perdón de la expresión. En efecto, este tipo de carácter no parte de su intuición sino de su intelecto, y tan sólo comprobará si la intuición era buena o no una vez finalizado el trayecto.

- **Inteligencia**

Se caracterizan por una inteligencia clara y analítica, y tienen el don de resolver las situaciones más inextricables y embarazosas. Gracias a su amplia memoria son auténticas enciclopedias vivientes. Les anima una curiosidad enérgica, y siempre los encontraremos allí donde se esté produciendo un acontecimiento importante. Son encuestadores e informadores natos.

- **Afectividad**

Resulta comprensible que lleven una vida relativamente estable. Durante la infancia, no será difícil confiar en unos niños que, para ser felices, no piden más que ver felices a los demás. Sentirán inmediatamente, con una intuición sólida, si la vida en pareja de los padres es equilibrada o no. No abundan las personas que disfruten de la felicidad de los demás, y estos hombres pertenecen a este grupo.

- **Moralidad**

Cuentan con una moral excelente que sólo buscará en la propia persona los motivos para creer en principios bien establecidos. No hay que preguntar a estos hombres por qué actúan de cierto modo, sino comprobar la eficacia y el rigor de su comportamiento y aprender de su ejemplo. En cuanto a la fe, a menudo la viven con gran intensidad y poseen un sentido elevado de la amistad. Son hombres de palabra y no se hunden con el fracaso ni la traición.

- **Vitalidad**

En este caso, el importante porcentaje de vitalidad no implica necesariamente que esté garantizada una vida tranquila. Por el contrario, en todas las personas converge otro elemento que denominaremos plenitud del psiquismo. Este equilibrio mental se ve reflejado en su vida física, de forma que, en términos generales, serán hombres con buena salud y gran vitalidad. En los casos más extremos, podrían sufrir trastornos nerviosos si no respetan las reglas de su metabolismo psíquico, que les otorga su fuerza y poder. Por tanto, durante la infancia habrá que vigilar bien el equilibrio nervioso de estos niños y garantizarles una vida sana y estable. Son tan saludables como su vegetal totémico, el laurel.

- **Sensorialidad**

No resulta fácil explicar una sensorialidad que, a menudo, se deja superar por la afectividad, lo que hace que estas personas dependan en gran medida de los vaivenes de su corazón.

Su sexualidad es transparente en la medida en que resulta profundamente sana. Durante la infancia deberemos decirles las cosas de forma clara, sin temor a que desarrollen una curiosidad inapropiada. A medida que se vayan haciendo adultos encontrarán en el matrimonio la realización plena que normalmente suelen desear.

- **Dinamismo**

El equilibrio de carácter que ya hemos mencionado también está presente al nivel del dinamismo. Es difícil encontrar un conjunto tan elocuente como este, que une voluntad, actividad, sociabilidad y dinamismo, y ello si es que existe en otro nombre al margen de este. Se trata, sin lugar a dudas, de una estructura de gran eficacia.

- **Sociabilidad**

Debemos hablar con justicia de esta sociabilidad, que se encuentra en perfecta consonancia con la estructura general de este tipo de carácter. Con ánimo de definir bien el contorno de estos nombres, hemos visto que estaban dispuestos y listos para participar en la vida mundana. Por tanto, son sociables, pero siempre que ello no conlleve una dispersión. Su éxito depende muy poco de la suerte, que por otra parte sí tienen; por el contrario, dependerá de la existencia de un entusiasmo motivado.

Así pues, sabrán escoger a sus amigos, componer un cuadro, inclinarse por un contexto social que les aporte la empatía de que se nutre su exuberancia.

- **Conclusión**

Como nada es perfecto en este mundo, sería ilusorio pensar que este tipo de nombre lo tiene todo. Al igual que cualquier investigador, pueden equivocarse de camino, aunque poseen tal honestidad intelectual que siempre estarán dispuestos a retomar el camino de Damasco, aun a riesgo de caer fulminados por un rayo.

N.º 37

Eugenia (F)

LEMA: *Aquella que avanza, aquella que lucha*

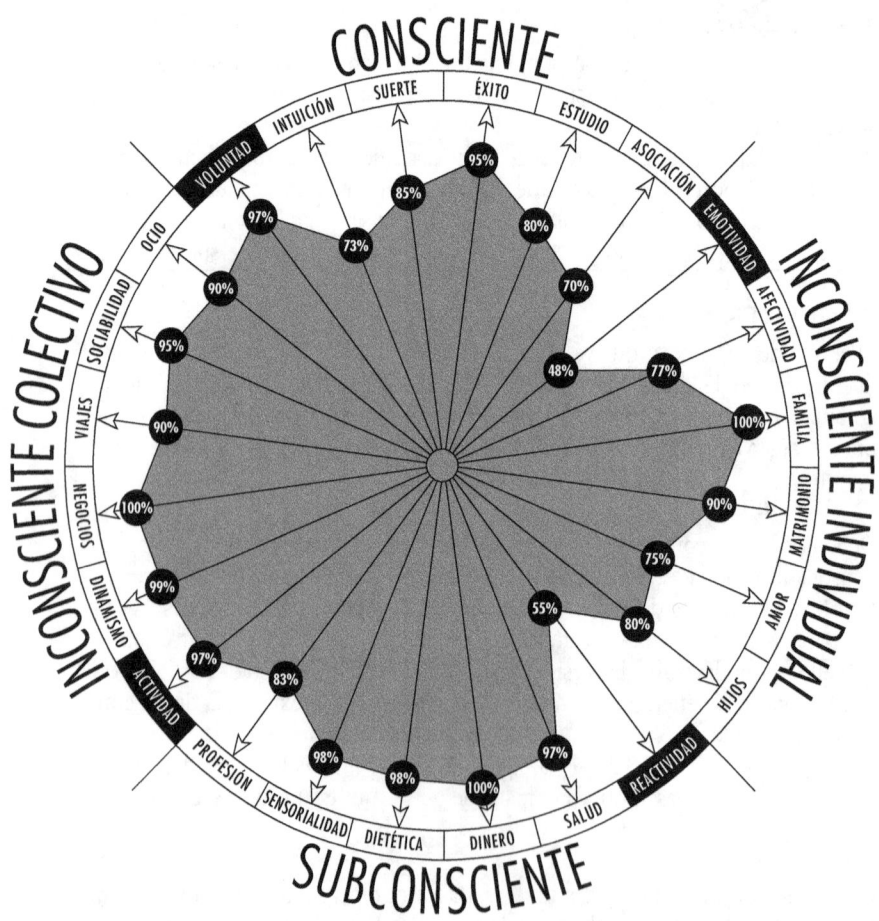

ELEMENTO:	Fuego	ANIMAL:	Hipopótamo
SIGNO:	Aries	MINERAL:	Tungsteno
COLOR:	Azul	VEGETAL:	Majuelo

Eugenia

y todos los nombres con características análogas indicados en el índice, incluyendo:

Ainona	Clelia	Margolena
Ariana	Clío	Margoria
Bruna	Cloe	Octavia
Brunilda	Gersenda	Raimunda
Clea	Hermelinda	Renata...

• **Tipo caracterológico**

Es difícil resistirse a ellas, ya que son a la vez seductoras y punzantes, a imagen y semejanza de su vegetal tótem, el majuelo. Luchan a ciegas y se hacen un camino a base de obstinación. ¡Pobres de aquellos que no quieran subyugarse! También gozan de la facultad de meterse en situaciones complejas, de las que después tendrán problemas para desembarazarse. Tienen un espíritu aventurero y apasionado, aunque no siempre resulte fácil.

• **Psiquismo**

Se trata de personas algo difíciles de seguir, ya que en ellas todo se mueve. Sus planes de acción a menudo son complicados, y desde jóvenes habrá que enseñarles la noción de simplicidad. Son extrovertidas, es decir, que se proyectan al exterior y necesitan un contacto amplio con el mundo. Poseen una imaginación fértil pero algo retorcida. Son ligeramente maquiavélicas, aunque esto dicho con una sonrisa en la cara. Así pues, durante la infancia deberemos procurar que actúen según unos principios claros y sanos, que no se dispersen y que acaben aquello que hayan empezado. Son muy posesivas y les encanta tener esclavos a su disposición, empezando por los padres. Además, son subjetivas y tienen una confianza en sí mismas que en ocasionas roza el orgullo. A menudo cuesta seguirles la pista.

• **Voluntad**

Encontraríamos el mismo porcentaje de voluntad si fuese posible elaborar el caracterograma de un *bulldozer* o de un carro de combate. Para ellas, detenerse significa retroceder, y retroceder, fracasar. Pobres de aquellos que no puedan o no quieran seguirlas: nunca volverán a unirse al pelotón.

• **Emotividad**

Se trata de una emotividad perfectamente controlada pero que sostiene a las mil maravillas una reactividad mucho más fuerte, que será el origen de todos los «seísmos» psicológicos de estos caracteres volcánicos. Sienten verdadera pasión por la amistad. Su sueño es viajar al Polo Norte o al Sahara con un grupo de compañeros. Cuidado con el deseo de independencia de las Eugenias durante su juventud, así como con su tendencia a huir.

- **Reactividad**

Hacen gala de reacciones temibles cuando las cosas no adquieren el cariz deseado y el responsable de ello cae en sus manos. ¡Se producirá un acoso y derribo, una auténtica cacería, una lidia taurina! Los maridos de estas auténticas tigresas tendrán algunos problemas para sobrevivir a estos terribles momentos. Y en cuanto a los padres, deberán agarrarse fuerte y mantenerse firmes como una roca.

Son polemistas, aunque no de forma sistemática, sino por la simple convicción de ser las únicas en tener una percepción exacta de las cosas y los hechos, mientras que los demás no comprenden nada. Por tanto, les falta algo de objetividad. El fracaso no les afecta demasiado, ya que lo cargarán a espaldas de los demás.

- **Actividad**

Resulta difícil calificar esta actividad, que a veces resulta del todo delirante y eminentemente contagiosa. Con ellas todo debe moverse o, mejor dicho, todos deben moverse: primero padres y amigos y, más tarde, marido e hijos.

Dado que son luchadoras y ambiciosas, siempre están dispuestas a estudiar mucho. Se sienten atraídas por todo lo relacionado con viajar, así como por las profesiones médicas. Serán buenas directoras de escuela y secretarias de dirección, y les gusta dar órdenes. Tienen una gran capacidad de entusiasmo y necesitan una profesión muy movida, e incluso peligrosa: psiquiatras, profesoras, exploradoras... Se adaptan muy bien cuando controlan la situación, pero no tanto cuando dependen de la voluntad de los demás. Hay que enseñarles desde muy pequeñas la disciplina y el respeto hacia la jerarquía.

- **Intuición**

Poseen una intuición mediocre y una capacidad de seducción directa. Con ellas, o funciona o no funciona. Hay que tener cuidado, ya que, con gran astucia, a veces dan la impresión de prever el golpe; de hecho, poseen un buen olfato, que no es intuición propiamente dicha, sino más bien una lógica inquebrantable de lo más sutil. Son auténticos zorros.

- **Inteligencia**

Se caracterizan por una inteligencia más práctica que brillante, totalmente al servicio de la acción, ya que, si bien poseen una emotividad aceptable, lo que verdaderamente destaca en ellas es la actividad y el éxito. Su inteligencia es sintética: en seguida ven las líneas generales de una situación sin detenerse demasiado en los detalles, algo que a veces les dará alguna sorpresa desagradable. Tienen mucha curiosidad y una memoria fiel.

- **Afectividad**

Son versátiles en lo que a los afectos se refiere: se lanzan a los brazos de personas recién conocidas, las olvidan y vuelven a ellas. Dan auténticos bandazos. De ellas no cabe esperar una ternura continua y aduladora. Además, hay que decir que esta afectividad constituye un extraño cóctel de amistad, sensorialidad, sexualidad y quién sabe qué más. Eso sí, nunca pasan desapercibidas.

- **Moralidad**

Después de todo lo dicho, no sorprende que la moral de estas fascinantes criaturas sea algo «enclenque». ¿Cómo van a ser «mosquitas muertas» si todos los tambores del infierno las inducen a montar ruidosos alborotos? Aun así, deberemos tratar de inculcarles unos automatismos morales mínimos.

En cuanto a la religión, hay que admitir, con franqueza, que son poco espirituales. Sólo creen lo que ven; el problema es que, en este sentido, son de vista corta.

- **Vitalidad**

Evidentemente, poseen la vitalidad que necesitan: una vitalidad salvaje. Gozan de buena salud, aunque sujeta a las condiciones de vida de estas personas imparables: falta de sueño, comidas irregulares, etc. Durante la infancia y la adolescencia su punto débil será el sistema respiratorio, y más concretamente los pulmones, que habrá que vigilar. Cuidado con los accidentes y las fracturas provocadas por las imprudencias típicas de un carácter impetuoso.

- **Sensorialidad**

Poco queda por añadir: hasta ahora, no hemos hecho más que describir su inclinación hacia la sensualidad, que le corre por las venas como si de un mensaje diabólico se tratase. A veces ceden a pulsiones bastante violentas. Su sensibilidad se erige a base de obstinación: o todo o nada. Son apasionadas, iracundas y muy aventureras, también en este ámbito. Sólo un gran amor podrá frenarlas.

- **Dinamismo**

Resulta difícil abordar de forma aislada su dinamismo, ya que invade, inunda y sumerge todos los parámetros de este análisis psicoestructural. Se sitúa casi en el máximo de su potencialidad. Aunque estas mujeres no serán siempre pequeños demonios andantes (existen todos los tonos de gris), sí encontraremos en ellas este ímpetu vital tan atractivo y, en ocasiones, inquietante.

- **Sociabilidad**

Podría reprochárseles el lado excesivo de su comportamiento, si no se viese compensado por la dimensión emprendedora de su carácter. Sin lugar a dudas, este enorme entusiasmo asustará en ocasiones a las personas de su entorno, pero aun así las seguirán, ya que está claro que, con ellas, «siempre pasa algo». Son muy sociables, aunque un poco anárquicas. Cuidado con su éxito, que se deberá en gran medida a una suerte muy poco habitual. En resumen, quizá sea difícil convivir con ellas, pero no hacerlo resulta muy aburrido.

- **Conclusión**

Este tipo de carácter no admite conclusión posible: avanza mediante un constante cuestionamiento, sobre todo en lo relativo a los demás. El único modo de seguirlas es no dejándose desanimar nunca, es decir, esforzándose por seguir (pobres soldados enamorados) a estos pequeños monstruos con forma de carro de combate que cada mañana empiezan una nueva guerra.

Felipe (M)

LEMA: *Aquel que brilla*

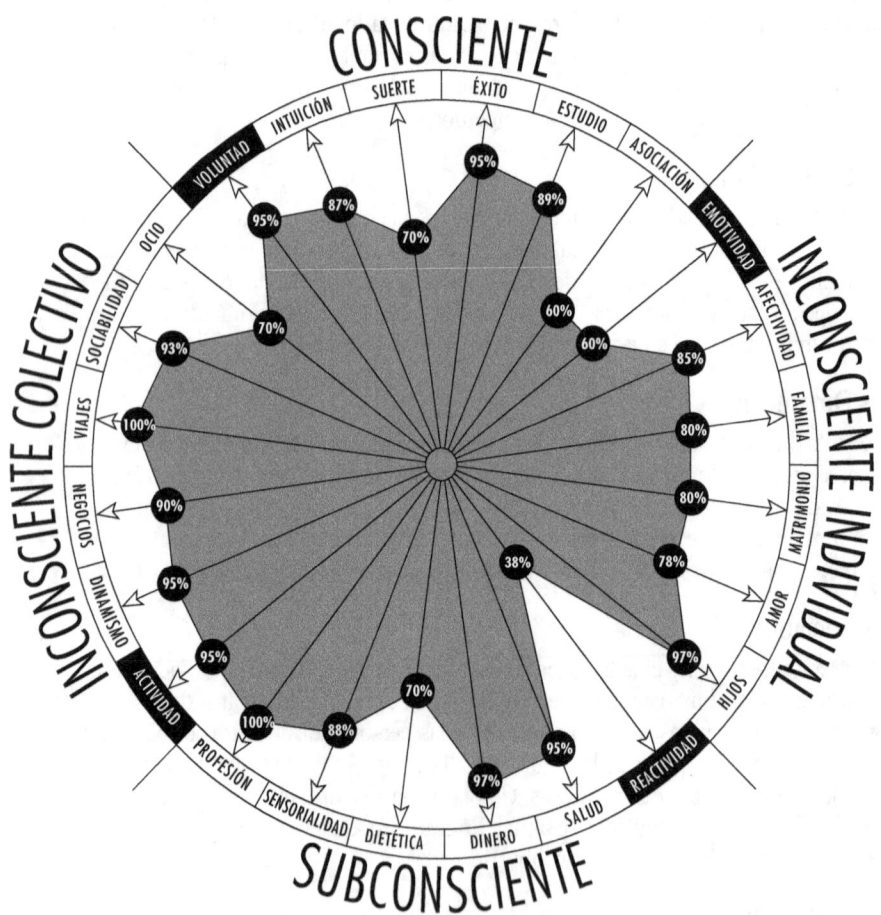

ELEMENTO:	Fuego	ANIMAL:	Ibis
SIGNO:	Leo	MINERAL:	Aluminio
COLOR:	Verde	VEGETAL:	Acacia

Felipe

y todos los nombres con características análogas indicados en el índice, incluyendo:

Adolfo
Clotario
Constancio
Constantino
Floberto
Filiberto
Gastón
Godofredo
Héctor
Leo
Leopoldo
Terencio
Terry
Teo
Teófilo...

• **Tipo caracterológico**

Normalmente son seres solares, de carácter apasionado, es decir, que son muy emotivos y activos, pero con una capacidad de reacción algo rezagada. Son personalidades brillantes, cuyo comportamiento puede parecer misterioso: a veces tendremos la impresión de que vienen de otro mundo. Su animal tótem es el ibis, un pájaro de extrañas facultades. Además, se sienten seguros de sí mismos y no tardaremos en darnos cuenta de que tienen espíritu de líder; tan sólo se interesan por un asunto cuando llevan las riendas.

• **Psiquismo**

Son extrovertidos, es decir, que su acción sólo se realiza en el marco de una participación total en la vida social, profesional o comunitaria. La mayor parte del tiempo darán la impresión de ser personas muy equilibradas, de saber adónde van y de conocer bien a las personas que les rodean. Son poco influenciables, pero siempre están dispuestos a recibir sugerencias de los demás.

• **Voluntad**

La voluntad es el aspecto dominante en este carácter lleno de posibilidades. Nada los deja indiferentes e, incluso en la vejez, estarán dispuestos a buscar aventuras. Les gusta resolver problemas y nunca abandonarán su cruzada.

• **Emotividad**

Vibran ante todo lo humano y gozan de una emotividad constante. Esto desemboca en una sensibilidad muy buena que considera en todo momento la presencia del otro. Su amistad es sólida sin ser tiránica. No esperan recibir nada a cambio de su amistad, que es tan generosa como eficaz. Puede decirse que consiguen valorar a las personas que les rodean y que son ellos quienes suelen realizar el acercamiento. El fracaso les afecta poco.

• **Reactividad**

Se dominan a la perfección y reaccionan de forma mesurada. No obstante, no hay que fiarse demasiado, ya que, si bien cuentan con una gran sabiduría de corazón, también tienen fuerza en los puños y no se debe abusar de su paciencia.

• Actividad

Se trata de una actividad devoradora que adoptará todas las formas posibles. Para tener éxito en los estudios necesitan escoger bien, ya que no son personas de las que hacen cualquier cosa con tal de obtener diplomas. Necesitan ver con claridad y saber adónde se dirigen. Puede convenirles cualquier cargo directivo, desde capataz hasta jefe de Estado, siempre y cuando tengan responsabilidades y puedan demostrar iniciativa y espíritu de decisión. Resulta difícil establecer una lista limitativa de las profesiones que pueden desempeñar los Felipes y demás nombres asociados.

En realidad, son excelentes directores teatrales, buenos escritores, hombres de política, dirigentes militares, técnicos e investigadores de vanguardia e industriales, pero también médicos o religiosos con perspectivas proféticas. Se adaptan con facilidad y su gran fecundidad mental los convierte en inventores de primera división.

• Intuición

Poseen una intuición enérgica. Viéndolos y oyéndolos, parece que estén guiados, que alguien les sople soluciones, casi siempre precisas, a los diferentes problemas de la vida. Gozan de un gran poder de seducción e inspiran una confianza inmediata. Su imaginación es fértil, pero sin perderse nunca en ensoñaciones inútiles.

• Inteligencia

Se caracterizan por una inteligencia de gran claridad, construida de forma admirable para comprender rápido y bien, ya que es a la vez sintética y analítica, lo que les permite contar con una perspectiva general de los problemas al tiempo que disciernen los más mínimos matices. Su memoria es destacable y su curiosidad siempre está despierta.

• Afectividad

Gozan de una afectividad amplia y son personas apasionadas. Para ellos, expresarse sentimentalmente no consiste en decir frases bonitas, sino sobre todo en actuar, irradiar, tener fe. Durante la juventud habrá que animarlos para que se realicen con plenitud, pero sin llegar a adularlos, ya que se harán orgullosos con facilidad.

• Moralidad

La moral no plantea ningún problema en estas personas. Incluso podría afirmarse que poseen una moral eficaz sin ser conscientes de ello. Por tanto, durante la infancia no será necesario complicarles la vida machacándoles las cláusulas de un código de buena conducta que ya tienen dentro de sí de forma natural.

Normalmente son creyentes y poseen una tranquila confianza relacionada con la seguridad de ver el sol salir de nuevo el día siguiente.

- **Vitalidad**

Lo normal es que gocen de una vitalidad prodigiosa, cuyo equilibrio se mantendrá a las mil maravillas aunque realicen una actividad irregular o trabajen por impulsos. Necesitan el aire libre y el sol; les gusta mucho pasar las vacaciones en el mar. No obstante, deben vigilar el sistema endocrino, que podría provocarles algunas molestias.

- **Sensorialidad**

La sensorialidad está muy bien integrada en el diagrama de carácter y en perfecta consonancia con la actividad y el dinamismo. Existe una fuerza vital que se expresa de todas las maneras, de forma que no resulta difícil comprender que, en general, también posean una sensualidad intensa. Habrá que tratarlos como a adultos desde la adolescencia.

- **Dinamismo**

El dinamismo está a la altura de las circunstancias y respalda a la perfección la desbordante actividad de estos hombres llenos de recursos. Saben ser objetivos, y si por momentos parecen tiránicos, esto responderá, en realidad, a una necesidad de controlar a sus colaboradores para poder trabajar al máximo. Desde muy pronto se hará evidente que son líderes dotados de un extraño magnetismo; tienen confianza en sí mismos y saben dedicarse, por no decir sacrificarse, a la causa en la que creen.

- **Sociabilidad**

Su sociabilidad es extrema y la practican con mucha clase. Son hombres elegantes, que saben lo que decir para hacer que los demás se sientan cómodos y con un gran dominio de sí mismos. En términos generales, su voluntad y su moralidad son excelentes, y gozan de buena suerte. A menudo tienen éxito de forma rápida y fulgurante. Son personas que «marcan» y a las que resulta difícil olvidar.

- **Conclusión**

Se trata de una personalidad muy rica. Para convencerse de ello, basta con analizar el diagrama de carácter, que nos indica las grandes tendencias de este tipo de nombres en veinticuatro porcentajes. Nos encontramos ante personas con una superficie caracterológica extensa. Su potencia es notable y cuesta encontrar tanta intensidad en los diferentes porcentajes de personalidad. Hombres hechos y derechos.

Félix (M)

LEMA: *Aquel que domina las olas*

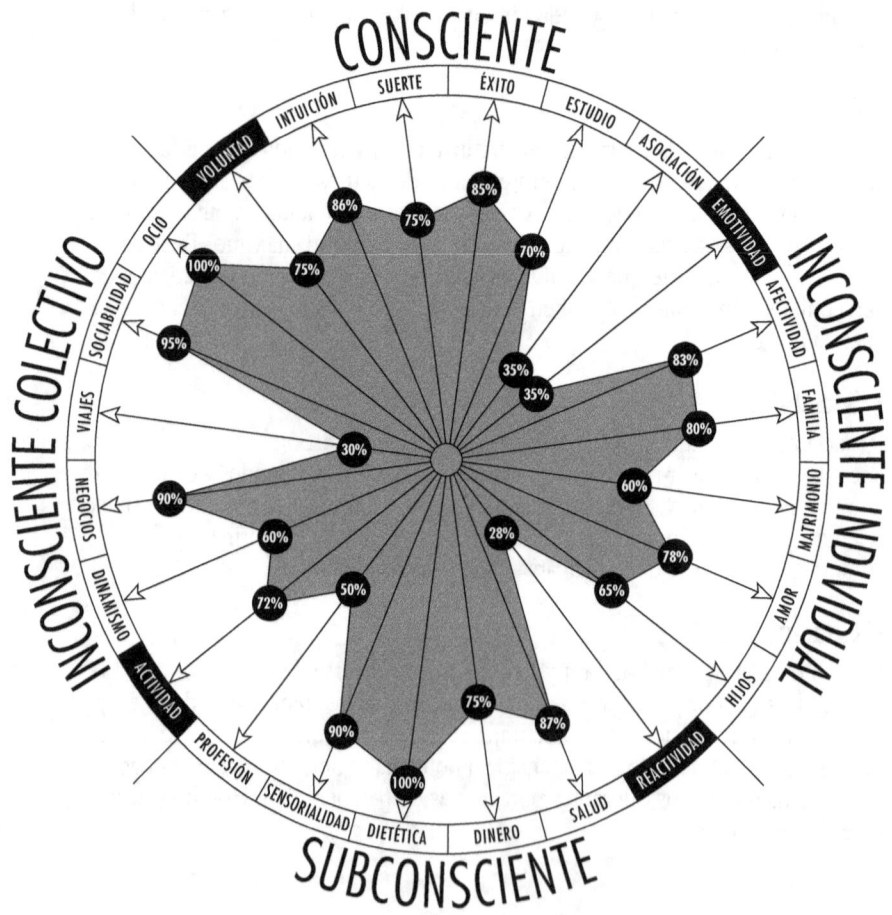

ELEMENTO:	Aire	ANIMAL:	Atún
SIGNO:	Acuario	MINERAL:	Ópalo
COLOR:	Naranja	VEGETAL:	Haya

Félix

y todos los nombres con características análogas indicados en el índice, incluyendo:

Amador	Bienvenido	Goar
Amando	Dagoberto	Mieg
Amor	Feliciano	Remigi
Armelino	Felicio	Remigio
Armelio	Felis	Segal…

- **Tipo caracterológico**

Percibimos aquí dos tipos de carácter: uno será el hombre tranquilo que maneja una góndola mientras canta lánguidas serenatas, y el otro luchará por su vida en un barco fantasma en el crepúsculo de los dioses. Serán a la vez marineros de proa y de popa, como las dos máscaras de la comedia que todo el mundo interpreta en este mundo con más o menos convicción. Por tanto, son de forma simultánea sus dos tótems: el atún, móvil y fugaz; y el haya, inmóvil y nudoso.

- **Psiquismo**

Es precisamente contra esta actitud de constante espera contra lo que deberemos luchar desde la infancia, ya que serán objeto de una introversión de tipo meridional que los hará encerrarse en sí mismos mientras suspiran: «Quizá lo haga hoy; y si no, mañana». Son influenciables y subjetivos. Siempre van a la suya, y, si tienen confianza en sí mismos, será más por un fenómeno de ceguera que para salir a conquistar el mundo. También tenemos al hombre duro que, cuando se ve precipitado a la acción, sabe agarrar el timón del navío y devolver a la normalidad una situación comprometida; no obstante, para llegar a esto será necesario que las cosas vayan mal de verdad.

- **Voluntad**

Si estos nombres pudiesen hablar, y en particular los Félix, seguramente nos dirían, con un deje muy despreocupado: «¿La voluntad?, ¿qué voluntad?, ¿y si mi voluntad consiste en no tener voluntad?, ¿y si tengo la voluntad de no hacer nada?». Unas preguntas ante las que no cabe ninguna respuesta, a menos que queramos montar un buen follón.

- **Emotividad**

Si bien es cierto que poseen una emotividad débil, no debemos creer que su vida carece totalmente de inquietudes, ya que en última instancia son personas muy inquietas que necesitan tranquilizarse viendo pasar la vida, del mismo modo que se contempla un gran río librando un inútil combate contra el mar, que igualmente acabará devorándolo. La amistad es sagrada: el reconfortante compañerismo entre hombres, alejado de las mujeres, que a la vez nutren y devoran, representa para ellos la tranquilidad del campo y las partidas de petanca al sol.

197

- **Reactividad**

Se caracterizan por una reactividad muy discreta. En este sentido, nuestro diagrama de carácter nos proporciona una perspectiva muy clara de estas personas, cuyas reacciones son más débiles aún que la emotividad, y en las que la actividad se agazapa prudente tras una voluntad ya de por sí somnolienta.

- **Actividad**

Su actividad es blanda, tierna y cómoda. Nunca tienen prisa, deciden por puro cansancio y, con ellos, nos enfrentamos a una indolencia meridiana. Sienten curiosidad por los estudios, a veces los toman y después los abandonan, pero si se obstinan, siempre conseguirán resultados más que aceptables. En cuanto a la elección de una profesión, para ellos constituye todo un problema, que en ocasiones resuelven de forma tardía o no llegan a resolver. Les gusta la política y son excelentes músicos; no obstante, para aquellos que tengan un espíritu menos aventurero y opten por la tranquila seguridad del funcionariado, se abren posibles carreras como funcionario de Hacienda, agente de aduanas o policía. Desde luego, les encanta ser funcionarios. Será indispensable descubrir como sea las aptitudes profesionales de estos jóvenes, así como orientarlos hacia un oficio válido, que no implique peligrosas ilusiones.

- **Intuición**

Tienen muy buena intuición: sienten venir las tormentas de la vida mejor que el albatros en el mar. Detectan la calma chicha y nadan en medio de los escollos con la flexibilidad de un atún. Un animal, el atún, que además de ser su animal tótem, refleja a la perfección el psiquismo de estos nombres: el banco de atunes con la cálida comunidad de la «manada», la feroz lucha cuando está en juego la libertad, y, finalmente, la aceptación forzosa de la lata de conservas, donde se espera la deseada y prometida retirada sumergido en aceite de oliva.

- **Inteligencia**

Son indolentes sentimentales cuya emotividad no se ve compensada ni por la actividad, muy mediocre, ni por las amortiguadas reacciones. Son un poco lentos y analíticos, algo que no hace sino complicar aún más las cosas, ya que hace que se detengan en mil detalles y no adopten una postura firme, sino que sencillamente se digan que mañana será el primer día de una nueva acción, ¡e incluso de un nuevo mundo!

- **Afectividad**

Son tiernos tiranos cuyo sentimentalismo envuelve con dulzura a la gente que los rodea, paralizándolos. Son posesivos, y los padres deberán tener cuidado mientras sean niños para que la familia siga siendo ante todo una playa tranquila donde ir de vacaciones de verano y un refugio cómodo durante el crudo invierno. Sus mujeres se preguntarán a veces si ellos se casaron por amor, por sensualidad, por gula o por deseo de comodidad. En medio de esta indecisión, acabarán por mimarlos y renunciar a comprenderlos.

- **Moralidad**

Se trata de una moral tranquila. Según ellos, no hay que complicarse la vida: el drama de la humanidad radica en el hecho de que no sabe permanecer tranquila en su habitación o en su pequeño jardín, sino que se dedica a aventurarse, explorar y luchar de forma encubierta. Para ellos, la fe no plantea un problema crucial, ya que en general se limitan a seguir al rebaño... y, después, también es verdad que se está muy bien en la iglesia, mientras el intenso sol azota a los infieles.

- **Vitalidad**

Se caracterizan por una vitalidad llena de promesas iniciales. Su salud es satisfactoria, aunque se cansan rápido y fingen tener tendencia al agotamiento. Son glotones y les gustan las bebidas «fuertes», de forma que, teniendo en cuenta que son de naturaleza generosa, si no hacen ejercicio no tardarán en ganar peso. Deberán tener cuidado con la boca y los dientes.

- **Sensorialidad**

Su sensorialidad es intensa y, como acabamos de ver, la gula desempeña un papel importante: ¡pobre de la mujer que no sea buena cocinera! Con ellos, el amor pasa por la cocina, y a menudo incluso surge allí.

Poseen una sexualidad bastante desconcertante. A veces se adapta a situaciones complicadas, ya que están dispuestos a todo para proteger su pequeña comodidad personal. Para ellos, las mujeres serán una especie de cadena que los atará toda la vida y cuyo primer eslabón será la madre.

- **Dinamismo**

Sin lugar a dudas, se trata de la palabra prohibida. Desde luego, no encaja en este análisis de medias tintas donde el sol juega entre las ramas de pinos marítimos, en medio del polvo dorado de los senderos bordeados de cigarras. Para ellos, la vida en la gran ciudad no tiene sentido, elimina la alegría de vivir y mezcla con necedad dinamismo y dinamita para volar en mil pedazos el mundo.

- **Sociabilidad**

No es de extrañar que estos hombres sean sociables. Para ellos, tener invitados es un placer infinito y constante, donde la amistad rima con la buena mesa. Tienen una voluntad discreta pero que, en las grandes ocasiones, hace acto de presencia. Su moral es buena. Por otra parte, sus mayores golpes de suerte suelen consistir en llamarse así, tener muchos amigos, estar rodeados de mujeres encantadoras y tener unos padres que los quieran y protejan. Para ser felices del todo y completar su sueño, sólo les falta un jefe comprensivo que se ausente a menudo.

- **Conclusión**

Nada domina mejor el oleaje que una casita en medio de las rocas de una cala. Ahora bien, nada impide a los padres y educadores coger del pescuezo a estos niños y sacudirlos hasta que se produzca un milagro. ¿Por qué no? Si los gusanos se convierten en mariposas cuando hace mucho calor...

Francisca (F)

LEMA: *Aquella que posee la fuerza*

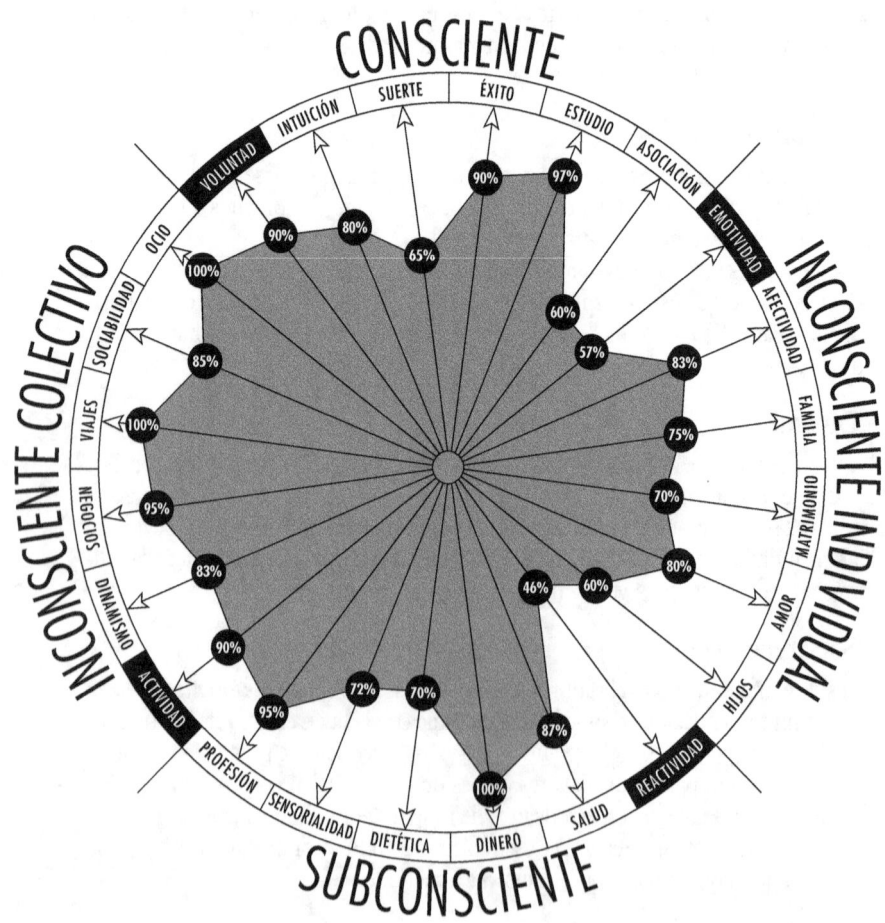

ELEMENTO:	Tierra	ANIMAL:	Lenguado
SIGNO:	Capricornio	MINERAL:	Selenita
COLOR:	Rojo	VEGETAL:	Helecho

Francisca

y todos los nombres con características análogas indicados en el índice, incluyendo:

Bibiana	Francisca	Roberta
Carina	Ilda	Samanta
Franca	Karen	Samira
Francesca	Mireia	Soizic
Francia	Noelia	Viviana…

• **Tipo caracterológico**

Poseen una personalidad en cierto modo sombría e inquieta, caracterizada por una gran emotividad impulsada por una actividad aplicada. Sin embargo, a la hora de reaccionar son más lentas, lo que atempera el aspecto impulsivo que de lo contrario habría tenido este carácter. Muestran una mayor tendencia a confiar en su voluntad que en su intuición. En términos generales, no debemos presionarlas ni acosarlas si queremos que sean totalmente eficaces.

• **Psiquismo**

Son muy introvertidas, es decir, que dan prioridad a su pequeño universo interior. Tienen tendencia a arrastrar determinados problemas de los que se desembarazarán muy difícilmente. Durante la juventud, deberemos evitar que se bloqueen y generen un sentimiento de culpabilidad. Nunca debemos proponerles dos objetivos simultáneos, sino dejarlas asimilar la primera tarea antes de pasar a otra. En caso contrario, perderán el rumbo y acabarán refugiándose en el anonimato uniforme de su planta totémica, el helecho.

• **Voluntad**

Gozan de una fuerza de voluntad muy buena, que, vinculada a una intensa actividad, convierte este tipo de carácter en personas de valor con cantidad de posibilidades. No obstante, cabe resaltar que esta voluntad no tiene por qué ser espectacular y que requerirá tiempo para manifestarse con plenitud.

• **Emotividad**

Es una emotividad que puede volverse nerviosismo cuando la persona se siente «arrinconada», es decir, cuando se exige mucho a estas inquietas mujeres. Con ellas no hay que ir demasiado deprisa, y esto es aplicable a muchos ámbitos. Tienen un número restringido de amigos, pero sólidos. Son amigas fieles y con capacidad de sacrificio y saben ser excelentes compañeras.

• **Reactividad**

En el retrato dinámico que estamos pintando se incluye una reactividad muy secundaria que complicará en cierta medida el panorama, difuminando las líneas directrices de estas personas. Son sensibles al fracaso, aunque no se desaniman con facilidad. No obstante, suelen dudar de sí mismas hasta el momento de pasar a la acción; pero entonces, la máquina, que se pone en marcha con cierta lentitud, coge una gran velocidad. Durante la juventud hay que tratar de mantenerlas en un ambiente alegre y muy activo, y no permitir que se mortifiquen en un rincón donde alimenten las dudas personales.

- **Actividad**

En principio son alumnas estudiosas que se fijan un objetivo y hacen todo lo necesario para conseguirlo. Desde su primera juventud deben ser disciplinadas. Nunca debemos olvidar que necesitan algo de tiempo para adaptarse y que no resulta recomendable contrariarlas. Poseen una enorme conciencia profesional y se sienten atraídas por las profesiones serias en las que normalmente no deban mantener demasiado contacto con el público. Se puede confiar en ellas para realizar tareas delicadas, así como contar con su discreción. Les gustan las profesiones relacionadas con el derecho, la justicia y la medicina. También se les dan bien los masajes y la estética, y pueden llegar a ser buenas químicas y auxiliares de laboratorio. Son meticulosas y organizadas. A veces, también escriben.

- **Intuición**

Su intuición es penetrante, aunque no suelen fiarse de ella. Su poder de seducción no resulta escandaloso, aunque este tipo de caracteres merece ser totalmente descubierto, ya que viene asociado a personalidades de gran riqueza y calado. Hay que procurar infundirles confianza en sí mismas.

- **Inteligencia**

Su inteligencia es enérgica pero necesita proceder de forma metódica. Es de carácter analítico y requiere de una buena comprensión de los detalles para diferenciar en su totalidad las líneas maestras de la acción. Poseen una memoria organizada, estructurada y amplia, así como una curiosidad media. Aquí, de nuevo, hay que darles tiempo para expresarse. No hay que responder por ellas, sino que necesitan la confianza y la paciencia de los demás para descubrirse.

- **Afectividad**

No les gusta demostrar sus afectos, pues poseen un carácter discreto. En realidad son desconfiadas y están acomplejadas con respecto a los grandes sentimientos, que a veces les parecen puro teatro. Durante la infancia serán niñas susceptibles que deberán ser objeto de muchas atenciones y comprensión. Es indispensable que comprendan bien que se las quiere y aprecia en su justo valor.

- **Moralidad**

Cuentan con una moral excelente y saben usarla bien. No hace falta recordar que, en estos análisis, tan sólo se expresan indicios relacionados con la potencialidad del parámetro en cuestión, mientras que el uso que haga cada individuo concreto de los mismos sólo le concierne a sí mismo. Así pues, de lo que estamos hablando es de tendencias. Pues bien, en este caso, este tipo de caracteres posee polaridades morales muy positivas, y cuando tienen fe, suelen desarrollar sentimientos de culpabilidad, como ya hemos visto. Por lo general son meticulosas, e incluso quisquillosas.

- **Vitalidad**

Gozan de buena vitalidad, aunque en general son personas que se cansan con bastante rapidez y a las que les cuesta recuperarse. Por ello, les aconsejamos deporte, aire libre y el desarrollo de una buena musculatura. Sus puntos débiles son los intestinos y el sistema nervioso. Son sensibles al agotamiento intelectual.

- **Sensorialidad**

Se trata aquí de una sensorialidad mediana, por otra parte claramente inferior a la vitalidad. Por tanto, se produce un bloqueo que podrá manifestarse a diferentes niveles. Más que de un rechazo ante la vida, se trata de cierta tendencia masoquista: son un poco autodestructivas. En ellas, la sexualidad se ve a menudo complicada por represiones que podrán proceder de la familia o incluso de la religión, y que plantearán problemas delicados que convendrá tratar con la ayuda de especialistas, si procede. Su carácter conlleva un porcentaje considerable de masculinidad, lo que facilita bastante sus relaciones profesionales con hombres. Ahora bien, si su susceptibilidad aparece, todo se complicará.

- **Dinamismo**

Así pues, no sorprende comprobar que el dinamismo no se corresponde, ni mucho menos, con la actividad que debe apoyar. Por ello, habrá que vigilar el modo en que, durante la juventud, hablan de sus ocupaciones y proyectos. Deben saber abordarlos con un entusiasmo que demasiado a menudo no está presente en ellas.

Además, les falta objetividad y confianza en sí mismas. Parecen tímidas cuando, en realidad, son reflexivas, y cuando pasan a la acción lo hacen con una energía y una perseverancia admirables. No son demasiado influenciables.

- **Sociabilidad**

Poseen una buena sociabilidad, aunque no quieren que se las agobie. Necesitan más amigos que conocidos. El lado superficial de las cosas a menudo las contraría o inmoviliza. Durante la juventud, deberán llevar una vida social lo bastante abierta como para sentirse cómodas en sociedad. No hay que dejarlas refugiarse en una actitud de «ermitaña». Su moral es sólida, pero se encuentra sujeta a una voluntad que, en principio, lo soportará todo. Tienen una suerte neutra, en la medida en que disponen de tantos recursos en su persona que nunca buscarán un milagro exterior.

- **Conclusión**

Se trata de caracteres que conviene «acompañar». Nunca hay que dejarlas abandonadas a su suerte, sobre todo si acaban de sufrir un fracaso. El truco consiste en estar presente sin agobiar; esto, no siempre fácil, es lo que esperan de los demás.

Francisco (M)

LEMA: *Aquel que enseña*

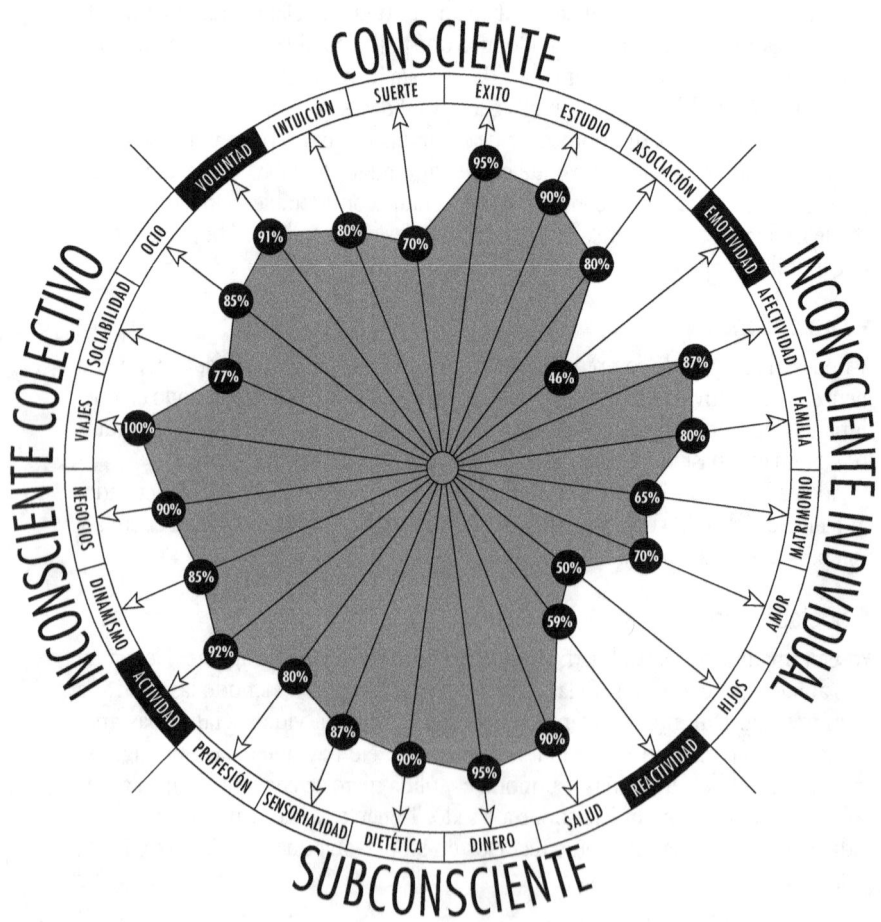

ELEMENTO:	Aire	ANIMAL:	Albatros
SIGNO:	Géminis	MINERAL:	Cromo
COLOR:	Azul	VEGETAL:	Limonero

Francisco

y todos los nombres con características análogas indicados en el índice, incluyendo:

Bonifacio, Cecilio, Francesc, Francis, Franck, Frans, Ghilain, Gontran, Harold, Jody, Mario, Marius, Nelson, Paco, Sigfrido...

• **Tipo caracterológico**

Son, aparentemente, hombres reservados y observadores, aunque en realidad son apasionados y nerviosos. Cuando uno no los conoce, desprenden cierta frialdad, aunque tan sólo se trata del fuego bajo las cenizas. En ellos hay dos hombres distintos: uno parece venir de otro mundo, y el otro es más materialista, realista e incluso áspero. Podría decirse que el primero es el albatros, que simboliza el gran viaje místico, y el segundo, el gallo de corral, agresivo, posesivo y orgulloso, y eso sin olvidar la acidez del limón, su vegetal totémico.

• **Psiquismo**

Durante la niñez, habrá que procurar que no se agrien en su constante lucha interior. Hay que enseñarles en qué consiste la dulzura y la paciencia, y, sobre todo, deberán aprender a establecer un equilibrio entre este «gallo» rabioso y déspota y el misterioso «albatros», encogido entre sus enormes alas. Son introvertidos y siempre están dispuestos a encerrarse en sí mismos, aunque a pesar de esto son bastante influenciables. Tienen mucha confianza en sí mismos, y les gusta demostrar a los demás que tienen la razón. Ahora bien, a menudo se ven asediados por las dudas y por cierta timidez, que se reprochan y que les desanima. Como ya hemos visto, son posesivos y hacen girar todo en torno a su persona. En este caso, de nuevo, habrá que proporcionarles amplias miras sobre el mundo, y enseñarles que vivir consiste en compartir.

• **Voluntad**

Con ellos cuesta diferenciar entre voluntad y obstinación, ya que ambas modalidades gozan de una eficacia envidiable. Los padres no deberán dejarse agobiar por estos niños caprichosos y a veces rabiosos.

• **Emotividad**

La emotividad existe en este tipo de nombres, pero desde luego no está a flor de piel. Se encuentra en las profundidades y a menudo resulta desconcertante por la gran cantidad de cuestiones de gran calado que esconde y que pueden provocar una gran agitación psicopatológica si se tiene tendencia a aplastarlas de forma sistemática.

205

- **Reactividad**

Poseen una capacidad de reacción contenida, aunque a veces experimenta «picos» cuando la persona sale de sus casillas en accesos repentinos que, en ocasiones, pueden resultar terribles. En otros momentos, que son la mayoría, estos hombres saben reflexionar antes de pasar a la acción.

- **Actividad**

Se caracterizan por una actividad positiva, que incluso puede llegar a compensar cierta carencia de sociabilidad, e incluso de dinamismo, mediante una constancia en el trabajo que roza la obstinación. Ahora bien, en algunos casos este trabajo puede adquirir tintes de auténtica provocación por la enorme agresividad con que abordan sus actividades: a menudo uno tiene la impresión de que son los únicos que trabajan en el mundo.

- **Intuición**

Son intuitivos y utilizan su sutil visión de las cosas para desorientar a los demás y hacerles sentir que no pertenecen al mismo mundo que ellos. Aunque suele decirse que son pretenciosos, a menudo se trata de un acto reflejo de autodefensa. Son seductores, pero de forma selectiva: hay que gustarles.

- **Inteligencia**

Cuentan con una inteligencia notable, incisiva, precisa y rápida. Se trata de una inteligencia de tipo analítico, un poco negativa y, en algunos casos, incluso destructiva. Los Franciscos y demás nombres vinculados son capaces de usar la ironía de una forma muy hiriente. Durante la infancia, deberemos evitar que estos niños se instalen en una estrategia cuyo punto esencial sea el ataque sistemático.

- **Afectividad**

En este ámbito también tenemos a un hombre con una dimensión doble, capaz de dar grandes muestras de generosidad y unos minutos después quitar todo lo que ha ofrecido. Quieren ser amados, pero no están seguros de saber expresar el amor que llevan en sí mismos, una tensión interna que generará represión y contradicciones. No se les puede confesar amor en cualquier momento: dependiendo de la hora y el día, estaremos hablando con el albatros o con el gallo. Por otra parte, su amistad tampoco es fácil de conseguir. Esperan muchas muestras de entrega antes de responder, y aun así lo harán con cierta reticencia. Tienen un gran sentido de la oposición y se desaniman con facilidad cuando se produce un fracaso, en cuyo momento realizarán grandes retrocesos que pueden agriar mucho su carácter.

- **Moralidad**

Tienen una moral positiva, a pesar de tratarse más bien de una fachada, ya que la usan para guardar las apariencias. De pequeños, sus profesores deberán preocuparse por enseñar a estos niños que también existe una moral interior, mucho más enriquecedora. No se sienten agobiados por la fe, que tiene un cariz ligeramente oportunista y algo burgués; no obstante, en la mayoría de los casos se mostrarán interesados en calentarse el corazón a la lumbre de una creencia.

- **Vitalidad**

Poseen una vitalidad excelente, aunque habrá que vigilar desde muy pequeños sus hábitos alimenticios, ya que tienen tendencia a abusar de determinados estimulantes, como por ejemplo el alcohol. Sufren dolores de cabeza con bastante frecuencia, y cuando se desencadena su apasionado nerviosismo, pueden sufrir accidentes de tráfico bastante graves.

- **Sensorialidad**

Manifiestan una sexualidad bastante compleja, por otra parte como todo su carácter. Obviamente, se basa en la agresividad, la huida y la neutralización, y consiste en esbozos de acciones que no siempre se llevan a cabo. En este caso, de nuevo, será necesario que durante la niñez reciban explicaciones totalmente claras tan pronto como sea posible.

- **Dinamismo**

Se caracterizan por un dinamismo claramente inferior a su voluntad y su actividad. Uno tiene la impresión de que actúan más por deber que por auténtico entusiasmo. Son totalmente capaces de realizar estudios prolongados, que seguirán sin pasión pero con mucha conciencia. Podrán convertirse sin problemas en funcionarios de responsabilidad, meticulosos trabajadores del sector industrial, profesores de rigor algo ostentosos y farmacéuticos, aunque en ellos siempre prevalecerá cierta sequedad de expresión sobre la que sería positivo luchar desde pequeños.

- **Sociabilidad**

Cuentan con una sociabilidad positiva pero un poco burguesa. Tendrán invitados cuando sea necesario, es decir, cuando tengan que enseñar el nuevo piso o presentar a su mujer. Por otra parte, les gusta escapar de vez en cuando de la vida urbana y refugiarse en una segunda residencia perdida en medio del bosque. Y después está la importancia que confieren al coche: ese inocente deseo de deslumbrar mediante la apariencia proporcionada por una potencia mecánica, un rasgo que resulta, cuando menos, sorprendente en estas personas tan inteligentes.

- **Conclusión**

Desde luego, no se puede decir que si acaban teniendo éxito sea gracias a la suerte. Por el contrario, se deberá más bien a esta agresividad «acomplejada» con la que tratan a la gente que les rodea. Por poner un ejemplo, serían muy capaces de tener éxito en la política si se tomasen la molestia de ser algo diplomáticos. En cualquier caso, «enseñan» mejor de lo que aprenden, lo que quizá constituya el secreto de la pedagogía. Aunque eso sí, cuando uno los ve, a veces tiene la impresión de que cargan a sus espaldas con todos los pecados del mundo.

207

N.º 42

Gabriel (M)

LEMA: *Aquel que monta a caballo*

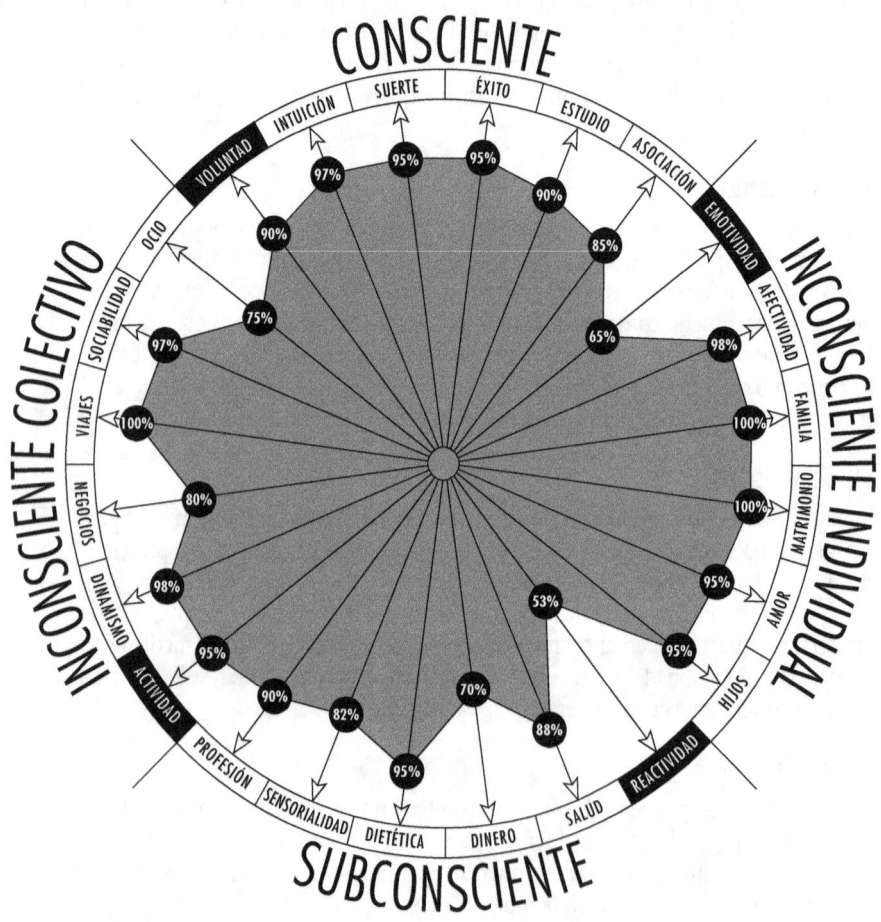

ELEMENTO:	Agua	ANIMAL:	Caballo
SIGNO:	Cáncer	MINERAL:	Mercurio
COLOR:	Azul	VEGETAL:	Ortiga

Gabriel

y todos los nombres con características análogas indicados en el índice, incluyendo:

Álix, Ariel, Bastián, Cedric, Dave, David, Elías, Gabriel, Joaquín, Mohammed, Sebastián, Valerio, Virgilio, Wilfredo, Zacarías...

- **Tipo caracterológico**

Normalmente son hombres activos, con una gran emotividad, una notable actividad y reacciones rápidas. Son auténticas flechas, mensajeros, y como su animal tótem es el caballo, es uno de los nombres más dinámicos que existen. Pero presentan tanto un aspecto de venturosos mensajeros como una ira punzante, ya que su planta totémica es la ortiga. No es fácil tratar con ellos.

- **Psiquismo**

Son extrovertidos, es decir, que deben participar en la vida mundana para sentirse bien consigo mismos. Si no tienen la posibilidad de ocuparse de muchas cosas, de meterse en todo, de dar consejos, elegir y modificar, se sentirán inútiles y, por tanto, infelices. Son bastante influenciables, ya que en ellos la ausencia de coraza se llama orgullo y se aprueba el deseo de apariencia y esencia; por tanto, los padres deberán hacer todo lo posible para obtener la máxima eficacia en las acciones de su hijo, pero con precaución.

- **Voluntad**

Cabe destacar que esta voluntad necesita contar con el apoyo de la emotividad y la actividad para resultar del todo eficaz. El diagrama de carácter muestra muy bien la riqueza expansiva de esta personalidad, que algunos considerarán agobiante.

- **Emotividad**

En ellos las emociones son muy intensas. Al igual que el caballo, son susceptibles y asustadizos. Muy a menudo salen huyendo antes de conocer la naturaleza del peligro que los amenaza. Su amistad tampoco resulta muy estable y no les gusta ver a la misma gente durante demasiado tiempo. Puesto que muestran una tendencia egocéntrica que los lleva a hacerlo girar todo en torno suyo, no siempre resulta fácil ser sus amigos, algo que requiere mucha paciencia y comprensión.

- **Reactividad**

Por suerte, el perfecto equilibrio de esta reactividad aporta tranquilidad a la explosiva pareja formada por la voluntad y la emotividad. Al menos, estos encantadores caballos podrán ser domados, si no fácilmente, sí de forma duradera.

Por último, son muy afectuosos, llegando incluso a quejarse en voz alta para dar lástima. Son muy sensibles al fracaso, y su amor propio se rebela cuando se los trata como a todo el mundo, o peor. A menudo sufren represión sentimental.

- **Actividad**

Para expresarse, su actividad depende de que se produzca un «flechazo» por una profesión. Si no les gusta un oficio, lo abandonarán y cambiarán hasta que se despierte la esperada pasión. Normalmente no son fanáticos de la cultura ni de los estudios. Para ellos existe algo más: la comprensión misma de la vida y su integración en este mundo que tanto aman y que desean conquistar. Además, cuando deba realizarse la elección de una carrera, intentarán retrasar el plazo de dicha decisión. Su sueño es dedicarse al espectáculo, la canción o la danza. Les encantan todos los oficios relacionados con el arte y la costura, y, en general, con todo lo relacionado con el lujo. Poseen una capacidad de juicio excelente, por lo que serán críticos destacables. Les gusta viajar, y también serán buenos dirigiendo restaurantes y bares; en una palabra, les irá bien todo lo que sea móvil, refinado y llamativo. Dada su gran afición al cambio, en ocasiones desarrollarán un afán de huida que les hará emigrar por voluntad propia para buscar, o eso creen ellos, una mejor realización de sus numerosas cualidades.

- **Intuición**

Se trata de una intuición excesiva que desarrollará en estas personas una hipersensibilidad algo ambigua, que podrá alejarlos del padre y hacer que otorguen a la madre un papel demasiado importante.

- **Inteligencia**

Poseen una inteligencia excepcional, cuya rapidez de comprensión resulta sorprendente; dado su carácter tanto sintético como analítico, posibilita todo tipo de operaciones, de lo particular a lo general y a la inversa. Cuentan con una memoria fiel y una curiosidad infatigable. Ahora bien, esta intensa inteligencia no deberá hacer que «cavilen» demasiado, con perdón de la expresión, ya que este tipo de carácter podría perder su orientación y espontaneidad.

- **Afectividad**

Son muy posesivos, y de un modo que les permite utilizar a los demás en una búsqueda que, a veces, les supera. A menudo tienen la impresión de tener una misión que cumplir y están dispuestos a hacer cualquier cosa para alcanzar su objetivo. Los padres deberán manifestar su autoridad para impedir que se pasen la vida sometidos a los caprichos de sus afectos y que sus decisiones estén siempre vinculadas a la dicotomía «quiero» o «no quiero».

- **Moralidad**

Si no se lleva cuidado, esta moralidad puede resultar algo blanda a lo largo de toda su vida. Su egoísmo nato hace que juzguen los hechos a través de su prisma hedonista, y convertirán de buena gana el placer en el objetivo de su vida a menos que sus educadores les paren los pies; una tarea delicada, ya que los caballos no tardan en recuperar su naturaleza salvaje... Poseen unas creencias de estilo «galopante», y se cansan pronto de una filosofía religiosa. Lo menos grave que se puede decir es que harán gala de una fe intermitente.

- **Vitalidad**

Debería ser excelente y, sin embargo, generará problemas de forma constante. Poseen una salud análoga a la del caballo y la ortiga: por una parte cuentan, en efecto, con una vitalidad equina; pero por otra, la salud les perturbará mediante pequeñas dolencias que, la mayoría de las veces, serán de origen psíquico; se cansan rápidamente y son sensibles al agotamiento intelectual. Deben vigilar la tensión y tienen tendencia a engordar; su punto débil es la vista.

- **Sensorialidad**

Está íntimamente relacionada con la fórmula andrógina del nombre modelo, Gabriel, que constituye una mezcla de masculinidad y feminidad difícil de delimitar. Hablamos aquí de tendencias más o menos declaradas. La sensualidad les planteará problemas, ya que en su fórmula caracterológica se da cierta indecisión cuyo desarrollo no debemos permitir. Desde la juventud será positivo virilizarlos mediante el deporte y una vida equilibrada, y no dejarlos evolucionar hacia un narcisismo peligroso.

- **Dinamismo**

Se trata de un dinamismo casi exhibicionista que los induce a montar un «circo» que, sin duda, molestará a una parte de su entorno. Este deseo de apariencia les llevará a mil y una extravagancias, que podrán ser de dudoso gusto. A todas luces, les falta objetividad, ya que sólo ven el mundo a través de su óptica personal, e incluso a veces están tan seguros de tener razón que son injustos. No hace falta decir que tienen confianza en sí mismos y que la timidez no existe en ellos.

- **Sociabilidad**

Como no podía ser de otro modo, son tiránicos en sus relaciones sociales: lo tienen todo para seducir, aunque, en algunos casos, este poder de seducción resulte algo turbio. Les gusta recibir a sus invitados de forma fastuosa y organizar comidas originales, así como cotillear y chismorrear. A pesar de todo, la voluntad prevalece sobre la moral. En cuanto a la suerte, en ellos suele lindar con la superstición: nada de tirar sal delante de ellos o hacerlos pasar bajo una escalera. En lo que se refiere al éxito, tendrá altibajos, y podrá ser tanto excepcional como mediocre. En cualquier caso, no nos aburriremos con estas personas.

- **Conclusión**

Algunos apuntes más sobre los Gabrieles y demás nombres de este tronco caracterológico: primero, no conviene darles demasiada importancia; además, no debemos demostrar demasiado interés por lo que dicen; y por último, deben comprender que, haciéndose tanto los importantes, pierden toda la importancia.

Genoveva (F)

LEMA: *Aquella que ataca*

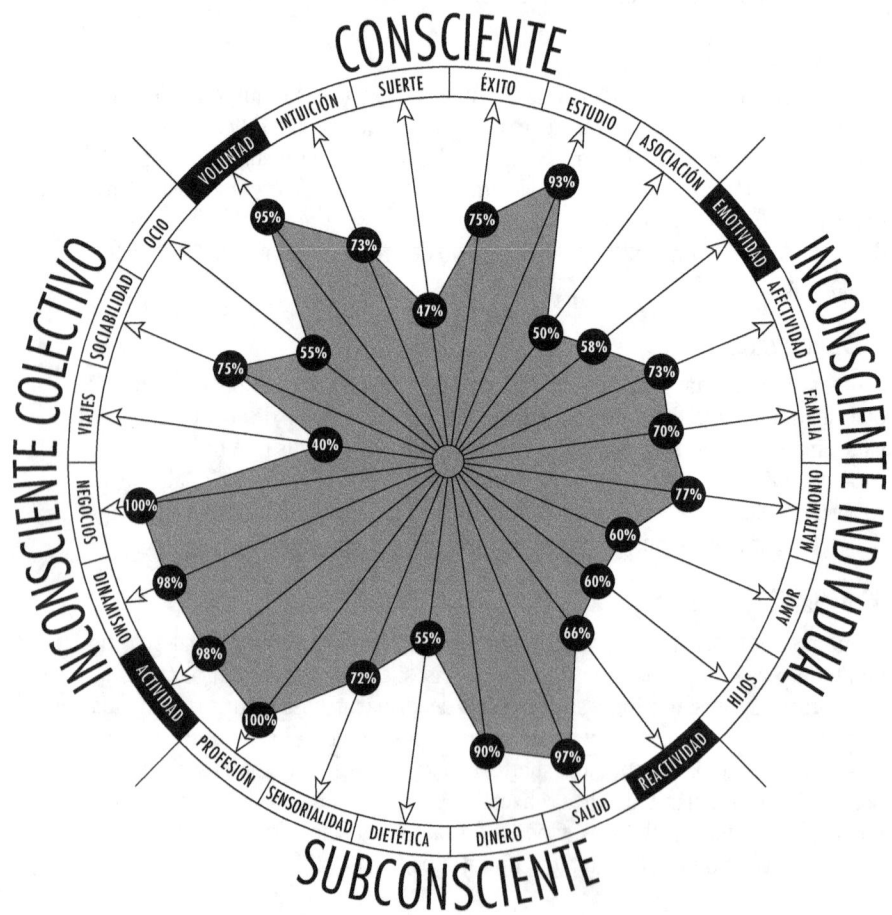

ELEMENTO: Tierra
SIGNO: Tauro
COLOR: Rojo

ANIMAL: Leopardo
MINERAL: Cuarzo
VEGETAL: Peral

Genoveva

y todos los nombres con características análogas indicados en el índice, incluyendo:

Clemencia	Maureen	Nicole
Clementina	Micaela	Olga
Diana	Michela	Romana
Ginette	Miguela	Romane
Jerónima	Moira	Vinciana...

- **Tipo caracterológico**

Este es un nombre de guerrera, de carácter sólido y duro. Normalmente cuentan con una intensa emotividad, una actividad excepcional y una capacidad de reacción rápida. No son manipulables, llegando incluso a la agresividad. No sueltan con facilidad lo que tienen entre las garras y no resulta prudente intentar quitarles la presa. No sorprende que su animal tótem sea el leopardo.

- **Psiquismo**

No se entregan con facilidad, e incluso sus accesos de ira están, en cierto modo, controlados. Juzgan con lucidez pero sin concesiones. En ellas hay algo que provoca inquietud, una intensidad de carácter que presagia una terrible obstinación. A veces incluso podremos ver fanatismo en su conducta.

- **Voluntad**

Poseen una voluntad aplastante. Por otra parte, el diagrama de carácter nos revela un carácter explosivo en el que los cuatro elementos básicos se conjugan para otorgar a esta personalidad una imagen rebosante de furor y estruendo. Ahora bien, esta voluntad necesita apoyarse en una actividad feroz que, en algunos casos, se ganará con méritos la apelación de activismo.

- **Emotividad**

Su emotividad es intensa y, sin embargo, no resulta esencialmente femenina. Por el contrario, parece que desempeña más el papel de detonador que el de modulador afectivo del psiquismo. Son desconfiadas tanto en la amistad como en el amor, se sienten incómodas ante las grandes declaraciones y entregan su amistad con parquedad y sólo cuando se les ha demostrado un auténtico apego totalmente desinteresado. Se oponen de forma bastante sistemática a las ideas de los demás y son poco sensibles al fracaso, ya que su tenacidad consigue superar gran cantidad de obstáculos.

- **Reactividad**

Está a la altura de las circunstancias. Teniendo en cuenta su importancia, podría deducirse que este tipo de carácter se orienta hacia el exterior. Sin embargo, este no es el caso: son introvertidas, es decir, que son sobre todo sensibles a su vida interior, aunque también sueñan con participar de forma directa en la vida externa. Sólo emiten juicios en función de su propio criterio. Son poco influenciables y resulta difícil hacerlas dar marcha atrás cuando han decidido algo, aunque la decisión sea injusta. Su confianza en sí mismas roza el orgullo.

- **Actividad**

En ellas, la actividad es, a veces, un arma; con frecuencia, una provocación; y siempre, una pasión. No saben actuar sin sobresalir, también sobre los demás. Nueve de cada diez veces se trata de auténticas «currantes» que consiguen llegar lejos al tiempo que son capaces de mantener su ventaja. No están dispuestas a admitir que la mujer deba desempeñar una función secundaria y lucharán hasta las últimas consecuencias para recibir el mismo trato que los hombres, una tarea que desde luego les planteará obstáculos, sobre todo en la política. Les apasiona cualquier oficio donde se deba luchar: médicas, enfermeras, farmacéuticas, propagandistas políticas o sindicalistas, directoras de empresa e incluso militares, si es necesario. Poseen una excelente conciencia profesional, así como un gran sentido de la responsabilidad y la jerarquía.

- **Intuición**

A menudo sustituyen la intuición por el razonamiento lógico, ya que desconfían de su imaginación y sus inspiraciones. No tienen concesiones con aquellos que no sigan una vía recta y bien definida.

- **Inteligencia**

Son muy inteligentes, aunque su inteligencia es bastante fría y calculadora, y de carácter sintético, lo que les permite gozar de una perspectiva amplia e inmediata de lo que ocurre. Desde muy jóvenes tendrán tendencia a ser ligeramente secas y pretenciosas; por tanto, será positivo procurar que mantengan el contacto con los demás. Ahora bien, no resulta fácil otorgarles este calor y esta humanidad, sin los que no habrá verdadera inteligencia.

- **Afectividad**

No puede decirse que, durante la infancia, sean niñas mimadas, sino que serán independientes desde muy pronto y no tardarán en comprender el alcance de sus relaciones familiares, académicas y, posteriormente, sociales. Son algo pesimistas y más tiránicas que posesivas. Desprecian la debilidad, los sentimientos empalagosos y las muestras exageradas de afecto. En términos generales se comportan con mucho rigor: serán, por ejemplo, la típica directora implacable.

- **Moralidad**

Después de todo lo dicho, no sorprende que manifiesten una severidad en la conducta que las reafirma al tiempo que las hace sentir valiosas. Nunca dan tregua, sino que echarán a los demás en cara los errores del pasado, haciendo gala de una memoria diabólica. Sus creencias son exclusivas, por no decir fanáticas.

Las veremos como pez en el agua con el uniforme de una orden religiosa, aunque no debe cundir el pánico: no todas estas jóvenes serán chicos fallidos.

- **Vitalidad**

Gozan de una vitalidad de hierro que no dejará de marcar a este tipo de mujeres de formas bastante masculinas con su imponente sello. Normalmente son auténticos monstruos de la naturaleza, que no se doblegan ni ante el cansancio ni ante la enfermedad. No saben parar a tiempo, de forma que a veces superan el límite de lo razonable. Tienen bastante propensión a la fiebre. Sus puntos más sensibles son el hígado y los genitales.

- **Sensorialidad**

Su capacidad sensorial es mediana. Además, este tipo de carácter hará siempre todo lo posible para que las pulsiones claramente animales que ahogan la voluntad y bloquean la actividad no cojan las riendas. Pobres de los hombres... En cuanto a la sexualidad, para ellas es un tema más o menos tabú: les cuesta mucho hablar de sus problemas personales, sobre todo si se trata de cuestiones relacionadas con la sensualidad. Como ya hemos visto, en su forma caracterológica existe un porcentaje bastante importante de masculinidad. Para evitar que, durante la infancia, desarrollen represiones, los padres deberán tratar este tipo de temas con ellas de forma totalmente transparente.

- **Dinamismo**

No hay mucho que añadir a la definición de su personalidad: su lema es «aquella que ataca», lo que denota un dinamismo tan intenso como la actividad y la vitalidad de estos «leopardos» de inusitada flexibilidad y mortíferas zarpas.

- **Sociabilidad**

Manifiestan una sociabilidad intermitente, que sólo se expresa de forma verdadera cuando coincide con su profesión o con las convicciones políticas, religiosas o literarias de estas mujeres. Será entonces cuando montarán su propio «salón», como solía decirse no hace mucho. En ellas, la voluntad y la moral son bastante tiránicas. Y en cuanto a la suerte, hay que evitar hablarles de ella, ya que sólo aceptarán el éxito si es resultado del trabajo y la tenacidad: desde luego, se trata de mujeres hechas y derechas.

Ahora bien, tampoco debemos dibujar aquí una caricatura de sargento, ya que a menudo bajo su dureza nata se esconde un sabroso fruto. Es difícil llegar a él, pero su ternura es tal que resultará deseable y crecerá en el peral, su árbol tótem.

- **Conclusión**

La verdad es que se trata de mujeres hechas y derechas, con tendencia a hacer de los demás sus esclavos, entendiéndose por los «demás» tanto los padres, como los amigos o empleados... sin olvidarnos de los maridos e hijos, que también deberán remar en la galera real.

Gerardo (M)

LEMA: *Aquel que sostiene el mundo*

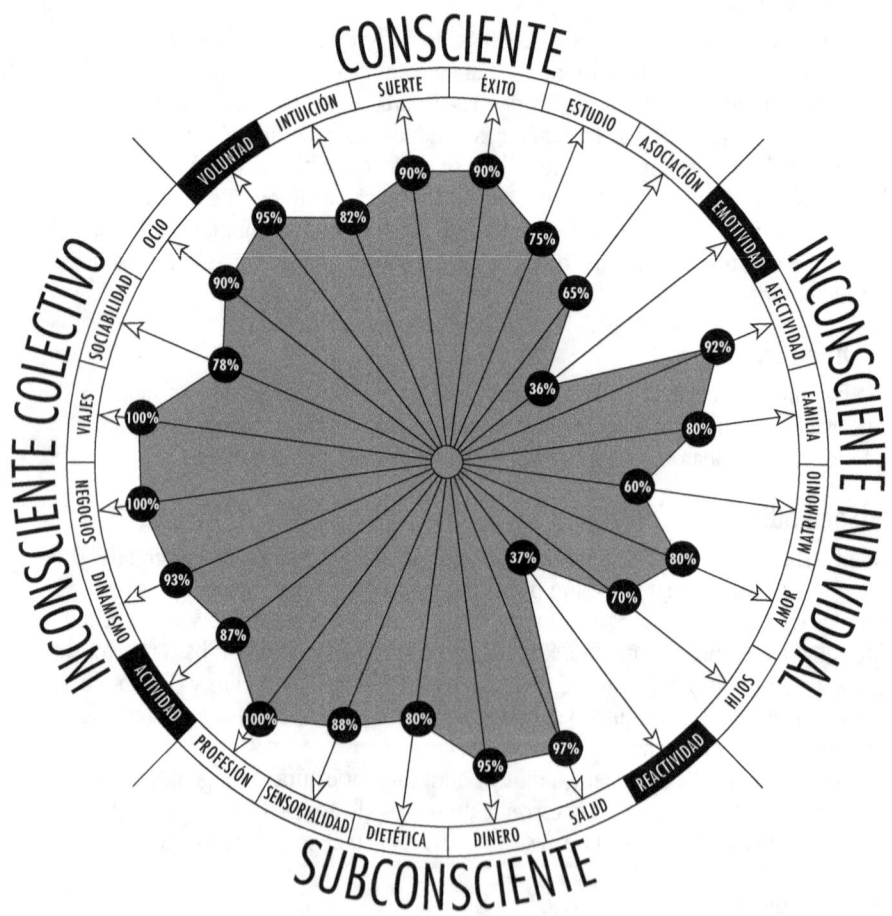

ELEMENTO:	Tierra	ANIMAL:	Cebú
SIGNO:	Tauro	MINERAL:	Lapislázuli
COLOR:	Naranja	VEGETAL:	Madreselva

Gerardo

y todos los nombres con características análogas indicados en el índice, incluyendo:

Atila
Cayetano
Eudes
Florán
Florencio
Florentino
Florián
Gael
Gary
Herman
Ike
Jerry
Romeo
Sancho
Teodosio...

• **Tipo caracterológico**

Son personas indolentes con una emotividad y una actividad medianas pero eficaces, así como una capacidad de reacción que a menudo resulta discreta. En otras palabras: de ellos no cabe esperar explosiones de entusiasmo o llamativas muestras de desesperación; son tranquilos y pacientes. Se dedican a observar cómo gira la ruleta del destino, cómo suben y bajan hombres y mujeres que, tras un breve triunfo, vuelven a sumergirse en el infinito océano de la vida. Más que filósofos son observadores y, si nos parecen algo lentos, es porque sopesan con cuidado todos los aspectos de un problema antes de hablar y tomar una decisión.

• **Psiquismo**

Son inquietos, una inquietud que sólo encontrará una verdadera salida en la acción, ya que la emotividad y la reactividad se encuentran al mismo nivel. Durante la infancia no hay que permitir que den vueltas sin rumbo: es preferible mantenerlos ocupados. Aunque no piden más que es eso, se bloquearán cuando se les proponga algo nuevo; esto no es oposición, sino que simplemente rechazan el entusiasmo inmotivado. A los tres días, la otra persona habrá olvidado la conversación, pero ellos estarán inmersos en el proyecto que se les propuso.

• **Voluntad**

Su voluntad es muy fuerte y, a menudo, roza la obstinación y la terquedad. Son capaces de dedicar increíbles cantidades de energía para eliminar cualquier resistencia procedente de personas o cosas; en esto se parecen a su animal tótem, el cebú.

• **Emotividad**

Hemos visto que poseen una emotividad mediocre. Esta personalidad se cimienta, ante todo, en la voluntad, que se erige como una cima y no se ve contrariada ni por la emotividad ni la reactividad, que no le hacen sombra.

• **Reactividad**

Hacen gala de una capacidad de reacción bastante desconcertante, ya que, dado su reducido porcentaje, podría pensarse que este tipo de carácter reacciona de forma débil y bastante relajada. Pero, aunque sus reacciones son lentas y se escalonan a lo largo de los días, son muy eficaces. En ellos existe la exuberante e interminable abundancia de la madreselva, su vegetal totémico.

- **Actividad**

Se trata de un hombre basado en la fuerza, de Atlas, el gigante mitológico que llevaba el mundo sobre sus hombros. Son grandes luchadores, pero bastante acomplejados, ya que obtienen buenos resultados sólo a base de golpes. Precisamente por esto destacarán en el deporte, y es necesario que complementen sus estudios con una actividad deportiva que podrán llevar hasta niveles de competición, algo que, por suerte, equilibra a estos jóvenes. Se sienten muy atraídos por la medicina y las profesiones paramédicas. Se les da bien la ingeniería y llegarán a ser técnicos meticulosos y hábiles, ingenieros agrónomos o de minas y ganaderos; pero, sobre todo, deportistas profesionales de primera clase. Por tanto, no debemos interrumpir la carrera «olímpica» de estos jóvenes, sino más bien exigirles que, ante todo, se construyan un buen oficio.

- **Intuición**

Tienen muy buen olfato y detectan con rapidez el engaño. Dicho esto, añadiremos que en ellos se da cierta inocencia que, a pesar de su intuición, los hace embarcarse en aventuras cuyas consecuencias no perciben totalmente.

- **Inteligencia**

Son inteligentes pero desconfiados. Les inquieta cualquier solución que no esté contrastada con experiencias pasadas. Les gusta avanzar paso a paso, sin dar grandes saltos; su animal tótem, el cebú, los describe a la perfección. Su inteligencia medio salvaje, medio educada, es analítica; tienen alguna dificultad a la hora de pasar de los detalles a la perspectiva general de las cosas, es decir, que les cuesta sintetizar. Por tanto, habrá que ayudarles a adoptar algo de perspectiva para ver y comprender mejor a las personas y los hechos.

- **Afectividad**

Sus acciones no estarán completas si no desembocan en un gesto altruista. Quieren hacer favores y ayudar a los demás, y en este sentido se limitan a desempeñar el papel que les impone su carácter. Constituyen el eje de la ruleta y, aunque esta chirríe un poco, no importa porque son ellos quienes sostienen el mundo. Son bastante influenciables y a veces se lo reprochan. Tienen la familia en muy alta estima y, sobre todo, deberemos llevar cuidado de no generar complejos durante la infancia al confundir la discreción de sus reacciones con frialdad. Necesitan mucha comprensión y ternura, pero de forma algo secreta: hay que acostumbrarlos a expresarse con libertad y confianza.

- **Moralidad**

Su afectividad, algo oculta, desembocará en una moral muy positiva que los malintencionados tildarán de moral de *boy scout*. Aunque es cierto que la distinción entre el bien y el mal parece algo arbitraria, los resultados hablan por sí solos, y ellos creen en los resultados. Cuando tienen fe, es absoluta: o todo o nada. Poseen un sentido de la amistad extraordinario, y la presencia de sus amigos les confiere la seguridad que necesitan para actuar. Los padres deberán inscribirlos cuanto antes en actividades juveniles de grupo.

- **Vitalidad**

Gozan de una vitalidad desbordante y tan exuberante como una selva tropical. Les apasiona todo lo relacionado con la vida. Les interesará la medicina, la gimnasia o la dietética. El yoga también les parecerá muy interesante. Necesitan aire fresco y sueño. Su punto débil es el esqueleto, así que, durante la juventud, deberemos vigilar la calcificación de los huesos y la columna vertebral.

- **Sensorialidad**

En este punto del análisis las cosas se estropean un poco; poseen una sensorialidad problemática, ya que este tipo de caracteres pierde un poco el rumbo al sentirse arrinconado entre sus pulsiones, de gran intensidad (a veces incluso tiránicas), y su sentido del deber, del respeto hacia la mujer y de la necesidad de realizar buenas acciones. Sus reacciones dependen ante todo de los sentimientos, aunque también podrá complicarse todo debido a su escrupulosidad.

- **Dinamismo**

Así pues, no tienen más remedio que sublimar sus instintos lanzándose de cabeza, no ya a la acción propiamente dicha (ya hemos visto que su índice de actividad era mediocre), sino más bien a un dinamismo frenético, es decir, a la creación de equipos de investigación, asociaciones filantrópicas, grupos de acción social o paramédicos... Todo ello aderezado con cierto utopismo, ya que se sienten más atraídos por los falansterios que por las sociedades anónimas.

- **Sociabilidad**

Son sociables, pero mucho más por educación que por convicción, ya que prefieren estar en familia o con amigos, diseñando los planos de un mundo futuro en el que reinarán el amor y la justicia. Parecen un poco huraños, aunque pueden realizar grandes esfuerzos para manifestar su participación en reuniones que en realidad les aburren profundamente. Tienen una voluntad fuerte que, sin embargo, fluctúa por momentos cuando las dudas se apoderan de ellos, algo que no suele durar mucho. No creen en la suerte, a pesar de que les es muy favorable. Su éxito constituye ante todo una victoria sobre sí mismos que les permitirá ayudar al prójimo y dominarse, así como alcanzar una mayor eficacia.

- **Conclusión**

Dan verdaderamente la impresión de estar sosteniendo el mundo, y su enorme fuerza radica en creer con firmeza que son indispensables. No importa si tienden a sobreestimar sus posibilidades, ya que saben implicar y convencer a la gente. Para una vez que vemos a alguien lanzarse al agua aunque esté helada, más vale quitarse el sombrero.

Guido (M)

LEMA: *El hombre que anda sobre dos piernas*

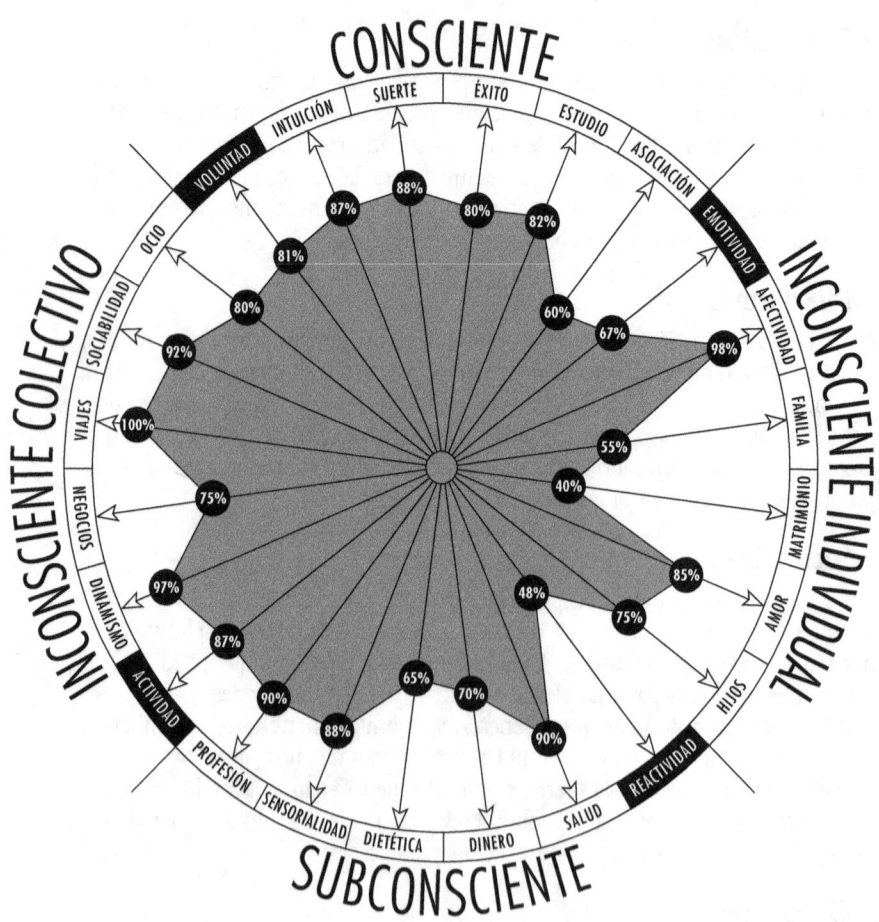

ELEMENTO:	Aire	ANIMAL:	Gaviota
SIGNO:	Géminis	MINERAL:	Platino
COLOR:	Violeta	VEGETAL:	Tiemblo

Guido

y todos los nombres con características análogas indicados en el índice, incluyendo:

Anastasio, Angeran, Cosme, Enguerrando, Gatiano, Guido, Guiu, Gus, Gustavo, Kosme, Lary, Lázaro, Tanguy, Vadim, Valdemaro...

- **Tipo caracterológico**

El carácter de estos nombres es, al mismo tiempo, nervioso y sentimental. Para que esta dualidad no les perturbe, deben mantenerse bien erguidos sobre sus dos piernas. Su gran emotividad, vinculada a una actividad reprimida y a unas reacciones muy mediocres, puede provocar cierta ansiedad. A pesar de ser bastante optimistas, necesitan sentirse reafirmados en sí mismos, y tan sólo pasan a la acción cuando la situación adquiere cierta estabilidad. Su animal tótem es la gaviota; como ella, cogen los vientos y se dejan llevar por las corrientes. Su vegetal tótem es el tiemblo, el árbol más sensible a los movimientos del aire.

- **Psiquismo**

Tienen buen olfato: saben de dónde sopla el viento y lo aprovechan. Por tanto, los padres deberán mantenerse atentos y no permitir que el niño se deje llevar por los acontecimientos en vez de luchar. Son introvertidos, es decir, que tenderán a encerrarse en sí mismos. Además, son influenciables; los padres deberán procurar que el niño no acceda a la primera sugerencia que se cruce en su camino. Son bastante objetivos, y no siempre tienen una confianza excesiva en sí mismos, a pesar de adoptar una actitud algo agresiva.

- **Voluntad**

Esta voluntad resulta más bien fluctuante y hace acto de presencia de forma momentánea en relación con situaciones bastante inusuales. De esta forma, los veremos pasar de una profesión a otra como si nada, a pesar de tratarse de ocupaciones tan diferentes como músico y predicador. Para ellos, lo principal es participar en el sorprendente juego que tiene lugar en el mundo.

- **Emotividad**

La emotividad, que provoca en ellos un fuerte nerviosismo, les perseguirá durante toda la vida y otorgará en ocasiones a su carácter un aspecto «feminoide» debido a su susceptibilidad. Poseen un sentido de la amistad muy inquieto: para ellos, un amigo debe reafirmar y no plantear problemas. Ahora bien, como en este mundo cualquier amistad resulta esclavizante, ocurrirá que cambian a menudo de amigos para no generar complicaciones inútiles.

- **Reactividad**

Así pues, tratan de compensar este exceso de emotividad bloqueando su reactividad, es decir, disminuyendo la intensidad de sus reacciones. No obstante, tampoco es extraño que se protejan psíquicamente mostrando oposición. Así, decir «no» sin motivo alguno constituye una forma de reafirmarse, como también la causa de molestos malentendidos. Por ello, habrá que enseñarles desde la más tierna infancia lo que representa el «sí» y el «no», que confieren a la vida social su doble estructura. Son infinitamente sensibles al fracaso, y a menudo se trata de reprimidos desde el punto de vista sentimental.

- **Actividad**

Despliegan una actividad tranquila pero capaz de aplicarse con gran eficacia a la realización de una tarea escogida con mucho cuidado. En general, tan sólo hacen bien aquello que les gusta. Como el foco de su interés se desplaza de forma sucesiva de una materia a otra, el seguimiento de sus estudios será muy irregular. Tan sólo gracias a la flexibilidad de su inteligencia y la solidez de su memoria conseguirán dar la talla en cada examen. Se sienten particularmente atraídos por los oficios que calificaremos de itinerantes, es decir, que les permitan moverse y viajar: músicos, representantes, funcionarios de organismos internacionales o misioneros. Por esta razón, el problema de su orientación profesional se planteará muy pronto y deberá orientarse en la dirección de un trabajo gratificante, sin perder nunca de vista el objetivo que se hayan fijado.

- **Intuición**

Poseen una intuición bastante enérgica, que a menudo alimenta su ansiedad. Habrá que darles confianza para evitar los complejos de culpabilidad. Cuentan con un gran poder de seducción y una imaginación fértil. Los padres y profesores no deberán dejarse enredar por la psicología algo ambigua de estos jóvenes.

- **Inteligencia**

Se trata de una inteligencia flexible que se adapta a las situaciones, sintética por naturaleza, lo que les permite sobrevolar y acaparar de un solo vistazo la totalidad de una situación. Ahora bien, no deberían despreciar los detalles, ya que esto podría constituir la fuente de no pocos problemas. Por otra parte, esta inteligencia móvil puede conllevar algunos inconvenientes cuando estos caracteres, bastante inestables, la aplican a situaciones más o menos regulares en el ámbito social o jurídico.

- **Afectividad**

Son posesivos, y desde la infancia tratarán de acaparar toda la atención de los profesores y padres. En ocasiones su mente se muestra vacilante y son bastante dispersos a la hora de actuar. Tienen grandes accesos de afecto, para después volver a su caparazón de repente, aunque no por mucho tiempo. Cabría evitar que esta emotividad se convierta en un refugio cuando la vida presente dificultades, y que en vez de luchar traten de esconderse en el regazo materno.

- **Moralidad**

Los oiremos muchas veces hablar de moral en la medida en que ellos mismos tendrán problemas para establecer un código de conducta personal lo suficientemente claro y preciso. Con frecuencia dudan sobre cómo comportarse en una u otra circunstancia, y como resultado terminan adaptando su conciencia a la situación. En términos generales tienen unas creencias débiles e inciertas, o como mínimo se concretan en un estadio bastante tardío de la vida. Normalmente son hombres de vocación tardía, que tienen su despertar en la madurez.

- **Vitalidad**

Gozan de una buena vitalidad, pero no tienen una salud especialmente floreciente. Cuando se apasionan por un trabajo, todo va bien; sin embargo, en cuanto se aburren, el abatimiento y el cansancio se apoderan de ellos, momento en que recurren a los estimulantes o euforizantes. Deben llevar una vida tranquila y evitar el alcohol, así como vigilar de cerca el sistema nervioso y la vista.

- **Sensorialidad**

Se trata de una sensorialidad que se pierde un poco entre la bruma de esta psicología vacilante por momentos. El sexo también participará de esta inestabilidad, y durante la juventud pedirán información transparente al respecto. Su considerable emotividad origina, a su vez, sorprendentes actos reflejos; parecen no ser totalmente conscientes de las polaridades del ser humano. Será necesario fortalecerlos desde muy temprano mediante una educación sin concesiones, evitando mimarlos y enseñándoles las nociones de estabilidad y fidelidad.

- **Dinamismo**

Cuidado con su dinamismo, cuya importancia resulta aparente en el diagrama de carácter y supera claramente a la actividad. De aquí deriva una actitud de hablar más que de actuar. Hablan muy bien y tienen una imaginación magnífica, pero no debemos permitir que se dediquen a contar sus proyectos en vez de realizarlos.

- **Sociabilidad**

Su sociabilidad es caprichosa: un día están abiertos a todo y, al día siguiente, se muestran distantes, ajenos a lo organizado por ellos. Poseen una voluntad fluctuante, aunque capaz de recuperaciones espectaculares. Su moral es mediocre y depende mucho del estado de ánimo, así como de su éxito social. Tienen buena suerte y saben sacarle partido. En resumen, se trata de personas desconcertantes, llenas de posibilidades, flexibles y con capacidad de adaptación, personas que van en la dirección del viento pero que hay que vigilar de cerca.

- **Conclusión**

Más que el resto de nombres, en el caso de estas personas es necesario delimitar su sitio desde muy pronto. Contienen inmensas posibilidades y notables éxitos, siempre y cuando se establezcan bien las líneas maestras de su personalidad: qué hacer, cómo hacerlo y por qué. Cualquier dispersión será catastrófica.

Guillermo (M)

LEMA: *El hombre solitario*

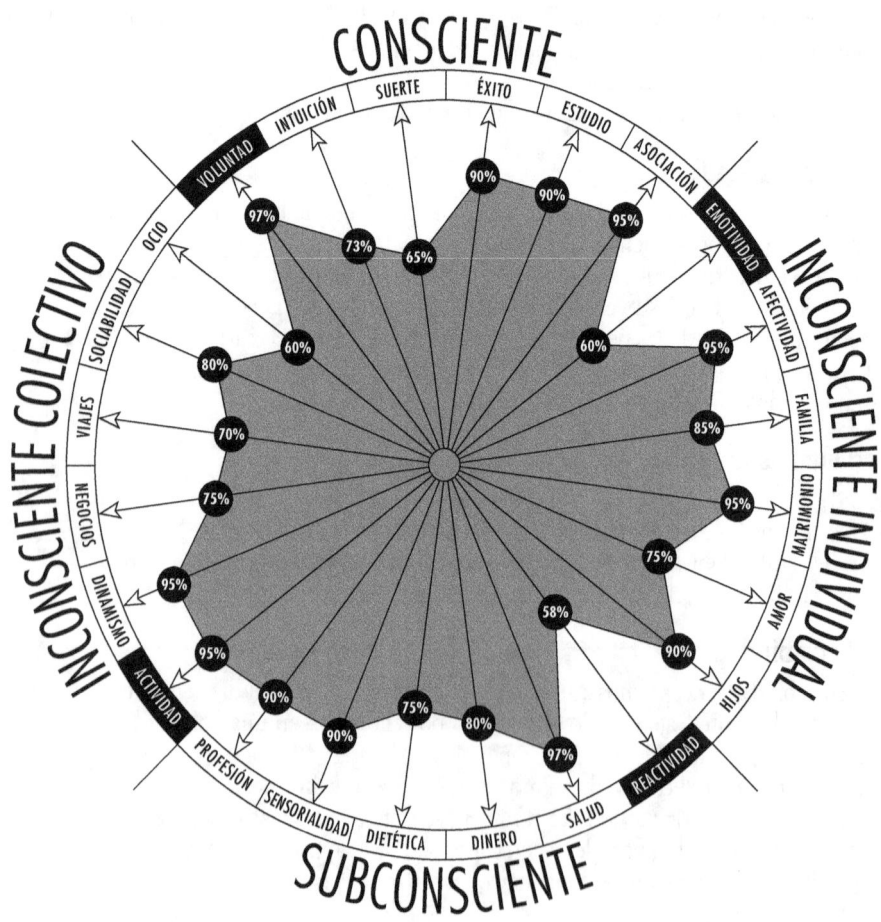

ELEMENTO: Tierra
SIGNO: Capricornio
COLOR: Verde

ANIMAL: Jabalí
MINERAL: Basalto
VEGETAL: Tejo

Guillermo

y todos los nombres con características análogas indicados en el índice, incluyendo:

Abraham	Gilles	Próspero
Antelmo	Gillian	Scott
Bill	Helmut	Wilhelm
Billy	Marcial	William
Calisto	Narciso	Willy...

• **Tipo caracterológico**

No hay nombres más rigurosos de llevar que estos, y sin embargo encierran una inteligencia muy poderosa. Se asemejan mucho al jabalí, su animal tótem. Como él, son iracundos y muy emotivos, gozan de una actividad extraordinaria y de una capacidad de reacción equilibrada, así como de un poder de decisión temible, grandes cualidades sentimentales y valentía.

• **Psiquismo**

En primer lugar, hemos de decir que, cuando son niños, hay que situarlos en el verdadero nivel que les corresponde: el de un adulto. No hay que tratarlos como animalillos inconscientes, sino como a seres responsables. Son introvertidos, y a la vez extrovertidos, de forma que pueden tanto vivir en comunidad como solos, encerrarse en sí mismos o participar plenamente en la vida social, siempre y cuando el fin que estén persiguiendo se ajuste al destino de esta colectividad. Son poco influenciables y sólo se prestan atención a sí mismos. Pueden dar muestras de una gran desconfianza o del más absoluto abandono de uno mismo, dependiendo del caso; y ellos saben muy bien juzgar esos casos.

• **Voluntad**

Constituye un elemento determinante en el diagrama de carácter de este tipo de personalidad. Lo implica y polariza todo, y muy concretamente la actividad, que está a la altura. Es esta voluntad la que les brindará la posibilidad de dar estocadas auténticamente temibles.

• **Emotividad**

Gracias a Dios, existe. En efecto, si esta potencia tan arrolladora no contase con un motivo para ser más humana y sensible a través de esta gran emotividad, estaríamos frente a un auténtico salvaje.

• **Reactividad**

Controlan sus reacciones y, en principio, no hay ningún problema con esta actitud. Aunque, eso sí, habrá que tener cuidado con estos hombres cuando se sientan heridos en el ámbito sentimental, social o profesional, ya que pueden ser muy peligrosos. Es difícil conquistar su amistad, pero, por decirlo de alguna manera, será eterna. Además, consistirá en una especie de aventura llena de dificultades y vivida conjuntamente. Con ellos, el fracaso es un motivo para seguir y perseverar, ya que no les interesa nada que no ofrezca cierta resistencia.

- **Actividad**

Como ya hemos visto, esta actividad se encuentra en sintonía con la voluntad, que subyace a ella y la enriquece. Ahora bien, debido a la gran intensidad de la emotividad, casi siempre será agresiva y expondrá a la persona a riesgos seguros. No siempre son buenos estudiantes, pero sí estudiantes serios, con una gran capacidad para superar los obstáculos. Son disciplinados y poseen una gran conciencia profesional. Se adaptan con bastante lentitud, y tan sólo persiguen un objetivo a la vez, pero perseveran hasta conseguirlo. Serán buenos agricultores, ganaderos, militares, exploradores, transportistas, marineros y deportistas, sobre todo si son boxeadores. En definitiva, les irá bien en cualquier profesión que requiera valentía, audacia, un sentido desarrollado de la jerarquía y de la potencia y, en una palabra, el magnetismo que necesita cualquier buen jefe.

- **Intuición**

En ellos, la intuición parece instinto. Sienten las cosas, las presienten y las huelen. Nunca utilizan estrategias de seducción: uno debe tomarlos tal como son u olvidarse de ellos. Tienen un lado «indio» y no les cuesta emprender el camino de la guerra.

- **Inteligencia**

Cuentan con una inteligencia fundamentalmente analítica. Observan y disecan las cosas, los hechos y las personas, y avanzan con mucha prudencia. Poseen una memoria amplia y fidedigna. Son, en resumen, hijos de la tierra en el sentido más amplio del término. Tienen personalidad, y aunque no resulte fácil domesticarlos, es todo un placer verlos convertirse en verdaderos hombres.

- **Afectividad**

No hay nada más sencillo y bonito que un jabalí que acepta vivir entre humanos por su propio pie, y así es este tipo de carácter. Su fidelidad es absoluta, y sobre todo no hay que decepcionarlos ni contarles cuentos chinos, ya que nunca lo olvidarán. Por otra parte, no se trata de una fórmula inocua, sino que las mujeres coquetas y provocadoras deberían llevar cuidado con estas personas sólidas que no soportan (o soportan muy mal) las maquinaciones y los chanchullos.

- **Moralidad**

No resultará difícil adivinar que, en términos generales, su moralidad es implacable. Obviamente, se la aplican a sí mismos, aunque la familia, los colaboradores y los amigos también deberán someterse a las mismas rigurosas normas morales. Normalmente se da en ellos una religión natural que nada tiene que ver con la iglesia y se contentan con ella.

- **Vitalidad**

Su vitalidad es enorme; estamos hablando nada menos que de Porthos, el mosquetero de la fuerza descomunal, o de Anteo, que se alimentaba de las fuerzas de la tierra. Son auténticas rocas que no saben lo que es cuidarse. Comen cualquier cosa y confían en una vitalidad desbordante diciéndose a sí mismos: «Ya pasará». A menudo pueden franquear los límites de su resistencia. Por ello, habrá que acostumbrarlos desde muy jóvenes a seguir una disciplina alimentaria estricta, así como procurar que vivan en contacto con la naturaleza, por ejemplo por medio de acampadas, senderismo o alpinismo.

- **Sensorialidad**

En este ámbito no se andan con rodeos: cuando hay que comer, se come; cuando tienen sueño, duermen; y así sucesivamente. Todo lo demás son tonterías. En algunos casos, las mujeres formarán parte de este modo de alimentación, y no hace falta ni molestarse en hablar con ellos sobre el tema. También hay que añadir que, en lo que se refiere al sexo, la mayoría de ellos tan sólo se sentirán plenamente realizados en el marco de la familia que funden.

- **Dinamismo**

El diagrama muestra una masa significativa formada por la actividad, la sensorialidad, el dinamismo y la profesión, que se encuentran más o menos al mismo nivel. Esto describe bien a estas personas, que asocian muy íntimamente la acción, la alegría de vivir y la profunda razón de definirse. Sin embargo, sin este dinamismo esclarecedor, este tipo de caracteres no tardaría en derivar hacia el inmovilismo algo sombrío de su vegetal totémico, el tejo.

- **Sociabilidad**

Cuentan con una sociabilidad considerable, aunque requiere algunas explicaciones para ser comprendida, ya que sólo son sociables en el seno de la familia y de algunos amigos muy bien escogidos. Más tarde serán padres modélicos pero de mano dura y maridos que habrá que tratar con tacto, por no decir respeto. Dada su voluntad de acero, normalmente se rigen por una moral rigurosa que tratarán de imponer a su entorno. Ellos construyen su suerte y obtienen su éxito a través del valor y la tenacidad. Un último consejo para acabar: hay que tener cuidado con sus accesos de ira.

- **Conclusión**

Sería tentador decir que nos encontramos ante unos auténticos ecologistas natos. Aman la naturaleza, llevan en sí fuerzas telúricas, respetan la fauna y la flora y les encantan los campos y bosques... Se trata, sin lugar a dudas, de personas no muy habituales que nuestra sociedad debería redescubrir.

Hugo (M)

LEMA: *Aquel que se une*

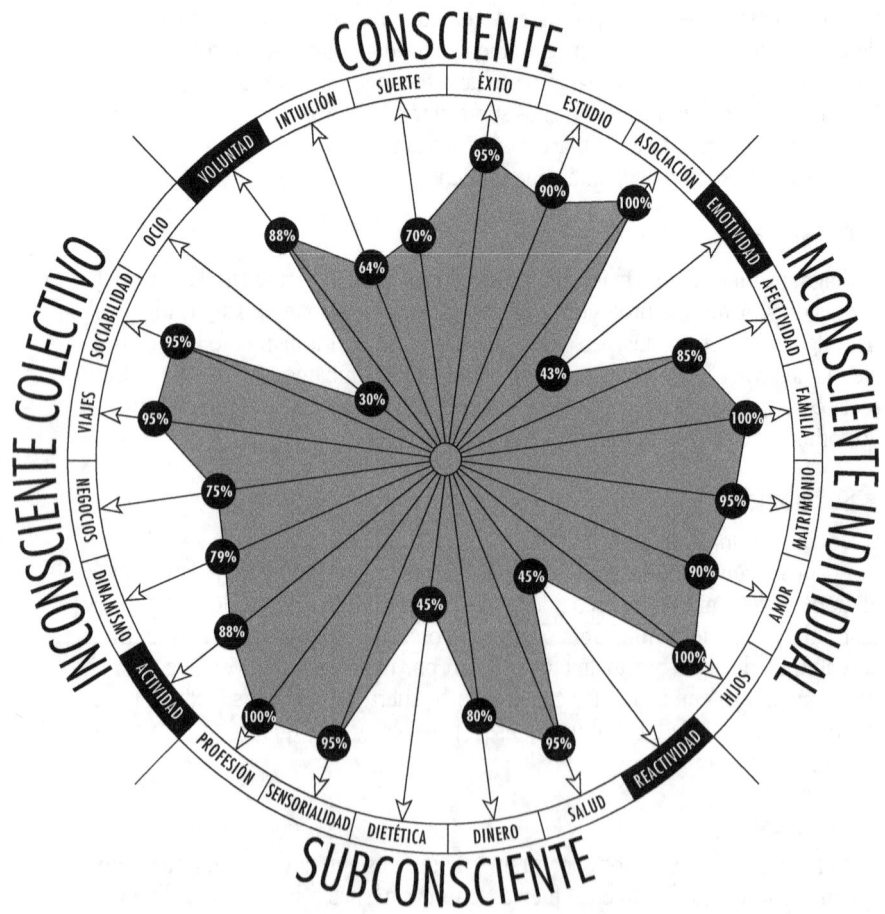

ELEMENTO:	Tierra	ANIMAL:	Cobra
SIGNO:	Capricornio	MINERAL:	Turquesa
COLOR:	Violeta	VEGETAL:	Hiedra

Hugo

y todos los nombres con características análogas indicados en el índice, incluyendo:

Abundancio
Cleto
Desiderato
Desiderio
Hug
Hughy
Hugo
Hugolino
Josué
Noah
Noalig
Noami
Noé
Poliecto
Ugo...

- **Tipo caracterológico**

Este tipo de nombre corresponde simbólicamente a la columna vertebral y conlleva una noción de verticalidad que define bien su personalidad: se trata de hombres bien plantados. Su animal tótem es la cobra y, el vegetal, la hiedra. Son apasionados, agresivos y luchadores, y necesitan de la tierra para vivir, y de la estabilidad para desarrollarse con plenitud.

- **Psiquismo**

Son extrovertidos y muy abiertos hacia el mundo exterior. Saldrán de su cesto como una cobra tan pronto como oigan el canto del mundo para ver lo que pasa. Son poco influenciables y poseen una objetividad relativa. Ven las cosas como las quieren ver. Son posesivos y, cuando se les mete en la cabeza una idea concreta, resulta muy difícil hacer que la abandonen y cambien de opinión. Tienen una gran confianza en sí mismos y, en algunos casos, se sienten muy satisfechos de su persona.

- **Voluntad**

Los parámetros básicos del diagrama de carácter son relativamente modestos, de forma que no cabrá esperar de ellos que se conviertan en grandes aventureros o anarquistas. Aunque gozan de una buena voluntad, bastante a menudo se dejan inundar por cierta indolencia, mientras que en otros momentos se muestran apasionados sin causa aparente.

- **Emotividad**

La emotividad completa este lienzo complementando la reactividad mediana, que otorga a los portadores de estos nombres un carácter algo «inglés»: respeto a las tradiciones, sensibilidad acusada y un aprecio hacia la familia y el asociacionismo. Es fácil ser sus amigos, ya que mezclan de forma positiva las nociones de amistad, camaradería y compañerismo.

- **Reactividad**

Se trata de una reactividad muy razonable y, dejando al margen algún que otro encabezonamiento, a veces calculado, no puede afirmarse que sean complicados. Para ellos, lo esencial es sentirse rodeados por un ambiente animado. Son poco

229

sensibles al fracaso, aunque a veces poseen una noción acusada de la oposición, y tienen la manía de contradecir de forma sistemática a su interlocutor, para después estallar en una carcajada en medio de la discusión. Son bastante bromistas.

- **Actividad**

No se trata de una actividad tiránica, sino que encaja bien en la orientación general de este tipo de carácter: «bastante, pero sin pasarse». Les gusta estudiar, ya que para ellos constituye una oportunidad fantástica de destacar y superar a los demás; en una palabra, de triunfar. Y es que tienen un sentido muy profundo del éxito profesional. En el momento de decidir su oficio, se orientarán sobre todo hacia profesiones que les permitan disfrutar de la vida, tener un hogar cómodo y una gran actividad social. Al tratarse de personas prudentes, optarán por profesiones estables. Así pues, los veremos convertidos en funcionarios o en el seno de empresas que vayan sobre ruedas. Les cuesta bastante adaptarse y no tardan en adoptar hábitos susceptibles de atrofiarlos. También pueden hacer carrera en el ejército. El concepto de jubilación jugará, desde el principio, un papel importante a la hora de elegir la profesión, así que no habrá que empujarlos hacia oficios arriesgados que puedan desequilibrarlos privándolos de una seguridad que, para ellos, es fundamental.

- **Intuición**

Su intuición es mediocre: tienen los pies en la tierra y quieren saber hacia dónde se dirigen, lo que conviene hacer y cómo hacerlo; por tanto, no confían demasiado en esa noción algo femenina que representa la intuición. Su capacidad de seducción resulta eficaz pero bastante matizada; poseen una imaginación fértil.

- **Inteligencia**

Su inteligencia es buena sin ser extraordinariamente rápida. Es de carácter analítico, es decir, que necesitan comprender bien cada detalle de un asunto para gozar de una visión suficiente. Tienen mucha curiosidad.

- **Afectividad**

En la mayoría de los casos, sus pasiones se traducen en un comportamiento muy directo. Tienen tendencia a decir lo que piensan de manera algo brutal, de forma que los padres deberán procurar rectificar estos excesos verbales desde pequeños.

- **Moralidad**

La moral constituye otro de los «pilares» de su pequeño mundo y la respetan, aunque sin grandes formalismos ni un rigor excesivo.

En cuanto a la fe, tampoco les supone ningún problema especial: o bien consideran que las creencias pueden resultarles eficaces desde el punto de vista social, e incluso profesional, o bien no muestran ningún interés y la religión se pierde entre la bruma de la superstición.

• Vitalidad

Poseen una vitalidad notable que bastante a menudo les confiere un aspecto de «hacendado» de rostro radiante con el whisky siempre en la mano. Se trata de una vitalidad incluso poco común y necesitan hacer ejercicio. Se les recomienda contar con una segunda residencia donde puedan dedicarse a la jardinería y a realizar tareas físicas como, por ejemplo, talar árboles. Les gusta mucho la vida al aire libre, que compensará el cansancio nervioso provocado por la vida urbana. Deben vigilar su columna vertebral; durante la juventud, deberán comprobar que no sufren descalcificación. Puesto que poseen cierta violencia de carácter, deberán llevar cuidado con los accidentes, sobre todo con aquellos que afecten a los huesos.

• Sensorialidad

Como no puede ser de otro modo, poseen una sensorialidad intensa y la comida (aunque más bien deberíamos hablar de gastronomía) constituye para ellos una tentación constante. Sexualmente serán exigentes y se lanzarán al ataque desde bastante jóvenes. Además, tienen un lado «tosco» que hace que prescindan de las palabras en pro de la acción.

• Dinamismo

Se trata de un dinamismo muy tranquilo, y que, desde luego, no les impedirá hacer la siesta, que tanto les gusta. Por tanto, durante la infancia habrá que evitar que se les peguen las sábanas por la mañana o estén siempre ociosos. Y las mujeres que hayan decidido casarse con estos encantadores hombres no podrán contar con que laven los platos después de la comida.

• Sociabilidad

Son sociables hasta el extremo: si por ellos fuese, tendrían invitados cada noche, y los domingos invitarían a todos los amigos a casa. Les encanta la caza, las fiestas sorpresa y salir a bailar. No es que se trate, para ser sinceros, de aficiones hechas para ellos, pero forman parte de su estilo de vida y derivan de las relaciones necesarias que establecen en el ámbito profesional. Tienen una voluntad fuerte y una moral capaz de adaptarse a los hechos y circunstancias. Sienten un gran amor por la familia, aunque con cierto espíritu de independencia. Tienen buena suerte y, como suelen ser bastante serios, gozan de un éxito considerable.

• Conclusión

Realmente, estos hombres dan la impresión de mantenerse dentro de un promedio muy cómodo, y eso les tranquiliza. Sienten afecto por las personas que les rodean, por las cosas y por las situaciones, y no tienen ganas de cambiar. Quizá en eso consista la sabiduría.

Inés (F)

LEMA: *Aquella que sobrevuela*

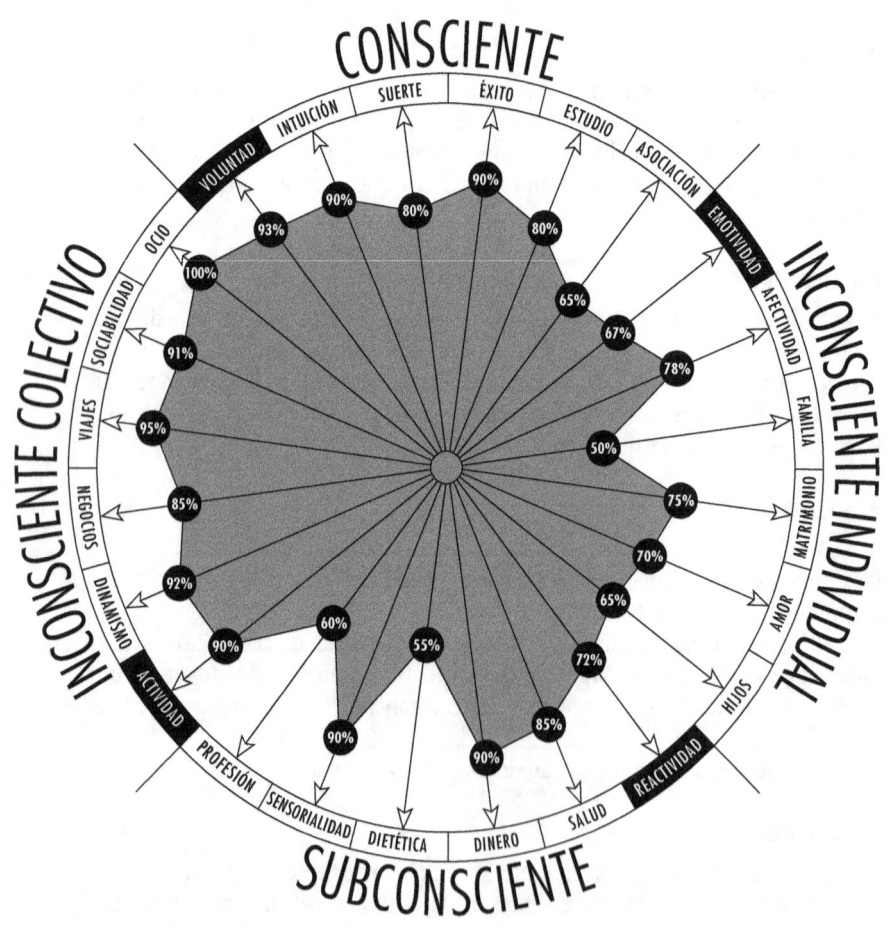

ELEMENTO:	Aire	ANIMAL:	Paloma mensajera
SIGNO:	Libra	MINERAL:	Galena
COLOR:	Verde	VEGETAL:	Tabaco

Inés

y todos los nombres con características análogas indicados en el índice, incluyendo:

Amada
Anastasia
Eduvigis
Estefanía
Felipa
Heidi
Iris
Nastassia
Oana
Phillis
Silvana
Silvia
Silviana
Silvie
Sylvie...

- **Tipo caracterológico**

En general, estas personas, dotadas de una gran capacidad emocional, poseen un carácter iracundo, siendo sus reacciones fulgurantes. Se caracterizan por una movilidad arbitraria: no se pueden estar quietas en un sitio y hacen falta alas para seguirlas. Tienen el sentimiento de tener algo que decir en este mundo, y lo dicen alto y claro. No es de extrañar, por tanto, que estas portadoras de mensajes tengan como animal tótem a la paloma mensajera.

- **Psiquismo**

Por otra parte, tampoco puede decirse que sean tranquilas: no dejan de experimentar altibajos, oscilando de la alegría más frenética a la depresión espectacular, aunque estos estados de ánimo no suelen durar, sino que en seguida empiezan con otro tema y todo vuelve a empezar. Son muy acaparadoras: siempre hay que estar encima de ellas: de lo contrario, serán ellas quienes se ocupen de los demás, ¡y eso es peor! Por último, son personas introvertidas; para ellas, cuenta más su pequeño mundo interior que lo que ocurre en la calle. No obstante, poseen una personalidad desbordante, y dan la impresión de tener una gran confianza en sí mismas, aunque a menudo tan sólo se trata de una apariencia.

- **Voluntad**

También encontramos esta dimensión desconcertante e incluso excesiva de su personalidad al nivel de la voluntad, que se manifiesta de forma intermitente y que a menudo se convierte en obstinación.

- **Emotividad**

Es fuerte, a menudo demasiado fuerte, y debemos hacer todo lo posible para tranquilizar a estos «pequeños monstruos», que llegan rápidamente a un nerviosismo autoprovocado de lo más molesto.

- **Reactividad**

Se encuentra a la altura de su emotividad, es decir, que a menudo resulta desmesurada. Aquí reinan la obstinación, la susceptibilidad estruendosa y las salidas a todo gas.

- **Actividad**

También puede adquirir unas dimensiones delirantes, así como no ser más que una mascarada cuyo objetivo es ocultar un deseo de huida. Debería controlarse el empleo del tiempo de estas personas, pero sin transmitirles la impresión de que se las está espiando.

- **Intuición**

Están dotadas de una intuición sorprendente, así como de un notable poder de seducción. Resultan inquietantes debido a su movilidad y fugaces como el humo del tabaco, su tótem vegetal. Son personas de lo más inabarcables, cambian dependiendo del tiempo que haga, de su estado físico o de su vida sentimental. Además, la superstición suele hacer acto de presencia.

- **Inteligencia**

Su inteligencia es explosiva y su dinamismo prodigioso. Al poseer un carácter sintético, lo abarcan y comprenden todo, aunque en ocasiones tropiezan con alguno de esos pequeños detalles que tan poco les gustan y que de buena gana apartan con un gran gesto de la mano. Poseen una memoria media, pero una curiosidad insaciable. Será necesario tranquilizarlas y disciplinarlas desde la juventud.

- **Afectividad**

Poseen una afectividad en zigzag: hoy se trata de una romántica historia de amor y mañana de la desesperación de un corazón roto. A menudo están de mala cara y utilizan sin escrúpulos sus sentimientos para movilizar todo su entorno. Los padres deben llevar cuidado de no caer en la trampa. Les encanta rodearse de amigos, aunque suelen cambiar a menudo sus relaciones. Les gusta la contradicción e incluso llegan a cultivarla. Se desesperan con los fracasos, pero no tardan en volver a comenzar para correr hacia otra quimera.

- **Moralidad**

Es más bien buena, aunque uno tiene la impresión de que a menudo está dibujada con una línea de puntos y que los principios aclamados no siempre se corresponden con las acciones realizadas. Se trata de cierto sentido del oportunismo moral, que a veces desemboca en sonadas aventuras que trastornan en cierta medida a los desafortunados novios, padres o cónyuges.

- **Vitalidad**

En términos generales es buena, aunque a menudo se ve comprometida por imprudencias que provocan accidentes. Mucho cuidado con la conducción de vehículos. La mayoría de ellas duermen pocas horas, se encuentran alteradas y toman todo tipo de estimulantes. Por el contrario, lo que les conviene es un régimen equilibrado y de efecto calmante. Deben desconfiar de las fracturas de pierna y vigilar los riñones.

- **Sensorialidad**

En este punto también nos encontramos con obstinaciones, arrebatos y decisiones repentinas, a veces seguidas de retrocesos. A menudo existe una diferencia excesiva entre la caprichosa vida que llevan y la inercia de los que le rodean. Por tanto, será necesario tranquilizarlas desde pequeñas, así como hacer que aprecien, mediante una actitud firme, la disciplina y la estabilidad que necesitan.

- **Dinamismo**

Es difícil determinar si están dotadas para estudiar. Cuando la materia impartida les interesa, el resultado es espectacular. Sin embargo, si no es así, estarán dispuestas a quemar sus propios libros, y a los profesores con ellos. Debido a que poseen una imaginación fértil y una inteligencia alerta, pueden adaptarse a todo, aunque los padres deberían realizar un seguimiento estrecho de sus estudios para impedir que reine la anarquía. Por otra parte, debe controlarse la elección de la profesión, ya que cabe evitar que se lancen a una actividad profesional monótona. Son excelentes en todo lo que implique dinamismo, cambio y vida. Les van muy bien oficios como azafata de vuelo, representante o periodista. También se sienten atraídas por profesiones ostentosas y huyen de todo lo que pueda atarlas.

- **Sociabilidad**

Son apasionantes, seductoras, adorables y de una sociabilidad abierta, pero tan desconcertantes que sueñan con una casa llena de amigos, siempre y cuando cambien de casa cada seis meses y de amigos cada ocho días. Poseen una voluntad firme cuando se ven movidas por un deseo imperioso, y muy débil en tiempos bajos. Su moral varía según las circunstancias. Resulta difícil resistirse a estas pequeñas diablesas que lo trastocan todo a su paso y tan sólo terminan teniendo éxito por quién sabe qué milagro.

- **Conclusión**

Teniendo en cuenta todo lo anterior, no resultará difícil comprender que estas «palomas mensajeras» poseen una vida algo revuelta y una existencia familiar a menudo sembrada de «roces». Sin embargo, con ellas es imposible aburrirse y, en este mundo tan triste en que vivimos, estas pequeñas hechiceras de carácter saltarín son auténticos fuegos fatuos rebosantes de encanto.

Isabel (F)

LEMA: *La reina de la belleza*

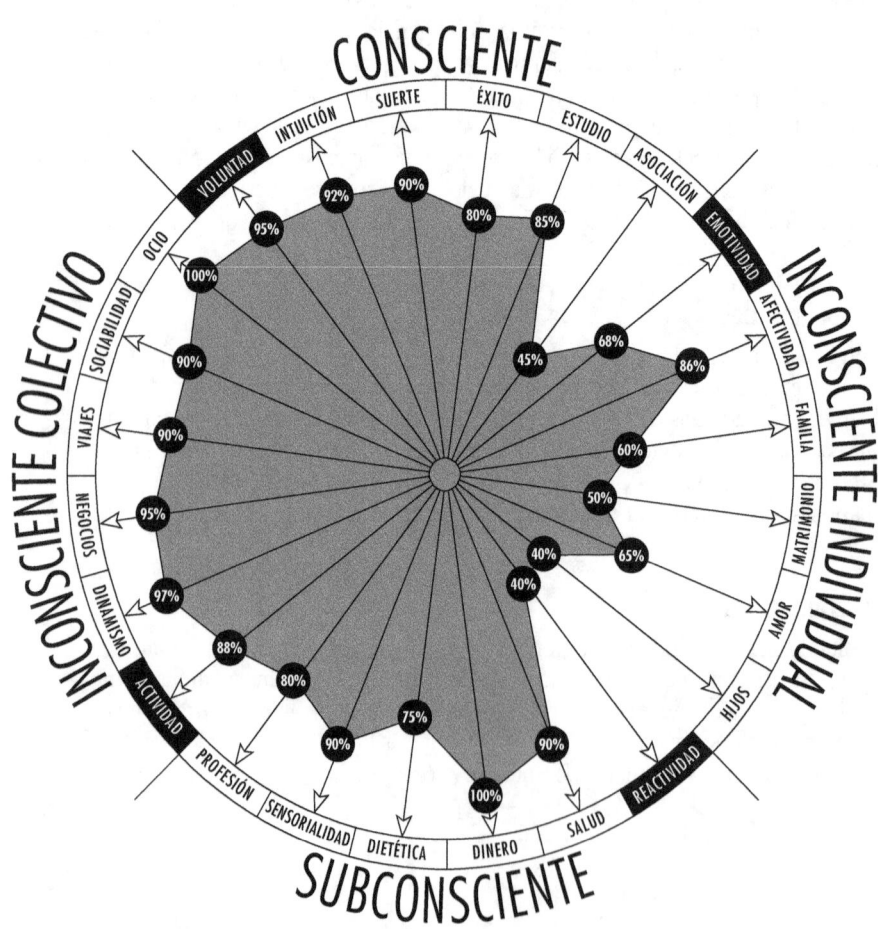

ELEMENTO: Aire
SIGNO: Acuario
COLOR: Naranja

ANIMAL: Comadreja
MINERAL: Cobre
VEGETAL: Adelfa

Isabel

y todos los nombres con características análogas indicados en el índice, incluyendo:

Aglae	Elise	Lisa
Albana	Elsa	Lis
Babeta	Felicia	Lisón
Betina	Gerardina	Iselda
Elisa	Liliana	Isolda…

• **Tipo caracterológico**

Son sentimentales dotadas de una intensa emotividad y mucha sensibilidad, aunque su actividad es mediana y a menudo sólo reaccionan a posteriori, cosa que complica el análisis de su carácter. Se trata de mujeres de buen aspecto, que saben dar órdenes, algo astutas cuando es necesario. Con frecuencia, su conducta deja entrever una percepción doble de las cosas.

Por una parte está el ser exterior, majestuoso, siempre con la cabeza bien alta; y, luego, otro ser más íntimo, capaz de adaptarse a las mil maravillas incluso a las circunstancias más desconcertantes, que sabe «encajar», como suele decirse, los golpes más brutales sin dejar de mostrar una tranquilidad reafirmante, salvo en el momento de la venganza. Durante la infancia suelen ser niñas más bien cerradas y narcisistas. Les gusta mucho mirarse, llegando a menudo a interpretar su vida en vez de realizarla con plenitud.

• **Psiquismo**

Son introvertidas: no dicen todo lo que piensan y no siempre hacen lo que dicen. Son poco influenciables y muy amas de sí mismas, pero a nivel íntimo. No hay que dejarse engañar por las apariencias, ya que tratarán de desconcertar a los demás con su comportamiento ambiguo. Se trata de un juego al que no hay que acceder. Debemos recordar que su animal tótem es la comadreja, a la que tanta estima profesaba La Fontaine en sus fábulas.

• **Voluntad**

Se trata de una voluntad fuerte, bien organizada y discreta. Con frecuencia, estas chicas pondrán cara de no entender nada o de no poder hacer lo que se les pide para defender mejor sus intereses. Son bastante maquiavélicas y les gusta fingir. Como la adelfa, su vegetal totémico, son al mismo tiempo flores y hojas.

• **Emotividad**

Su emotividad raya en el exceso, un rasgo que aún será más negativo si tenemos en cuenta que su actividad es mediocre y que esta emotividad acaparadora se reflejará en el dinamismo. Por tanto, este tipo de carácter reaccionará exagerando su verborrea, tanto echándose «faroles» como tratando de utilizar a los demás.

- **Reactividad**

Sus reacciones son relativamente limitadas, aunque a veces son temibles. Son personas subjetivas: su mundo personal prácticamente es el único válido. Les gusta dominar y no abandonarán de forma voluntaria el poder o la ventaja que hayan podido adquirir. En lo profundo de sí mismas tienen una gran confianza en su destino, aunque ocultan esta seguridad bajo el aspecto de una falsa humildad. Su imaginación no está del todo a la altura de su inteligencia. Tienden a adueñarse con facilidad de las ideas de los demás. Serán las típicas niñas que, en el colegio, copian de su compañera.

- **Actividad**

Su nivel de actividad no resulta del todo convincente: les falta ese «algo» que hace que se consigan grandes logros. Estas personas deberán tratar de ir hasta el final de las cosas que emprendan. Para ellas, los estudios deben conducir a un fin preciso. Desde la más temprana juventud, habrá que explicarles el porqué de sus esfuerzos. Se sienten atraídas por las nuevas tecnologías, y más concretamente por la electrónica. Pueden llegar a ser reporteras destacables, sobre todo en radio o televisión. Quizá un día en que estén especialmente sinceras terminen por confesar (aunque tampoco hay que hacerles demasiado caso) que lo que de verdad les gustaría ser es detective o espía.

- **Intuición**

Tienen una buena intuición y suelen escogen bien a las personas de su entorno con la intención encubierta de acabar esclavizándolas. Poseen un auténtico poder de seducción, aunque algo artificial y calculado. Tienen un lado casi Mata-Hari. De niñas tendrán tendencia a la glotonería y a engordar.

- **Inteligencia**

Poseen una inteligencia profunda bastante subterránea. Cuentan con un espíritu analítico muy desarrollado. Son observadoras, a veces sin piedad. Tienen muy buena memoria y son curiosas, e incluso no les costaría nada inmiscuirse en los secretos de la vida privada de los demás. Durante la niñez no deberemos promover que desarrollen la indiscreción en todas sus modalidades.

- **Afectividad**

Poseen una afectividad secreta que se mueve con fuertes impulsos intermitentes. Piden ser comprendidas y les gustaría lanzarse a los brazos de las personas que quieren, pero la dualidad de su carácter las frena y bloquea. Son complejas y resultan desconcertantes por su frialdad. Durante la niñez no mantendrán un contacto fácil con los padres, así que habrá que acostumbrarlas desde muy temprano a interpretar un solo papel en vez de dos.

- **Moralidad**

Se caracterizan por una moral basada en la ambición: habrá que convencerlas para que obedezcan a principios rigurosos; de lo contrario, se entregarán a fantasías sociales difíciles de controlar. Son algo superficiales y tienen su propia religión, que pone en juego nociones como oportunismo, esnobismo y, a veces, incluso interés. Asimismo, son relativamente desconfiadas, ya que no siempre saben en qué punto se encuentran exactamente; eso sí, nunca lo dejan entrever.

• **Vitalidad**

Cuando se mueven por el éxito gozan de una salud desbordante. Saben lo que hacer para mantener su equilibrio fisiológico y mental, pues disponen de un doble circuito que les permite encontrar soluciones inmediatas a sus problemas físicos o psíquicos, al igual que el sistema de frenado de algunos coches. Sus puntos débiles son el cuello y sus glándulas. Cuidado con la tiroides.

• **Sensorialidad**

Se trata de otro de sus puntos fuertes. Consiguen turbar a sus parejas, que no saben muy bien con qué tratan: ¿quién se esconde bajo este ser desconcertante cuya fría belleza sorprende e intriga a la vez? Dominan sus sentidos y poseen una dimensión masculina en ciertos aspectos de su personalidad; además, son reservadas y no siempre resultan fáciles de tratar en un principio. Son cambiantes, más por deseo de conservar su independencia y libertad que por frivolidad.

• **Dinamismo**

Se trata de un dinamismo conquistador que sorprende un poco si lo comparamos, como hemos visto, con una actividad a todas luces más modesta. Esto demuestra que estos caracteres no retrocederán ante nada para imponer sus ideas. Quien avisa no es traidor... Tienen mucha suerte y saben aprovecharla. Incluso estarían dispuestas a hacer trampas si fuese necesario. Siempre quieren acabar aquello que han empezado, aunque en algunos momentos dé la impresión de que han olvidado el destino fijado en primera instancia. Se trata de personas que destacan: bellas más allá de la belleza y seductoras más allá de su desprecio calculado.

• **Sociabilidad**

Son muy sociables; cuentan con un sentido sólido de las relaciones públicas y saben presentar y poner en contacto a gente con muy buen tino. Esta sociabilidad «concertada» constituye una excelente herramienta, y siempre sabrán utilizar su «presencia» para salir de una situación comprometida. En el actual juego social de normas más o menos hipócritas les irá igual de bien con hombres que con mujeres. Por tanto, las mujeres llamadas Isabel y demás nombres de mismas características saben tratar a sus invitados con una habilidad y clase infinitas; para ellas, una mesa constituye un auténtico mapa de guerra.

• **Conclusión**

No convendría dar la impresión de que este carácter sólo se mueve por un maquiavelismo feroz. Al contrario, son personas excepcionales de gran potencia, y que a lo largo de su vida no dejarán de suscitar las pasiones más intensas y las más temibles críticas. Pero bueno, en eso consiste la vida... y el éxito.

Iveta (F)

LEMA: *Aquella que canta*

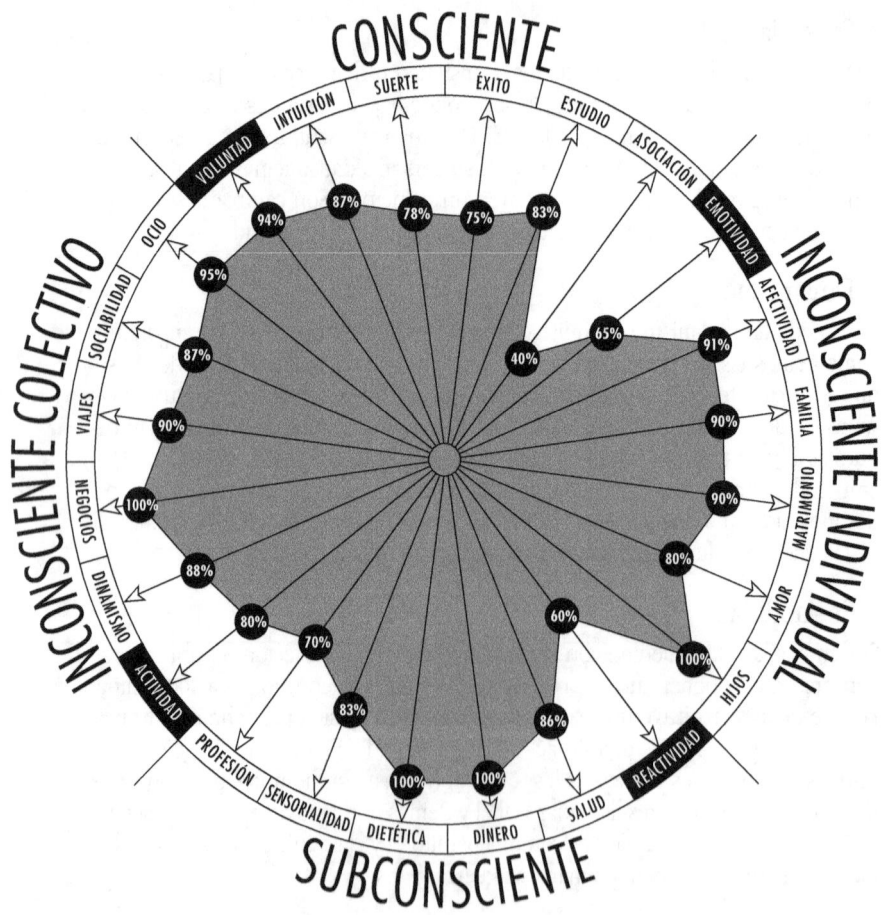

ELEMENTO:	Fuego	ANIMAL:	Cigala
SIGNO:	Leo	MINERAL:	Coral
COLOR:	Azul	VEGETAL:	Cerezo

Iveta

y todos los nombres con características análogas indicados en el índice, incluyendo:

Adela
Adelina
Alina
Alma
Dolores

Jade
Joela
Lola
Lina
Pruna

Rosa
Rosalía
Rosana
Rose
Zoé...

• **Tipo caracterológico**

Se trata de pequeñas y auténticas bombas que nos reservan muchas sorpresas: con ellas nunca se tiene la certeza de si están a punto de explotar o de si van a ponerse a cantar. Poseen una gran emotividad que las hace muy sensibles. También dan muestras de una actividad considerable pero, sobre todo, de una sorprendente rapidez de reacción. Tienen la sensibilidad a flor de piel, son bastantes tiranas y más bien ardientes. Si no quieren que les desborde hay que llevarlas bien de la mano desde muy jóvenes.

• **Psiquismo**

Les cuesta quedarse quietas, tienen que moverse, bailar, cantar. En su interior existe cierta inquietud que las asemeja bastante a la cigala, su animal tótem. Les cuesta encontrar la estabilidad, el equilibrio y suelen exagerar sus histerias para aparentar e impresionar a su público. Son extrovertidas: quieren participar intensamente en la vida de los demás. Son poco influenciables y tienen una gran confianza en sí mismas.

• **Voluntad**

Es fuerte hasta el punto de llegar a ser, ocasionalmente, caprichosa, incluso tiránica. Desde su más tierna juventud deberemos evitar mostrarnos concesivos; por el contrario, convendrá mantenerlas en un medio en el que reinen el equilibrio y la justicia.

• **Emotividad**

En ellas la emotividad es intensa, hasta el punto de que les afecta y las pone terriblemente nerviosas, hasta atormentarlas. Esto explica los arrebatos de alegría súbita sin motivo alguno, seguidos de un abatimiento tan repentino como injustificado.

• **Reactividad**

Está muy presente. La encontramos tanto en relación con su familia, a la que defienden con uñas y dientes, como con su trabajo, en el que no se dejan pisotear. Por ello, es posible que, al discutir con alguna Iveta y demás nombres asociados, se produzcan fricciones, aunque siempre con espíritu deportivo, ya que no muestran una oposición sistemática. Saben ser objetivas y son capaces de entregarse con gran valentía a una causa que valga la pena. Les afectan poco los fracasos.

- **Actividad**

Su nivel de actividad es positivo, sin más, y a menudo manifiesta una vacilación de orientación que convendría rectificar cuanto antes. En general, les interesa más su interior que su profesión. Para ellas, la mejor profesión del mundo es la de ocuparse de una casa, y desde pequeñas darán muestras de su gran apego al hogar. Por tanto, habrá que ayudar a estas pequeñas a convertirse en auténticas amas de casas realizadas, confiándoles tareas importantes y dejando que cocinen; no se arrepentirán. Sus estudios van bastante bien, lo que les encaminará a empleos marcados por un gran contacto con el público: la restauración, el comercio en general, las guarderías, etc. Sin embargo, hay que prestar atención al hecho de que suelen cambiar a menudo de profesión, por lo que hay que organizar bien su vida y mimar de forma especial su orientación profesional.

- **Intuición**

Su intuición se confunde con su sensibilidad, tienen un olfato extraordinario y un encanto poco común, y no tardaremos en ser conscientes de hasta qué punto abusan de él.

- **Inteligencia**

Muestran una inteligencia muy enérgica, llena de fantasía y ocurrentes réplicas. Su inteligencia sintética les permite reunir en un solo paquete todas las líneas dominantes de una situación y comprenderlo todo de un vistazo. Tienen una gran memoria afectiva: recuerdan todo lo que les afecta, lo que les conmueve y les hace reaccionar. Son curiosas e imaginativas hasta el límite.

- **Afectividad**

Debajo de su fachada algo distante se muestran bastante afectuosas y no hay que dejarse embaucar por sus aires fingidamente salvajes. En realidad, se trata de mujeres emotivas y muy sentimentales en ciertos aspectos. No sería aconsejable que estas jóvenes, por pudor o temor a parecer pueriles, acallen la expresión del afecto que deben a sus padres, ya que esto puede dar lugar a una frialdad que no hay que fomentar. Son posesivas sin moderación.

- **Moralidad**

Su moral es exigente en el sentido de que a estos caracteres les afecta tanto su propio comportamiento como el de los demás. Se podría casi decir que tienen moral por los demás o que los fallos de estos les hieren e irritan. Su fe es amplia y equilibrada, sin misticismos delirantes, aunque también sin auténticas dudas.

- **Vitalidad**

En ellas la vitalidad resulta satisfactoria, aunque, si no gozan de una dieta bien equilibrada, pueden ganar peso. Así pues, presentan una buena vitalidad y una gran resistencia. Podrían tener problemas con las glándulas sudoríparas y el aparato urinario, por lo que hay que cuidar los riñones y también todo lo relacionado con el aparato genital. Durante la infancia deben beneficiarse de una higiene de vida organizada, actividades al aire libre y deportes, sobre todo náuticos. Hay que vigilar el consumo abusivo de medicamentos en general y de calmantes o estimulantes en particular.

- **Sensorialidad**

Es potente y precoz: son niñas que deben estar muy bien informadas. Normalmente son fieles y más sentimentales de lo que quieren hacer creer. Sin embargo, su sexualidad no es tan simple y aparecerán tabúes familiares y sociales que complicarán e incluso reprimirán a la persona. En definitiva, presentan una sensualidad problemática.

- **Dinamismo**

Resulta evidente que este dinamismo tendrá la forma de una montaña rusa. Cuando todo va bien se mostrarán como King Kong. Cuando todo va mal serán como pequeños cangrejos que se esconden en el fondo del primer caparazón que encuentran. Su amistad es muy conmovedora, a la vez sólida y posesiva, rozando la religiosidad. Y en este punto debemos recoger de nuevo la firme noción de hogar, que para ellas representa el verdadero centro neurálgico de su vida afectiva.

- **Sociabilidad**

Son sociables, saben y les gusta tener invitados, y son las azafatas ideales. Poseen una capacidad excepcional de adaptación y se sienten cómodas en cualquier parte. Tienen bastante suerte. Resplandecerán cuando estén rodeadas de seres a los que aman y que les aman. Esta alegría de vivir les conducirá a un éxito total, aunque mucho más en el terreno de su propia personalidad que en el ámbito profesional propiamente dicho. Son mujeres muy cariñosas, tan seductoras como su vegetal totémico, el cerezo, en primavera. De acuerdo con la tradición del Extremo Oriente, se trata del árbol de la sabiduría y de la felicidad.

- **Conclusión**

Se trata de pequeñas «cigarras», aunque no se asemejan totalmente al simpático animal de la fábula, ya que dentro de ellas existe una faceta de hormiga que se desarrollará lentamente con el transcurso de los años y que un día las hará cantar por importantes cantidades, ya que, además, ése es su verdadero sueño: cantar.

N.º 51

Ivo (M)

LEMA: *El hombre de la disyuntiva*

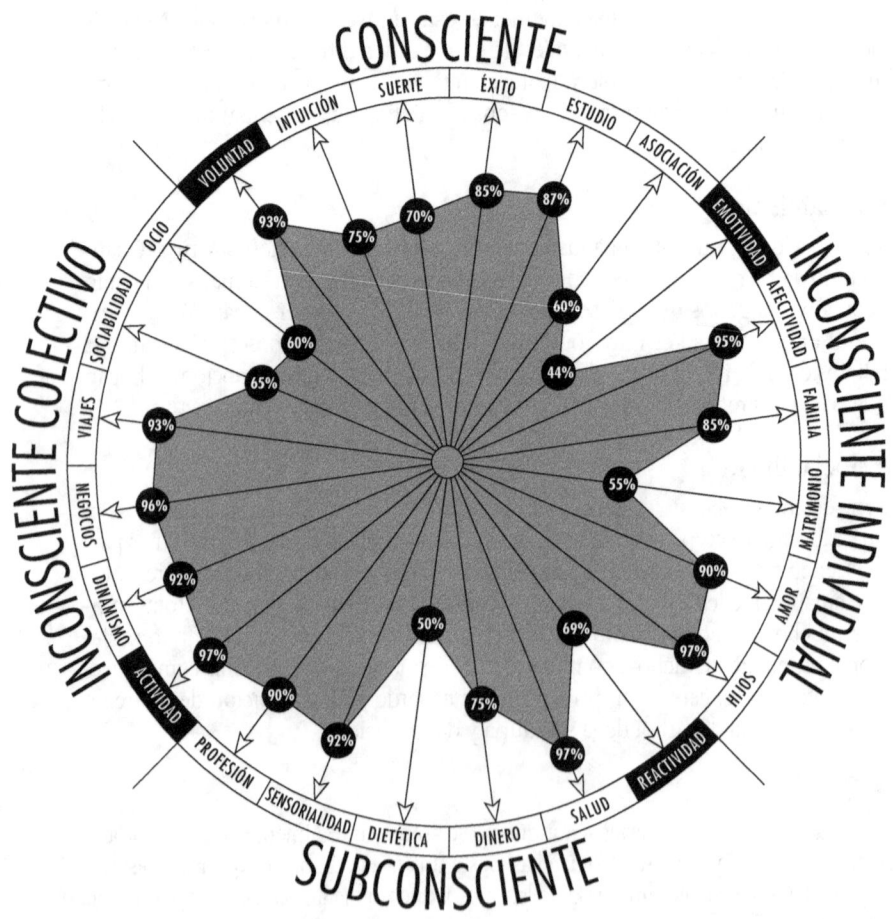

ELEMENTO:	Tierra	ANIMAL:	Mariquita
SIGNO:	Tauro	MINERAL:	Cinc
COLOR:	Naranja	VEGETAL:	Escaramujo

Ivo

y todos los nombres con características análogas indicados en el índice, incluyendo:

Emmanuel	Iván	Manel
Erwin	Ivón	Manuel
Evo	Ivonio	Patricio
Isaías	Lucas	Patrick
Ibán	Lluc	Ulises…

- **Tipo caracterológico**

Puede decirse que son hombres de tipo más bien obstinado, así como iracundos, relativamente emotivos, muy activos y con reacciones repentinas y a menudo atroces. Se asemejan bastante a su vegetal totémico, el escaramujo, con temibles espinas. Sin lugar a dudas se trata de temperamentos explosivos.

- **Psiquismo**

La naturaleza de cada psiquismo se basa en elegir entre todas las posibilidades que se nos proponen. Pues bien, ante el abanico de soluciones que se les presenta, parece que este tipo de carácter se comporte como un cliente exigente e indeciso a la vez, al que le gustaría probarse varias prendas psicológicas antes de decidirse a vivir su vida. Aunque, en fin, quizá este es el drama al que se enfrenta todo hijo de vecino. En cualquier caso, esta situación incómoda e irritante es más perceptible en los Ivos y demás nombres asociados, que hacen gala de un proceder mental que recuerda al de la mariquita, su animal tótem, que titubea a la hora de decidir si debe echar el vuelo o ponerse a andar.

- **Voluntad**

La voluntad es su tarjeta de visita, la llevan escrita en la frente. Se aferran tanto a ella que su vida perdería todo el sabor en caso de sentirse abandonados o perder la confianza en sí mismos. Por tanto, con estos niños se deberá tener el mayor tacto posible, evitando mofarse de su vacilación y ayudándoles con amabilidad y sin ironía.

- **Emotividad**

La emotividad está presente: se emocionan, aunque este sentimiento no procede de un nerviosismo psíquico que les haga perder el contacto con ellos mismos, sino de la atención que despiertan en la opinión del otro, y que les conmociona: «¿Qué pensarán de mí?», «¿Qué impresión doy?».

- **Reactividad**

Resulta obvio que, ante tal grado de incertidumbre, las reacciones sólo pueden ser muy intensas e inmediatas. Se trata del lado «explosivo», a menudo incluso violento, que constituye el aspecto más «impactante» de este tipo de temperamento. Serán acusados de ser agresivos cuando, en realidad, lo único que hacen es obedecer a un profundo sentido de la justicia que les guía y, con frecuencia, les supera.

- **Actividad**

Se trata de su piedra de toque. Se juzgan a sí mismos y a los demás en función del volumen de su actividad. Recuerden esto y aprendan a ayudarles. Son serios en clase, y es indispensable incentivarles, ya que son menos brillantes que otros y desarrollan con facilidad complejos de inferioridad en este ámbito. Asimismo, hay que evitar que estos niños generen un complejo de compensación intentando convertirse en campeones en el terreno deportivo, dejando a un lado los estudios. Son excelentes técnicos, dotados de una gran conciencia profesional. Necesitan desempeñar profesiones activas donde puedan hacer algo con las manos. Así pues, serán buenos agricultores, marineros y comerciantes mayoristas, a pesar de que no les gusta el contacto con la gente ni con la clientela. Son bastante lentos para adaptarse.

- **Intuición**

Se fían muy poco de su intuición, y hacen mal, ya que es bastante buena. Su fuerte masculinidad los lleva a menudo a demostrar una falta de psicología con respecto a las mujeres.

- **Inteligencia**

Su inteligencia no es demasiado rápida, pero sí profunda. Tienen tendencia a dar vueltas a las cosas y les cuesta elegir y decidirse. Su memoria es fiable y su curiosidad mediocre. Suelen ser personas introvertidas que se encierran en sí mismas voluntariamente. Por el contrario, son polemistas e incluso camorristas cuando la discusión llega a un punto muerto. Poseen una gran franqueza intelectual y son capaces de entregarse al máximo cuando creen en algo o en alguien. Quizá les falte algo de confianza en sí mismos, ya que son personas tímidas que no se abren con facilidad. Son escrupulosos.

- **Afectividad**

No se debe desatender a estos niños con la excusa de que se las apañan perfectamente solos. Necesitan amor, pero no un amor abrumador, sino una ternura motivada. Sienten la necesidad de integrarse bien en la familia y quieren conocer las fronteras de su pequeño reino. Necesitan ser amados para comprender las cosas.

- **Moralidad**

Sin duda alguna se trata del nombre que más desea creer en una justicia inmanente. Normalmente les horrorizan las «artimañas» y todas las «concesiones» que hilan la trama de los asuntos humanos. Son muy creyentes y, en determinados casos, rozan el fanatismo, por lo que no hay que desmotivarlos durante la infancia.

Poseen un sentido muy afianzado de la amistad, pudiendo llegar hasta el sacrificio. Asimismo, son muy sensibles al fracaso y testarudos. Tienden a la represión afectiva.

- **Vitalidad**

Gozan de una gran vitalidad y a menudo tienden a abusar de su fuerza comiendo de cualquier modo y a cualquier hora. Hay que tener cuidado con la columna vertebral y los desgarramientos musculares.

- **Sensorialidad**

Están aferrados a la vida: su elección ha sido vivir. Aunque su sensualidad nunca será un objetivo para ellos, sí se verán obligados a exteriorizar su temperamento, sobre todo en la unidad, ya que son fieles sin problemas aunque, desde el punto de vista sexual, son precoces y exigentes, lo que los hace aún más únicos si cabe con respecto a la mujer que hayan elegido. No los decepcionen, podría ser peligroso.

- **Dinamismo**

Se trata de un dinamismo considerable, que acepta, con mucha humildad, acompañar y mantener su gran actividad, una de las características dominantes de este tipo de carácter. Tras la mirada un tanto recelosa y tímida de los Ivos se esconde un gran amor de hombre.

- **Sociabilidad**

Una voluntad de hierro, a menudo dictatorial, una honestidad arisca y una gran moralidad hacen de ellos seres más bien complicados. Casi nunca perdonan una traición: de niños nunca hay que mentirles, ya que se arriesgan a perder todo el prestigio que les conferían y a contrariarles definitivamente. Su sociabilidad es versátil y no les gusta que se les agobie; en ocasiones, sin motivo aparente y a pesar de conocerlos desde hace tiempo, podrán seguir mostrándose fríos de forma inexplicable. Esto no le deberá sorprender, sino que deberá averiguar cómo ha podido hacerle daño y descubrirá que, sin saberlo, ha herido el pequeño mundo secreto de estos hombres susceptibles y sensibles.

- **Conclusión**

Gozan de una suerte intermedia y de un éxito bueno pero tardío. Hay que seguir atentamente a estos niños desde el momento en que eligen su profesión, a fin de asegurarse del fundamento de su elección. En resumen, se trata de seres con cualidades, ricos, fuertes, leales, un poco rudos, pero con un corazón rebosante de amor.

Quizás no resulte fácil convivir con ellos, aunque sí aportan a su entorno y, por consiguiente, a las personas que aman, una seguridad que escasea en este mundo.

Ivona (F)

Lema: *Aquella que pincha*

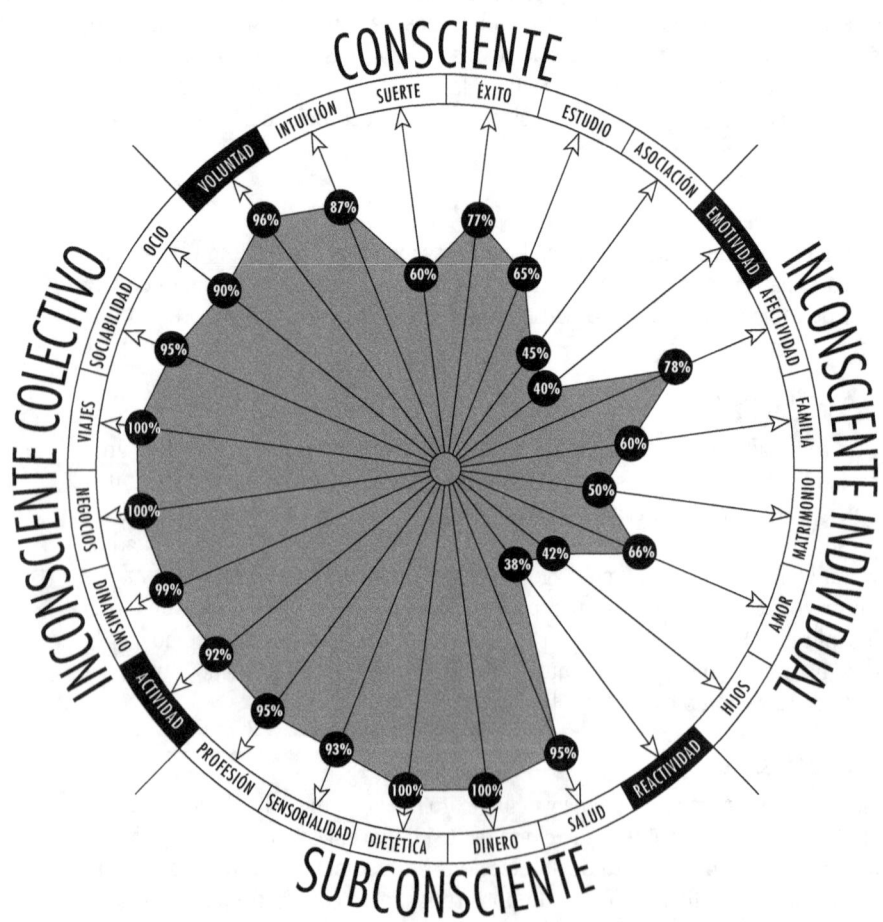

Elemento:	Aire	Animal:	Erizo
Signo:	Libra	Mineral:	Pecblenda
Color:	Azul	Vegetal:	Valeriana

Ivona

y todos los nombres con características análogas indicados en el índice, incluyendo:

Adriana, Belinda, Celina, Edith, Eglantina, Ella, Humbelina, Natacha, Natalia, Nona, Prudencia, Sabina, Sabrina, Valeria, Yasmina...

- **Tipo caracterológico**

Su carácter no es de los más flexibles, algo que no resulta sorprendente al comprobar que su animal tótem es el erizo. Son de temperamento colérico sanguíneo, están dotadas de una emotividad contenida y de una actividad muy valiosa, aunque con reacciones ligeramente suavizadas. Cuando las cosas no ocurren como ellas desean, se repliegan en sí mismas y se encierran formando una bola, en sentido literal y figurado. Son bastante materialistas e interesadas, y necesitan triunfar en la vida para tener pruebas de su eficacia. En consecuencia, son personas a las que les gusta el dinero y los honores.

- **Psiquismo**

Son poco influenciables y, una vez toman una decisión, hacerlas cambiar de opinión demasiado rápido no sólo puede resultar difícil, sino incluso peligroso. Se sentirían en su salsa en uno de esos pequeños principados italianos del Renacimiento, donde se sucedían conspiraciones y complots. Con ello no queremos decir que sean Lucrecia Borgia, sino simplemente que se sentirían a sus anchas en una atmósfera más bien maquiavélica. Son muy acaparadoras, necesitan poseer. Muestran una inquebrantable confianza en sí mismas y una austera confianza en los demás. Son muy subjetivas y sólo confían en su manera de ver las cosas.

- **Voluntad**

De todo lo anterior puede deducirse que están dotadas de una gran voluntad, una voluntad obstinada que se pondrá al servicio de su temible ambición con algún que otro retroceso sorprendente de vez en cuando.

- **Emotividad**

Evidentemente, estas «mujeres-erizo» tan sólo dan muestras de una emotividad bastante discreta que deja entrever un espíritu transparente y lógico, una sangre fría que, en ocasiones, las hace parecer insensibles.

- **Reactividad**

Dan muestras de un sentido muy desarrollado de la oposición: les cuesta mucho aceptar las ideas que no salen de ellas. Les afecta mucho el fracaso, que ven como una ofensa personal, por lo que no sorprende que repriman sus sentimientos. Lleven cuidado con los ajustes de cuentas de estas niñas, que no olvidan nada y se vengan de cualquier injusticia.

- **Actividad**

Su actividad es enorme. Suelen llevar bien sus estudios, aunque debido a la ambición que las caracteriza, ceden rápidamente al deseo de competición y se lanzan a la carrera del título universitario. El problema de la elección de una carrera les preocupa desde muy temprano, ya que, en general, su vida se basa firmemente en la noción de profesión. Su carácter puede llevarles a elegir la profesión de actriz, aunque también pueden dedicarse a la investigación arqueológica o histórica, regentar una tienda de antigüedades o convertirse en conservadoras de museos. No obstante, su sentido innato del juego de las influencias podría llevarles a desempeñar oficios poco habituales, como el de agente de información que, sin necesidad de ser una Mata-Hari, les haría sentirse particularmente útiles. A un nivel menos artificioso, destacan como secretarias de dirección, entregándose de forma exclusiva a su director y con un sentido de la discreción ideal. De forma general, causarán sensación allá donde se requiera una mujer capaz de encargarse de un asunto que exija tacto, prudencia y decisión.

- **Intuición**

Poseen una gran intuición que, con frecuencia, se asocia a su notable desconfianza para presentir las situaciones negativas amenazadoras. Su capacidad de seducción, como ya hemos mencionado, es real y ligeramente inquietante cuando se lleva al límite. Destaca la fuerza de su imaginación y su capacidad para elaborar planes de acción de excepcional complejidad.

- **Inteligencia**

Poseen una buena inteligencia práctica, aunque son introvertidas, es decir, tienen tendencia a aislarse del mundo exterior, como el erizo, esperando a que pase el peligro para a continuación reanudar su camino sin prisa pero sin pausa. No obstante, pobres de aquellos que las hayan asustado si no cuentan con la fuerza ni el valor para resistir a la posterior venganza descubierta u oculta de estos sólidos caracteres.

- **Afectividad**

Utilizan su afectividad para dominar y, además, son muy seductoras, aunque a menudo dan la impresión de que, detrás de esa sonrisa engatusadora, se esconde la idea fija de obtener algo muy preciso. Sin embargo, pueden dar muestras de un cariño sincero y desinteresado, aunque siempre de forma reservada, y sólo para el que haya sabido conquistarlas totalmente. Hay que evitar que en la infancia se rindan al chantaje a través de la ternura y manipulen a sus padres con hábiles artimañas. Deberá vigilarse desde una edad muy temprana su comportamiento social, sobre todo con los amigos, a los que normalmente tratará como esclavos.

- **Moralidad**

Un notable sentido de la moral las conduce al límite de un puritanismo agresivo. Sin embargo, cabe señalar que el problema no es tan simple, puesto que, aunque en materia de comportamiento son perfectamente ortodoxas, utilizan su rigor inflexible como una temible arma. En general son personas profundamente creyentes y conservan de su infancia la imagen de una religión un tanto estricta en sus mandamientos, aunque fascinante por las ceremonias grandiosas.

- **Vitalidad**

Son personas fuertes y normalmente están dotadas de una excelente vitalidad. Saben cómo protegerse psíquica y físicamente, y llegan a organizarse una vida equilibrada sin problemas. Su punto débil es el aparato respiratorio. Hay que evitar a toda costa que fumen.

- **Sensorialidad**

Están dotadas de una gran sensualidad, a menudo ligada a un sentido agudo de la realidad. Saben cómo ser extremadamente delicadas en este aspecto. Se muestran muy exclusivas una vez han encontrado al hombre de su vida, pero para ello deben darse dos condiciones elementales: la primera, descubrirlo; y la segunda, conservarlo, ya que su sentido de la posesión resulta con frecuencia difícil de soportar.

- **Dinamismo**

En ellas, el dinamismo domina sobre la actividad, aunque con este tipo de personas no debemos confundir dinamismo y agresividad. No se trata de personas «rompedoras», sino de personas «que se insinúan», que se toman su tiempo y que siempre consiguen lo que quieren. Podría decirse que son personas de pocos amigos, ya que no les gusta dar a conocer su vida íntima y, además, son de la opinión de que hay pocas personas que merezcan la denominación de amigos. Por tanto, su entorno tan sólo albergará a una selección de familiares.

- **Sociabilidad**

Su sociabilidad es de altos vuelos: saben llevar una casa, recibir invitados y animar conversaciones. Su voluntad es fuerte, su moral estricta y sólo se ocupan de sí mismas, ya que la mayor parte del tiempo saben adónde se dirigen y lo que quieren. En resumen, se trata de mujeres con un carácter un tanto complicado, pero muy interesantes y eficaces.

- **Conclusión**

Se trata de personalidades apasionantes que vale la pena contemplar, mujeres dignas de ser admiradas. No obstante, necesitan a su lado parejas con una dimensión y resistencia excepcionales para poder conservarlas sin que les pinchen. Cabe señalar que su vegetal totémico es la valeriana, la conocida «hierba de los gatos», a los que transporta a una especie de embriaguez. Así pues, ya lo saben, «mininos», tengan cuidado...

N.º 53

Jaime (M)

Lema: *Aquel que lleva la llama*

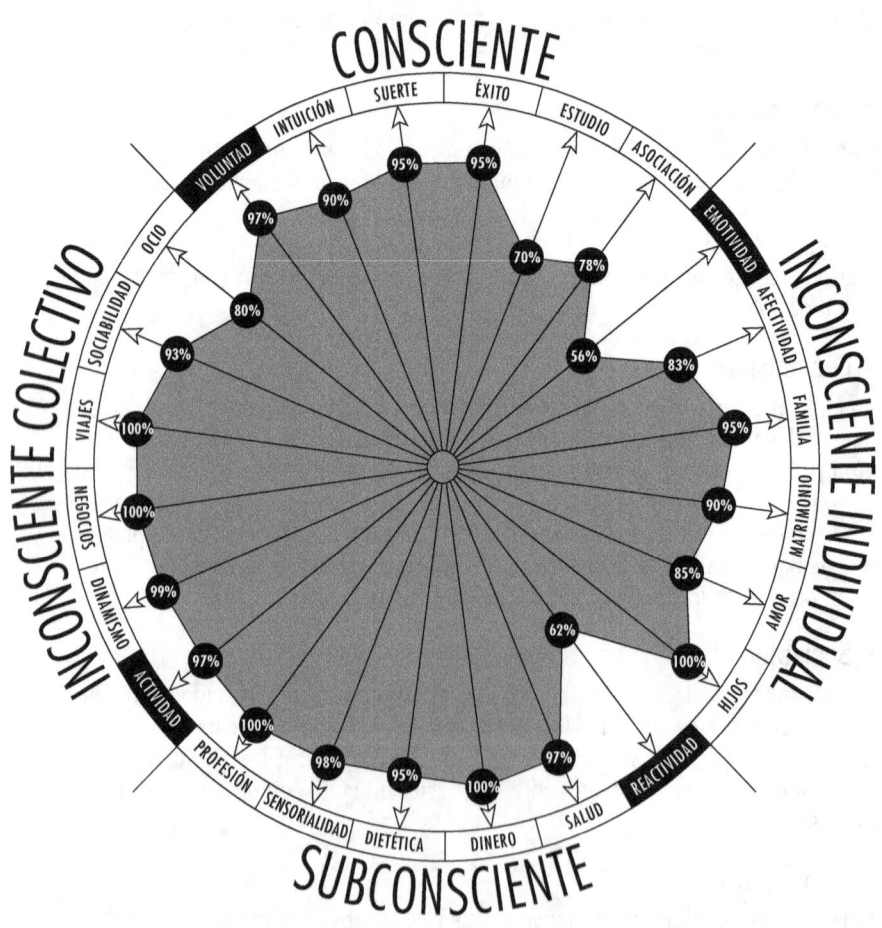

Elemento:	Fuego	Animal:	Ciervo
Signo:	Aries	Mineral:	Carbunclo
Color:	Rojo	Vegetal:	Boj

Jaime

y todos los nombres con características análogas indicados en el índice, incluyendo:

Damián	Jacobo	Omar
Ezequiel	James	Parsifal
Fabricio	Jerónimo	Perceval
Ismael	Jim	Regis
Jack	Karim	Viviano...

• **Tipo caracterológico**

Se trata de nombres con mucha fuerza, apoyados en una potente emotividad, una actividad devoradora y reacciones positivas, que convierten a estos iracundos en personas particularmente eficaces. En ellos existe una innegable nobleza, como también ocurre con su animal tótem, el ciervo. Además, son hombres juiciosos, que intentan evitar que se vuelva a la barbarie. Sin duda, se trata de un carácter difícil, como el de todo aquel que tiene una misión importante. A veces los encontraremos dirigiendo grandes movimientos humanitarios; otras, aplastados por su carácter colérico, tras haber perdido el contacto con la realidad.

• **Psiquismo**

Son extrovertidos; para ellos, lo que cuenta es el mundo externo y el modo en que pueden participar en el mismo. Por tanto, son hombres de guerra, que a veces incluso buscarán el enfrentamiento. Es muy difícil influir en ellos directamente, aunque sí son bastante influenciables de una forma indirecta; es decir, que tras haber topado con alguien de frente, es posible que vuelvan a pensar en los argumentos de la otra persona y acaben decidiéndose por ellos en secreto.

• **Voluntad**

Tienen una voluntad muy fuerte: puede decirse que, cuando algo se les mete en la cabeza, resulta difícil hacerlos cambiar de idea. Elaboran cuidadosamente sus planes de batalla, pero nunca descartan improvisar.

• **Emotividad**

En ellos, la emotividad es importante pero sin constituir un obstáculo. La intensidad de sus emociones les permitirá matizar sus discursos con una pasión convincente. Por ello, son auténticos conductores de ideas y personas. Uno puede discutir con ellos y criticarlos; poco importa, ya que ellos saben perfectamente que, tarde o temprano, se los necesitará.

• **Reactividad**

Son polemistas natos: la oposición forma parte de su sistema filosófico; protestar es reafirmarse y obligar a los demás a descubrirse y defenderse, algo que suscita mil posibilidades. El fracaso, en vez de abatirlos, les azota y dobla su eficacia.

- **Actividad**

Desbordan de actividad; viéndolos parece que, cuanto más actúan, más se agitan y más tranquilos y cómodos están. Son auténticas fieras del trabajo. Después de lo dicho, resulta evidente que no serán alumnos o estudiantes fáciles; a menudo, se tratará de agitadores bastante violentos. Cuando se obstinan con un tema o desean conseguir un diploma a toda costa, saben poner todo su empeño y mover cielo y tierra. No siempre resulta sencillo orientarles en la elección de una profesión: suelen tener ideas inamovibles sobre lo que quieren hacer y no soportan bien los consejos, ya que están convencidos de poder desenvolverse bien en cualquier circunstancia de la vida. Normalmente tienen espíritu autodidacta, así que resulta difícil mencionar qué profesiones les convienen más. En general, digamos que les gustan las profesiones en las que ocurran cosas: político, aviador, cantante, periodista de radio o televisión, representante, deportista y quién sabe qué más. Aborrecen todo lo que se asemeje a un cuartel, a una restricción de su preciada libertad. Por el contrario, cuentan con una fantástica capacidad de adaptación, lo que constituye uno de sus principales logros.

- **Intuición**

Poseen una intuición enérgica en la que, a veces, tienden a confiar demasiado, algo que puede provocar que se hagan los inspirados o iluminados. Su poder de seducción es destacable, y tienen una forma de convencer a los demás que encuentra pocas resistencias. Su imaginación es fértil.

- **Inteligencia**

Su inteligencia es rápida, incisiva e incluso punzante, y poseen la capacidad de otorgar a cosas y personas la dimensión que les corresponde; esta inteligencia es sintética y traza a grandes rasgos las líneas maestras de cada situación, algo que les permite tomar las decisiones necesarias de forma inmediata. Tienen buena memoria y una curiosidad intensa: desean comprender para poder intervenir.

- **Afectividad**

Son posesivos, ya no por ser propietarios de cosas y personas, sino por tenerlas a su disposición y utilizarlas eventualmente como peones o moneda de cambio; en efecto, desde muy jóvenes se comprobará que son obstinados y están dispuestos a muchas cosas para alcanzar el objetivo que se han fijado. Los padres deberán evitar promover estas actitudes tan autoritarias.

- **Moralidad**

Les gusta adoptar un lenguaje moralizador cuando emprenden un proyecto social o humanitario. No son nada chanchulleros, y en general aborrecen todo aquello que no sea claro y limpio. Sienten verdadera estima por la amistad, aunque a menudo confunden amigos con adeptos. Están dispuestos a entregarse y darse a una causa, pero siempre que los demás también lo hagan. Si los demás muestran el mismo entusiasmo y fervor, serán amigos; si, por desgracia, alguno de ellos se sale de la senda correcta, será excomulgado sin piedad.

- **Vitalidad**

Son auténticas fuerzas de la naturaleza, con una agresividad que a veces conllevará accidentes: no destacan por su prudencia. Como conductores son de los que reaccionan mal cuando se les adelanta, una actitud que también mostrarán, en sentido figurado, en el plano de las ideas. En especial, deben tener cuidado con los estimulantes: alcohol, café y drogas diversas. A pesar de la vida tan agitada que llevan, necesitan sus horas de sueño; por ello, habrá que acostumbrarlos, durante la juventud, a llevar una vida pautada y deportiva. Sus puntos de mayor sensibilidad son el sistema nervioso, el hígado y la vista.

- **Sensorialidad**

Este tipo de carácter no se detiene en los detalles, y su sensualidad, a pesar de gozar de buena presencia, hará que adopten soluciones bastante directas, por no decir bruscas: cuando quieren algo, se limitan a cogerlo. Normalmente, su sexualidad es muy intensa, algo que les planteará problemas desde muy pronto, pero no sólo a ellos, sino también a sus padres. Sienten la necesidad de conquistar, tanto en el ámbito sensual como en el sentimental, y esto les expondrá a numerosos problemas si no lo controlan.

- **Dinamismo**

Son géiseres con erupciones casi siempre inesperadas, que harán que cunda el pánico en el entorno familiar o socioprofesional. A pesar de su poca objetividad, la mayoría de las veces consiguen tener una perspectiva lo bastante lúcida como para no cometer errores muy graves. Cuando, por el contrario, están ciegos por el orgullo, asistimos a un despliegue de medidas tiránicas que los aislarán de forma muy negativa. Lo normal es que confíen en sí mismos de forma absoluta y se esfuercen por impresionar a su pareja con una habilidad diabólica.

- **Sociabilidad**

Así pues, se trata de personas inquietas, a veces difíciles de soportar, pero capaces de mover cielo y tierra, y, si es necesario, hasta el infierno. Son muy sociables y, como normalmente son bondadosos, suelen abrir la puerta a todo aquel que toca; ahora bien, eso no les dispensará, llegado el momento, de hacer entender que la visita ha durado demasiado. Poseen una voluntad explosiva, una moral acorde con sus principios y unos principios acordes con los acontecimientos. Les gusta la familia y necesitan un hogar que les sirva de trampolín para nuevas aventuras. Lo normal es que gocen de una suerte insolente y de un éxito sorprendente y rápido.

- **Conclusión**

Son «hijos del trueno», molestos pero apasionados, tiránicos pero inteligentes, seductores y peligrosos. Tienden bastante al totalitarismo (en el buen sentido de la palabra): dejarán huella a su paso y difícilmente se les perdonará su éxito; aunque, a fin de cuentas, para ellos los enemigos son un fantástico estimulante.

Jaquelina (F)

Lema: *Aquella que toma y se adueña*

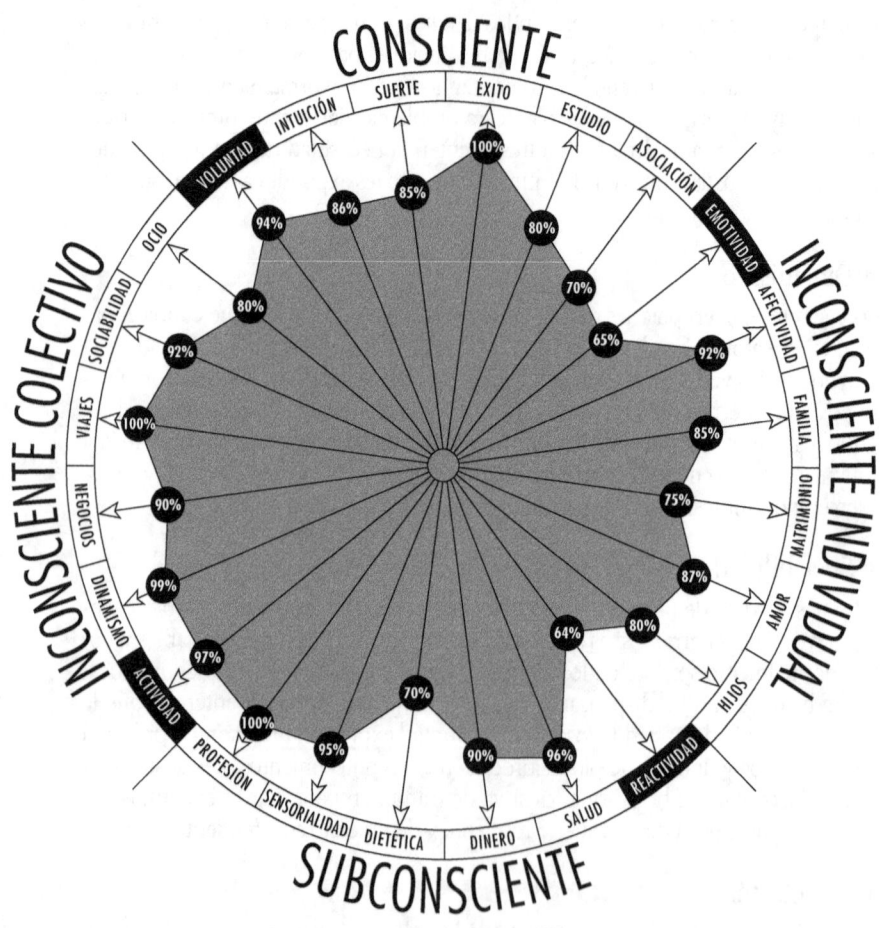

Elemento:	Fuego	Animal:	Urraca
Signo:	Aries	Mineral:	Estaño
Color:	Azul	Vegetal:	Rosal

Jaquelina

y todos los nombres con características análogas indicados en el índice, incluyendo:

Adelaida	Imma	Jacobina
Batilda	Irma	Jaquemina
Cintia	Irmelina	Jamie
Giacomina	Jackie	Jordana
Imelda	Jacqueline	Mabel...

- **Tipo caracterológico**

Se trata de una personalidad difícil de manejar en todas las épocas de su vida. Podríamos comparar este tipo de carácter al rosal, su planta totémica: son a la vez flor y espinas. Son muy emotivas y activas, y hacen gala de unas reacciones tan repentinas que, a menudo, resultan inquietantes. Durante la infancia serán niñas que lo quieren tocar todo y apoderarse de todo. Lo malo es que, cuando no consigan aquello que quieren, y rápido, la ira y el drama se apoderará de ellas. Los padres deberán adoptar medidas en cuanto puedan, desde el primer biberón; de lo contrario, la familia se convertirá en un infierno.

- **Psiquismo**

Son extrovertidas y muy realistas, se abren con facilidad, necesitan tener contactos y saben cómo conseguirlos. Desde muy jóvenes, llevarán al novio a casa, lo esclavizarán y hará sin complejos el papel de ama de casa. Al igual que la urraca, su animal tótem, son charlatanas, curiosas y acaparadoras.

- **Voluntad**

Su voluntad es fuerte, aunque a menudo reacciona por impulsos. Se trata de una voluntad puesta al servicio de un objetivo; si este desaparece, su estructura se verá afectada. Por tanto, no hay que permitir que vivan en función de sus caprichos, sino imponerles una auténtica disciplina.

- **Emotividad**

Poseen una emotividad temible, ya que se apoya en una reactividad del mismo nivel. En el diagrama de carácter que acompaña este análisis veremos hasta qué punto son expresivos, por no decir abrumadores, los cuatro índices directores.

- **Reactividad**

Todo se encuentra al servicio de esta devastadora reactividad: la voluntad, la emotividad y la actividad; todo se conjuga para convertir a estas personas en auténticas «pasionarias», aunque, como es evidente, a diferentes niveles. No se les puede pedir que sean objetivas ni que lo abandonen todo por un ideal; si bien es cierto que tendrán ideales, se las arreglarán para que encajen con su éxito profesional.

Así pues, puede preverse que serán acaparadoras y tendrán tendencia a adueñarse de todo lo que les rodea. Deberemos luchar contra este afán de posesión y enseñarles en qué consiste la generosidad y la amabilidad.

- **Actividad**

Posee una intensidad feroz. Les gusta estudiar para conseguir un objetivo concreto. Para ellas, el «instituto» no quiere decir nada, tan sólo constituye un paso indispensable para llegar a un fin y convertirse en política, abogada o directora, por ejemplo. Aquí reside la gran complicación planteada por este tipo de carácter: la profesión. Las mujeres con estos nombres no se realizan de verdad si no consiguen triunfar en el ámbito profesional. Si sienten pasión por el trabajo que realizan, sin importar demasiado cuál, tendrán una vida maravillosa. Sueñan con dominar a los hombres, hacerlo mejor que ellos y conseguir que las traten como a un jefe o un igual, nunca como a una mujer. Si a todo esto añadimos un público, estarán doblemente felices y se convertirán, como ya hemos mencionado, en periodistas, abogadas, actrices y, sobre todo, políticas; es decir, un poco todo lo anterior a la vez. Hay que vigilar bien a estas niñas para guiarlas con discreción cuando tomen esta decisión, a menudo precoz.

- **Intuición**

Son mujeres fuertes y con reacciones intensas, pero también muy emotivas. Poseen una excelente intuición que saben utilizar muy bien, y se sirven de su gran olfato para saber lo que los demás piensan de ellas.

- **Inteligencia**

Son mujeres inteligentes y deben de ser descendientes del célebre Maquiavelo, ya que disponen de un arsenal de trucos y astucias prácticamente inagotable. Saben aprovechar todas las ocasiones, y su inteligencia, de tipo analítico, no deja escapar nada. Son espirituales, cáusticas y mordaces, y no suelen hacer concesiones. Les gusta provocar y saben utilizar a los hombres con una astucia diabólica. En algunos casos serán rompehogares con título oficial.

- **Afectividad**

Hemos visto que son muy posesivas, y a esto hay que añadir su gran atractivo. Su buena intuición las pone en seguida en sintonía con las situaciones que se les presentan. Si alguien se muestra afectuoso, ellas también lo serán, y seguirán con este juego hasta que, sin razón aparente, decidan cambiar de rumbo. Esto será así sin importar la edad que tengan. Se basan en el desconcierto para ir ganando siempre la partida, aun a riesgo de terminar perdiendo... o perdiéndose.

- **Moralidad**

Este aspecto deberá vigilarse de forma particular mientras sean niñas, ya que no escatimarán medios para conseguir lo que quieran. No hay que pasarles ni una, ni permitir nada que pueda tentar a estas pequeñas «urracas». A menudo adoptan la moral del hombre al que aman, y a veces tienden a hacer caso omiso de las fuentes de ingresos de la pareja, con tal de poder llevar una vida espectacular. Creen fundamentalmente en ellas mismas. Las religiones les parecen lejanas y llenas de obstáculos para la vida; sin embargo, no sería malo que se beneficiasen, durante la adolescencia, de cierta protección.

- **Vitalidad**

Con ellas está muy claro: si les va bien, gozan de una salud de hierro; si se aburren en la vida, tendrán todos los males del mundo. Y lo demás son cuentos chinos. Su punto débil son las manos y el corazón, en sentido tanto literal como figurado. Además, tienen un lado de «vampiresas» y se alimentan de la vitalidad de aquellos que las rodean, a los que terminan sometiendo.

- **Sensorialidad**

Del mismo modo que nadie puede amansar un volcán, resulta imposible impedir que estos adorables seres lleven su vida sin tapujos, haciendo caso omiso del «qué dirán» y riéndose del mundo. Son coquetas de nacimiento, y la pubertad tan sólo añadirá un arma más a su poder de seducción natural. Desde la más tierna infancia, estas niñas estarán polarizadas y utilizarán sus encantos. Es necesario informarles lo máximo posible sobre los problemas sexuales.

- **Dinamismo**

No es que sean dinámicas, es que son el dinamismo personificado. Nada se les resiste; o, mejor dicho, pocas cosas y personas pueden resistírseles. Tienen suerte, la usan, abusan de ella y, si es necesario, hacen trampa; pero eso sí, siempre triunfan. ¿Y qué hay del marido? Pues, si al menos es banquero o empresario industrial, puede que la cosa marche... bueno, si no hay más remedio.

- **Sociabilidad**

Son tan sociables que a menudo convierten la visita más insignificante en una reunión oficial. Nos dejarán pasmados con su vitalidad, su empuje y su capacidad argumentativa, por no decir de maquinación; es en estos casos cuando emerge su lado maquiavélico. Tienen un gran sentido de la amistad, aunque de una amistad algo borrascosa, tiránica pero leal. Sueñan con estar rodeadas de varones. Les encanta hacer vida en la calle. Son mujeres de «barricada», valientes, que nunca se hunden con un fracaso. Cuando consiguen construir con armonía su personalidad resultan sorprendentes, aunque nada fáciles.

- **Conclusión**

Recordemos la naturaleza del animal tótem de estos caracteres: la urraca (y no la «arpía», como dirán las malas lenguas); como esta, son buenas «ladronas», pero matizando: que nadie deje a su prometido o marido al alcance de estos extraños pájaros, ya que los arrastrará hasta su nido a golpes de ala. Y los presidentes de grandes empresas que las escojan como estrechas colaboradoras no deberán sorprenderse cuando se vean, unos meses después, abriéndoles respetuosamente la puerta en posición de firme.

259

Jorge (M)

LEMA: *Aquel que tiene la palabra*

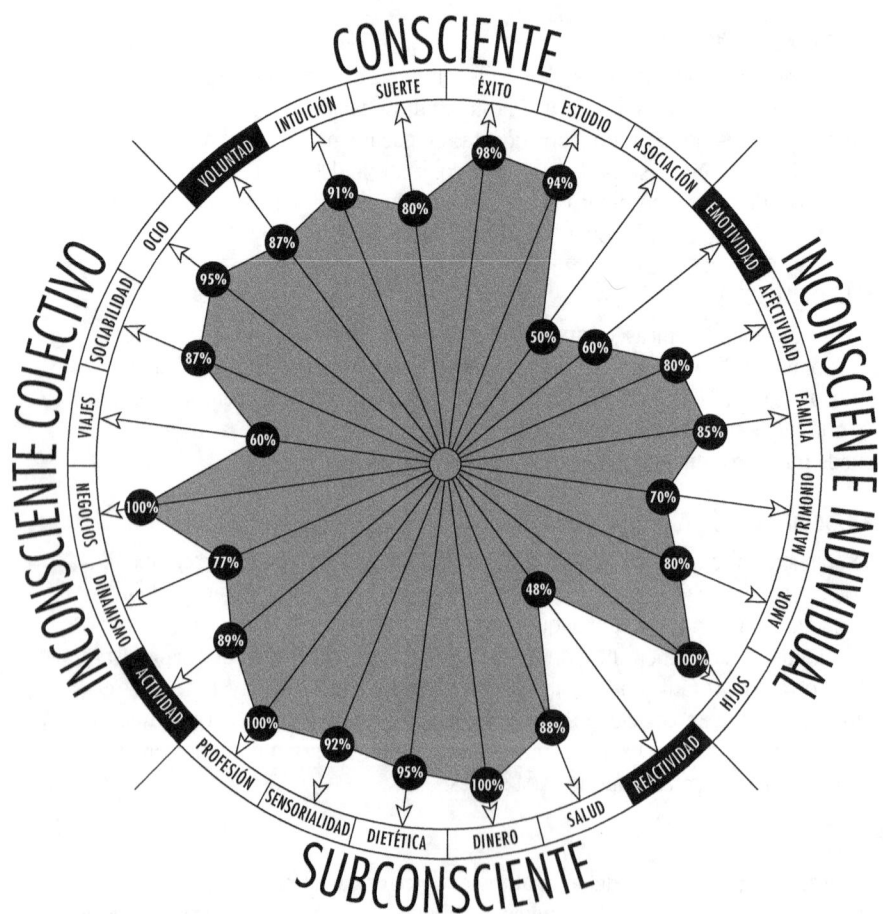

ELEMENTO: Fuego
SIGNO: Aries
COLOR: Amarillo

ANIMAL: Bisonte
MINERAL: Uranio
VEGETAL: Olivo

Jorge

Arsenio, Giorgio, Jordi, Barry, Igor, Joris

y todos los nombres con características análogas indicados en el índice, incluyendo: Eloy, Jeff, Killian, Geoffrey, Jeffrey, Mehdi, Geoffroy, Jordan, Yuri...

- **Tipo caracterológico**

El primer problema al que se verán enfrentados es el de su gran emotividad. Cuentan con una actividad más bien relativa y, a menudo, el análisis parece suplantar a la acción. Desde muy pequeños habrá que explicarles a estos sentimentales que no se trata de saber si se ama o no a las personas y las cosas, sino de ponerse manos a la obra. Reaccionan de forma algo retardada, así que podrá comprenderse que, pasada la emoción, les cueste encontrar la energía necesaria para librar la batalla de la vida. Desde el punto de vista mental presentan algunas analogías con el bisonte, su animal tótem. En efecto, al igual que este animal, que tiene la cabeza grande en comparación con el cuerpo, se caracterizan por una inteligencia muy desarrollada en un cuerpo que no sigue sus pasos, por un espíritu enérgico dentro de un cuerpo más bien inactivo.

- **Psiquismo**

Son hombres guerreros, aunque con la particularidad de que libran su combate a un nivel interior, y fundamentalmente consigo mismos. En ellos la guerra y la paz están en constante oposición: el olivo, su árbol totémico, y el bisonte, el milenario dios de las llanuras norteamericanas. No es de extrañar que queden exhaustos por esta batalla y se enfrenten a la vida como si acabasen de salir de un cuadrilátero, casi totalmente K.O. Por tanto, el problema principal consistirá en llevar a estos jóvenes a la realidad y reducir su tendencia a la autodestrucción.

- **Voluntad**

Si bien es cierto que tienen fuerza de voluntad y, en este sentido, el diagrama de carácter da fe de un nivel considerable, en este caso se trata de una voluntad «minada», con perdón de la expresión, por una emotividad que la transforma en una lucha interminable entre lo real y lo imaginario, entre lo vivido y lo posible.

- **Emotividad**

A pesar de lo dicho hasta ahora, esta emotividad presenta un lado positivo, ya que les confiere una sensibilidad y una delicadeza de carácter muy destacable. Además, unida a su intuición omnipresente, los convertirá en personas inquietas e insatisfechas, a las que les costará encontrar un equilibrio.

- **Reactividad**

Aunque esta capacidad de reacción sea «secundaria» o «retardada», no debemos concluir que sean incapaces de reaccionar; muy al contrario, dicho retraso parece incrementar la violencia de sus sentimientos de oposición o agresividad. Una explicación a fondo de esta conducta resultaría muy difícil de abordar aquí. Se trata, de alguna manera, de una red de contradicciones donde voluntad y moral se conjugan en la trama de un constante tumulto interior, algo que no les impide ser hombres de gran valor cuyo mensaje no nos dejará indiferentes.

- **Actividad**

Se trata, precisamente, de «tener la palabra». Y, para ellos, todo pasa por el enunciado de una adopción de principios. Lo malo es que no suelen pasar de esos principios. Se caracterizan por cierto ímpetu a la hora de estudiar, por un ansia irracional de tener títulos. Decidirán su profesión más en función de las circunstancias que mediante una elección voluntaria, aunque tarde o temprano surgirá la tentación de la vocación. A menudo, el oficio ronronea débilmente pero ellos no saben escucharlo, y acaban siendo funcionarios o trabajadores de la industria. Cuando pueden desprenderse de su inercia, serán buenos psicólogos, abogados, parlamentarios e incluso religiosos. En este ámbito, de nuevo, la palabra desempeñará un papel de gran eficacia. También serán buenos periodistas, profesores y comerciales, así como políticos con cierta tendencia a la verborrea.

- **Intuición**

En ellos, más que simple intuición, existe casi una percepción inmediata y «mágica» de las cosas y las personas. Su capacidad de seducción, algo turbia, es resultado de su espíritu tumultuoso. Son los últimos románticos, capaces de vivir el sufrimiento del joven Werther y dispuestos a pegarse un tiro en la cabeza.

- **Inteligencia**

Su inteligencia, tanto sintética como analítica, hace que comprendan de forma simultánea las causas y los efectos, los detalles y las generalidades de lo que ocurre. El problema (sí, lo hay) es que esta brillante inteligencia a menudo hace que tomen a los demás por imbéciles y los traten con cierta condescendencia.

- **Afectividad**

Su afectividad deriva de todo lo anterior. Necesitan tanto amor para dar ellos un poco, tanto sufrimiento para hablar de paz y tanta valentía para no mostrarse cobardes ante la vida, que será necesario que los rodeemos y comprendamos, que los queramos más allá de lo que son, allí donde comienza su verdadero sacrificio.

- **Moralidad**

En ellos existe cierto escepticismo en la moral y en las creencias. Están dispuestos a aceptar la necesidad de la moral, pero prefieren que se aplique directamente en vez de estar todo el día hablando de ella y llenando la cabeza a los demás con venturosas máximas. Su modo de creer oscila entre el éxtasis y la humillación inconfesada de Pascal, y la abyección de Dostoyevski; todo esto cabe en ellos. A menudo creen que en el mundo no existe más que la tristeza de no ser santo; en otros momentos, se estremecen ante el nacimiento de deseos ocultos. Para ellos la amistad será a menudo una llamada de socorro y una tabla de salvación. Su hogar también se resentirá de estas dos tendencias casi forzosas pero siempre obsesivas: huir o participar, este es el angustioso dilema que deberán tratar de resolver.

• **Vitalidad**

No poseen una vitalidad demasiado convincente, y a menudo los veremos en situaciones de ligera depresión. Obviamente, esto no siempre es así. También sufrirán con frecuencia afecciones de poca importancia relacionadas sobre todo con la cabeza (tienen las cuerdas vocales frágiles), y derivadas casi siempre de unos hábitos alimentarios negativos. Necesitan dormir mucho y estar en contacto con el aire libre. Deben tener cuidado con el abuso de medicamentos.

• **Sensorialidad**

Cuentan con una sensorialidad intensa pero mal aceptada. Una especie de pudor mal comprendido los bloquea durante la juventud, de forma que en la madurez se harán muchos reproches por cosas que no hicieron.

En cuanto al sexo, se ve complicado por las prohibiciones e impotencias derivadas de su represión, así como por las pulsiones irresistibles que les suscitará su mente. A veces, un especialista deberá controlar la compleja máquina psicológica de estas personas durante la pubertad, que originará aún más confusión.

• **Dinamismo**

En el diagrama podemos ver un dinamismo claramente en retroceso. Nunca estaremos seguros de si la persona cree realmente en lo que hace, y más de una vez tendremos la ocasión de preguntarnos si pasan a la acción por convicción, por sentido del deber o por temor a ser francos y negarse a participar.

• **Sociabilidad**

Su sociabilidad alcanza un nivel considerable, pero resulta desconcertante por el modo en que se expresa; en algunos momentos no pueden estar solos, mientras que, en otros, hasta Siberia les parecerá demasiado poblada. Tienen un carácter bastante difícil. Desde luego, no destacan por la constancia de su estado de ánimo. Están dispuestos a decir no a todo y a todos. Son subjetivos y sólo miran por ellos mismos. Son egoístas, tímidos y agresivos. En principio desean estar a buenas con todo el mundo, pero deben ser conscientes de que, para conseguir esto, deben entregarse a los demás, luchar por ellos y participar de sus problemas.

• **Conclusión**

Se trata de personajes muy extraños: capaces de ser brillantes y muy elocuentes, e incluso autoritarios, para de pronto, sin transición alguna, dudar de todo, vacilar y huir. A veces consiguen convencer a sus interlocutores y suscitan entusiasmo, pero luego desaparecen entre bambalinas.

N.º 56

José (M)

LEMA: *Aquel que se proyecta*

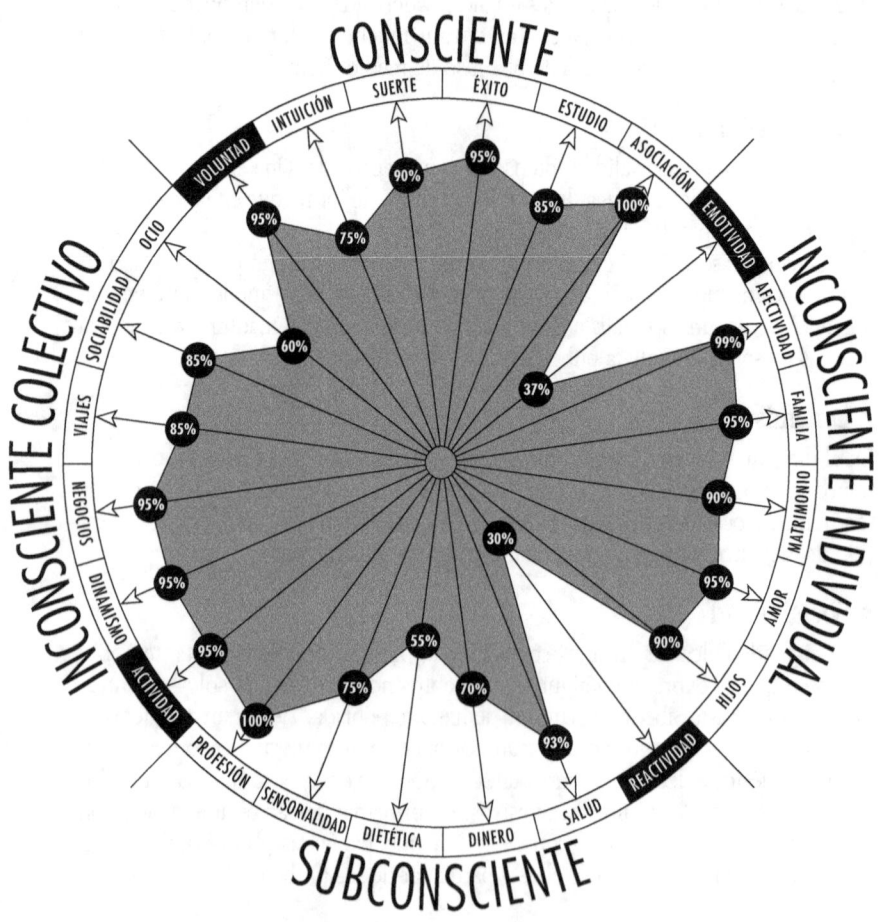

ELEMENTO:	Fuego	ANIMAL:	Tórtola
SIGNO:	Sagitario	MINERAL:	Antimonio
COLOR:	Rojo	VEGETAL:	Castaño

José

y todos los nombres con características análogas indicados en el índice, incluyendo:

Alcides	Joe	Sammy
Edwin	Joseph	Samuel
Isaac	Konan	Saúl
Jason	Mortimer	Werner
Jesús	Sam	Youssef…

• Tipo caracterológico

Aquellos que llevan estos nombres, y particularmente los Josés, son hombres que vienen de un punto concreto y se dirigen a otro bien definido. Podríamos decir, haciendo uso de la terminología de la geometría, que son vectores orientados. Saben lo que quieren, aunque el resto de gente no sepa qué están haciendo, de forma que este tipo de carácter es uno de los más misteriosos que existen. Son hombres de renuncia, llenos de cualidades a menudo destacables, que saben dominar su personalidad para ponerse al servicio de una causa o una colectividad. Cuentan con un carácter equilibrado, y, oyéndolos y viéndolos vivir, uno tiene la impresión de que llevan en sí un mensaje, igual que su animal tótem, la tórtola, que se dirige al arca anunciando el fin del diluvio y la llegada de la primavera.

• Psiquismo

En este ámbito resulta difícil determinar si son introvertidos o extrovertidos, es decir, si predomina su vida interior o el contacto con el mundo es más importante para ellos. Su vegetal tótem es el castaño, así que no costará entender que, en ellos también, el fruto secreto se esconde bajo una corteza espinosa, que hay que golpear con fuerza para poder abrir.

Son poco influenciables debido a la gran seguridad que depositan en su misión. Además, son discretos, porque poseen una fuerza que les domina al tiempo que les condiciona.

• Voluntad

En ellos la voluntad está a la altura de su misión. Es intensa, pero sólo se manifiesta cuando es totalmente necesario. El diagrama de carácter nos da una imagen muy elocuente de estos seres que se realizan en la acción y rebosan de pudor en sus reacciones.

• Emotividad

Nunca sale de sus límites ni provoca un inflamiento de la reactividad. Se trata de una emotividad viril y segura de sí misma. Está al servicio de un carácter y no de una pasión… algo que, desde luego, no abunda hoy en día.

- **Reactividad**

Esta reactividad, que constituye todo un modelo en su género, nunca se expresará a través de la ira o las palabras hirientes. Son objetivos hasta el punto de perder la noción de sí mismos. Son capaces de entregarse en cuerpo y alma a una causa, pero sin fanatismo, y su confianza en sí mismos parece fe.

- **Actividad**

Se trata de una actividad cuya plenitud garantiza una irradiación ejemplar. Influyen mucho a los demás con sus acciones y palabras. Normalmente son alumnos y estudiantes serios, y no cabe dar demasiados consejos a los padres en relación con la educación de estos niños, ya que ellos mismos parecen haber asumido la responsabilidad de su destino. En ocasiones nos preguntaremos si debemos guiarlos o acompañarlos. En cualquier caso, decidirán muy pronto la profesión a la que quieren dedicarse, y estarán allí donde se necesite un hombre competente y desinteresado. Resulta difícil proporcionar una lista de las profesiones que podrían abordar, ya que en ellos resultará necesariamente limitativo: podrán dirigir un hogar para niños, sacar su lado filántropo si tienen dinero y entregarse totalmente si son simples empleados. Ahora bien, para ellos, la importancia de la profesión no se mide según su nivel de elevación social, sino por su «rentabilidad humanitaria». Serán afanosos abogados, jueces íntegros y valientes sindicalistas, y también activos comerciantes y apreciados artesanos.

- **Intuición**

Prácticamente no necesitan su intuición, ya que saben adónde se dirigen y esto es lo único que importa. Su capacidad de seducción es discreta, aunque también resulta sobrecogedora, y cuentan con una imaginación bien disciplinada.

- **Inteligencia**

Poseen una inteligencia profunda y muy difícil de analizar. No basta con decir que es sintética, aunque sí es cierto que sobrevuela los acontecimientos permitiéndoles obtener una perspectiva global de las personas y las cosas. Están dotados de una gran memoria, tanto afectiva como relativa a los hechos. Su curiosidad es débil: uno tiene la impresión de que rechazan de forma voluntaria aprender más que aquello que les ha sido permitido.

- **Afectividad**

Resulta difícil definir la afectividad de un hombre que, más allá de todo egoísmo, intenta proporcionar amor a todos aquellos que le rodean. Sus afectos no son posesivos, y nunca tratan de hacerse valer; sin embargo, su presencia resulta excepcional. Por supuesto, todas las personas con estos nombres no son similares, aunque sí puede afirmarse que todos estarán vinculados a estas tendencias profundas en el plano caracterológico. Los padres no deberán bloquear el psiquismo de estas personas durante la infancia tratando de convertirlos en chavales más brillantes de lo que deben ser, ya que tal como están resultan muy eficaces, y esto es lo esencial.

• Moralidad

Uno casi tiene la tentación de decir que nos encontramos ante un sentido de la moral de los que ya no existen: sin invadir el libre albedrío del prójimo, sin tratar de mostrarse nunca como ejemplo, consiguen seducir y arrastrar a los demás consigo. Se trata más de una moral de fe que de sociedad. Son categóricos en materia de creencias, pero sin llegar a ser sectarios; ahora bien, ya sea en el plano profesional o en el personal, necesitan creer para actuar.

• Vitalidad

Se trata de la vitalidad que necesitan estas fuerzas de la naturaleza que siguen «transcurriendo» pase lo que pase. En general gozan de una salud excelente, ya que han decidido de forma definitiva que, cuando hay algo que hacer, no hay tiempo para ponerse enfermo. Resisten muy bien al cansancio, y a veces tendrán problemas con la vesícula biliar. Necesitan caminar y estar en contacto con el aire libre; son viajeros infatigables, y su punto débil es el aparato respiratorio.

• Sensorialidad

Es una sensorialidad discreta y, en general, este tipo de carácter nunca se deja subyugar por sus impulsos, necesidades y tentaciones. Normalmente, tomada esa determinación, los Josés llegan a dominar su sexualidad, aunque en realidad lo que estarán haciendo es someterse estrictamente a sus convicciones.

• Dinamismo

Existe un equilibrio muy positivo entre dinamismo y actividad: esta última se ve apoyada y complementada por el primero. Son hombres con un entusiasmo convincente y sólido. De ellos se desprende un calor profundo en el plano de la amistad. Uno tiene la impresión, aunque no los conozca íntimamente, de que pertenecen a su familia. Tienen la facultad de dar calor al corazón de los demás. Son poco sensibles al fracaso, que toman como un simple incidente en el recorrido.

• Sociabilidad

Su sociabilidad es tranquila pero positiva. Cuando tienen invitados, tratarán de que se integren en la vida de su hogar, y no de sorprenderlos con un acontecimiento fastuoso. Su voluntad y su moral están a la altura de sus profundas ambiciones. Tienen buena suerte, aunque para ellos triunfar no consiste en dominar a los demás, sino en conseguir que participen en la construcción de un nuevo mundo. Es todo un placer caminar a su lado y escucharlos hablar de su futuro lleno de tranquilidad y seguridad.

• Conclusión

Evidentemente, el retrato que se ha dibujado de este tipo de carácter es «arquetípico», y en función de la persona aparecerán muchos matices; sin embargo, sí es cierto que nos encontramos ante unas personas de gran valor, fuertes y sabias, y con una riqueza de personalidad destacable. Así que, por el amor de Dios, no los llamemos «Joselito».

Juan (M)

LEMA: *Aquel que arrastra y ordena*

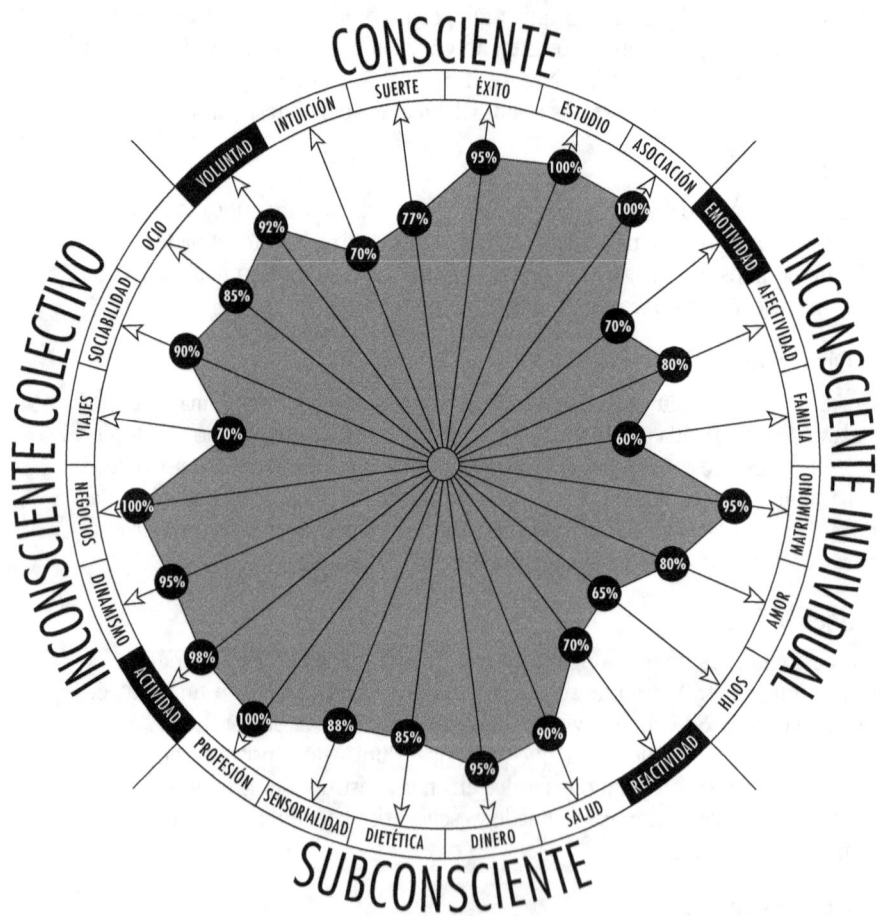

ELEMENTO:	Fuego	ANIMAL:	Delfín
SIGNO:	Aries	MINERAL:	Pórfido
COLOR:	Amarillo	VEGETAL:	Trufa

Juan

y todos los nombres con características análogas indicados en el índice, incluyendo:

Axel	Gonzalo	Jonathan
Celestino	Hans	Nathan
Edgar	Humphrey	Vania
Fantino	Joan	Yann
Germano	Johnny	Yannick...

• Tipo caracterológico

Debemos empezar hablando de su inteligencia, que normalmente es excepcional. Son auténticos «cerebros», siempre despiertos, con una emotividad y una actividad de máximo nivel. Reaccionan con una rapidez sorprendente. Sin lugar a dudas, se trata de uno de los nombres más inteligentes, aunque deben evitar caer en el orgullo, ya que, de hacerlo, lo mismo que los ha elevado constituirá su brutal caída. Tienen tendencia a la ira y al nerviosismo, y explotan cuando los demás no les siguen en sus reflexiones. Son capaces de hacer diez cosas al mismo tiempo, y además, de hacerlas bien. Para hacerse una idea de su prodigiosa capacidad de adaptación basta con saber que su animal tótem es nada menos que el delfín.

• Psiquismo

No son hombres que se estén quietos. Con ellos uno debe replanteárselo todo, porque son capaces de «arrinconar» a los demás con abundancia de argumentos. En efecto, gracias a su prodigiosa memoria y a su enérgica curiosidad, son capaces de tocarlo todo, informarse de todo y tener opiniones definitivas sobre todo. En este ámbito, este tipo de caracteres también se mueve a dos niveles, ya que son tanto introvertidos como extrovertidos. Puede decirse que son capaces de llevar una vida interior muy intensa y proyectarse hacia el exterior con una enorme eficacia. Son al mismo tiempo monjes y guerreros, objetivos y subjetivos, tienen confianza en sí mismos pero también una relativa modestia. Siempre será difícil seguirlos. Hay que precisar que su aspecto «subterráneo» deriva de su vegetal tótem, la trufa, cuya naturaleza aún sigue encerrando misterios.

• Voluntad

Su voluntad es muy considerable, aunque quizá no esté a la altura de este carácter excepcional, al verse algo acaparada por la prodigiosa inteligencia, que también invade la intuición y que, en última instancia, llega a sembrar la confusión.

• Emotividad

Debe evitarse que esta intensa emotividad desemboque en un nerviosismo que haga que este tipo de carácter se muestre desagradable en sus juicios y ocasionalmente injusto en sus decisiones.

- **Reactividad**

Así pues, este psiquismo de amplio alcance tan sólo ofrece ventajas; sin embargo, su reactividad demasiado intensa hace que estas personas sean difíciles de tratar: son bastante obstinadas y, a menudo, se oponen a cualquier propuesta novedosa. Sencillamente, siempre parten de la creencia de que tienen la solución ideal y resulta difícil hacerlos cambiar de opinión, sobre todo porque suelen tener razón.

- **Actividad**

Esta actividad constituye una verdadera «droga», ya que a veces actúan por actuar. Así, con frecuencia los veremos lanzarse a proyectos inútiles cuyo único objetivo será mantenerlos ocupados. Desde jóvenes sabrán lo que quieren hacer y estructurarán sus estudios en función de este objetivo. Podemos estar seguros de que, antes de decidirse, han reflexionado largo y tendido, como también deberemos hacerlo nosotros antes de aconsejarles o desaconsejarles la elección de una profesión. Nacen con la acción en las venas, siendo a la vez intelectuales de primer orden y mañosos artesanos con las manos. Pueden hacer muchas cosas: ingenieros, directores de empresa, militares, economistas, profesores…; es decir, cualquier profesión en la que se deba ordenar y cuestionar ideas, personas y cosas. Poseen una conciencia profesional excelente y son buenos organizadores a la hora de planificar operaciones complejas, aunque a menudo pecan de querer hacerlo todo ellos. Además, hacen gala de una misantropía bastante desarrollada.

- **Intuición**

Tienen buena intuición, aunque desconfían un poco de ella. Normalmente prefieren la regla de cálculo, más exacta y tranquilizadora en su opinión. Tienen mucho encanto y, en general, son muy seductores, sobre todo para las mujeres a las que les gusten las matemáticas especializadas.

- **Inteligencia**

Evidentemente, lo más destacable en ellos es su brillante y extraña inteligencia, a la vez sintética y analítica, es decir, que cuentan con una perspectiva global de la situación al tiempo que ven todos los detalles. Ya hemos visto que, a veces, abusan de ella. Por ello, no habrá que permitir que, durante la infancia, se pasen el día replicando si no queremos que nos «entierren» rápidamente bajo toneladas de argumentos muy personales.

- **Afectividad**

Después de lo dicho, podrá imaginarse que sus afectos son complejos; en efecto, si bien cuentan con una lógica algo fría, también poseen una ternura que se expresa en muy raras ocasiones. No hay que convertir a estos niños en monstruos de feria o proyectos de genio, ya que esto enfriará en gran medida su dimensión emocional. Es necesario desarrollar en ellos un sentimiento de comprensión y amor hacia los otros, aunque sean más lentos y pesados. Tampoco deben coger la costumbre de juzgar demasiado rápido: les podría jugar muy malas pasadas.

• **Moralidad**

Su moral es notable pero a menudo irrita a los demás, que ven con malos ojos este «ejemplo» impecable que los aplasta de puro desprecio. Tienen un buen concepto de amistad. No les cuesta olvidar, y son leales. En cuanto a la fe, no hay término medio: o tienen una fe absoluta, o predomina el racionalismo más radical. Son capaces de una gran entrega e incluso de grandes sacrificios, aunque a veces lo hacen pagar caro a los demás.

• **Vitalidad**

Se trata de una vitalidad muy buena, aunque este tipo de caracteres manifiesta con frecuencia cierta inquietud por su salud: son inquietos por naturaleza. No cuesta hacerse a una idea de su estado nervioso: viven a toda prisa y su cabeza nunca para. Aunque tranquilos: no todos son tan explosivos, aunque sí serán iracundos que deberemos equilibrar desde la juventud, tanto a nivel mental como físico. Deben tener cuidado con el agotamiento intelectual y los estimulantes; se les recomienda practicar deporte y vivir en contacto con la naturaleza, así como dormir bien. El yoga podrá constituir una bienvenida válvula de escape.

• **Sensorialidad**

En ellos, los sentidos también deben obedecer al ordenador. No es que carezcan de pulsiones tentadoras, pero, de nuevo, la satisfacción de sus deseos obedece a un plan de vida concreto. Su sexualidad es potente, pero controlada. Odian sentirse superados por los acontecimientos, incluso en el plano de la sensualidad.

• **Dinamismo**

Sin lugar a dudas, el dinamismo está a la altura de las circunstancias, aunque matizando que es ligeramente inferior a la actividad, algo que provoca que, en ocasiones, las dudas se apoderen de estos hombres justo en medio de un proyecto cuidadosamente planeado. Ahora bien, se guardarán esta inquietud para sí, aumentando de este modo su nerviosismo.

• **Sociabilidad**

Su sociabilidad es fantástica. Les gusta tener invitados, aunque tienden a acaparar la atención en las conversaciones. Poseen una voluntad inquebrantable y un rigor moral de primera categoría. Normalmente gozan de una suerte que, gracias a sus notables cualidades, se convierte en éxitos de muy altos vuelos.

En resumen, se trata de personas sorprendentes y sólidas, que deben recordar que estarán expuestos a altibajos y que nunca deben pensar que ya han «llegado».

• **Conclusión**

Se trata de caracteres que destacan, pero que no siempre saben diferenciar trabajo de familia, deber de sentimiento o generosidad de rigor. Son un poco demasiado inteligentes para ser verdaderamente humanos... Algo que por suerte no siempre es así: los Juanes y demás nombres asociados poseen dones demasiado extraños como para no otorgar a estas personas una dimensión fuera de lo común.

Juana (F)

LEMA: *Aquella que descubre el alma de los seres y las cosas*

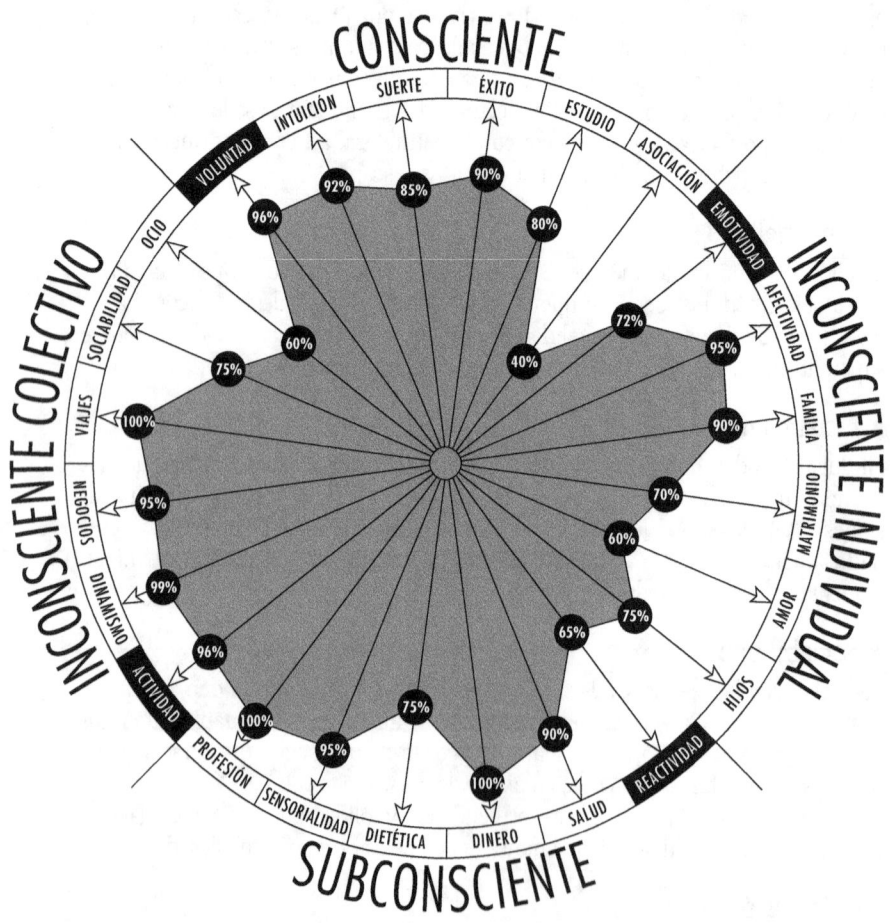

ELEMENTO: Fuego
SIGNO: Leo
COLOR: Amarillo

ANIMAL: Termita
MINERAL: Cristal
VEGETAL: Retama

Juana

y todos los nombres con características análogas indicados en el índice, incluyendo:

Celeste	Irene	Matilde
Chantal	Isabela	Maud
Dorotea	Jennifer	Odette
Fernanda	Joana	Pedrina
Georgeta	Laila	Pernette…

- **Tipo caracterológico**

Son apasionadas que se ven empujadas por sus emociones y su sed de acción hacia soluciones extremas. A menudo reaccionan de forma explosiva y tienden a lanzarse de cabeza a la acción, a pesar de poseer cierto control sobre sí mismas que les permite afrontar situaciones ocasionalmente delicadas. En según qué circunstancias llegan a ser francamente agresivas. Son difíciles de dirigir y darán muchos problemas a sus padres desde pequeñas. Con frecuencia hablan de forma vehemente, pero siempre con una convicción que empuja a seguirlas.

- **Psiquismo**

Se trata de personas muy extrovertidas que exteriorizan sus reacciones y se adaptan con suma facilidad al entorno. Son tanto objetivas, gracias a la lógica de su juicio, como subjetivas, debido a sus afectos. En muchas ocasiones comprobaremos la doble dimensión de estas mujeres, que a menudo resultan desconcertantes, incluso durante la infancia. En ellas existe una clara propensión a dar algo de sí mismas, ya sea al prójimo o a una causa patriótica o religiosa. En este caso, se ven animadas por una confianza en sí mismas ante la que no cabe resistencia alguna.

- **Voluntad**

Tienen una voluntad de hierro, o, mejor dicho, de acero. En todas las épocas de la vida constituirán un gran apoyo para la familia. Si les das la mano, te cogerán el brazo. Su moral se erige a base de rigor y sucesivas adaptaciones: si se trata de personas, serán rigurosas; si hay que abordar acontecimientos, muchedumbres, naciones o poderes, se adaptarán, llegando hasta realizar enormes concesiones si es necesario.

- **Emotividad**

Echando un vistazo al diagrama de carácter veremos hasta qué punto están desarrolladas las «antenas» de esta personalidad. En particular, la emotividad es intensa pero sin llegar a hundirse nunca en el nerviosismo. Quién sabe cómo consiguen mantener su sangre fría en medio de los polvorines por los que pasean el fuego de su pasión.

- **Reactividad**

Son revolucionarias natas: en vez de reaccionar, estallan. Si queremos hacerlas renunciar a un proyecto, desde luego no será por la fuerza, sino convenciéndolas de que esa acción no encuadra con los objetivos de su compromiso o carrera. Además, cuentan con la resistencia y la dureza de su vegetal tótem, la retama.

- **Actividad**

Se trata de una actividad insaciable y, al mismo tiempo, devoradora. Todo en torno a ellas debe participar en el combate, en la cruzada. Podrá ocurrir que «usen» a varios maridos a lo largo de su vida. Para comprender su mentalidad, es necesario entender la analogía que las vincula a su animal tótem, la termita. Nada más salir de la infancia, ya tienen en la mente la imagen de la torre que deben construir, la noción de una misión. Uno diría que llegan a la tierra con el proyecto detallado de su vida. Por tanto, no habrá que sorprenderse si saben muy pronto lo que quieren hacer con su vida. Si alguien tiene la ocasión de ayudarlas a cumplir sus proyectos, se sorprenderá de su gran dinamismo. Pueden realizar con fe cualquier profesión: enfermeras, artistas, ingenieros...

Se trata de uno de los pocos nombres ante los que todas las puertas se abren. Aunque también sufrirán una dura caída si pierden la «perspectiva» o la «voz», es decir, la confianza en su destino y en sí mismas.

- **Intuición**

Su capacidad de descubrir los secretos de la vida profunda de la gente que les rodea es tal que su intuición constituye una especie de videncia. No hay que mentir nunca a estas niñas, que llegarán hasta lo más hondo de nuestro corazón.

- **Inteligencia**

Su inteligencia es notable, y disponen de un sentido innato de la diplomacia que siempre les será útil. Dicha inteligencia es tanto analítica como sintética, es decir, que son capaces de ver los detalles de una operación al tiempo que captan su desarrollo global. Su memoria es muy buena y tienen una gran curiosidad.

- **Afectividad**

En ellas los afectos constituyen el principal motor de la actividad. Si creen y aman, moverán montañas. Si dudan, todo se vendrá abajo. No hay término medio. Los padres deberán tener cuidado de no perder su prestigio y autoridad ante estas pequeñas, que nunca olvidarán una bajada de su pedestal. Hay que quererlas con firmeza, sin chiquilladas ni demagogia.

- **Moralidad**

La noción de moral potencial resulta algo bastante desconcertante, ya que podría esperarse una rectitud más constante. Pero esto ya se ha explicado antes, como también ha quedado patente que, en ellas, existe una moral individual en principio muy fuerte, y una moral colectiva o «circunstancial» infinitamente más relajada.

Se trata de un mundo de extremos: tenemos la fe iluminadora o la superstición más fanática. El tablero de la vida de estas personas es tajante: negro o blanco. No hay que permitir que, durante la infancia, se conviertan en personas excesivas en todo, sino enseñarles disciplina y humildad.

- **Vitalidad**

A pesar de contar con una vitalidad fantástica, deben vigilar su salud, y en particular el estómago. Cuidado con el contenido de las comidas y su ingesta irregular, así como con el agotamiento y el abuso de alcohol y los estimulantes, incluyendo el tabaco.

- **Sensorialidad**

Nunca hay que hacerles promesas, pero tampoco tomarlas por vampiresas sedientas de sensaciones fuertes. Con ellas, la sexualidad es todo o nada. Son mujeres pasionales en búsqueda de lo absoluto, capaces de sacrificarlo todo por un ideal, incluyendo su vida más íntima. Si, por el contrario, el amor físico se convierte en su ideal, entonces todo es posible. Hay que añadir que poseen un carácter marcadamente masculino.

- **Dinamismo**

Este dinamismo se encuentra a la altura de su efervescente psiquismo. Además, estas encantadoras criaturas cuentan con la suerte de su gran fe, que no dudarán en usar de forma insolente, si se presenta el caso: en su vida, el éxito no consistirá en durar, sino en alcanzar. No siempre es fácil convivir con ellas, aunque siempre resulta apasionante verlas vivir. Esta es, sin duda, la esencia de los héroes. Ahora bien, también hará falta ser un héroe para pasar toda una vida con ellas.

- **Sociabilidad**

Es difícil saber si son sociables: ¿acaso puede ni siquiera hablarse de sociabilidad cuando se trata de personas constantemente sometidas a presión, auténticos Quijotes femeninos en búsqueda de sus eternos molinos? Cuando una persona está de su parte, la utilizarán; pero si entra en conflicto con ellas, la quemarán en la hoguera. Y es que la ira puede con estas mujeres: son orgullosas y su amistad será a veces tiránica; ahora bien, cuando la entregan, su fidelidad y disponibilidad serán magníficas. Sus reacciones son obstinadas y llegan hasta la violencia. Su oposición es fuerte, e incluso de muy jóvenes se niegan categóricamente a ceder cuando creen estar en su derecho. El fracaso no las hunde en absoluto, y las dificultades más penosas y decepciones más crueles sólo reforzarán su capacidad de lucha.

- **Conclusión**

Un consejo: sobre todo, no hay que impedir que estas encantadoras y turbulentas «termitas» construyan su fortaleza. Hay que darles la posibilidad de ordenar y dirigir; y si, ocasionalmente, en el alboroto de la acción, se olvidan de los demás, no debemos dudar en aprovechar estos instantes de paz.

León (M)

LEMA: *El hombre que engendra*

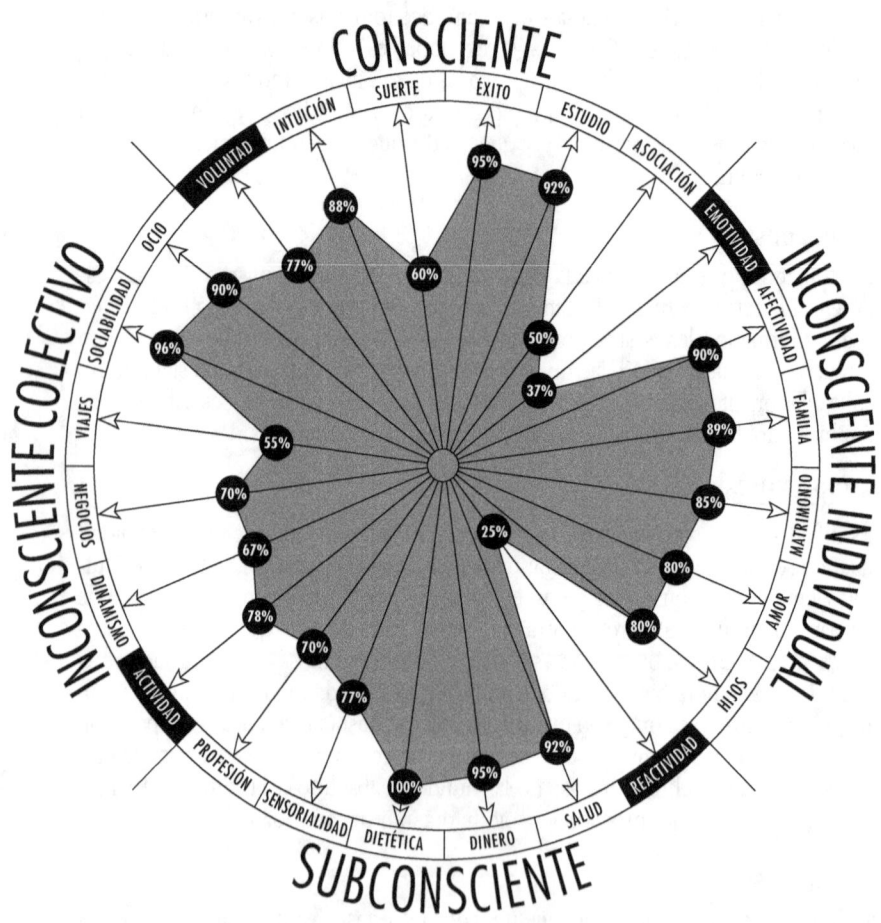

ELEMENTO:	Aire	ANIMAL:	Marta cibelina
SIGNO:	Libra	MINERAL:	Calcio
COLOR:	Verde	VEGETAL:	Manzano

León

y todos los nombres con características análogas indicados en el índice, incluyendo:

Ardoin	Clarencio	Leonelo
Arduino	Humberto	Leontino
Brian	León	Lionel
Brieuc	Leonardo	Morvan
Bryan	Leoncio	Wiston...

- **Tipo caracterológico**

Normalmente se trata de hombres indolentes con una emotividad bastante débil, una actividad que varía en función de las circunstancias y unas reacciones muy amortiguadas. Serán, sobre todo, personas hedonistas, a las que les gusta echarse a la sombra del manzano, su árbol tótem, viendo pasar el día. Son bastante materialistas y se inclinarán de buena gana hacia un estilo de vida oriental que excluya el trabajo de los hombres. Ahora bien, no hay que pensar que son perezosos (más adelante se rendirá homenaje a su actividad), sino que simplemente consideran que hay diferentes tipos de actividad.

- **Psiquismo**

Poseen una curiosidad mediana; son extrovertidos y disfrutan del contacto con los demás, aunque tan sólo para no sentirse solos. No hacen discursos para convencer, sino sencillamente para hablar. Parecen influenciables porque dicen que sí a todo, o casi. En realidad, dicen sí con la misma facilidad con que dirían no. Si les preguntamos si tienen confianza en sí mismos, nos responderán que, sin ella, estarían muertos hace tiempo. El amor lo es todo en su vida, y tienen la facultad de conseguir una bonita mezcla de sentimientos, sexualidad, glotonería y ociosidad, cosas que, aparentemente, tienden a desaparecer, ya que cada vez hay menos hombres que se llamen León, por ejemplo. Y la verdad es que es una pena... Quizá sean tan poco habituales como su animal tótem, la marta cibelina.

- **Voluntad**

Su voluntad no tiene nada de agresiva, y su manifestación se reduce a algunas apetencias que, con frecuencia, nada tienen que ver con una actividad rentable: «¿Echamos una partida de petanca?», «¿Nos vamos a tomar algo?»... Bueno, tampoco hay que exagerar, en cualquier caso tienen una voluntad.

- **Emotividad**

Se encuentra a la altura de su voluntad y no les acarrea demasiados problemas. Sin embargo, siempre está presente y se manifiesta a través de un talante radiante muy desarrollado del tipo de: «Bueno, si no puede ser hoy, pues ya será mañana». Nos recordarán un poco a aquellos que se llamen Félix y demás nombres...

- **Reactividad**

Por supuesto, el cuadro presentado por el diagrama incluido junto a este análisis no tiene nada de apocalíptico. Todo está tranquilo y la reactividad no aporta ninguna nota discordante en este cuarteto caracterológico que toca al mismo tiempo en «menor» y «en sordina». No obstante, detrás de esta indolencia se esconde un ser lleno de talento e imaginación, capaz de dar considerables sorpresas.

- **Actividad**

Ya se ha dicho que este tipo de carácter tenía ideas muy precisas sobre su actividad. Fundamentalmente, son tres: *1. No hacer nada es un error, pero hacer demasiado, un delito. 2. Lo realmente molesto del trabajo de los demás es que lo hacen para fastidiar. 3. El trabajo que uno evite hacer por sí mismo será un beneficio para aquel que lo haga.*

Por tanto, cabe preguntarse cómo afrontarán el colegio o el instituto. Pues bien, resulta sorprendente, pero la verdad es que con frecuencia son excelentes alumnos que llevarán a cabo estudios clásicos o técnicos con gran eficacia. Llegarán a ser funcionarios, profesores, escritores, comerciantes de vino o representantes comerciales, pero siempre tendrán un brillo de alegría sureña en los ojos, aunque hayan nacido en los Pirineos.

- **Intuición**

Por otra parte, detrás de este decorado psicológico lleno de truculenta dejadez, existe un ser muy intuitivo, con un magnífico olfato y capaz de llevar con una sola palabra (normalmente, una palabra bonita) a todos los demás, agitados y locos de actividad, a una concepción más filosófica de las cosas.

- **Inteligencia**

Su inteligencia es analítica, es decir, que les gusta detenerse en los detalles, sobre todo a la hora de aconsejar a los demás que se ocupen de los mismos. Y es que hay que comprender que tienen espíritu de especialista: son activos en un sector determinado y se niegan en redondo a ocuparse de los asuntos de los demás. Quizá este sea el secreto de la felicidad, quién sabe: zapatero a tus zapatos.

- **Afectividad**

Les gusta querer y ser queridos. Su gran drama radica en casarse con una mujer fría, de carácter «nórdico», una «madrastra» y explotadora del sexo débil, en este caso el hombre. Además, están llenos de ternura hacia los niños y los animales, siempre y cuando no «destruyan» su pequeño paraíso ni les molesten.

- **Moralidad**

Vaya una sorpresa: tienen una moralidad más allá de todo elogio. Las malas lenguas dirán que este tipo de moral se genera a partir de la ausencia de actividad: una suerte de moralidad por omisión... ¡calumnias, puras calumnias! Además, son capaces de creer, ¿pero en qué? Este es un problema que no siempre consiguen resolver. Por el contrario, para ellos la amistad es sagrada: que nadie toque a sus amigos. Desde la juventud, podrá percibirse que estos chavales profesan un auténtico culto por sus compañeros y recomendamos a los padres que no traten de competir con sus «amigachos»: esto no jugará a su favor. En cuanto a las represiones, fracasos y frustraciones... no sabrán de qué les están hablando.

- **Vitalidad**

Están llenos de una vitalidad excelente. Normalmente son padres de familia muy ricos. Tienden a engordar y necesitan hacer ejercicio. Sus puntos débiles son el aparato genital, que deben vigilar, así como el estómago y los intestinos. Deben tener cuidado con las bebidas alcohólicas, y durante la juventud les convendrá seguir una disciplina alimentaria que acabe desembocando en una disciplina, a secas, si es que quieren llegar tan lejos como sus cualidades pueden llevarles.

- **Sensorialidad**

Su sensorialidad se mueve fundamentalmente en el nivel de la belleza. En efecto, podremos comprobar que su lenguaje está trufado de comentarios de carácter estético. Lo bonito es bueno, y lo bueno se consume. Esta filosofía tan alegre puede parecer algo rudimentaria, pero «funciona» muy bien con las mujeres, y si no, preguntémosles a ellas.

- **Dinamismo**

Vaya una palabrota... ¡dinamismo! Qué grosería... Bueno, si estamos hablando de las ganas de hacer algo, de un proyecto medio dormido en su tranquilo espíritu, de una esperanza que trasiega en el vacío de un cerebro plácido, entonces sí, de acuerdo, son dinámicos. ¡Pero vaya manía con usar palabras que parecen explosivos!

- **Sociabilidad**

Se trata de una sociabilidad heroica, fantástica, santificante. A ver, ¿cómo se puede vivir sin los demás cuando se espera todo de ellos? Y tampoco hace falta hacer bromas sobre este carácter, porque lo cierto es que están llenos de posibilidades. Normalmente escriben con un gran estilo, hablan bien y son artistas. Tienen buen gusto y se deleitan con las mujeres guapas. Son personas que se sienten satisfechas fácilmente con su vida. En general siempre gozan de buen humor y no se hacen demasiadas preguntas. Reparten amor a su alrededor con una alegría tranquila. ¿Qué más se puede pedir? ¡Vivan los Leones y demás nombres!

- **Conclusión**

No habría que convertir este tipo de carácter en una caricatura de tira de periódico. Puede ocurrir, en función de su nivel de tranquilidad, que gocen de un fantástico éxito en la vida dejando asombrado a todo el mundo. Más de un León se comerá de un bocado a todos los «leones» de la selva. Aunque bueno, estos no irán en consonancia con su nombre, se habrán equivocado de «piloto»... o de avión.

Luciano (M)

LEMA: *El hombre sobrio*

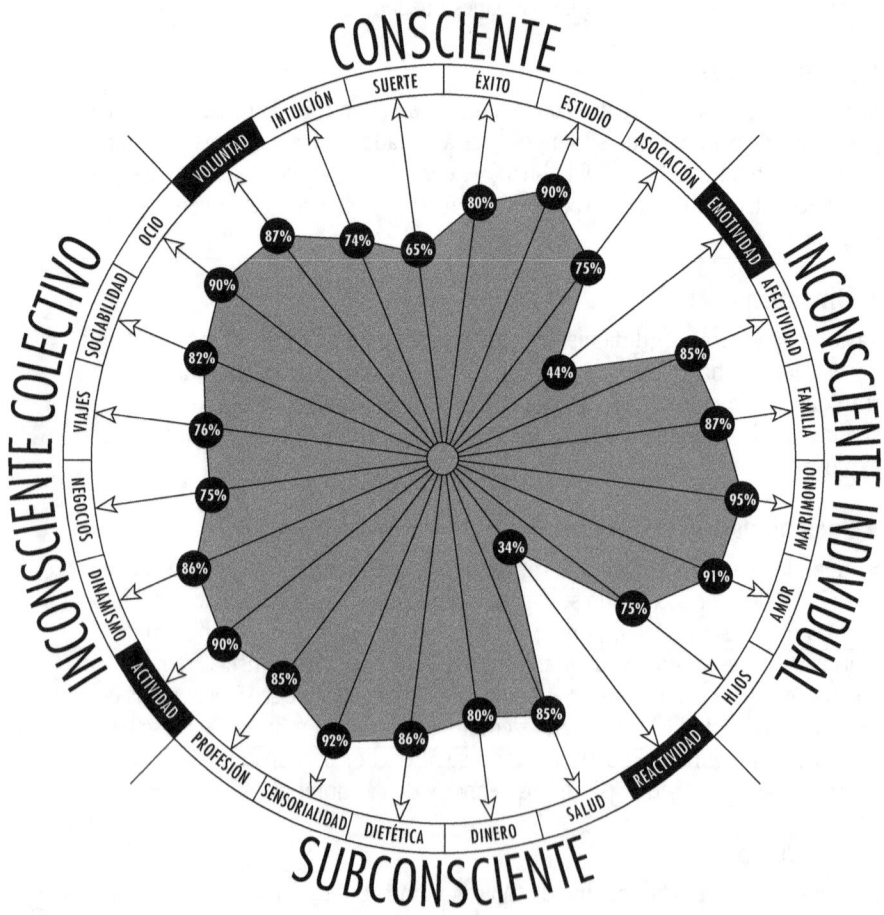

ELEMENTO: Fuego
SIGNO: Leo
COLOR: Naranja

ANIMAL: Camello
MINERAL: Bronce
VEGETAL: Pino

Luciano

y todos los nombres con características análogas indicados en el índice, incluyendo:

Aureliano	Lulu	Rufus
Aurelio	Max	Severo
Auterio	Máximo	Severino
Columbano	Maximilià	Sexto
Gauterio	Maximiliano	Winny…

- **Tipo caracterológico**

Se caracterizan por una emotividad y una actividad mesuradas y, sobre todo, por unas reacciones tranquilas, es decir, que reflexionan largo y tendido antes de pasar a la acción. Ahora bien, cabe destacar que cuentan con una resistencia extraordinaria como su animal tótem, el camello. Al igual que los camellos, son capaces de andar un largo trayecto en la vida, y de ser pacientes sin ningún esfuerzo, aunque a veces acaban «explotando».

- **Psiquismo**

Están abiertos a la vida mundana. Sin embargo, al ser bastante ansiosos, con frecuencia dan la impresión de dirigirse a los demás con mucha convicción pero, también, con un complejo de inferioridad que resulta difícil de analizar. Cuando están inmersos en la acción, se dedicarán a ella plenamente. Son muy poco influenciables y poseen una gran prudencia.

- **Voluntad**

Se trata de una voluntad moderada, y ello tanto en intensidad como en calidad. Son hombres valientes, aunque a menudo luchan más contra sí mismos que con vistas a conseguir un objetivo concreto. Se produce una pérdida de energía de la que habrá que ser conscientes desde muy pronto para canalizar el potente tándem formado por la voluntad y la actividad.

- **Emotividad**

Tal como muestra el diagrama de carácter, la emotividad es bastante intensa en comparación con la reactividad, que no está demasiado acentuada en este tipo de temperamentos, algo que puede explicar su tendencia a la ansiedad. Su sentido de la amistad es moderado. Puede ocurrir que duden a la hora de comprometerse de verdad, y tampoco les gusta que los demás sean demasiado posesivos. En concreto, con frecuencia evitan las amistades femeninas.

- **Reactividad**

En estas personas, la capacidad de reacción resulta reducida en comparación con la actividad, lo que conlleva cierto bloqueo psíquico. Son bastante objetivos y no se hacen demasiadas ilusiones con su propia persona. Se entregan cuando es necesario y poseen una confianza en sí mismos bastante mediocre. Desde jóvenes, necesitarán que se los incentive. También tienen un gran sentido del tacto, por no decir timidez. Son sensibles al fracaso, lo que genera en ellos reacciones de defensa que, a su vez, darán lugar a una agresividad insospechada. Tienden a la represión sentimental.

• Actividad

Se trata de una actividad muy elevada contenida por un dinamismo que no se entrega a grandes excesos. Además, poseen una generosidad de gran eficacia. Se sienten atraídos por el estudio de idiomas, así que serán buenos traductores e intérpretes. Les atraen las profesiones técnicas y relacionadas con la ingeniería. Les gusta mucho la investigación científica y deberá tratarse de informarles a fondo sobre la cuestión de elegir una profesión. Una vez se hayan decidido, serán, efectivamente, capaces de realizar un esfuerzo constante para alcanzar su objetivo. No siempre se adaptan con facilidad y no les interesa cambiar de oficio. También serán excelentes funcionarios.

• Intuición

Desconfían un poco de su intuición. Tienen buen olfato, pero eso no es lo mismo: el olfato es algo mucho más material y palpable, y se apoya en bases que pueden comprobarse. No obstante, esto resulta algo molesto, ya que implica prescindir de una psicología espontánea de la que tendrán gran necesidad.

• Inteligencia

Su inteligencia es sólida, aunque no demasiado rápida. Se trata de una inteligencia analítica que les permite profundizar en los acontecimientos y juzgar correctamente las cosas. Poseen una memoria excepcional, y difícilmente olvidarán una fecha o una cita. Además, son muy curiosos, casi entrometidos, y durante la niñez habrá que evitar que se dispersen, algo que no resultará difícil, ya que poseen un sentido de la disciplina que no deben perder.

• Afectividad

Poseen una afectividad relativamente compleja, ya que les cuesta expresar sus sentimientos de un modo que no les parezca simplista, exagerado ni ridículo. Esto les conferirá en algunos casos una especie de frialdad que no se corresponde en absoluto con lo que sienten en su interior. Por tanto, será necesario ayudarlos a expresarse con plenitud.

• Moralidad

Es necesario que esta moralidad sea ligeramente inferior a la que, en teoría, debería ser, ya que se asemeja a la afectividad en su manera de manifestarse, de forma que tendremos la impresión de que este tipo de carácter tan sólo respeta de verdad aquello que ama y posee, y que por tanto tiene una moral afectiva. Se trata de hombres bastante ansiosos y no se sentirán cómodos con una religión de las denominadas «clásicas»; en muchos casos se interesarán por la metafísica.

• **Vitalidad**

Esta vitalidad podría ser mejor si no se viese alterada por una especie de duda fisiológica. No creen totalmente en sí mismos, y esto los debilita en cierta medida. Gozan de buena salud, aunque esto depende mucho de su psiquismo. No deben dejarse llevar. Además, disponen en su interior de la valentía suficiente para superar las decepciones. Su punto débil es la espalda. Deberán vigilar particularmente todo lo relacionado con las vértebras y la médula espinal. Normalmente siguen un régimen alimentario equilibrado, aunque deben tener cuidado con los accidentes. Tienen tendencia a quemar sus reservas, algo que debe evitarse a toda costa. Habrá que enseñarles a no malgastar sus fuerzas. Su vegetal tótem es el pino, que es un árbol, en esencia, ahorrador, y que representa, simbólicamente, la columna vertebral.

• **Sensorialidad**

Poseen una sensualidad intensa pero controlada, y tendrán problemas sobre todo en el ámbito de los sentimientos, ya que a menudo ignoran la psicología femenina. En cuanto a la sexualidad, habrá que llevar cuidado desde la juventud, ya que podría topar contra lo que podríamos denominar, de forma educada, un exceso de importancia otorgada a la mujer. Lo cierto es que les falta un toque algo más brusco. Se plantean la pregunta en el momento en que hay que dar la respuesta.

• **Dinamismo**

Llegados a este punto, hay que decir que será precisamente la vacilación de esta virilidad de gran eficacia lo que les perjudicará también al nivel de la acción. Reflexionarán tanto que verán cómo sus oportunidades vuelan. Y este es el drama de estos caracteres «retardados», es decir, que carecen de cierta capacidad de reacción: dejar pasar el momento, tanto en los negocios como en el amor.

• **Sociabilidad**

Poseen una sociabilidad mediana. No son personas que se dejen invadir por la vida mundana, sino que prefieren mil veces vivir en familia y, sobre todo, en una segunda residencia rural, que, como suele decirse, «quemar» la ciudad. Tienen una suerte también mediana, aunque en ocasiones consiguen un magnífico éxito en función de la valentía y la obstinación que demuestren. De forma curiosa, se ha hablado muy poco de los problemas que plantean durante la infancia, quizá porque no tardan en coger su camino, con la seriedad de un pequeño «camello» que tiene ante sí la inmensidad del desierto de la vida por recorrer...

• **Conclusión**

Este análisis no debería dejar un sabor de insatisfacción que no encajaría en el carácter de estos nombres, y sobre todo de Luciano, el «modelo» de todos ellos. Si bien es verdad que normalmente no son personas que deseen destacar a toda costa, sí poseen excepcionales cualidades de gran profundidad: no abundan en absoluto los hombres dispuestos a llegar al extremo de sus posibilidades.

Luis (M)

LEMA: *Aquel que canta a la vida*

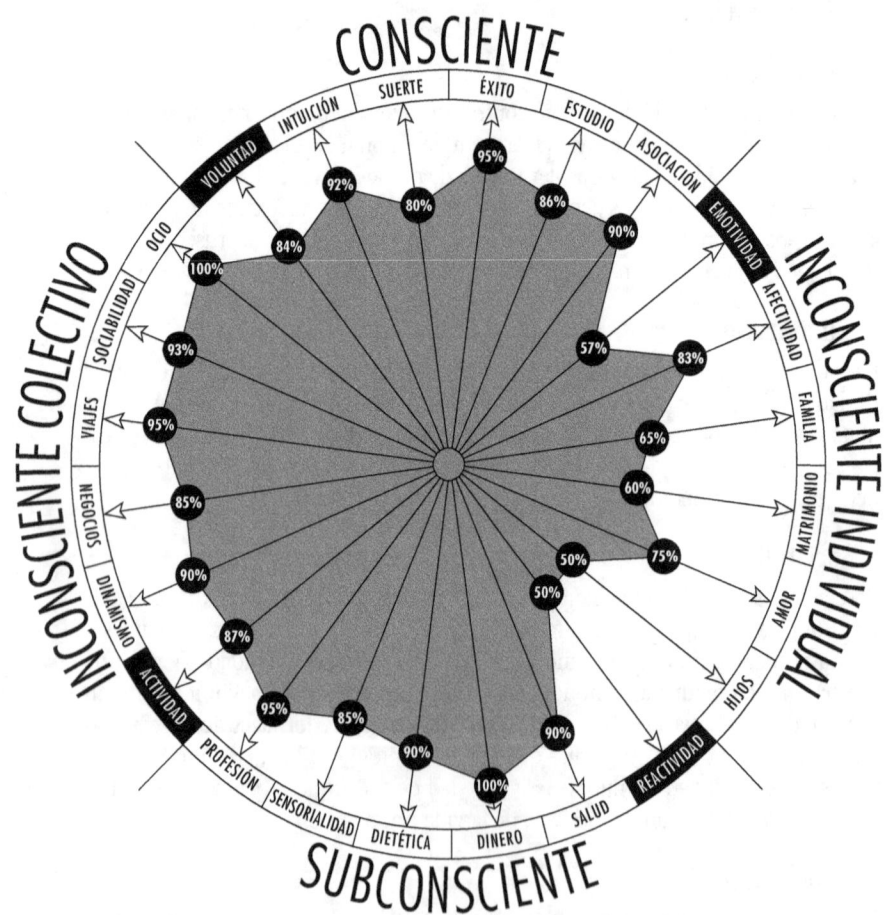

ELEMENTO: Agua
SIGNO: Cáncer
COLOR: Rojo

ANIMAL: Ruiseñor
MINERAL: Sardónice
VEGETAL: Trigo

Luis

y todos los nombres con características análogas indicados en el índice, incluyendo:

Alois
Aimaro
Gonzago
Levi
Lluís

Loic
Lois
Lotar
Lou
Ludovico

Ludwig
Luigi
Moran
Roger
Sergio...

- **Tipo caracterológico**

Son personas nerviosas dotadas de una gran emotividad, una actividad algo escasa y buenas reacciones. Se comprobará que, en ellos, la imaginación creativa desempeña un papel fundamental, aunque lo mediocre de su actividad hace que se rodeen de colaboradores capaces de aplicar su extraordinaria intuición. Su animal tótem es el ruiseñor, un símbolo de autoridad, y el vegetal es el trigo, que representa el poder. Por tanto, tenemos una personalidad doble: la primera, como ya hemos visto, capaz de tener ideas lúcidas; y la segunda, capaz de realizarlas, aunque esto no será lo habitual. Son al mismo tiempo inventores y realizadores.

- **Psiquismo**

A veces es difícil vivir con ellos, porque no siempre está claro ante qué parte de la persona nos encontramos. Desde la juventud habrá que observarlos para delimitar las fronteras de su carácter y hacer que lleven a la realidad, cuanto antes, todo aquello que imaginen, así como estructurarlos para que no pierdan la afectividad fluctuante que los caracteriza. Si bien es cierto que su dualidad planteará problemas ocasionales, tampoco hay que exagerar su importancia, y debemos saber que pueden presentar un aspecto de persona encantadora (artistas, poetas), pero también, si se los educa para ello, actuar con gran eficacia.

- **Voluntad**

Su voluntad no siempre llega hasta el final. Este tipo de carácter tiene muy buen «arranque» en sus proyectos, que consigue poner en marcha de un modo fantástico, pero tiene tendencia a recurrir a los demás para acabarlos.

- **Emotividad**

Se trata de una emotividad intensa, pero que no invade el terreno de la voluntad. Esto significa que la persona no se deja llevar por sus emociones.

- **Reactividad**

Se muestran susceptibles cuando se critican sus ideas, y mucho menos sensibles cuando se discute el valor de sus logros. Por tanto, diferencian de forma clara entre la autoridad, de carácter espiritual, y el poder, material.

- **Actividad**

Su actividad se encuentra a un nivel muy similar al de la voluntad, lo que confirma lo dicho hasta ahora, a saber, que estos hombres se cansan bastante rápido con tan sólo pensar que su capacidad creadora se verá bloqueada por las necesidades de la puesta en práctica. Es difícil pronunciarse sobre la materia que optarán por estudiar. Son brillantes e inteligentes, y siempre finalizan sus estudios de forma satisfactoria, aunque con métodos que variarán en función de cada persona, y que pueden ir desde la maña hasta la obstinación feroz en el esfuerzo. Son investigadores, eruditos, hombres de negocios, actores dramáticos, escritores o publicistas, y sobre todo grandes dirigentes capaces de comprender, con una perspectiva amplia e instantánea, los problemas que se les plantean. En general son excelentes parlamentarios, y se sienten atraídos por todo lo que requiera un esfuerzo de concepción y realización. También son buenos directores, tanto de teatro como de cine.

- **Intuición**

Su intuición es destacable. Disponen de unas verdaderas antenas que les permiten presentir los acontecimientos y calibrar a las personas de un solo vistazo. Tienen una imaginación de poeta o de inventor, algo que nos remite a lo ya mencionado. No olvidemos que era precisamente el ruiseñor el que, con su modulado canto, inspiraba a los emperadores de la antigua China...

- **Inteligencia**

Este carácter de doble clara, en el sentido más positivo de la expresión, les otorga una inteligencia tanto sintética como analítica, algo que les permite pasar con facilidad de lo sencillo a lo general y de lo general a lo particular. Esto les aporta una enorme flexibilidad intelectual, sobre todo cuando se trata de abordar problemas complejos, como por ejemplo los relacionados con el gobierno, donde una idea sin acción no vale nada y una acción sin principios equivale a una anarquía anónima.

- **Afectividad**

En este ámbito, también puede establecerse una división muy clara entre la dimensión muy afectuosa y sensible de este tipo de carácter, y su otra cara, la de una persona que no desea que los sentimientos interfieran constantemente en el desarrollo de su trabajo. De nuevo, habrá que obligarlos durante la infancia a que acaben todo lo que empiecen, buscando el equilibrio entre el creador y el realizador.

- **Moralidad**

No hay que reprocharles que otorguen una importancia secundaria a la moral, que les parece demasiado rigurosa e incluso opresora. Los poetas y los grandes inventores, así como todos aquellos que parecen estar conectados a otro mundo y poseer otra dimensión, no suelen preocuparse en exceso por ciertas prohibiciones de la vida moral. Viven su vida con pasión, y punto. Les gusta el misterio y, para ellos, la religión constituye más la adopción de cierta forma de sentir y percibir las cosas que una ascesis religiosa o una disciplina dimanante de principios estrictos.

- **Vitalidad**

No alcanza el nivel que debería tener, ya que en ellos se produce una ligera pérdida de vitalidad como consecuencia de su falta de disciplina alimentaria e higiene vital. Gozan de buena salud, aunque para conseguir un equilibrio pleno necesitarían llevar una vida tranquila, algo que será posible siempre que no se los condene, de niños, a vivir delante de una televisión o una biblioteca. Además, tienen la facultad de descubrir los libros menos apropiados para su edad. Son bastante sensibles al cansancio y al agotamiento intelectual, y necesitan dormir bien. Sus puntos débiles son el sistema nervioso y el aparato urinario.

- **Sensorialidad**

Poseen una sensorialidad mediana que se integra a la perfección en el marco de la actividad de estos hombres, que prestan más atención a su imaginación que a sus deseos. Su sexualidad es más bien física y depende en gran medida de sus sentimientos. Ahora bien, estos pueden desconcertar a su pareja debido a cierta inestabilidad e incapacidad para querer con plenitud a otra persona. En realidad, esto se debe a su profunda dualidad, que no deja de plantearles bifurcaciones, generando más problemas de los que resuelve.

- **Dinamismo**

Si consultamos el diagrama de carácter, comprobaremos que el dinamismo es ligeramente superior a la actividad. En este caso, esto no presenta ningún inconveniente, ya que este tipo de nombres tiene tantas ideas, constituye una fuente de inventiva tan potente, que necesita de forma categórica este ligero exceso de dinamismo para presentar sus descubrimientos con una luz seductora y eficaz.

- **Sociabilidad**

Poseen una alta sociabilidad. Les gusta la pompa a la hora de recibir invitados. Además, son muy cuidadosos con su forma de vestir. Su moral sabe adaptarse bien, y no son insensibles, por ejemplo, a las razones de Estado; por esta razón es necesario inculcarles principios muy estrictos. Suelen disponer de buena suerte, y su éxito dependerá, como es obvio, de su esfuerzo, aunque también tendrá en cuenta su prodigiosa intuición, ese sexto sentido que les proporciona una dimensión extraordinaria y les permite alcanzar logros poco comunes. Normalmente poseen un sentido del futuro bastante sorprendente.

- **Conclusión**

Ya hemos visto que poseían una intuición de primera clase. Sin embargo, quizá sea más apropiado hablar de inspiración; así, se comprenderá por qué decimos que «cantan la vida»: tan clara es su percepción del mensaje de lo «vivo», ese ímpetu de vivir que trastoca y anima nuestro mundo, hasta el punto de que se mueren por tenerlo todo y tenerlo ya.

Luisa (F)

LEMA: *Aquella que reina en la tierra*

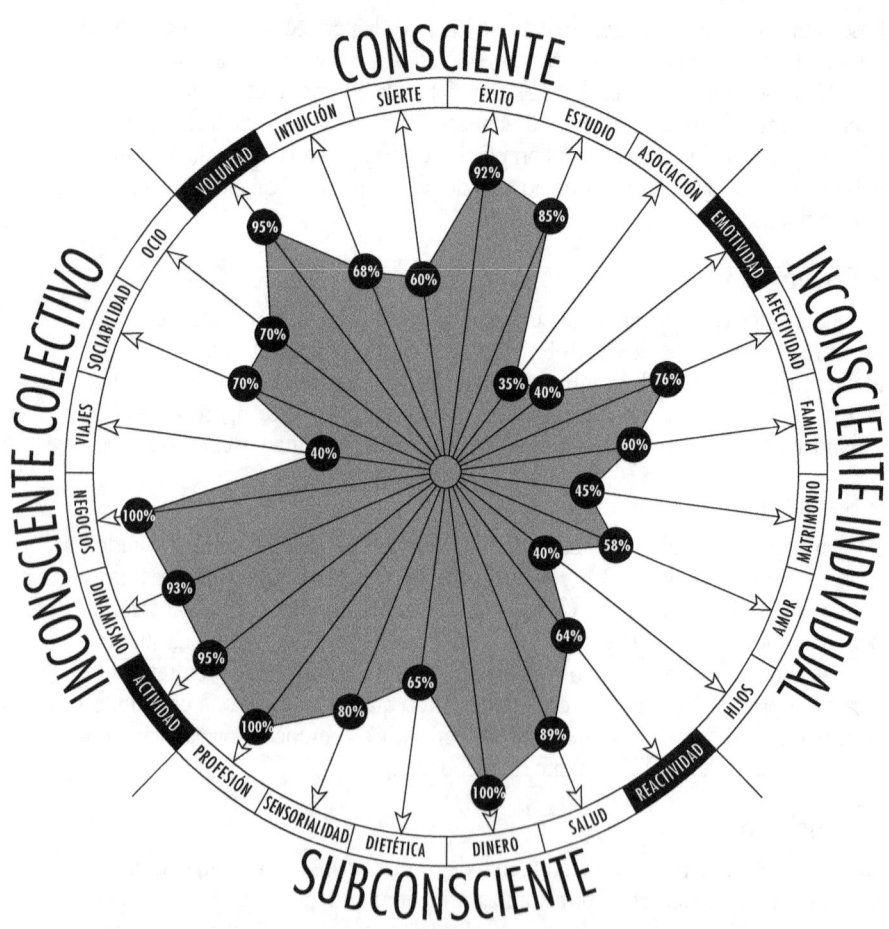

ELEMENTO:	Tierra	ANIMAL:	Canguro
SIGNO:	Virgo	MINERAL:	Piedra de sol
COLOR:	Verde	VEGETAL:	Lavanda

Luisa

y todos los nombres con características análogas indicados en el índice, incluyendo:

Aloisia
Berenice
Bernice
Candice
Candy

Edmea
Eurídice
Gilda
Gloria
Ingrid

Luisina
Lluïsa
Melodi
Odilia
Serafina...

• **Tipo caracterológico**

Sin lugar a dudas, tienen los pies en la tierra. Poseen una emotividad muy razonable, aunque, por el contrario, muestran una gran actividad y reaccionan con rapidez. Son cerradas y les cuesta entregarse. No es que sean soñadoras, sino más bien herméticas; el gran problema que plantearán durante la juventud consistirá en conseguir que salgan de sí mismas y se liberen. Son de temperamento sanguíneo, eficaces pero acaparadoras: quieren poseer a cualquier precio y, desde la más tierna infancia, serán propietarias natas, a las que habrá que hacer regalos útiles. Su flor totémica es la lavanda, aromática pero invasora.

• **Psiquismo**

Son introvertidas que se cierran en seguida en sí mismas y arrastran mucho tiempo sus decepciones y fracasos. Son bastante vengativas: de niñas, no debe permitirse que cojan la costumbre de vengarse. De forma ocasional también tendrán tendencia a hacerse las mártires. Son concienzudas y poco influenciables.

• **Voluntad**

Se trata de una voluntad intensa, muy rigurosa y con un fuerte componente de sacrificio. Son mujeres de buen corazón, aunque parezcan algo desquiciadas. Durante la infancia es necesario que estén muy arropadas, ya que se resentirían mucho de una vida bohemia. En efecto, si esta voluntad no tiene ocasión de expresarse en el marco familiar, podrá originar oportunidades de fuga y huida.

• **Emotividad**

Sus emociones se «acurrucarán» dejando el campo libre a una voluntad y una actividad furiosas que imprimen a estos caracteres una especie de violencia constante. Ahora bien, se trata en primera instancia de una violencia hacia sí mismas. Perderán el respeto hacia su persona con tal de triunfar a toda costa. No hay que olvidar que su animal tótem es el canguro, que huye y se esconde.

• **Reactividad**

Resulta evidente que esta reactividad adoptará formas complejas, ya que constituirá la expresión de una lucha entre ellas y la sociedad.

Como es obvio, todo esto conlleva una tendencia a la represión y un complejo de inferioridad. A pesar de todo, saben mantener cierta objetividad, aunque su confianza en sí mismas no resulta tan sólida como podría imaginarse. Puede ocurrir que incluso sean tímidas, excepto cuando estén en juego sus intereses más profundos.

- **Actividad**

Se trata de una actividad muy importante, tanto por su intensidad (basta con echar un vistazo al diagrama de carácter), como por su resonancia psicológica. En efecto, parece que estos tipos de personalidad tratan de refugiarse en el trabajo para escapar de ciertas responsabilidades de carácter sentimental o social. Así pues, se entenderá que su deseo de conquista y su afán de posesión constituyan una manera de demostrarse a sí mismas que son capaces de dominar sus debilitantes complejos.

- **Intuición**

Desconfían de su intuición y de su encanto, que algunos considerarán sobrio. Estas mujeres poseen un poder de seducción muy clásico, que quizá parecerá algo frío, pero que goza de gran solidez y fidelidad, algo que en nuestros días no es nada habitual.

- **Inteligencia**

Su inteligencia es fundamentalmente práctica, enérgica y capaz de adaptarse a todas las situaciones materiales. Además, se trata de una inteligencia analítica, es decir, que tienen un sentido muy desarrollado de los detalles. Su memoria es fantástica.

- **Afectividad**

Normalmente son susceptibles, con una tendencia a encerrarse en su caparazón y llegar a dudar del afecto que se les profesa. Incluso llegarán a ser algo egoístas por miedo a descubrir que aman demasiado. Por consiguiente, desde muy pequeñas habrá que infundirles confianza en sí mismas, pero también en los demás, así como enseñarles a querer.

- **Moralidad**

Poseen más bien un carácter escrupuloso, aunque menos por un deseo profundo de moralidad que por respeto a las leyes establecidas y las convenciones correctas. Asimismo, se caracterizan por cierto aburguesamiento totalmente contrario a cualquier signo de relajación y fantasía. De forma inevitable, la religión se convertirá en una forma de refugio para este tipo de caracteres, que encontrarán en la espiritualidad una compensación por las decepciones que en ocasiones les acarreará la vida.

Por tanto, será positivo promover en ellas una actitud participativa y evitar que rehúyan la realidad, aunque eso sí, sin perturbarlas ni imponerles una vida demasiado impostada.

- **Vitalidad**

Su vitalidad es excelente. Sin embargo, las Luisas y demás nombres emparentados a menudo tienden a refugiarse en dolencias psicosomáticas, enfermedades y pequeños accidentes provocados de forma inconsciente por la propia persona para huir de una responsabilidad concreta. Tienen los intestinos y el hígado frágiles. Son sensibles a los enfriamientos.

- **Sensorialidad**

Se trata de una sensorialidad claramente mediana, pero que disimula conflictos afectivos y bloqueos sexuales cuyo análisis desborda el marco de este análisis. Sin lugar a dudas, es en este ámbito donde el riesgo de represión se hace más grave. Dudan casi de forma sistemática de la sinceridad de las declaraciones de amor; cada vez se preguntan si no les estarán tomando el pelo. Resulta indispensable impedir que se desarrolle en ellas durante la juventud una desconfianza hacia los compañeros varones, sobre todo porque, como consecuencia de su carencia de emotividad, tenderán a ser solteronas. Cuando se casan, son madres estrictas pero justas.

- **Dinamismo**

El dinamismo de estas personas resulta considerable, ya que respalda en gran medida la actividad, pero sin alcanzar su nivel. Esto se traduce en algunos abandonos de la acción: algunos proyectos quedarán a medias como consecuencia de las dudas y vacilaciones relacionadas con unas u otras actividades. Dicho de otro modo, este dinamismo, a pesar de ser fuerte, no desempeña la función de desencadenador, que es la que debería poseer.

- **Sociabilidad**

Casi podría afirmarse que, para ellas, la sociedad es un enemigo, tan incómodas se sienten en un mundo hecho de convenciones, hipocresías y «chanchullos». Más que en la suerte, creen en el trabajo duro. Mientras sean niñas no habrá que desviarlas nunca de su deber, ya que generarían un complejo de culpabilidad que las obsesionaría mucho tiempo. Tampoco debemos olvidar su carácter de propietarias natas, que se lanzarán indistintamente al matrimonio o a la religión y que reinan con su valentía y esfuerzo en un mundo que, muy a menudo, no les parecerá más que el fruto de la comodidad fácil y la indolencia.

- **Conclusión**

La lectura de este análisis generará perplejidad, ya que se distinguen con total claridad dos tendencias caracterológicas bastante irreconciliables: a) un afán de posesión sólido, respaldado en una voluntad y una actividad enérgicas; b) una tendencia a la huida cuando no convergen todas las condiciones para el éxito. Pues bien, es precisamente esta dualidad lo que los padres y profesores deberán tratar de resolver: ¡buena suerte!

Magdalena (F)

LEMA: *Aquella que mide y sopesa*

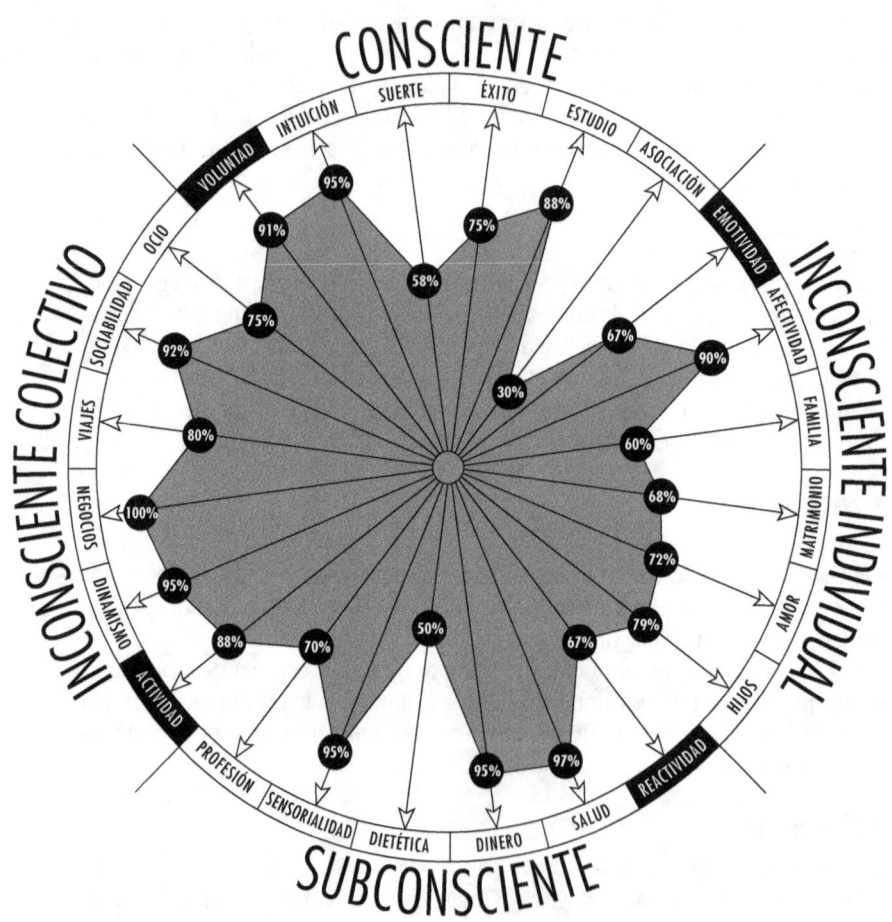

ELEMENTO: Aire
SIGNO: Libra
COLOR: Violeta

ANIMAL: Gallo
MINERAL: Meteorito
VEGETAL: Muérdago

Magdalena

y todos los nombres con características análogas indicados en el índice, incluyendo:

Berenguera　Hugueta　Madelon
Connie　Ludmila　Malika
Dalia　Mada　Susana
Desiree　Maddy　Susi
Gala　Madeleine　Tristana...

• **Tipo caracterológico**

Se trata de un carácter no especialmente agradable. Orgullosas como un gallo, su animal tótem, no resulta fácil acercarse a ellas. Son emotivas y activas, y poseen una gran rapidez de reacción; es decir, son auténticas bombas. Además, son excesivas, iracundas y no se muerden la lengua. En cuanto al amor, son más bien del tipo «caníbal». Los padres y educadores deberán bloquear lo antes posible todas estas tendencias, sobre todo las de carácter negativo.

• **Psiquismo**

Ahora bien, no muy lejos de este lado negativo, existe un aspecto positivo de su personalidad que resulta particularmente seductor. En primer lugar, no hay que dejarse impresionar por el lado algo delirante de su carácter, ya que en ellas existe una gran solidaridad humana, un gran interés hacia los demás que en ocasiones adopta formas excesivas pero que les otorga una verdadera riqueza psíquica.

• **Voluntad**

Se trata de una voluntad no tan definitiva como parece. Una vez desvanecida la sorpresa de la agresión, se hará evidente que, al final, ya sea por cansancio o por puro afán de juego, es posible conseguir que hagan las cosas bien.

• **Emotividad**

Esta emotividad resulta muy molesta, ya que ata literalmente la voluntad y arrastra consigo la capacidad de reacción. Ni siquiera la misma actividad se ve libre de las emociones, y muy a menudo tendremos la impresión de que la persona que tenemos delante no es más que una bola de nervios con reacciones más o menos controladas.

• **Reactividad**

Si tuviésemos que nombrar a la reina de la reactividad, la palma (o, mejor dicho, la corona) se la llevaría, sin lugar a dudas, este tipo de nombres, dominados de forma innegable por las Magdalenas. No hay mucho más que añadir, ya que resulta imposible hablar del carácter de una bomba atómica... O huimos de ella, o saltamos con ella.

- **Actividad**

Se trata de una actividad intermitente, que constituirá una fuente de problemas, en la medida en que incluso el ámbito profesional se convertirá en un campo de batalla en el que todo estará permitido. Ahora bien, no cabe preguntar por qué, ni cómo establecer una frontera entre capacidad de lucha y agresividad. En cuanto a los estudios, los citaremos también, ya que se trata de otro ámbito que devorarán. Se sienten atraídas por todo lo que sea estético, vistoso y suntuoso. Para retenerlas, podremos tratar al menos de que aprendan un oficio que las salve en caso de producirse un golpe duro o cuando «llegue el invierno». Les encantan las profesiones relacionadas con el lujo: costura, salones de belleza, teatro, cine... Aborrecen cualquier trabajo sujeto a normas estrictas y con un horario preciso. Serán médicas y enfermeras de gran dedicación, así como pintoras y escultoras, aunque eso sí: quieren triunfar, y triunfar rápido, y este es su punto débil.

- **Intuición**

Echando un vistazo al diagrama incluido con este análisis comprobaremos que esta intuición es tan elevada que se sale de sus propios límites. En este ámbito, también, son exageradas. Eso sí, si bien en algunos casos esta «expresividad» podrá conferirles aires de pitonisa, también es cierto que esta intuición resultará sorprendente al nivel de la psicología espontánea y el diagnóstico médico, un campo en el que saben medir y sopesar.

- **Inteligencia**

Ocurre a veces que la emotividad priva a su inteligencia de la sangre fría necesaria para evitar muchos problemas. Poseen una inteligencia analítica y se pierden en los detalles hasta el punto de ser injustas; ellas, que tanto aman la justicia. Son muy extrovertidas, y convertirán a todo el mundo en testigo de su más mínima aventura. No tienen problemas a la hora de expresarse con brusquedad, y durante la infancia será necesario ponerlas en su sitio sin contemplaciones. Cuentan con una memoria auditiva muy desarrollada y una curiosidad siempre despierta. Son capaces de increíbles sacrificios y de un egoísmo feroz. Además, tienen una gran confianza en sí mismas al tiempo que resultan muy vulnerables.

- **Afectividad**

Son muy afectuosas y están sedientas de amor en todas sus modalidades. Dado que son posesivas, siempre desean ser las primeras en todo. Rebosan de orgullo e intuición, tienen un gran encanto y dominan tanto el cuerpo como la mente de los demás; y, a veces, también sus bienes. Por tanto, los padres y educadores deberán erigirse en sus vigilantes y limitar sus excesos desde la juventud.

- **Moralidad**

Su moral algo vacilante forma parte de su encanto. Así, uno siente ganas de reprenderlas y regañarlas, para después lanzar la toalla y echarse a reír, dejándose dominar. Con frecuencia, sus creencias son superficiales y requieren de gran comprensión por parte de los padres, ya que tienen una noción de la fe bastante discutible. Sin amigos podrían convertirse en terribles tiranas que, sirviéndose de su seducción, tratarán de subyugar a todo su entorno. Si a esto añadimos su gran obstinación y el hecho de que el fracaso las saca de sus casillas sin hundirlas, comprenderemos que nos enfrentamos a un adversario temible.

- **Vitalidad**

Poseen una vitalidad de zulú y conseguirán desgastar a todo el mundo: padres, amigos, compañeros y, lo que aún es más grave, maridos: todos, o casi todos, terminarán por capitular. Por suerte, gozan de una salud de hierro, ya que carecen de la noción de regularidad en el sueño; resisten bien el cansancio, y duermen cuando pueden. A la larga, es posible que tengan problemas de circulación, y más concretamente en las piernas. A menudo tendrán frágil el aparato genital y tenderán a abusar de los estimulantes.

- **Sensorialidad**

Este es un apartado peliagudo. ¿Qué puede decirse de estas mujeres apasionadas que necesitan querer y ser queridas, tomar y rechazar, poseer con ferocidad y ser poseídas, aunque sea por el mismísimo demonio? Estas manifestaciones de posesión se harán sentir muy intensamente. Incluso cuando sean niñas, resultarán ya infinitamente atractivas, e incluso tendrán un lado de hechiceras. Un exorcismo no sería mala idea, pero ¿quién estaría dispuesto a hacerlo? ¡El mismo diablo volvería a condenarse!

- **Dinamismo**

Es difícil saber dónde empieza y dónde acaba el dinamismo de estas mujeres terriblemente seductoras que consiguen poner a los demás de rodillas, tanto en sentido literal como figurado.

Si nos atrevemos a analizar el diagrama de carácter propuesto, comprenderemos hasta qué punto son faroleras: unas jugadoras expertas de póquer.

- **Sociabilidad**

Se caracterizan por una sociabilidad demente: son muy sociables, en ocasiones demasiado, y llevan una vida con frecuencia anárquica, a pesar de poseer una gran voluntad a la hora de satisfacer sus apetencias. Tienen una suerte recelosa y un éxito desigual. Se trata de personas agradables que hay que poder seguir, y cuyos padres deberán proporcionarles sólidas protecciones. Además, su vegetal tótem, el muérdago, se corresponde bien con estas personas, que siempre tienen la cabeza en las nubes y que sólo tocan suelo para bailar.

- **Conclusión**

Si desea llevar una vida de locura pero apasionante, no lo dude: cásese con este tipo de carácter, sobre todo si se trata de una Magdalena, y quedará bien servido. En este sentido, habría que rectificar el viejo dicho que dice: «Llorar como una Magdalena». Esto no es más que una desafortunada abreviación del auténtico proverbio, que reza: «Llorar como el marido de una Magdalena».

Marcelo (M)

LEMA: *El hombre que camina, que avanza*

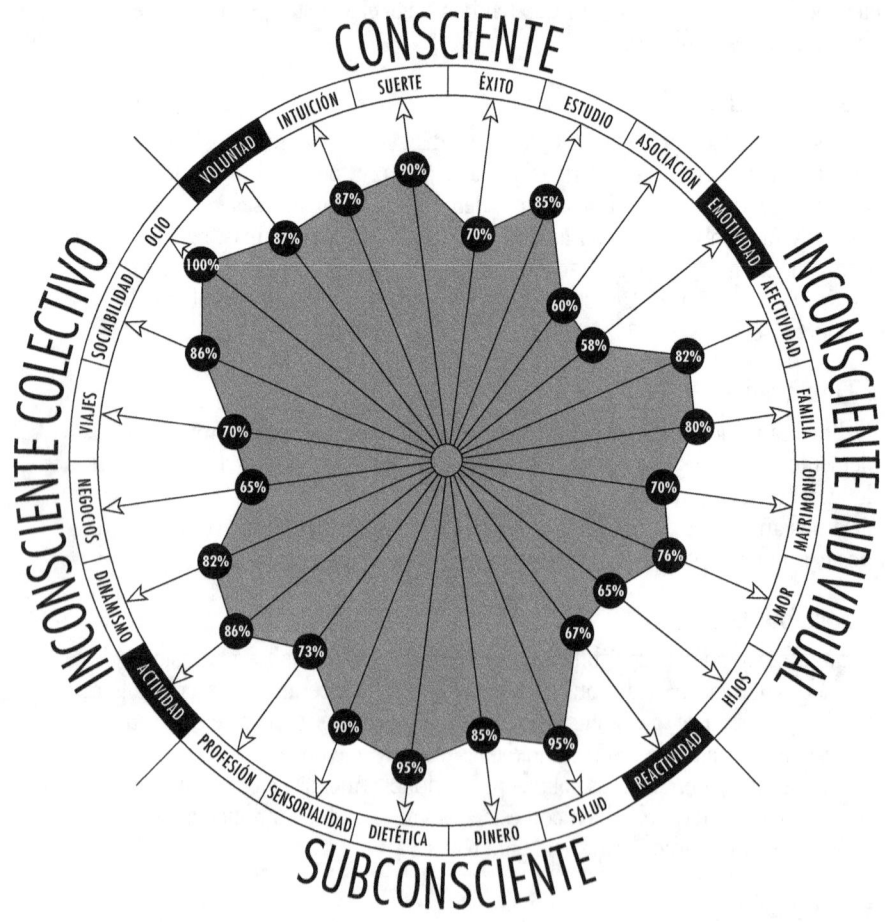

ELEMENTO:	Fuego	ANIMAL:	Visón
SIGNO:	Sagitario	MINERAL:	Molibdeno
COLOR:	Naranja	VEGETAL:	Fresno

Marcelo

y todos los nombres con características análogas indicados en el índice, incluyendo:

Bénéad	Delf	Kenelm
Benito	Douglas	Marceau
Benoist	Isarn	Marcel
Benoît	Jude	Marcelino
Delfín	Ken	Marcelo...

• **Tipo caracterológico**

Son personas iracundas pero de forma amortiguada: parece que van a explotar, pero al final no ocurre nada. En cierto modo, son del tipo de «Agárradme que mato a alguien». Cuentan con una emotividad y una actividad positivas, así como con unas reacciones rápidas. Toman decisiones que parecen improvisadas pero que, en realidad, han sido maduradas durante mucho tiempo. Saben utilizar a los demás muy bien, y tienen cualidades excelentes como intermediarios. Además, son vendedores natos y no se sienten demasiado afectados por el fracaso. Su árbol tótem los define a la perfección, ya que se trata del fresno, todo un ejemplo de elasticidad y resistencia.

• **Psiquismo**

Son extrovertidos, es decir, gozan de una gran capacidad de contacto que, unida a su diplomacia espontánea, los convierte en excelentes responsables de relaciones públicas, astutos parlamentarios y eficaces responsables de prensa. Aunque es difícil influir en ellos, saben escuchar. Cuando preguntan su opinión a otra persona es porque ya han tomado la decisión; de no ser así, ni siquiera hablarían del asunto. Saben ser objetivos, sobre todo cuando les conviene. Son capaces de entregarse a una gran causa, llegando incluso a ser filántropos; además, confían en sí mismos y en su destino. Por otra parte, para ellos el éxito es casi imprescindible para garantizar un equilibrio, ya que son un poco tímidos. Son tan salvajes y «cómodos» como su animal tótem, el visón.

• **Voluntad**

Les gusta dar la impresión de que tienen una voluntad de hierro, aunque en realidad sólo se trata de un modo de mostrar que existen: dan un golpe en la mesa y hablan alto y claro, aunque, en realidad, siempre se preguntarán en secreto si los demás les seguirán. Y, normalmente, es así.

• **Emotividad**

Se trata de una emotividad necesaria, ya que de ella proviene una parte de su poder de convicción. Saben utilizarla, y su lado teatrero aparecerá con total claridad cuando, con la mano en el corazón, manifiesten su buena fe y su amor.

- **Reactividad**

No les gusta en absoluto que se les tome el pelo: en la época del Siglo de Oro habrían tenido derecho a tres duelos diarios. Además, son tan sensibles en el plano del honor como susceptibles en el del dinero, ya que temen por encima de todo que se abuse de su generosidad, que por otra parte es más bien relativa.

- **Actividad**

Ellos son de los que dicen: «Mucho cuidado: actuar está muy bien, pero hay que saber hacerlo cuando toca, es decir, cuando le afecta a uno directamente». Por tanto, a este tipo de caracteres les gusta trabajar por su cuenta, y no demasiado.

Muchos de ellos son buenos autodidactas. En cualquier caso, lo que necesitan para triunfar no se aprende en la universidad, sino más bien en el libro de la vida. Con frecuencia son hombres que se han construido a sí mismos, de primera categoría, con los pies en la tierra y muy sencillos, algo que también forma parte de su filosofía. Ahora bien, esto no impedirá que, durante la juventud, adquieran unos conocimientos sólidos. No hay que asustarse si no tienen una idea precisa del oficio que quieren desempeñar, porque luego se las arreglarán bien. Son excelentes diplomáticos y negociadores de primera categoría, además de destacar, como hemos visto, en el ámbito de las relaciones públicas. Les encanta todo lo relacionado con la sociedad y aquello que pueda informarla y entretenerla. Son buenos directores teatrales y astutos comerciantes. Pueden ser tanto populares prelados como discretos diputados, encantados de manejar el tinglado. En fin, pueden hacer casi cualquier cosa, siempre que se sientan apasionados por ella.

- **Intuición**

En su caso se trata de «buena vista» u «olfato». Su psicología espontánea hace maravillas: lo ven venir todo a kilómetros. Este buen olfato los convertirá a veces en temerarios impenitentes, dispuestos a poner la mano en el fuego por todo.

- **Inteligencia**

Poseen una inteligencia muy flexible al servicio de una gran imaginación, así como una memoria sorprendente, una curiosidad siempre al acecho, sentido del humor y caballerosidad. Se llevan a todo el mundo de calle con una facilidad pasmosa. Además, de niños son capaces de manipular a los adultos sin que estos se den cuenta.

- **Afectividad**

Les gusta ser queridos, pero no quieren que los afectos se conviertan en una carga. Por tanto, cuando sean niños no habrá que pasarse el día cubriéndolos de besos, sino más bien ayudarlos a realizar las brillantes ideas que siempre tienen en mente. Si hablamos con ellos de su futuro comprenderán el afecto que sentimos hacia ellos, porque tendrá una dimensión eficaz. Son posesivos del mismo modo que el sol posee a los planetas. Tienen espíritu de propietario en todos los ámbitos. Además, en ellos existe un deseo sincero de ayudar a los demás, porque su intuición se construye de tal modo que tienen buen ojo para descubrir talentos.

- **Moralidad**

Hacen gala de una moral correcta, sin más, y no hay que buscar tres pies al gato en relación con su comportamiento en los negocios o en el amor. «La cosa debe funcionar, debe avanzar». Así pues, por unas cuantas «tonterías» no se puede cuestionar todo un sistema, toda una estructura erigida con mucho cuidado.

- **Vitalidad**

Tienen una vitalidad de león que sabe dosificarse de forma insolente y duradera. Ahora bien, hay que tener esto en cuenta y no confinar a este tipo de hombres en agobiantes oficinas administrativas. Necesitan poder moverse y estar al aire libre. Deben seguir un régimen dietético que encaje con su carácter: nada de estimulantes, mucho sueño (aunque digan que no necesitan dormir) y, sobre todo, una atmósfera jovial y dinámica, que para ellos será el mejor incentivo posible. Sus puntos débiles son los riñones, el aparato urinario y la próstata.

- **Sensorialidad**

Su sensorialidad echa chispas: se trata de un hombre glotón, sensual, posesivo, tiránico cuando es necesario, siempre dispuesto a darse una comilona memorable. En cuanto a su sexualidad, es variable y depende de muchas cosas: el interés (casi siempre grande) que otorguen a la familia, el grado en que estén absorbidos por su trabajo y el éxito, que suele hacerlos bastante tiranos.

- **Dinamismo**

Aunque disponen, más o menos, de tanto dinamismo como actividad, esta ligera restricción indica que, en determinados momentos, les falta impulso, en cuyo caso se apoyan en la suerte: juegan a la loto, recurren a los amigos...

- **Sociabilidad**

Son muy sociables, aunque este acercamiento a los demás tiene algunos matices. Poseen una sensibilidad genuina que se ve discretamente incrementada por otra de carácter interesado. Atienden a sus invitados con sencillez y cordialidad. No son esnobs, aunque sí saben conducir su barco con prodigiosa destreza, de forma que, si todo va bien, no tarde en convertirse en todo un trasatlántico. Tienen una voluntad fuerte pero matizada, como también ocurre con su moral. Como ya hemos visto, son familiares. Gozan de una suerte insolente y la utilizan de forma fantástica. En los momentos buenos poseen un ímpetu de vivir desbordante, y en los periodos difíciles saben adaptarse. Ahora bien, cuando tienen una buena idea en mente, sea propia o de otro, saldrán camino de la victoria.

- **Conclusión**

Son unos auténticos «caballeros», siempre oscilando entre un cómodo egoísmo y una dedicación algo veleidosa. Normalmente tienen la suerte de casarse con una mujer lo suficientemente «esclava» como para satisfacer sus pequeños caprichos. Ahora bien, para seguir a estos infatigables vaqueros, no hace falta una esclava, sino más bien un potro indomable y rebelde.

Margarita (F)

LEMA: *Aquella que posee el secreto de la vida*

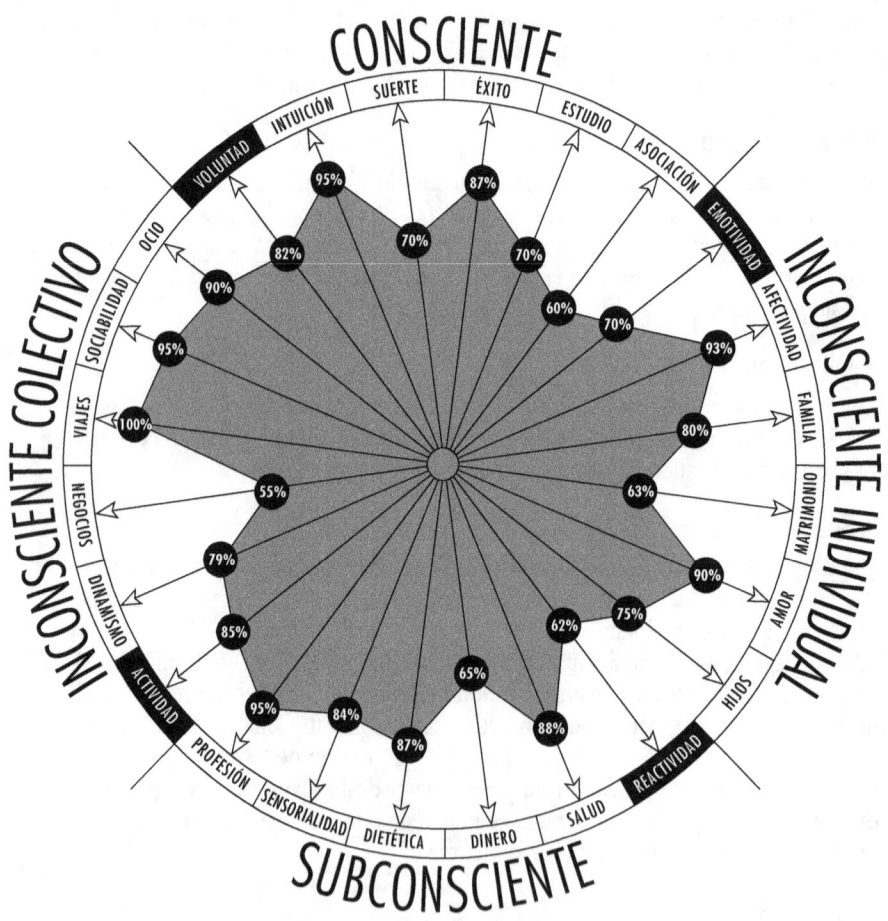

ELEMENTO: Agua
SIGNO: Piscis
COLOR: Verde

ANIMAL: Trucha
MINERAL: Calcedonia
VEGETAL: Arce

Margarita

y todos los nombres con características análogas indicados en el índice, incluyendo:

Cindy, Constancia, Greta, Laura, Laure, Laurencia, Leonia, Lorena, Magali, Marga, Rita, Rolanda, Servana, Telma, Wilhelmine...

• Tipo caracterológico

Poseen un carácter bastante difícil de manejar: dan la impresión de estar siempre entre dos aguas, como la trucha, su animal tótem. Son iracundas y nerviosas, y poseen una gran emotividad. Nada las hace huir ni esconderse. Se emocionan y se sienten afectadas por todo. Sus reacciones, como las de la trucha, son rápidas y desconcertantes. Poseen un carácter móvil, se desaniman con facilidad y, por tanto, son muy sensibles al fracaso, así como susceptibles.

• Psiquismo

Tienen un encanto enorme. Cuando no se sienten respaldadas y rodeadas, se topan con dificultades para tener éxito. Son muy introvertidas, es decir, que se encierran en su pequeño mundo interior cuando la vida resulta demasiado dura para su excesiva sensibilidad. Será necesario acostumbrarlas a enfrentarse a las cosas y tener la valentía de explicarse, así como, muy especialmente, a no esconder la cabeza ante el peligro. Son capaces de entregarse a una causa con convicción, pero tienen poco espíritu de continuidad, teniendo tendencia a abandonar los proyectos a medias, antes de poder recibir el impulso de un principio de éxito. Son tímidas y, en esencia, les falta confianza en sí mismas.

• Voluntad

Se trata de una voluntad «entre dos aguas». El entusiasmo matinal se convierte en abatimiento por la noche. Durante la infancia no debemos olvidar imponerles un código de conducta preciso que les haga terminar todo aquello que empiecen.

• Emotividad

La emotividad goza de una presencia excesiva y otorgará a este carácter un nerviosismo que, en algunos casos, lindará con la inestabilidad. Además, afectará tanto a la voluntad, haciendo que fluctúe, como a la reactividad, originando complejos de huida e incluso fuga.

• Reactividad

La reactividad de estas personas es extraña, ya que presenta una doble dimensión: por una parte, estamos ante alguien de reacciones fulgurantes e imprevisibles, ante una «trucha enloquecida» que lo rompe todo. Y, después, en otros momentos, se convierte en una especie de aceptación algo taciturna y triste. Incluso da la impresión de que son algo masoquistas, que les gusta dejarse deshojar sin reaccionar demasiado, siempre y cuando se les diga: «Te quiero un poco».

- **Actividad**

Examinando el diagrama de carácter, comprobaremos que la actividad de este tipo de personas no resulta en absoluto acaparadora. Dada su gran mediocridad, la actividad se ve literalmente «devorada» por una reactividad capaz de provocar mucha obstinación. Les interesa todo lo que esté directamente relacionado con la vida y, a menudo, estudiarán para ser pediatras, ginecólogas, responsables de guarderías y reeducadoras. Cuando quieren, tienen una buena disciplina mental y física, sobre todo si sienten pasión por un trabajo. Son excelentes enfermeras y notables puericultoras. Normalmente también serán buenas madres de familia, tiernas y dedicadas, a las que a veces les faltará algo de carácter para enfrentarse a ciertos pillos endiablados.

- **Intuición**

Casi tienen demasiada intuición. Se refugian en un mundo secreto donde todo son «signos» y presagios. Durante la juventud hay que impedir que otorguen demasiada importancia a los horóscopos y demás predicciones delirantes que tanto abundan en la prensa femenina. Son discretas como su vegetal totémico, el arce, que destila su delicioso jugo en el corazón del inmenso bosque.

- **Inteligencia**

Son inteligentes, pero se precipitan tanto al hablar y actuar que llegan a cometer monumentales meteduras de pata. Su inteligencia es sintética y les permite percibir la globalidad de un problema, aunque no siempre serán capaces de resolverlo del todo. Tienen una memoria mediocre que se ve algo afectada por su gran emotividad: olvidarán muchas cosas, desde el paraguas hasta a su marido.

- **Afectividad**

Son muy afectuosas y mimosas cuando se sienten seguras y desparecerán bajo su caparazón cuando se plante ante ellas un desconocido. Durante la infancia habrá que enseñarles a confiar en sí mismas y su destino, así como a mirar la vida de tú a tú y hacer caso a su buena intuición. Son seductoras y su encanto a menudo procede de unos ojos llenos de ternura, en los que se lee tanto la promesa de un gran amor algo temeroso como el deseo de seguir viviendo protegida y tranquila.

- **Moralidad**

Poseen una moral considerable y ajustada: es considerable, y esto reafirmará en cierta medida a la persona ofreciéndole protecciones eficaces; y es ajustada, porque si se multiplicasen las prohibiciones y los anatemas, podría descomponerse de forma literal este carácter relativamente frágil, que hay que tratar con amor y comprensión. Deberían llevar por ley la etiqueta de «Frágil».

- **Vitalidad**

Gozan de una buena vitalidad y de una salud algo intermitente: un día irá bien, el siguiente no tan bien. La mente tendrá mucho que ver con estos cambios, ya que subirá y bajará como un barómetro. Sus puntos débiles son los intestinos y el aparato genital. Deben seguir unos hábitos alimentarios muy estrictos, sin estimulantes, es decir, ni café ni alcohol. A la inversa, deben tener cuidado con el abuso de tranquilizantes y euforizantes.

- **Sensorialidad**

La sola palabra *sensorialidad* les asusta por su excesivo contenido semántico. No saben ni quieren saber dónde comienzan sus deseos. Cuando se habla delante de ellas del problema de la sexualidad, prefieren no oír nada. En este ámbito se reprocharán con frecuencia su debilidad y timidez, que las hace vivir con parejas muy alejadas de su ideal. Ahora bien, ¿quién es la pareja ideal? Ni ellas mismas lo saben. Desde la juventud sería positivo desarrollar en ellas un espíritu crítico y selectivo, así como acostumbrarlas a tomar decisiones y respetarlas, sabiendo decir que no cuando se les incite a hacer algo, cosa que ocurrirá debido a su gran atractivo, que se explica por motivos a menudo contradictorios.

- **Dinamismo**

Ya hemos visto que la actividad de este tipo de carácter era discreta; y, en cuanto al dinamismo, se compone simultáneamente de sueños mal digeridos, entusiasmos inmotivados y repentinos accesos de timidez. Dejarán para el día siguiente lo que debían haber hecho el día anterior. Tiemblan cada vez que suena el teléfono porque han prometido hacer diez cosas de las que ya no quieren ni oír hablar. Les gustaría volver a empezar de cero en otro mundo y, de pronto, se dan cuenta de que, de momento, ese mundo es el único que existe para ellas.

- **Sociabilidad**

Son muy sociables, ya que necesitan ser queridas y mimadas. No les gusta nada vivir solas. Tienen una voluntad caprichosa y pasan por muchos momentos críticos. Son muy influenciables y, a menudo, adoptan el estilo de vida de la persona que aman, algo que, desde luego, conlleva inconvenientes. Sienten un gran apego por la familia, los amigos y, en general, todo el que tenga un interés en ellas. No son niñas difíciles, aunque sí conviene vigilarlas de cerca en los ámbitos físico y psíquico. Tienen una suerte satisfactoria, y un éxito bastante discreto y tardío. En definitiva, se trata de personas afectuosas que, cuando se sienten realizadas, desprenden un magnetismo del que se beneficiará todo su entorno.

- **Conclusión**

No es fácil comprender la amplitud de la psicología de estas mujeres llenas de encanto. Con ellas todo cambia tan rápido... Ahora bien, si le gusta la pesca deportiva, tírese al agua y trate de atrapar esta preciosa trucha resplandeciente y fugaz que, sin duda, se las hará pasar canutas; pero eso sí, con la mayor amabilidad del mundo.

María (F)

LEMA: *Aquella que reina en el cielo y en la tierra*

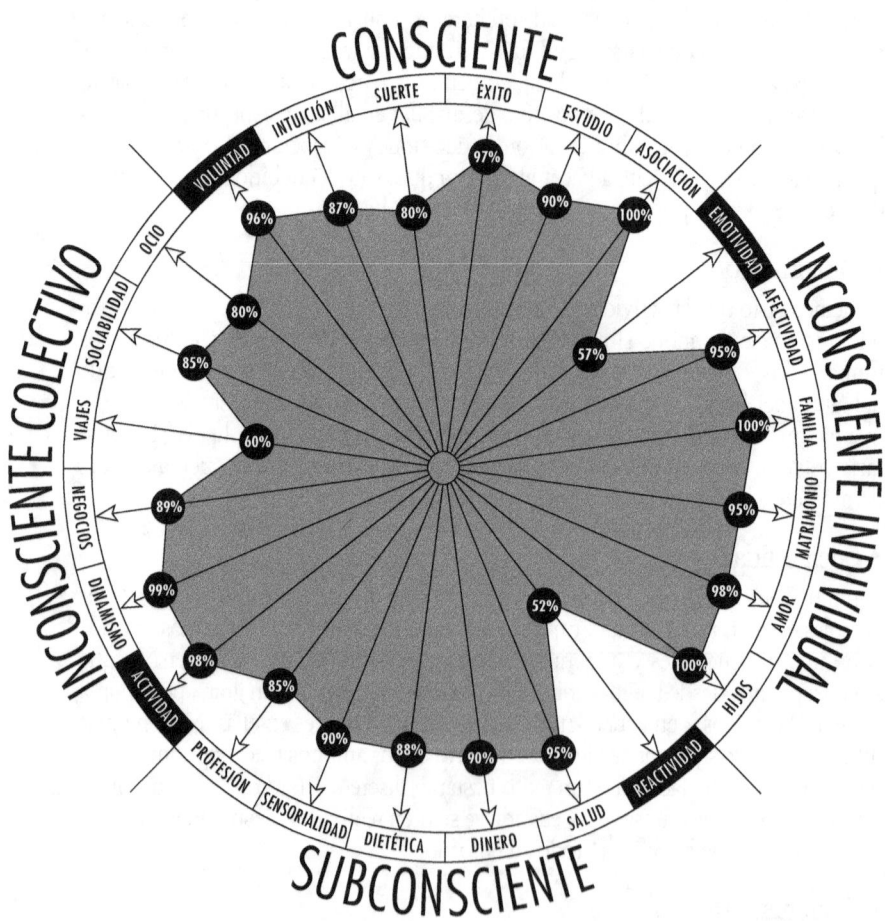

ELEMENTO: Tierra
SIGNO: Virgo
COLOR: Azul

ANIMAL: Paloma
MINERAL: Esmeralda
VEGETAL: Lis

María

y todos los nombres con características análogas indicados en el índice, incluyendo:

Astrid
Beatriz
Elodia
Eva
Gwenaelle
Manon
Mariana
Marina
Marión
Muriel
Miriam
Noemí
Valentina
Vanesa
Verónica...

• **Tipo caracterológico**

Normalmente están dotadas de una emotividad muy intensa, una actividad importante y reacciones rápidas. Son del tipo colérico. No se trata de caracteres fáciles, y cuando uno los analiza más exhaustivamente, se hace evidente que son personas decididas, trabajadoras y muy rigurosas a la hora de actuar, así como, en general, bastante susceptibles, incluso desconfiadas; también celosas, aunque rebosantes de ternura y amor. De hecho, al contrario de lo que puede pensarse, la paloma, su animal tótem, es un animal valiente y de gran voluntad.

• **Psiquismo**

Son introvertidas, es decir, que tienden a encerrarse en sí mismas y no siempre consideran útil exteriorizar todos sus pensamientos o sentimientos. Incluso pueden llegar a ser muy herméticas. Tienen una gran capacidad de determinación y suelen ser madres de familia fantásticas que no se quejan nunca. Son poco influenciables y capaces de magníficos sacrificios. Confían mucho en sí mismas, aunque esto deriva más de la misión que deben cumplir que de la percepción que puedan tener de su propia persona.

• **Voluntad**

Se trata de una voluntad muy desarrollada que prácticamente no deja espacio al egoísmo. Así pues, María, que constituye el «nombre modelo», se corresponderá bastante bien con la definición: «Aquella que reina en el cielo y en la tierra». Tiene el lis como vegetal totémico, un símbolo de belleza y pureza con un aroma sobrecogedor, pero que no gusta a todo el mundo.

• **Emotividad**

Este tipo de carácter posee una gran emotividad puesta al servicio de una voluntad de gran eficacia. Sin embargo, la suma de la reactividad y la emotividad proporciona una fórmula bastante explosiva en algunos momentos, y siempre susceptible.

• **Reactividad**

Se trata de una reactividad intensa y acabamos de ver que desempeña la función de detonador de un carácter que, desde luego, no se encuentra entre los más dulces.

Cuando no están de acuerdo reaccionan mostrando una gran oposición. Son bastante obstinadas, y los fracasos las hacen sufrir, aunque no consiguen detenerlas. Sienten una gran ternura por los niños, pero también son estrictas con aquellos que deben educar.

- **Actividad**

Debe destacarse la plenitud de esta actividad, y el diagrama de carácter nos muestra hasta qué punto se ve respaldada por un dinamismo de primera categoría. Normalmente son alumnas excelentes. Les gustan los estudios clásicos y se sienten atraídas por profesiones en las que deban dar mucho de sí mismas, destacando entre todas ellas la de madre de familia. A partir de ahí se proyectan, con perdón de la expresión, hacia oficios que las pongan en contacto con la infancia y los enfermos: médicos, enfermeras, pediatras, maestras o religiosas. Les interesa todo lo que tenga una dimensión social, como el sindicalismo o ciertas modalidades de periodismo. A menudo son buenas artistas. Poseen una gran generosidad, aunque controlada.

- **Intuición**

Tienen buena intuición, pero no se fían demasiado de ella. Prefieren seguir con paciencia las vías conocidas de la experiencia antes que lanzarse a la aventura. Tienen los pies en la tierra. Cuentan con un gran poder de seducción, aunque en ocasiones intimidan bastante.

- **Inteligencia**

A pesar de tener una gran inteligencia, no pretenden destacar, e incluso muestran cierto recelo hacia aquellos que desean acaparar la atención a toda costa. Se trata de una inteligencia analítica, es decir, que se dirigen más a los detalles que a la visión global de un acontecimiento. Tienen una memoria amplia y se acuerdan de todo. Su curiosidad es normal.

- **Afectividad**

En ellas la noción de afectividad es compleja, ya que son a la vez vulnerables, sensibles y de una severidad que, en ocasiones, resulta sorprendente e incluso desconcertante, sobre todo cuando se enfurecen. Se fijan en el comportamiento de los demás y se sienten molestas con facilidad. Son posesivas, más por deseo de proteger que por ganas de ser propietarias. Cuentan con un profundo sentido de la amistad, aunque también con una voluntad de limitar el número de sus amistades y elegirlas cuidadosamente. Aborrecen sentirse acaparadas. En cualquier caso, esta familia de nombres es la que retiene el mayor porcentaje de amor, algo que hay que subrayar.

- **Moralidad**

No resulta difícil imaginar que estas jóvenes y mujeres harán gala de un comportamiento regido por leyes muy estrictas. No quiere decirse que todas las que tengan alguno de estos nombres sean unas santas, ni mucho menos. Pero sí ocurre que, como regla general, poseen una moral natural que siempre se manifestará en los momentos más importantes.

- **Vitalidad**

Tienen una gran vitalidad y una salud robusta. Desde la infancia deberán llevar una vida bien equilibrada para que no se desarrolle demasiado su emotividad, ya de por sí intensa, así como para evitar el agotamiento tanto físico como intelectual. Sus puntos débiles son los intestinos, que deberán vigilar desde pequeñas, los pulmones y la piel.

- **Sensorialidad**

Su sensorialidad es impresionante y cubre una gran parte de la vida afectiva de este tipo de caracteres. En efecto, en ellas todos los placeres de la vida y pulsiones están relacionados con el amor, en el sentido más noble de la palabra. Para ellas la alegría de dar a los demás es esencial más que para cualquier otra persona. Normalmente, tienen una sexualidad exigente, pero que saben dominar. Además, existen dos tipos de personalidad, la del cielo y la de la tierra, la vinculada a la paloma y la vinculada al lis.

- **Dinamismo**

Es este dinamismo tan pronunciado lo que les otorga su irradiación, un magnetismo que no dejará de sorprender a todos los que la rodean. Pero cuidado, mientras sean niñas habrá que evitar que caigan en la trampa de la «apariencia», ya que, en efecto, la «presencia» de estas personas da la impresión de que todo es fácil, mientras que, muy al contrario, deben luchar por «ser» para sentirse a la altura de su cometido, que precisamente es el de reinar «en el cielo y en la tierra» con sus cualidades emocionales.

- **Sociabilidad**

Dan muestras de una sociabilidad positiva, sin más, ya que estas mujeres, que encajan a la perfección en la sociedad, no necesitan a los demás para vivir, sino más bien al contrario. Poseen una gran riqueza y quizá merezcan más que otras el título de «madre», ya que en muchas ocasiones adoptarán una actitud muy maternal. Saben tratar a sus invitados con gran sencillez, y con un sentido acusado de la familia y el hogar. Son fieles, ahorradoras y valientes, y si bien a veces su temperamento resulta un poco rudo, hay que ser conscientes de que siempre será para devolver a las cosas y las personas su auténtico valor.

- **Conclusión**

Normalmente no serán niñas que planteen grandes problemas. O, mejor dicho, aprenderán a resolverlos muy pronto, y más tarde, cuando deban enfrentarse a las inevitables dificultades de la vida, sabrán arreglárselas por sí mismas a la perfección. El nombre más intenso de todos estos es, sin lugar a dudas, María, que, más allá de las modas y los esnobismos, conserva una potencia de protección y de irradiación sin igual. Quizá sea conveniente recordar esto.

Marta (F)

LEMA: *Aquella que posee la fuerza cósmica*

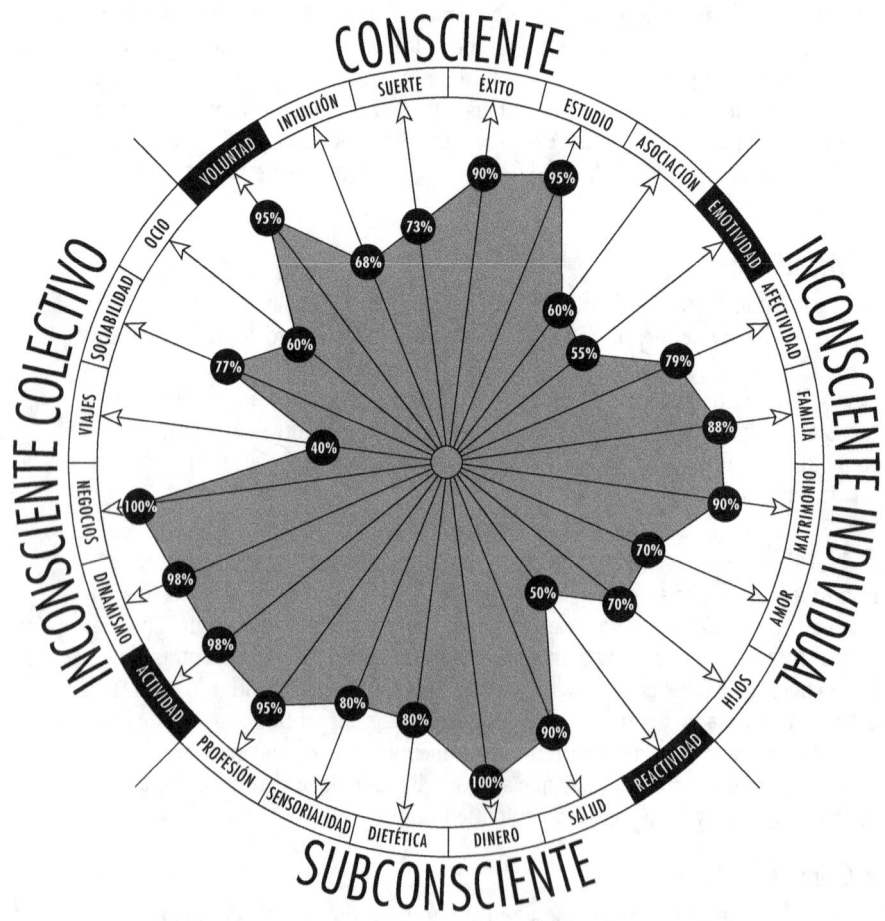

ELEMENTO:	Fuego	ANIMAL:	Alondra
SIGNO:	Sagitario	MINERAL:	Azabache
COLOR:	Azul	VEGETAL:	Tulipán

Marta

y todos los nombres con características análogas indicados en el índice, incluyendo:

Bernardeta
Gertrudis
Gudula
Jodie
Judit
Lucrecia
Marta
Martha
Mona
Mónica
Mònica
René
Úrsula
Ursule
Ursulina…

- **Tipo caracterológico**

Se trata de una mujer fuerte, de una auténtica fuerza de la naturaleza. Lo normal es que este tipo de caracteres posea una buena emotividad, una actividad febril y buenas reacciones, dando como resultado personas muy eficaces. Están llenas de posibilidades cuando pasan a la acción. Salen disparadas como una flecha o como una alondra, su animal tótem, que se eleva en los cielos al alba para adelantarse al sol, ese sol que tanto aman. Son iracundas y conviene no molestarlas demasiado; resultan algo acaparadoras, pero poseen una gran valentía.

- **Psiquismo**

Son extrovertidas y disponen de una amplia superficie de contacto con la sociedad. Apenas sí son influenciables. Su carácter, cuya masculinidad les confiere algún que otro complejo, madurará muy pronto, de forma que la duración de su juventud inconsciente es relativamente breve, como también ocurre con el tulipán, su vegetal totémico, que ofrece su estallido de color a principios de la primavera y en seguida se entierra para conservar como un tesoro este primer sol en su bulbo. Son ahorradoras, tanto mental como materialmente. También son posesivas; adoran la contradicción y habrá que hacer todo lo posible para que no sólo tengan confianza en sí mismas al nivel de las apariencias.

- **Voluntad**

Se trata de una voluntad tiránica tanto con ellas como con los que deben sufrirla. Lo tienen todo: eficacia, obstinación, decisión inquebrantable… Ahora bien, a veces querríamos que fuesen un poco más humanas.

- **Emotividad**

Es esta una emotividad cuya intensidad, lejos de minar la eficacia de los parámetros colindantes, los dinamiza. Por desgracia, también origina cierta ansiedad que a menudo arruinará los logros más fantásticos.

- **Reactividad**

Hacen gala de una capacidad de reacción muy equilibrada que, poco más o menos, se corresponde con la emotividad y respalda a las mil maravillas este carácter lleno de recursos y reacciones. Claro está, no todo resulta siempre fácil, y de hecho estas mujeres tienen una forma de responder que no dejará de sorprendernos. Tanto los cónyuges como los padres deberán acostumbrarse a esto.

- **Actividad**

La actividad debe ser, obligatoriamente, desbordante, ya que en esencia constituye su razón de ser. Se ve respaldada a la perfección por un dinamismo virulento; nos encontramos, aquí, en el mismo corazón de la fortaleza.

En general son estudiantes aplicadas. En ellas hay un deseo de triunfar y aprender que las suele convertir en buenas alumnas, más eficaces que brillantes. En realidad persiguen sus ideas y, cuando se les mete en la cabeza un objetivo concreto, harán todo lo necesario para conseguirlo... Serán médicas, farmacéuticas, profesoras de ciencias o lenguas extranjeras o directoras de empresa. También podrán ser agricultoras, ganaderas, enfermeras, comerciantes o incluso dirigir un restaurante o un bar; desde luego, tienen la fuerza necesaria para ello. En cualquier caso, quieren dar órdenes; resulta comprensible, pues, la necesidad de ser firmes con ellas para no dejarse superar por los acontecimientos.

- **Intuición**

No se les puede hablar de intuición: no quieren saber ni lo que significa. Para ellas, intuición implica renunciar a la inteligencia, la deducción y el cartesianismo, es decir, cuentos chinos. No siempre se mostrarán tiernas con sus amigas.

- **Inteligencia**

Se trata de una inteligencia analítica que les permite comprender con rapidez hasta el más mínimo detalle de una operación. Poseen una excelente memoria afectiva; por el contrario, en principio no son demasiado curiosas. Cuentan con una enorme capacidad de trabajo y desconfían de su imaginación.

- **Afectividad**

Su afectividad posee una dimensión secreta. Son poco expansivas e incluso pueden llegar a ser desconfiadas; observan y esperan para anticiparse a los primeros pasos de los demás. Saben reírse y divertirse, pero con la condición de que las bromas no vayan demasiado lejos. Dicho de forma breve: son claramente burguesas. Los padres deberán tratar de distender a estas niñas, que a menudo presentarán un aspecto demasiado serio para su edad.

- **Moralidad**

Su moral personal a menudo depende de la sociedad o la clase a la que pertenezcan. Se limitan a seguir la corriente, algo que les aporta seguridad y comodidad. Además, adoptando la moral de los demás se sienten menos solas.

En cuanto a la fe, se adhieren a la opinión general, pero reservándose la libertad de creer en lo que quieran. Les gusta tener amigos, pero no que se invada su territorio. Son sensibles a las críticas y las habladurías, así como a los fracasos, y puede ocurrir que desarrollen cierta represión sentimental.

- **Vitalidad**

En este ámbito también se dedican a atesorar: da la impresión de que todo su organismo tema pasar penurias, presentando una tendencia hacia la gordura. Así pues, deberán vigilar de cerca su régimen. Se les recomienda caminar y hacer natación, así como, si es posible, vivir en el campo; sin embargo, deberían pasar las vacaciones en el mar: necesitan yodo. Sus puntos sensibles son el aparato genital y el estómago. Durante la niñez habrá que acostumbrarlas a comer a horas precisas y no picar entre horas.

- **Sensorialidad**

¿Sensorialidad? Bueno, sí, está la glotonería: comer bien, deleitarse con magníficos dulces y chocolate... eso las tranquiliza y reafirma. Ahora bien, en cuanto a la sexualidad, para ellas implica satisfacer los deseos del otro y, por tanto, complicarse la vida de forma tonta.

Ya se ha dicho que tienen un porcentaje de masculinidad por encima de la media, lo que les otorga cierta agresividad hacia los hombres. En muchos casos tenderán a coger las riendas en la casa y, como suele decirse, «llevar los pantalones». Durante la infancia se sienten más próximas al padre que a la madre. De adultas, no cederán con facilidad a sus impulsos sensuales, presentando una tendencia a calcular su comportamiento por adelantado. Para ellas el matrimonio tiene mucha importancia, ya que casi siempre se tratará de una promoción social. Desconfían de las demás mujeres y no entregan su amistad con facilidad.

- **Dinamismo**

Si entendemos por dinamismo asumir ferozmente un proyecto hasta el punto de considerar como un adversario a cualquier competidor, entonces este tipo de carácter está dispuesto a presentar batalla. Ahora bien, si el dinamismo consiste en poseer en uno mismo motivaciones lo suficientemente intensas como para superar el estadio de la agresividad y cooperar con los demás, entonces considerarán que «falta competitividad». Son violentas natas.

- **Sociabilidad**

Son sociables en la medida en que no afecte a sus negocios o redunde en su interés. En ellas existe un gran deseo de poseer, de adquirir riquezas, pero también cierta nostalgia por no ser las que seducen. Poseen una voluntad de hierro, a veces tiránica, y una moral de principios siempre eficaz, además de una suerte mediana que el deseo de conseguir algo casi siempre transforma en éxito. En pocas palabras, son mujeres hechas y derechas.

- **Conclusión**

La conclusión es evidente: desde luego, las mujeres que llevan estos nombres, con Marta a la cabeza, no son personas tranquilas. Además, tampoco se encuentran demasiado cómodas en su piel, aunque, eso sí, en ellas existe tal deseo de hacerlo bien, tal voluntad de tener éxito, que hace falta quitarse el sombrero ante ellas. Justamente lo que hacen algunos de sus maridos... cuando se dan a la fuga.

Mauricio (M)

LEMA: *El hombre que espera, que tiene esperanza*

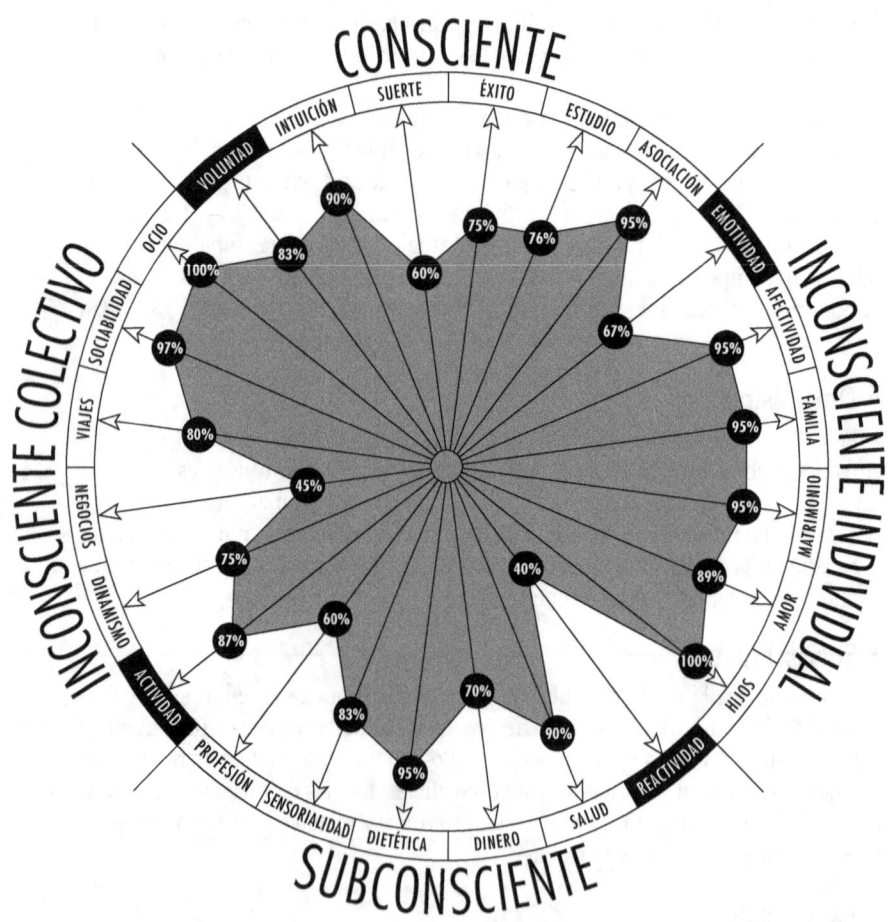

ELEMENTO: Fuego
SIGNO: Sagitario
COLOR: Violeta

ANIMAL: Buitre
MINERAL: Cornalina
VEGETAL: Abedul

Mauricio

y todos los nombres con características análogas indicados en el índice, incluyendo:

Amaurio, Conrad, Everardo, Evermundo, Javier, Kurt, Maurici, Mauricio, Meurisse, Moric, Morris, Saturnino, Sernin, Vladimiro, Volodia…

• **Tipo caracterológico**

Son hombres apasionados y herméticos, dotados de una gran emotividad y que necesitan actuar, aunque manifiestan una ligera predisposición a confundir acción con agitación. Por otra parte, a menudo nos sorprenderá la relativa lentitud de sus reacciones. Tienen espíritu de actor y a veces escenifican una gran desesperación con una convicción sorprendente.

• **Psiquismo**

No hay que proponerles diez tareas simultáneas. En la niñez, habrá que procurar que acaben todo el trabajo que les hayamos confiado antes de pasar a otra cosa. Son introvertidos, es decir, les cuesta salir de sí mismos, salvo que se trate de una causa mayor, en cuyo caso harán gala de una precisión y una eficacia pasmosas. Su árbol totémico es el abedul; como él, son flexibles y seductores, y silban bajo el efecto de los mil vientos de la planicie esperando, en el esplendor de su otoño, que llegue el invierno, que los sumergirá en un dulce sueño.

• **Voluntad**

Se trata de una voluntad algo intermitente: es sólida cuando todo va bien, pero vacila cuando las cosas se complican. En realidad, les gustaría disponer de una voluntad de acero para realizar todo lo que se proponen, que suelen denominar su «misión». Pero ocurre que este bonito sueño de poder tropieza con las piedras del camino y, cuando el carruaje se rompe, terminan por acusar al cielo.

• **Emotividad**

Se trata, ante todo, de una emotividad introvertida, y harán todo lo posible para evitar que no se transparente el tumulto interior que, en ocasiones, los anula por completo. Por eso, no hay que reprocharles su lentitud. Forman parte del grupo de nombres que necesitan y reclaman mucha amistad. Son amigos entregados, disponibles, llenos de matices, fieles y algo agobiantes, aunque esto se les perdona de buena gana por la gran amabilidad que demuestran.

• **Reactividad**

Es en la reactividad donde más se tenderá a valorar su carácter. No les cuesta oponerse ya que, dada su sensibilidad al fracaso, se desanimaban relativamente rápido. Así pues, durante la infancia no hay que permitir que se bloqueen ni que los malentendidos se instalen en su espíritu, algo frágil, para evitar las tendencias represivas.

- **Actividad**

Son muy activos, pero a su manera: tienen una forma curiosa y muy personal de organizar su trabajo. Si alguien les hace una observación, responderán que esta persona no ha entendido nada. En general les gusta estudiar, siempre que sea con un objetivo preciso; por eso la orientación profesional es tan importante para ellos: sólo trabajarán bien en función del oficio escogido. Tienen espíritu de especialista. Podrán convertirse en buenos actores, e incluso en economistas, escritores de genio, dramaturgos o médicos. En general, se sienten atraídos por las profesiones liberales, aunque hay que tener cuidado porque les cuesta adaptarse y cambiar de profesión. Su conciencia profesional depende de las circunstancias. De niños debemos evitar darles más de una tarea a la vez.

- **Intuición**

Cuentan con una intuición prodigiosa, son muy seductores y poseen un gran encanto. Tienen muchos presentimientos y gozan de una gran fecundidad mental. Son maravillosos narradores de historias.

- **Inteligencia**

Son inteligentes y reflexivos, aunque tienen algo de dificultad en ponerse en marcha. Por el contrario, una vez han empezado ya no hay quien los pare. Incluso tienen tendencia a pasarse de la raya. Son de carácter más bien charlatán.

- **Afectividad**

Son muy afectuosos. Necesitan sentirse rodeados, queridos y comprendidos. Son posesivos; durante la niñez, querrán ser los preferidos de los padres, y no hay que caer en sus trampas ni mimarlos hasta el punto de convertirlos en «princesitas». Tienden claramente a la represión cuando sufren un fracaso. Oyéndolos, parecería que el motor del mundo deba ser el Amor, con mayúsculas, y en ellos a veces es así. Eso sí, tienden a usar demasiadas mayúsculas, en su discurso y en la vida.

- **Moralidad**

Su moral es buena. Serán excelentes padres de familia, pero como maridos pueden pecar de demasiado débiles. Esta moralidad eficaz los protege o, mejor dicho, les da la sensación de estar protegidos, pero también tenderá a aislarlos de ciertas responsabilidades limitativas. Con el pretexto de que el Prójimo (con P mayúscula) no tiene ni idea de Moral (con M mayúscula) lo dejarán pasar todo. En cuanto a la religión, no son demasiado «católicos», con perdón de la expresión...

Son místicos, en ocasiones incluso supersticiosos. Se sienten atraídos por lo oculto. Les apasionan los fantasmas y sueñan con platillos volantes. Incluso se consideran algo brujos, pero lo peor es que a veces consiguen que los demás los crean.

- **Vitalidad**

En general gozan de buena vitalidad, aunque su salud depende demasiado de la mente, es decir, que no siempre son estables. Se cansan rápido y tienden a agotarse. A menudo siguen unos hábitos alimentarios arbitrarios y deben vigilar los intestinos y el pecho. Cuidado con el asma.

- **Sensorialidad**

Poseen una sensorialidad enérgica pero claramente amortiguada. En ocasiones, esto les confiere un ligero aspecto anticuado y reservado. Su carácter conlleva un porcentaje bastante elevado de feminidad. Son sensibles y poseen una sensualidad tierna. De niños habrá que tratar de virilizarlos cuanto antes y hacerles afrontar los problemas de la vida, así como no dejar que desarrollen cierto temor a las mujeres que no sean sus madres, ya que esto abriría la puerta a numerosos complejos.

- **Dinamismo**

La verdad es que se trata de un dinamismo «cansado» que no aporta nada a la eficacia de su carácter. Y sin embargo, no son perezosos; quizá algo indolentes... o, por qué no, partidarios de esperar a que las cosas ocurran.

Su suerte se hace esperar y ellos esperan demasiado de ella. En general, esperan demasiado de los demás y tan sólo alcanzarán verdadero éxito cuando luchen. El problema es que no les gustan nada las peleas. En definitiva, se trata de hombres de compañía agradable, luminosos y encantadores, que deben desconfiar de su «ecología» filosófica y de esa atracción por lo ajeno tan propia de su carácter.

- **Sociabilidad**

Manifiestan una sociabilidad torrencial. Necesitan estar rodeados. Les gusta tener invitados y les encantan las reuniones de amigos, además de sentirse bien en las asociaciones fraternas y sentir un sincero deseo de ser útiles para los demás, ayudar y hacer favores. Durante la juventud deberán promoverse particularmente estas tendencias. Son bastante negativos en su forma de expresarse y siempre empiezan rechazando la opinión de los demás. Necesitan tiempo para cambiar de opinión. Tan sólo toman una decisión cuando las cosas están bien establecidas y los acontecimientos prácticamente han llegado a su fin. Es entonces cuando tomarán partido. Su prudencia es proverbial, pero durante la infancia habrá que evitar que esto se convierta en una prudencia indecisa. Eso sí, a pesar de su susceptibilidad son capaces de ser ocasionalmente objetivos.

- **Conclusión**

Normalmente son hombres notables, llenos de delicadeza, tacto e inteligencia. Sin embargo, a menudo dan la impresión de no aprovechar al máximo su carácter. Les falta algo impreciso... quizá sea perseverancia o una especie de agresividad que debería aportarles su animal tótem, el buitre. Pero claro está, quizá los buitres no sean tan agresivos como suele decirse... excepto que se trate de un ser humano.

N.º 69

Miguel (M)

LEMA: *Aquel que juzga*

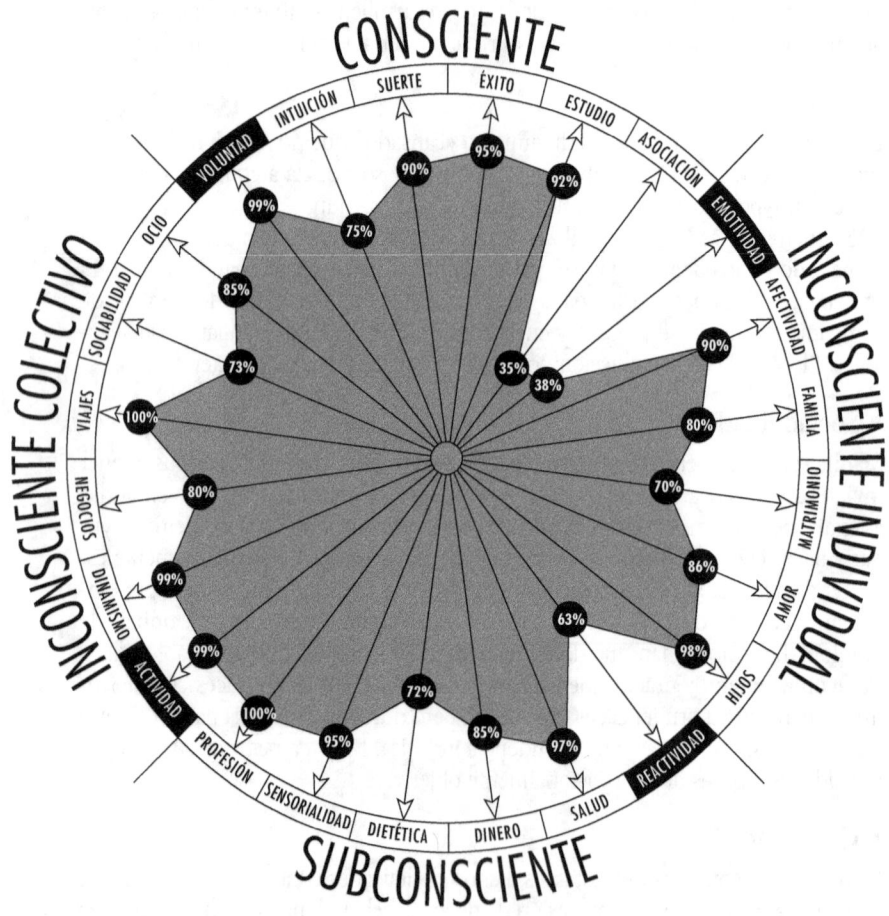

ELEMENTO:	Tierra	ANIMAL:	Tigre
SIGNO:	Virgo	MINERAL:	Azufre
COLOR:	Rojo	VEGETAL:	Olmo

Miguel

y todos los nombres con características análogas indicados en el índice, incluyendo:

Adán
Ahmed
Cipriano
Dick
Diego

Dimitri
Mariel
Micaelo
Miquel
Ricardo

Rick
Rickie
Roch
Escipión
Valberto...

• **Tipo caracterológico**

El carácter de estos nombres manifiesta una emotividad mediana con problemas para expresarse. Tienen una gran tendencia a la introversión, es decir, a encerrarse en sí mismos y aislarse en su mundo interior, juzgando a los demás con cierta severidad. Son muy subjetivos, y rara vez tratan de ponerse en el lugar de los demás. Por tanto, durante la infancia deberemos evitar que se conviertan en tiranos peligrosos como su animal tótem, el temible tigre.

• **Psiquismo**

Al contar con una imaginación relativamente tranquila, suelen confiar más en el método que en la intuición. Son personas lógicas, y de esto deriva cierta rigidez característica en las actitudes y los juicios, así como una ausencia casi total de diplomacia. Su eslogan favorito podría ser: «Lo tomas o lo dejas». Se adaptan mal a las circunstancias y son muy poco influenciables. Sin embargo, todo el mundo tiene un punto débil, que en ellos es el orgullo; cuando sean niños podremos sacarles todo lo que queramos siempre que utilicemos con astucia su deseo de ser los primeros, de mandar. En cuanto a la confianza que este tipo de carácter deposita en sí mismo, es completa y los llevará a tomar decisiones ocasionalmente brutales, y casi siempre definitivas.

• **Voluntad**

Su voluntad sólo puede ser tiránica. No hace falta usar más calificativos: con echar un vistazo al diagrama adjunto, veremos la intensidad de la voluntad en comparación con el resto de parámetros de carácter. Literalmente, los devora.

• **Emotividad**

En ellos, la emotividad se encuentra oprimida entre la voluntad y la reactividad: la pobre hace lo que puede. No obstante, consigue otorgar a este tipo de carácter un calor humano que, por mucho que no sea evidente, existe.

• **Reactividad**

En un principio parece una reactividad «terrible», pero luego uno se da cuenta de que, aunque se manifieste bajo un aspecto iracundo, está bien controlada por la

317

persona. En ellos, la amistad, a menudo muy exclusiva, desempeña un papel importante. Nunca hay que tratar de destruirla o debilitarla. Escogen de forma inteligente a sus amigos y lo darían todo por ellos. Ahora bien, son posesivos y les cuesta concebir una amistad o un amor en los que la otra parte no esté sometida. Los padres deberán dominar a este tipo de niños, ya que, de lo contrario, serán ellos quienes los dominarán. Debido a su orgullo son particularmente sensibles al fracaso; no obstante, este nunca les hundirá, sino que más bien se sentirán fustigados.

- **Actividad**

El diagrama de carácter muestra que nos encontramos ante unos auténticos campeones entre los nombres, y muy especialmente los Migueles: consiguen batir todos los récords… Son niños «luchadores» y disciplinados, y exigen esta disciplina tanto a sí mismos como a los demás. Más investigadores que curiosos, trabajan con vistas a un objetivo concreto y no por el placer de realizar descubrimientos inesperados. Por tanto, les gustarán sobre todo los estudios médicos, y serán cirujanos o médicos de primer orden. También se sienten atraídos por el ejército y las profesiones comerciales. Poseen unas cualidades artísticas mediocres.

- **Intuición**

Ya hemos visto que manifestaban cierta desconfianza con respecto a la intuición. Ahora bien, esto no es tan simple: obedecen de forma más o menos consciente a voces interiores que les guían más de lo que creen, y que les conducen, en ocasiones, a hacer auténticos oráculos… de forma algo brusca.

- **Inteligencia**

Se trata de una inteligencia enérgica pero analítica y bastante fría. Examina sin concesiones los elementos de una situación, mesura los datos y los descuartiza con la distancia de un entomólogo. Al hablar pueden ser algo lentos a veces, aunque, por el contrario, gozan de una dialéctica inmisericorde, que usan y de la que abusan hasta ganarse rápidamente la fama de «gruñones» de pedigrí.

- **Afectividad**

Cuentan con una gran afectividad, a pesar, y sobre todo, porque se manifiesta con gran reserva. Cuando sean niños habrá que ayudarlos a realizarse con plenitud sin dejarse impresionar por la eventual brutalidad de sus reacciones. Cabe destacar que gozan de una memoria implacable, sobre todo en el ámbito afectivo. No olvidan ni el bien que han recibido ni el mal que se les ha infligido. Poseen una capacidad de atención espontánea y un gran poder de concentración voluntario. No se les pasa nada. Cuentan, así pues, con la longevidad afectiva del olmo, su árbol tótem, que deja atrás los siglos con un magnífico orgullo.

- **Moralidad**

Esta moralidad constituye su caballo de batalla. Para ellos, el comportamiento de las personas no es cosa de broma, y con mucha frecuencia este rigor nos recordará más a un sargento del ejército que a las dulces exhortaciones de un cura. Además, consideran que la moral debe servir a las personas y las cosas, de forma que no dudarán en convertirla en un «motor» político. Por otra parte, aunque no viven con fanatismo la religión, también la reclutarán si la consideran útil.

- **Vitalidad**

Vaya una vitalidad... Parecen infatigables, y muchos de sus colaboradores se dejarán la salud en ello. En cuanto a su mujer, no le quedará más remedio que adaptarse. Normalmente gozan de una salud excelente y poseen un gran dominio de sí mismos, de forma que, en general, resisten bien a la enfermedad. Sin embargo, deberán vigilar el sistema circulatorio y, en particular, el corazón.

- **Sensorialidad**

Como es obvio, la sensorialidad forma parte del cóctel explosivo conformado por el carácter de estos sorprendentes hombres. Poseen una sensualidad enérgica y exigente, además de precoz. Son muy masculinos, aunque no conocen bien la psicología femenina. En lugar de tratar de convencerlas y seducirlas, las arrastran consigo por las buenas o por las malas: una seducción de auténtico cavernícola.

- **Dinamismo**

No hacen falta comentarios: para entenderlo, basta con remitirse al diagrama de carácter y contemplar la cadena en que convergen dinamismo, actividad, profesión y sensorialidad. Si no, también podemos consultar a nuestro Miguel habitual... él nos lo explicará.

- **Sociabilidad**

Este es, sin lugar a dudas, su punto débil. ¿Ser sociables? ¡Por favor! Si son auténticos tigres en medio de una manada de murciélagos... Su falta de diplomacia y su tono perentorio pueden crearles enemistades. Los padres no deberán aguantar nunca que estos niños realicen el más mínimo comentario cruel o desagradable, sino, muy al contrario, inculcarles el respeto hacia el prójimo. Cuentan con una voluntad firme y un gran dominio de sí mismos: tienen valentía y sangre fría. Les gustaría inventarse una moral excelente, pero en la que los intereses de la pareja cediesen el paso a sus propios objetivos.

Tienen buena suerte, aunque no suelen utilizarla. Se niegan de forma sistemática a adoptar la vía fácil, y aparentemente tan sólo les gusta una persona o una profesión cuando les ofrece resistencia. A menudo tendrán éxito de forma tardía pero duradera. Son cerrados, celosos y duros con sus subordinados, pero, a pesar de todo, auténticos caudillos capaces de «defenderse» muy bien en la vida, aunque para ellos «defenderse» consista sobre todo en atacar.

- **Conclusión**

No debemos percibirlos como auténticos lobos amenazadores; esto les daría mucho gusto y generaría un complejo de inferioridad en aquellos que les rodean. Y es que, no lo olvidemos, debemos resistirnos a ellos desde la primera juventud. Después será difícil, por no decir imposible.

Nicolasa (F)

LEMA: *Aquella que representa el equilibrio*

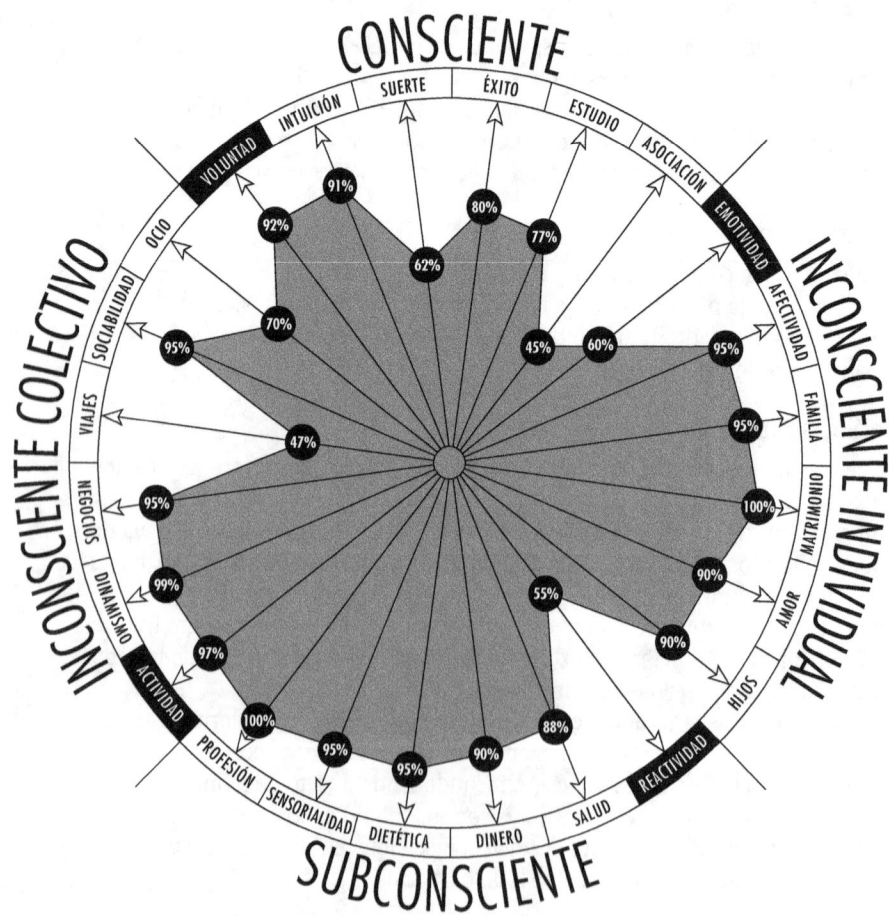

ELEMENTO: Aire
SIGNO: Libra
COLOR: Azul

ANIMAL: Ratón
MINERAL: Manganeso
VEGETAL: Lino

Nicolasa

y todos los nombres con características análogas indicados en el índice, incluyendo:

Coline	Gislena	Lydia
Cosima	Godelena	Pamela
Gabriela	Lara	Tifania
Gaby	Leticia	Tiffany
Geraldina	Lidia	Viriana...

• **Tipo caracterológico**

Son iracundas, reservadas y de intensa emotividad, así como muy activas. Además, poseen una notable capacidad de reacción. Así pues, se trata de mujeres apasionantes, de impulsos rápidos y desconcertantes, pero que poseen un equilibrio de carácter que les permite realizar juicios sólidos. Son discretas pero eficaces, y cuando algo se les mete en la cabeza, trabajan silenciosamente y consiguen roer cualquier resistencia como un ratón, su animal tótem.

• **Psiquismo**

Hay que desconfiar de los ratones cuando se vuelven rabiosos. Del mismo modo, estas mujeres tienen en ocasiones accesos de rabia contenida que las hacen blasfemar de repente. Desde su más tierna infancia, deberemos habituarlas a controlarse y no ceder a su espíritu crítico, matizar sus opiniones sobre las personas y las cosas y no lanzar al prójimo sentencias incisivas o incluso crueles. Son poco influenciables, pero muy subjetivas. Lo ven todo a través de su prisma particular. A nivel interno tienen una gran confianza en sí mismas, aunque no siempre la manifiestan.

• **Voluntad**

Poseen una voluntad firme y una perseverancia a prueba de bombas. Hay que subrayar que dicha voluntad se apoya en una actividad devoradora, unas reacciones contundentes y una emotividad bastante bien disimulada, pero que a veces estalla en explosiones bastante inesperadas. La violencia de algunas de sus ideas puede sorprender, pero luego todo vuelve a la tranquilidad.

• **Emotividad**

Poseen una emotividad intensa, que además resulta indispensable para que este tipo de caracteres no se deje subyugar por la «pareja» formada por la voluntad y la actividad, que podría convertirlas en robots obsesionados con el trabajo, o, dicho de otro modo, en estajanovistas. Tienen un gran sentido de la amistad, incluso con hombres. Desde muy jóvenes, necesitarán tener muchos amigos a su alrededor. Sin embargo, habrá que llevar cuidado para que estos excesos no perjudiquen a sus estudios.

- **Reactividad**

No son fáciles de manejar y poseen una memoria afectiva temible. Cuando tienen a alguien atragantado, para decirlo de forma coloquial, esperarán meses, e incluso años, para ajustar las cuentas, pero podemos estar seguros de que irán hasta las últimas consecuencias.

Por tanto, poseen un sentido muy acusado de la oposición, y cuando se han hecho una idea de alguien es difícil quitársela de la cabeza. Sin embargo, cambian con bastante facilidad de opinión cuando se les explican con claridad las cosas. Son sensibles al fracaso, que más que abatirles les irrita.

- **Actividad**

No pueden estarse quietas. Necesitan grandes objetivos. Les encanta construir, restaurar y curiosear en tiendas de antigüedades. Desde luego, unas aficiones sanas y costosas. Hay que reconocer que no les gusta demasiado estudiar, aunque aun así tienen éxito, ya que son despabiladas. Su fértil imaginación les suscita miles de soluciones; si a esto añadimos su encanto natural y su excepcional memoria, no cuesta comprender que tengan la capacidad de superar muchas dificultades. Veremos a las Nicolasas y demás nombres asociados siendo con toda naturalidad azafatas de vuelo, relaciones públicas, modelos, anticuarias y, en general, cualquier profesión que esté relacionada con la moda, la costura, el lujo o la decoración, y en las que haga falta buen juicio y gusto. Se adaptan a todas las situaciones y saben convencer muy bien a los clientes.

- **Intuición**

Cuentan con una intuición sorprendente y evalúan a la gente con rapidez y precisión increíbles. Su poder de seducción, tanto física como mental, es grande: no hay que dejar que, de niñas, abusen de sus encantos, pero sin dejar de fiarnos de su psicología espontánea, que es muy destacable.

- **Inteligencia**

Poseen una buena inteligencia, ágil e irónica, de tendencia analítica, es decir, que perciben hasta el más mínimo detalle de cada situación o acontecimiento vivido. Son maniacas con el mantenimiento de su hogar, y tienen la facultad de descubrir hasta la más recóndita mota de polvo. Les gusta la comodidad y todo lo estético. Tienen buena memoria, aunque no demasiada curiosidad.

- **Afectividad**

Cuando quieren, se las arreglan a las mil maravillas creando un ambiente distendido, poniendo en contacto a unas personas con otras y resolviendo situaciones delicadas. En otros momentos, sin embargo, hacen todo lo contrario con la misma habilidad. Son afectuosas y muy posesivas.

- **Moralidad**

Poseen una moral de fondo excelente, ya que este tipo de carácter encierra en sí los tesoros de la fidelidad y la dedicación. Pero luego tenemos el aspecto explosivo y apasionado de estas mujeres, que a menudo las saca del marco estricto de su existencia para vivir una estimulante aventura, que trastornará su equilibrio pero también les dejará recuerdos enriquecedores y tranquilos una vez el tiempo haya colocado cada cosa en el sitio que le corresponde.

- **Vitalidad**

Poseen una vitalidad muy buena que les permitirá plantar cara a los problemas de salud, que no tendrían cabida de no ser por la despreocupación que manifiesta este tipo de carácter en este ámbito. Su punto débil son los riñones. Además, deberán seguir un régimen alimenticio equilibrado. También tienen unos pulmones sensibles, y a veces padecen fuertes dolores de cabeza. Por tanto, tienen una salud que, a pesar de ser fuerte, requiere de una atención constante. Se enfrían con facilidad y llevan mal la falta de sueño. Cuidado con el agotamiento.

- **Sensorialidad**

Es intensa y exigente. Quieren vivir con intensidad y, para ello, están dispuestas a cometer una serie de imprudencias. Son muy femeninas y no tardan en polarizarse en este sentido. Son coquetas y sensuales, pero de forma discreta. Normalmente son mujeres muy atractivas, cuya atracción sexual causa estragos. No es positivo que, de niñas, se conviertan en pequeñas mujeres a edades a en que deberían estar jugando a la pelota o con muñecas, ya que, al utilizar así su coquetería, estarán desvirtuando su percepción de las personas, sobre todo de los hombres.

- **Dinamismo**

Es natural que su dinamismo siempre se manifieste con total plenitud. Para ellas, la acción no existe si antes no hay un compromiso total de toda su persona. No existen las tareas humildes o aburridas cuando el objetivo fijado es bueno. Son de naturaleza generosa: no quedaremos decepcionados si decidimos recurrir a este tipo de mujeres o jóvenes, cuya sonrisa hace creer que para ellas todo es fácil, y que se quejan en muy raras ocasiones y con discreción.

- **Sociabilidad**

Después de este retrato caracterológico, podrá adivinarse que, en esencia, son muy sociables. Les encanta tener invitados, siempre que la visita se lleve a cabo según sus principios, es decir, con toda una parafernalia y un lujo innegable. Tienen buen gusto vistiendo y dan buenos consejos a la hora de decorar un piso. Tienen suerte, aunque triunfarán en la vida más por su poder de seducción y su valentía. Constituyen un buen ejemplo de esposa modélica, y saben mantener el equilibrio con independencia de las circunstancias en que se encuentren.

- **Conclusión**

Son tan arriesgadas como su animal tótem, el ratón, que, al contrario de lo que se cree, no es en absoluto el animalillo asustadizo presentado en las fábulas, sino un animal con mucha «cara dura», capaz casi de comerse el queso en el mismo plato, ante el comensal. Son mujeres apasionantes con una psicología exuberante.

Pablo (M)

Lema: *Aquel que triunfa*

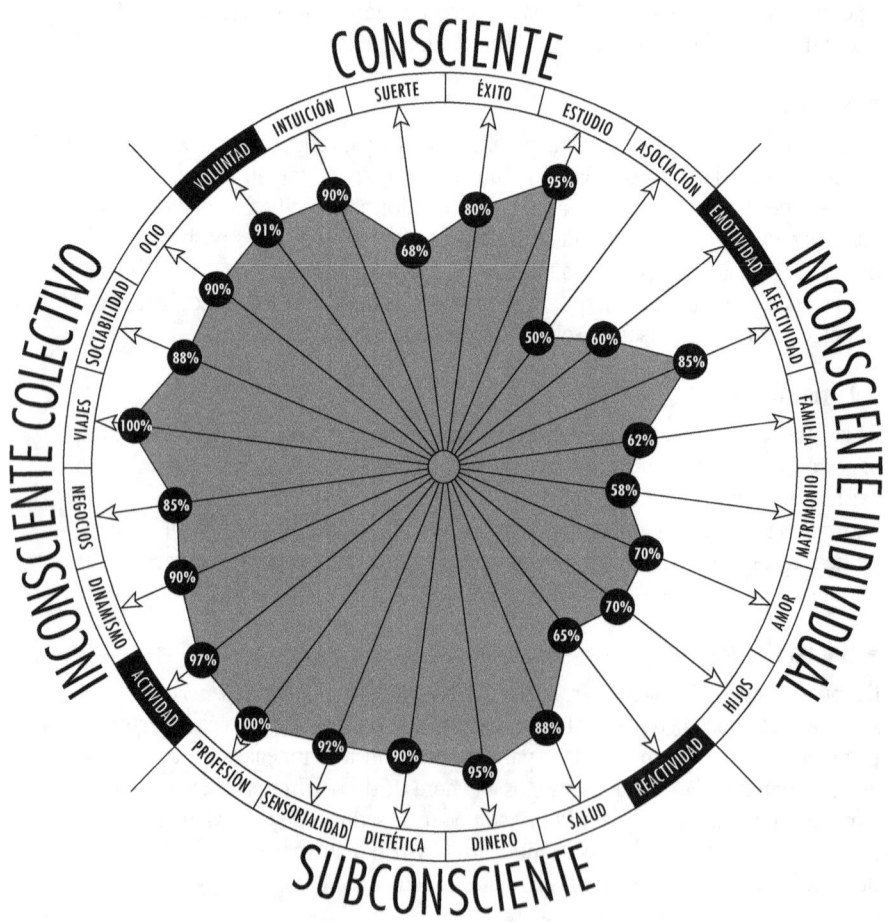

Elemento:	Fuego	Animal:	Castor
Signo:	Sagitario	Mineral:	Asperón
Color:	Rojo	Vegetal:	Cicuta

Pablo

y todos los nombres con características análogas indicados en el índice, incluyendo:

Aarón
Alastair
Aquiles
Brice
Errol
Fulviano
Fulvio
Harún
Kay
Noel
Paolo
Paulote
Paulus
Segismundo
Sigmundo…

• **Tipo caracterológico**

Este tipo de caracteres suelen corresponder con personas apasionadas, muy emocionales, con una actividad notable y reacciones bastante lentas, pero intensas. La imagen sería esta: tienen en una mano la dinamita y, en la otra, la cerilla, pero en el momento de volarlo todo, suena una pequeña alarma en su cabeza y se dicen: «¡Cuidado! No nos lancemos de cabeza a la aventura, reflexionemos un momento». Son auténticos constructores, y como su animal tótem, el castor, edifican su vida y sus asuntos, e incluso sus amores. Son eficaces, y sobre todo habrá que procurar que, de niños, no se dediquen a no hacer nada, ya que, en lo más profundo de sí mismos, tienen la cicuta, su vegetal totémico, que en ocasiones les envenenará la existencia. Su gran enemigo es el aburrimiento.

• **Psiquismo**

Son personas precisas, de inteligencia muy eficaz, que casi nunca fallan en lo que se han propuesto. Son apasionados y pacientes, y se toman el tiempo necesario para conseguir lo que quieren con éxito. Durante la infancia no hay que proponerles mil cosas, sino sólo una, para que se dediquen a ella a fondo. De esta forma, aprenderán que son capaces de conseguir fantásticos logros y será posible animarlos. Son muy subjetivos y, en cierto modo, ven el mundo a su manera, aunque son capaces de dedicarse en cuerpo y alma a la causa en que creen. Practican de forma indiferente la crítica y la autocrítica, y cuando es necesario son autoritarios y astutos.

• **Voluntad**

Esta voluntad se ve dotada de una eficacia notable cuando estos pequeños no se bloquean ni se obstinan demasiado. De pasada, diremos que no les vendrían mal unos cuantos azotes. Eso sí, cuando todo va bien, tendremos ante nosotros a unos trabajadores de alto rendimiento. Aunque, claro, esto no dura para siempre.

• **Emotividad**

Vinculada a una reactividad de primer nivel, la emotividad convierte a estos hombres en rebeldes que, en algunos momentos, tendrán tendencia a mandarlo todo a paseo. No puede decirse que tengan buen carácter, y serán de los que dicen bastante a menudo: «Estoy hasta la coronilla».

- **Reactividad**

No confundamos reactividad con rapidez: uno puede reaccionar de forma débil y repentina o de forma intensa y retardada. Esto último es lo que ocurre con estos hombres tan susceptibles, que en ocasiones también pueden ser vengativos: se toman todo el tiempo necesario para ajustar sus cuentas, pero no olvidan a nadie.

- **Actividad**

La actividad domina con creces el resto de parámetros de este carácter, cuyo equilibrio dependerá del uso máximo de la misma, que los estructura y promueve.

Son buenos alumnos cuando no se hacen los listillos. Les gustan los estudios clásicos, aunque también están abiertos a las matemáticas y las lenguas vivas. Son buenos industriales, administradores destacables y abogados, así como parlamentarios capaces de «ir al grano» en el momento oportuno. Les interesa todo aquello que electrice y haga moverse a las masas, así que también tienen madera de periodistas de radio y televisión.

- **Intuición**

Son muy intuitivos, tienen olfato y lo ponen al servicio de su seducción. Su psicología espontánea resulta considerable y su curiosidad es tan enérgica que más bien parece indiscreción.

- **Inteligencia**

Normalmente tienen una inteligencia profunda pero relativamente lenta. Utilizan una gran parte de su potencia intelectual en hacer creer a los demás que son rápidos y tienen mucho sentido del humor. Y lo peor es que, a veces, lo consiguen, pero a costa de una gran pérdida de energía. Sería necesario que se aceptasen tal como son, eficaces y herméticos.

- **Afectividad**

Lo esencial de su confianza en sí mismos proviene de su éxito, y harán todo lo posible para tenerlo. Son afectuosos y cariñosos, pero de forma algo rígida, algo que no simplifica las cosas. Hemos visto que estaban muy bien estructurados, incluso en sus afectos: sufren mucho la traición. Son tan duros con los demás como consigo mismos. Los padres, por su parte, también deberán mostrarse exigentes con estos niños. No hay que dejar que se salgan con la suya, ya que, si bien pueden hacer mucho bien, también pueden hacer mucho mal.

- **Moralidad**

Son escrupulosos y no se caracterizan por una moralidad demasiado discreta, ya que se creen autorizados a hacer observaciones más o menos desagradables a todo su entorno. O bien son profundamente creyentes, a veces hasta el misticismo, o son de un ateísmo absoluto. Poseen un sentido sólido de la amistad, pero ocurre que desean dar gusto a los demás a pesar de sí mismos y que abusan demasiado de los elogios no muy naturales. En algunos casos pueden ser muy polemistas y convertirse en auténticos «hombres de barricada», pero también en mártires, cuando es necesario. Son sensibles al fracaso, sobre todo si es de tipo moral, y tienen tendencia a desear que todo ocurra de forma perfecta y rigurosa, un perfeccionismo que de vez en cuando acarreará alguna catástrofe.

- **Vitalidad**

Su vitalidad es buena; no obstante, cabe destacar que este tipo de caracteres posee una dimensión doble en este ámbito. De este modo, todo irá bien si se dejan llevar por el caballo bueno, el de la pasión y el entusiasmo, pero todo se estropeará si es el caballo negro el que predomina, y el pesimismo, siempre latente en ellos, coge la batuta. Por tanto, los padres y educadores deberán mantener este dinamismo durante la infancia, evitando avasallarlos con críticas inútiles, algo que podría resultar muy perjudicial para ellos. Cuidado con la dietética, que debe ser particularmente vigilada. Sus puntos sensibles son el sentido del equilibrio y el oído. También podrán sufrir molestias gástricas, y cuidado con la gula.

- **Sensorialidad**

En este campo su actitud tenderá ocasionalmente a ser algo hipócrita. Con frecuencia fingirán ser unos espíritus puros, a pesar de que el pequeño demonio de la sensualidad se estará desencadenando. En algunos casos, tendrán una sexualidad compleja, pudiendo darse ciertos rechazos debidos a problemas morales o religiosos. En estos momentos se bloquean y resulta difícil reconducirlos a un concepto sano de las cosas.

- **Dinamismo**

No hay que olvidar que, ante todo, son constructores, y que su animal tótem es el castor. Por tanto, cuentan con un intenso dinamismo, pero que se expresa con cierto retraso. Así pues, no servirá de nada impulsar a estos jóvenes. Por el contrario, es necesario hacerles comprender que cada cual vive a su ritmo, y que no hay nada vergonzoso en reflexionar largo y tendido antes de actuar: los más brillantes no son necesariamente los más eficaces.

- **Sociabilidad**

Son sociables pero con discernimiento. Se sirven de manera inteligente de sus relaciones. Están atentos a todo, nunca se pierden una conversación y saben estar en todos los lados a la vez. Son apasionados y despiertan pasiones, poseen una gran voluntad, quieren a su familia de forma reposada y manifiestan su amor por los hijos por impulsos. Su moral, al igual que su salud, puede ser doble, siendo capaces de lo mejor y de lo peor. Gozan de una suerte mediana, pero de un éxito voluntario excelente, que casi siempre los convierte en triunfadores.

- **Conclusión**

Son personas apasionantes cuando deciden no hacerse los «niños insoportables». En efecto, las mujeres de los Pablos y demás nombres vinculados necesitarán mucha paciencia para soportar la acidez de su forma de hablar. Son tiranos en el hogar a los que habrá que mantener controlados y, en ocasiones, a raya.

N.º 72

Pedro (M)

LEMA: *El hombre con corazón*

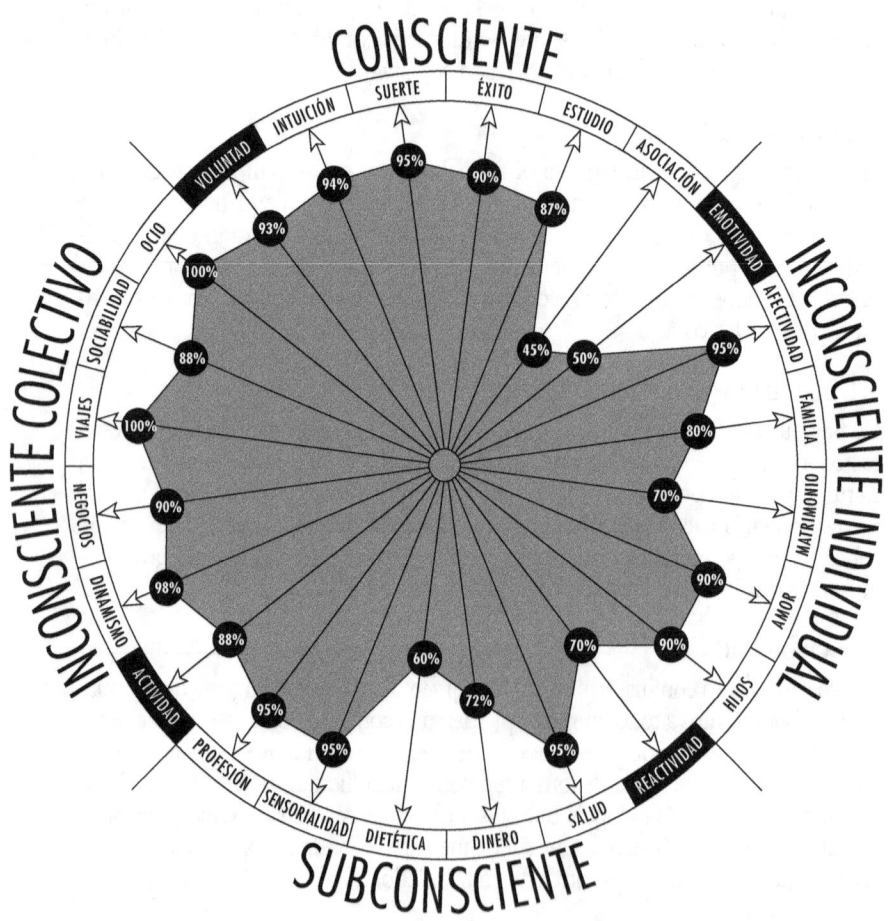

ELEMENTO:	Fuego	ANIMAL:	Morueco
SIGNO:	Aries	MINERAL:	Cobalto
COLOR:	Amarillo	VEGETAL:	Roble

Pedro

y todos los nombres con características análogas indicados en el índice, incluyendo:

Aldo	Feodor	Pere
Amalrico	Ignacio	Peter
Desiderio	Karadeg	Rafael
Euxane	Ladislao	Ralph
Federico	Manfredo	Vladislao…

• **Tipo caracterológico**

Su fórmula caracterológica indica que estamos ante personas colérico-nerviosas en constante ebullición, con una gran emotividad y una actividad intermitente, en ocasiones algo desordenados como consecuencia de su intensa reactividad, que hace que actúen sobre el terreno con violencia. Son independientes y combativos, y sólo hacen caso a su cabeza; no son fáciles de manejar, y si hubiese que escoger un animal tótem, sería el morueco. A menudo también tienen la obstinación inmóvil y casi eterna de su vegetal totémico, el roble.

• **Psiquismo**

Se trata de un psiquismo en forma de diamante: de lejos emite una oleada de iridiscentes colores; de cerca, estaremos en presencia de una multitud de facetas desconcertantes y turbadoras… Si tienen hijos con estos nombres, no deben dejarse seducir por el brillo de su carácter, por los juegos de palabras y las payasadas, sino tener bien cogidas las riendas. Hay que obligarlos a que trabajen.

• **Voluntad**

Se trata de una voluntad con eclipses: puede adoptar una forma obstinada, vincularse a la imaginación o mostrarse bajo un aspecto voluntarista. Habrá que hacer todo lo necesario para fijar su voluntad durante la infancia, incorporándolos a grupos disciplinados y proponiéndoles acciones estructuradas.

• **Emotividad**

Como hemos visto, cuentan con una emotividad positiva, pero está asociada al aspecto explosivo de su carácter y da muchos giros. En esos momentos sólo tienen una idea en la cabeza: huir y empezar de nuevo en otro lugar. Les gustaría «empezar de cero» continuamente. En el fondo de sí mismos son influenciables, aunque no se recomienda tratar de convencerlos en el momento. No hay que trastornarlos, sino dejarlos reflexionar. Rumiarán los argumentos que se les ha dado y acabarán por adoptar otro punto de vista. En realidad, su interior funciona con lentitud. No se adaptan con facilidad y la gran confianza en sí mismos a menudo no es más que una fachada. No hay que dejarse engañar por el descaro de estos jóvenes, ya que se hacen los «duros» para tener tiempo de reflexionar.

- **Reactividad**

Si son «moruecos», lo son y punto; no cabe esperar de ellos que no se encabezonen con frecuencia ni se muestren agresivos de forma delirante. Por el contrario, será necesario acostumbrarse a este estilo para poder aguantar. Son polemistas que sólo se encontrarán realmente cómodos en situaciones aparentemente sin salida. No hay que permitir que lo compliquen todo a voluntad, e impedir que huyan. Son muy sensibles al fracaso. Se desaniman por un lapso de tiempo reducido pero de forma muy teatral: sin lugar a dudas, no tardarán en lanzarse de lleno a otro proyecto ni en volver a empezar con gran ímpetu.

- **Actividad**

A menudo hay que ir tras ellos para conseguir que realicen una tarea concreta: empiezan varias cosas a la vez y las olvidan a medias. No hay continuidad en su acción. Trabajan por impulsos. Sus estudios podrían verse salpicados por episodios desconcertantes. Son soñadores, indisciplinados y curiosos, les cuesta prestar atención y estudian con facilidad a pesar de ser perezosos y víctimas de una imaginación que los convierte en auténticos «extraterrestres»: con estos pequeños «monstruos» tendremos la ocasión de vivir multitud de vicisitudes. Las labores manuales no se les dan bien; así pues, serán más bien actores, intelectuales deslumbrantes o escritores y periodistas incisivos e incluso cáusticos. Poseen una gran conciencia profesional. Sus finanzas fluctúan: necesitan dinero pero no saben conservarlo, y cuando sí lo hacen es porque no lo necesitan demasiado.

- **Intuición**

Su intuición es fantástica: son videntes natos, pitonisas y astrólogos. Su psicología espontánea resulta sorprendente y saben usarla con astucia y eficacia. Basta con prestarles atención: aunque son apasionantes, no hay que caer en sus trampas.

- **Inteligencia**

Normalmente son inteligentes y brillantes pero inestables: un día destacan y el siguiente decepcionan. En ellos, la imaginación supera la razón. Son maravillosos narradores, aunque es necesario frenarlos, ya que, de lo contrario, se dedicarán a contar su vida en vez de vivirla. Son extrovertidos, es decir, que necesitan un público para vivir. Tienen espíritu de farsantes y necesitan estar rodeados de mucha gente cuando montan su «número». Dada su gran subjetividad, colorean los hechos según les viene en gana. Durante la infancia será positivo obligarles a que se ciñan lo más posible a la verdad, ya que no cuentan con una noción demasiado clara de la frontera entre mentira y fabulación. Son hombres con un gran corazón, dispuestos a darlo todo; no diferencian generosidad de derroche.

- **Afectividad**

Su exuberancia requiere empatía. Están sedientos de ternura y amor. No obstante, también será necesario saber presentarles dicha ternura: si se les impone, huirán; si se les niega, huirán y se bloquearán. Son difíciles de dominar. Para ellos, la familia será una protección o una molestia, según los casos.

• Moralidad

Su moral es buena pero algo versátil: el respeto de los compromisos y la fidelidad no siempre estarán a la altura de sus intenciones. En cuanto a su sinceridad, en ocasiones resulta dudosa, aunque no será manipulada de forma voluntaria. Debemos evitar que nos afecten sus sentencias cínicas. Son muy voluntaristas y combaten todo conformismo. Basta con verlos vivir: en su mayoría son pequeños burgueses que no se conocen. Sus creencias son positivas, aunque tienden a fabricarse una religión propia. Les atrae más el misterio que la fe pura y dura.

• Vitalidad

Gozan de una vitalidad excelente y, si bien son nerviosos, no por ello su resistencia se ve socavada. Sus puntos débiles son los huesos y la vista. Y, sobre todo, deben llevar cuidado con los estimulantes o euforizantes: no sería conveniente que su complejo de huida los condujese a una toxicomanía catastrófica.

• Sensorialidad

De nuevo, no hay que dejarse engañar por sus aires etéreos. Poseen unos sentidos muy sólidos, y bajo un aspecto despreocupado esconden deseos inconfesados y no siempre confesables. Su imaginación desbocada, unida a una intensa sexualidad, no tardará en complicarles la vida. Nunca estarán seguros de si están viviendo el amor o lo están soñando, lo que provocará muchas represiones sentimentales. Les gustan mucho las mujeres. Son muy seductores y tienen encanto, además de poseer un profundo sentido de la amistad.

• Dinamismo

La eficacia de su dinamismo a veces roza la demencia. Nos quedamos cortos si afirmamos que son exagerados: en ocasiones, se tratará de un auténtico «circo». Son faroleros natos, pero sólo cuando les divierte. De lo contrario, permanecen indiferentes o se hacen los tímidos, escondiéndose en un rincón.

• Sociabilidad

Su vida social depende de su imaginación: si tienen ganas de montar el número, harán gala de malabarismos verbales, sutiles indirectas y «cuchillos» lanzados con precisión; ahora bien, si se cierran por alguna razón, sabotearán de forma organizada toda la velada. Dan la impresión de saber dirigir, aunque rara vez son líderes. Les gusta la sociedad pero la desprecian. Son diplomáticos e insolentes a la vez. A veces uno no sabe por dónde cogerlos y otras son auténticos ángeles.

• Conclusión

Tendrán suerte durante toda su vida, y sobre todo en la segunda mitad, una suerte que además será fundamental para su éxito. No obstante, debido a su tendencia al fatalismo, hay que vigilar para que no caigan en la trampa de la pasividad. Si cuentan con una buena estructura mental, se rigen por una disciplina estricta y participan de una vida familiar estable, serán capaces de todo. Ahora bien, como empiecen a revolotear como una mariposa, será muy difícil atraparlos.

Raimundo (M)

LEMA: *Aquel que tira, que se abre paso*

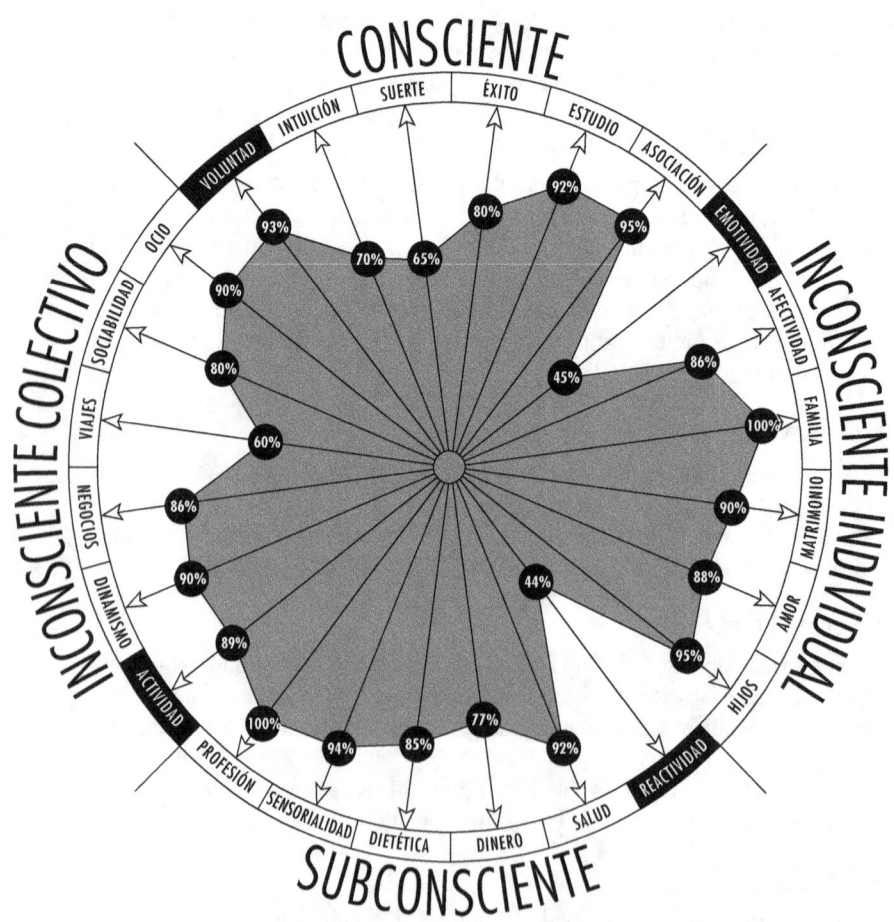

ELEMENTO: Tierra
SIGNO: Tauro
COLOR: Azul

ANIMAL: Buey
MINERAL: Bromo
VEGETAL: Cáñamo

Raimundo

y todos los nombres con características análogas indicados en el índice, incluyendo:

Adrián
Amael
Aimerico
Hadriano
Huberto

Mahé
Mel
Osvaldo
Prisciliano
Ramón

Ray
Renato
Salvatore
Tancredo
Teodorico...

• **Tipo caracterológico**

Normalmente este tipo de caracteres son fuerzas de la naturaleza. Poseen un buen equilibrio y una emotividad interesante, así como una actividad y reacciones moderadas, lo que los convierte en sentimentales flemáticos. Son pacientes, obstinados, ahorradores y, con frecuencia, discretos en su modo de actuar, aunque siempre acaban lo que empiezan, y esto es lo más importante. Su animal tótem es el buey, el símbolo de la «tracción», es decir, que a veces arrastran consigo al resto a su pesar, sin distinciones. Avanzan y se abren paso, lo que implica una diplomacia eficaz y a la vez firme.

• **Psiquismo**

Son extrovertidos, es decir, que participan de forma activa en la vida de los demás, se ponen manos a la obra y no vacilan a la hora de poner de su parte. Son poco influenciables, bastante objetivos y, aunque poseen por naturaleza un espíritu de propietario, no son acaparadores ni tratan de conseguirlo todo a toda costa. Su confianza en sí mismos es razonable.

• **Voluntad**

Se trata de una voluntad explosiva que supera con creces la actividad y que repercute sobre el resto de índices. Se trata, asimismo, de una voluntad «voluntarista», que intenta demostrarse a sí misma que existe, lo que provocará obstinaciones que no siempre contribuirán a que las cosas progresen.

• **Emotividad**

No confían en su emotividad ni en lo que pueda parecerles femenino. Ni siquiera la intuición escapa a este ostracismo. Su sentido de la amistad es inmenso: sus amigos son sagrados y les muestran una devoción que podría compararse a la de un perro guardián. Mejor no hablar mal de sus seres queridos en su presencia...

• **Reactividad**

Sus reacciones son tranquilas, lo que no quiere decir que no sean capaces de tener cambios de humor, incluso de mostrar ira, aunque esto no durará. De hecho, no tardan en volver a una imperturbable obstinación que, de por sí, debería superar todos los obstáculos. El fracaso no les afecta, sino que vuelven a coger el arado y a labrarse un camino más hondo y más directo.

- **Actividad**

De forma extraña, en estas personas la actividad es eficaz pero está reprimida, mientras que la voluntad alcanza un nivel de compromiso superior, como hemos visto. Esto se debe a que actúan con lentitud y discreción, y a menudo no tienen tiempo de terminar lo que empiezan. No son lo bastante rápidos para este mundo tan ajetreado. Suelen ser estudiantes aplicados, que no intentan competir con el resto de alumnos, aunque los superan gracias a su empeño. En estas condiciones, resulta obvio que la elección de una profesión será precoz y, desde muy pronto, estos niños sabrán lo que les interesa. En ocasiones retomarán la profesión de los padres o alguna relacionada. En general, les atrae todo lo que requiera un esfuerzo continuo y cuyos resultados sean visibles: agricultores, artesanos, arquitectos, ingenieros de obras públicas, etc. En definitiva, son gestores de altos vuelos. Pueden llegar a ser militares disciplinados y fieles, y su conciencia profesional es un elemento notable. Aunque es cierto que les cuesta adaptarse, una vez la máquina está en marcha, resulta difícil detenerlos.

- **Intuición**

Esta palabra no tiene mucho significado para ellos, ya que sopesan demasiado las ventajas y desventajas como para dejarse influir por una vaga noción «visionaria». Su capacidad de seducción es un tanto lenta, aunque eficaz, y su imaginación está totalmente al servicio de sus actos.

- **Inteligencia**

Están dotados de una gran inteligencia que utilizan de forma bastante eficaz sin pretender destacar. Su inteligencia es analítica, es decir, saben descomponer bien todos los elementos de una situación. Valoran todos sus actos, palabras e imaginaciones. No dan pasos en falso y únicamente se embarcan en una operación cuando han estudiado todos sus aspectos. No se deberá presionar a estos niños, aunque habrá que intentar desarrollar en ellos una noción más inmediata de la acción, y sobre todo, explicarles claramente lo que se espera de ellos.

- **Afectividad**

Les cuesta expresar sus sentimientos más íntimos; las fórmulas grandiosas o banales les molestan. No obstante, cuando están enamorados, este sentimiento se traduce en un compromiso y un sentido de la devoción difíciles de romper. Los padres deben saber que estos niños necesitan mucha comprensión y que su amor, por muy flemático que sea, no deja de ser amor.

- **Moralidad**

Su moral es notable, ya que se trata de hombres con principios. Si es blanco, es blanco, y si es negro, es negro, y aquellos que no acepten este maniqueísmo básico no podrán considerarse personas «serias». Esta última palabra es bastante recurrente en su discurso, de forma que su moral será «seria», sin concesiones ni flaquezas. En cuanto a sus creencias, o siguen el surco de la religión labrado por los padres o, por el contrario, son auténticos ateos, aunque todas estas cuestiones no parecen preocuparles demasiado. Poseen la dualidad vinculada a su vegetal totémico, el cáñamo, una planta mitad acuática, mitad terrestre.

- **Vitalidad**

Gozan de una vitalidad de toro. A su lado, todos los familiares, amigos y colaboradores caerán como moscas, por no hablar de las esposas. Ellos, por su parte, siguen avanzando a un ritmo algo pesado y difícil de seguir. Normalmente gozan de un estado de salud bueno, y el estado físico llega a dominar el resto de cualidades. Además, viven en función de su excelente instinto. Desde muy jóvenes necesitarán estar al aire libre, hacer ejercicio y, por otra parte, sería ideal que, de forma paralela a sus estudios, participasen en competiciones deportivas. No obstante, deben tener cuidado con el alcohol y no sobreestimar su fuerza. Uno de sus puntos sensibles son los hombros, así como los riñones y el hígado. Deben desconfiar de su buen estado de salud.

- **Sensorialidad**

La sensorialidad presenta el mismo nivel que la vitalidad. De hecho, estas características están tan ligadas que es difícil diferenciar dónde empieza una y dónde acaba la otra. Su sensualidad no destaca precisamente por la delicadeza, sino que será, con perdón de la expresión, más cuantitativa que cualitativa. Su sexualidad, que suele ser intensa y precoz para su edad, casi siempre dependerá de los sentimientos. Son personas que, en general, no plantean excesivos problemas.

- **Dinamismo**

Resulta curioso comprobar cómo su dinamismo es ligeramente mayor que la actividad, algo que no deja de ser extraño, ya que resulta difícil imaginar que este tipo de caracteres hable más de lo que actúa; sin embargo, es un hecho. Con mucha frecuencia, los Raimundos (y demás nombres relacionados) emprenden proyectos que les cuesta dominar, ya que, efectivamente, sus acciones no siempre están a la altura de sus ideas. Por tanto, se debe incitar a estos jóvenes a que no prometan lo que no pueden cumplir, algo que también vale para los adultos.

- **Sociabilidad**

Aunque no puede decirse que sean muy sociables, sí reciben a sus invitados con mucho afecto. En lo que respecta a su suerte, cargan con ella a la espalda, siendo el esfuerzo continuo y obstinado el causante de su éxito.

- **Conclusión**

Se trata de hombres muy fieles y rigurosos. Por desgracia, suelen carecer de psicología espontánea e intuición, aspectos en los que más se exterioriza su vulnerabilidad. En cualquier caso, se trata de caracteres notables que dejan «huella»; así pues, un buen consejo sería seguir al «buey», que suele ir por buen camino.

Roberto (M)

LEMA: *El hombre del palo, el que golpea*

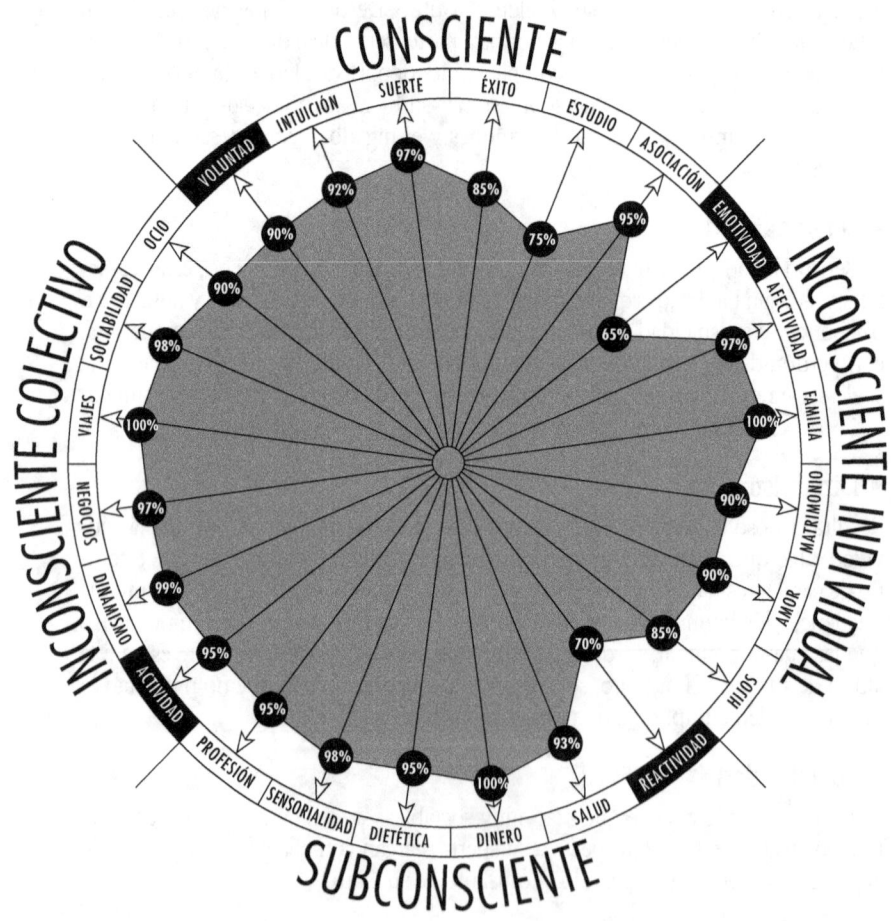

ELEMENTO:	Tierra	ANIMAL:	Pantera
SIGNO:	Capricornio	MINERAL:	Piedra de luna
COLOR:	Rojo	VEGETAL:	Nogal

Roberto

y todos los nombres con características análogas indicados en el índice, incluyendo:

Bob
Bobby
Eric
Erico
Gerando

Gerino
Gerodo
Goerico
Landerico
Landry

Ramberto
Robert
Romualdo
Ruperto
Septimio...

- **Tipo caracterológico**

Son personas iracundas con fuertes cargas de emotividad y actividad. Reflexionan antes de entusiasmarse y sus «explosiones» a veces son fingidas, lo que les permite procurarse una vía de escape. El animal totém, la pantera. Su vegetal totémico es el nogal, con una sombra un tanto «traidora».

- **Psiquismo**

Al contrario de lo que podría pensarse, su psiquismo es relativamente delicado, lo que nos lleva a preguntarnos si, a pesar de todo, tras esta impresionante fachada no se esconde cierta debilidad de carácter. Todo esto no mengua ni un ápice su mérito, sino todo lo contrario: confiere a estos seres una merecida «aura» de valentía. Por último, son más rencorosos de lo que admiten.

- **Voluntad**

Esta voluntad se considera de acero y eficaz, pero puede tender a convertirse en obstinación e incluso agresividad cuando la pareja rechaza o se niega en rotundo a desempeñar el papel de víctima pasiva. O se es «pantera» o no se es. Además, esta voluntad suele transformarse en un descaro impresionante.

- **Emotividad**

Es bastante grande pero controlada. Aunque se precipitan, su intuición, muy enérgica, les saca de los peores enredos. Son relativamente influenciables y se inquietan cuando se les ataca en su propio terreno, en cuyo caso abandonan la lucha. Se adaptan perfectamente a cualquier modo de vida y siempre salen airosos de todas las situaciones. Su confianza en sí mismos es asombrosa.

- **Reactividad**

Sin lugar a dudas, los Robertos (y, por supuesto, sus nombres asociados, aunque a un nivel inferior) se llevan la palma de la reactividad. Con ellos, uno no sabe si esperar una reacción o no, o si se dará una situación dramática. Son irritables, susceptibles, volátiles, agresivos y teatreros. Pueden llegar a montar un «circo» increíble que deje atónito a su entorno durante un tiempo. Durante la infancia hay que evitar que disfruten dando el espectáculo.

- **Actividad**

Nunca dejan pasar las oportunidades y son luchadores, siempre al pie del cañón, así que hay que mantenerlos ocupados. De niños pueden poner la mesa, ocuparse del huerto, hacer las compras o cualquier cosa con tal de no estar ociosos, ya que podrían desarrollar complejos o, lo que es peor, empezar a ocuparse de sus propias aficiones de la manera menos ortodoxa. Tienden a plantearse la utilidad de estudiar, ya que creen que no necesitan hacerlo y pueden arreglárselas solos. Aunque a menudo esto es cierto, no hay que dejar que se vean arrastrados por esta peligrosa dinámica. Desde muy jóvenes mostrarán cierta habilidad con las manos y serán conscientes de su valor profesional. Si consiguen finalizar los estudios, llegarán a ser ingenieros de primera clase y buenos vendedores, sobre todo en el ámbito inmobiliario. Son excelentes economistas y saben cómo ganar dinero e invertirlo. Para ellos la imaginación es, ante todo, práctica, y tienen una gran capacidad de atención. Pueden someterse a una disciplina estricta cuando quieren conseguir algo. Su curiosidad es enérgica y tienen buena conciencia profesional.

- **Intuición**

Son campeones de la intuición (en categoría masculina) y, al contar con buen olfato para los negocios, usarán este auténtico don de la profecía para hacerse con una reputación de hombres infalibles o, sencillamente, para fundar una religión.

- **Inteligencia**

Su inteligencia es más práctica que especuladora. Comprobaremos que son notables comerciantes y saben convencer con una fuerza de persuasión poco común. Además, pueden exteriorizar una paciencia, una diplomacia y una astucia muy rentables. No olvidan nada ni hacen concesiones, salvo que sus intereses lo requieran. Sus opiniones son firmes y emiten afirmaciones inapelables de temible precisión, aunque siempre con un objetivo concreto. En otras palabras, cuando actúan, lo hacen siempre siguiendo una idea y al servicio de una causa superior que defienden con pasión y que, la mayoría de las veces, funciona.

- **Afectividad**

Necesitan ser queridos y que se les diga que se les quiere, así como sentirse abrumados por constantes declaraciones de ternura y amor. Son sensibles a las adulaciones cariñosas o sociales, y para ellos es indispensable contar con la aprobación de los demás. Su familia es sagrada, a pesar de que fuera hagan lo que se les antoje. En efecto, se desarrollan en dos planos distintos, lo sagrado y lo profano: la familia es sagrada y lo profano da rienda suelta a su imaginación.

- **Moralidad**

También presentan una moral doble: en la teoría es impecable, pero en la práctica convergen razones fundamentales que acarrean situaciones inquietantes, a pesar de no ser personales. Sienten una fe profunda pero de fronteras fluctuantes, lo que les permite disociar metafísica de negocios, y por tanto de mundo material. No se oponen por norma a todo el mundo, sino que para ellos siempre existe un terreno de entendimiento, sobre todo cuando el mismo se produce tras uno de esos terribles accesos de ira que sólo ellos pueden provocar. Dicho esto, se comprende que el fracaso les afecte tan poco.

- **Vitalidad**

Su vitalidad es prodigiosa, resisten bien al cansancio y sus puntos débiles son sus intensos dolores de cabeza y una digestión difícil. Necesitan dormir mucho. Son prudentes por naturaleza y su habilidad les permite escapar de muchos peligros, siempre que no cedan a un nerviosismo que, a veces, invade el psiquismo y lo ahoga. Pueden «inventarse» enfermedades, es decir, tienden al «psicosomatismo».

- **Sensorialidad**

Puede decirse que disfrutan de la vida al máximo: vivir es conquistar, poseer (incluso en nombre de nobles principios) y arrastrar a los demás a aventuras a menudo fantasiosas sin preocuparse demasiado por las consecuencias; aunque, eso sí, no debe de haber nada en juego. Su afán de posesión no tardará en aparecer en sus relaciones con mujeres. Jugarán con su masculinidad para ratificar su carácter de seductores «sin miramientos», mostrando un encanto bastante eficaz que habrán probado de niños con las personas de su entorno. La amistad constituye un valor esencial, aunque pronto será tiránica. Uno se queda corto al definirlos como posesivos, ya que, en su interior, tan sólo existe lo que les pertenece... o casi.

- **Dinamismo**

Se trata del «hombre del palo», «aquel que golpea». En efecto, este dinamismo sustenta la importante actividad de este tipo de nombres. En este sentido, nuestro diagrama se muestra especialmente elocuente. Este dinamismo alcanza niveles muy elevados y a veces los lleva a hacer demasiadas cosas. No tienen miedo de parecer unos fantasmas, y sus palabras, demasiado vehementes, suelen exagerar la calidad del resultado. Pero funciona y, al fin y al cabo, eso es lo principal.

- **Sociabilidad**

Visto lo anterior, no cuesta adivinar que este tipo de carácter se mueve como pez en el agua entre la gente y en las reuniones. Su voluntad es fuerte y les hace «aferrarse» a todo lo que oponga resistencia. Su moral es buena, aunque sus métodos de persuasión suelen ser desconcertantes. El dinero les atrae mucho, por lo que, desde la infancia, hay que enseñarles a hacer un buen uso del mismo. En lo que respecta a ganarlo, siempre sabrán cómo arreglárselas.

- **Conclusión**

Saben «arreglárselas» en la vida y no se dejarán avasallar. Su suerte domina y gozan de un gran «terreno» de acción. Hay que confiar en ellos y darles responsabilidades importantes cuanto antes. Tienen éxito confiando en su olfato. Debemos evitar bloquearlos mediante una desconfianza humillante, pero también que estiren demasiado de la cuerda que los une a la autoridad parental; y es que hace falta una cadena resistente y larga para atar a una «pantera».

Teresa (F)

LEMA: *Aquella que lleva la buena estrella*

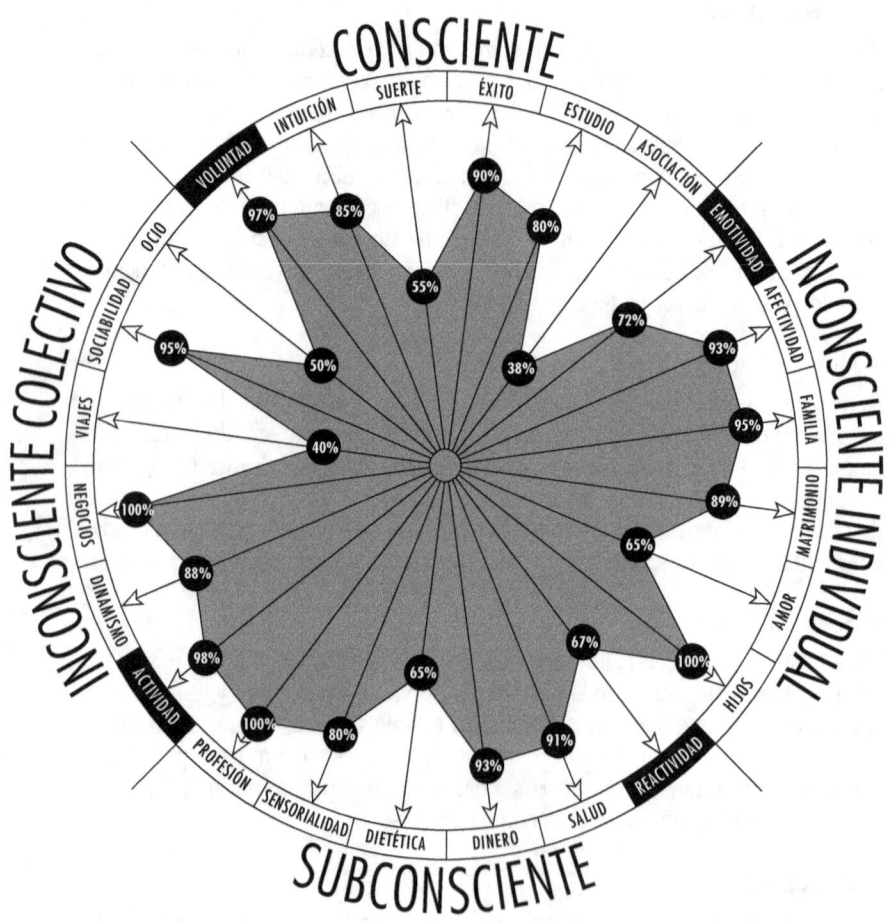

ELEMENTO:	Aire	ANIMAL:	Cierva
SIGNO:	Acuario	MINERAL:	Mármol
COLOR:	Naranja	VEGETAL:	Tilo

Teresa

y todos los nombres con características análogas indicados en el índice, incluyendo:

Aurora	Emanuela	Marcela
Claudiana	Lea	Pascuala
Clode	Leonor	Raquel
Eleonor	Luce	Segulena
Emma	Lucila	Severina...

- **Tipo caracterológico**

Son personas muy afectuosas para las que toda la vida está condicionada por el deseo de establecer un equilibrio válido entre las dos tendencias de su carácter: una disposición ligeramente colérica y un sentido profundo de dedicación. Su tótem es la cierva, lo que explica en gran medida su emotividad y la ansiedad que a veces les invade. Todo ello se compensa con el tranquilizador y lenitivo tilo, su vegetal totémico.

- **Psiquismo**

Son extrovertidas y siempre miran al mundo. Serían muy desgraciadas si dejasen pasar una ocasión de ayudar a alguien, de entregarse. Son poco influenciables y albergan un gran sentido del honor. Normalmente, su falta de rigor en el comportamiento da lugar a reacciones violentas. Les horroriza que se les engañe o embauque. Son muy objetivas y capaces de entregarse al máximo, así como de sacrificar todo lo que poseen, incluyendo su propia vida. Cuando deben cumplir una tarea específica confían en sí mismas.

- **Voluntad**

Poseen una voluntad sorprendente, no precisamente por su intensidad, sino más bien por su calidad. Si nos atreviéramos a utilizar el término, diríamos que nos encontramos en presencia de una voluntad «alquímica», es decir, capaz de transformar la propia materia del carácter y conferirle una nueva naturaleza más humana, responsable y consciente.

- **Emotividad**

Se trata de una de las emotividades más intensas con que podemos encontrarnos, lo que explica que no provoquen problemas molestos, a pesar del considerable nerviosismo que exteriorizan estas mujeres. Al contrario, consiguen sublimar esta emotividad transformándola en una actividad devoradora y apasionante.

- **Reactividad**

Considerando los porcentajes de reactividad y emotividad del diagrama de carácter, uno espera lo peor. Muchos temperamentos se vendrían abajo por menos que eso. Y, sin embargo, ellas no, ellas siguen llevando, en principio, las riendas de su vida. Dicho esto, se intuye fácilmente que poseen un verdadero sentido de la amistad. En el fondo de su corazón, sienten con crueldad que este mundo lleno de egoísmo en el que vivimos es falso, y por tanto no hay nada que les reconforte más que dar un poco de calor a un alma triste o solitaria.

- **Actividad**

Ya hemos visto que esta actividad compensa la importante emotividad de este tipo de personalidad. Se trata de una actividad polifacética y amplia, que les aporta ese resplandor del que no dejaremos de hablar. Suelen mostrar cierta humildad que les hace aceptar los estudios como si se tratase de un precioso regalo de sus padres que hay que utilizar con respeto. Normalmente maduran de forma precoz, son disciplinadas y cuentan con una gran conciencia profesional, por lo que, de buen grado, considerarán su futura profesión como el aprendizaje de toda su vida. Ante todo, son amas de casa y, en consecuencia, madres admirables, que también saben controlar con firmeza la economía conyugal y la vida familiar. También podrán ser enfermeras, pediatras, azafatas o restauradoras.

- **Intuición**

A pesar de tener intuición, desconfían de ella. Da la impresión de que sólo quieren actuar aplicando las razones que extraen de su filosofía personal. Disponen de un código de conducta y lo cumplen a rajatabla. Sin embargo, muy a menudo, se trata de un verdadero código de honor…, algo más que un código de amor.

- **Inteligencia**

Poseen una inteligencia sintética, es decir, que se dan cuenta inmediatamente del conjunto de los datos de un problema, lo que les permite enfrentarse a menudo a situaciones inextricables. Tienen una gran memoria, sobre todo afectiva, y también una gran curiosidad, pero sana.

- **Afectividad**

Aunque sólo son felices cuando comparten, esto no implica que todas sean santas, sino que el «abanico» de su disponibilidad es muy amplio: desde la propietaria del restaurante que da la bienvenida a su clientela con una sonrisa encantadora, hasta la religiosa que, también con una sonrisa, se consagra a los leprosos. Por lo general, no les gusta flirtear, ni tampoco los «juegos» que afecten de cerca o de lejos a la afectividad. Ahí queda la advertencia…

- **Moralidad**

Dicho todo esto, no es de extrañar que en ellas nos topemos con una moral extremadamente fuerte, aunque sin ningún componente de agresividad. En efecto, este tipo de carácter (infinitamente abierto a la vida comunitaria) intenta disculpar los errores de los demás mediante la intolerancia con los suyos propios… un comportamiento demasiado poco habitual como para no subrayarlo. En general les mueve una fe profunda y secreta, que no busca explicaciones para sus creencias: para ellas, la mejor plegaria es actuar.

- **Vitalidad**

Su vitalidad es excelente la mayor parte del tiempo y resiste el cansancio e incluso el agotamiento. Sin preocuparse en exceso por su salud, saben cómo aportar a otros la felicidad de la vida, que es donde comienza cualquier cura. No obstante, es necesario que vigilen su sistema simpático, pues el mínimo desequilibrio en el mismo podría provocar molestias. Deben prestar especial atención a los riñones y al aparato genital.

- **Sensorialidad**

Es razonable y racional. Sin duda alguna, no existe otro carácter femenino con pulsiones de sensualidad tan controladas. Aplican constantemente el lema «non nobis» (nada para nosotros), lo que las convierte en esposas afectuosas y fieles, y en madres admirables. Aquí, de nuevo, encontramos esa ausencia de egoísmo que las caracteriza. Aunque su poder de seducción es grande, no utilizan las mismas armas que otras mujeres a la hora de enamorar, sino que se muestran atentas, dispuestas a servir. En realidad, poseen un alma de madre que nada podrá hacer que pierdan.

- **Dinamismo**

El dinamismo no desempeña un papel fundamental debido que estas personas no necesitan obedecer a una motivación precisa. Por otra parte, se deja consumir ligeramente por la famosa dicotomía emotividad-reactividad que, en su fuero interno, crea una tensión discrepante. Por tanto, toda su alquimia personal consiste en transformar la energía negativa en potencia positiva.

- **Sociabilidad**

De su sociabilidad podría decirse que es un reflejo del fervor de las típicas «madres» que, antiguamente, acogían a los peregrinos provenientes de todas las regiones. Tanto en medio de convenciones como en el lecho del enfermo, estas mujeres transmiten la buena estrella que reconforta y sana. No prestan atención a su suerte, sino que la construyen. Para ellas, el éxito reside en recibir una respuesta afirmativa de aquellos a los que preguntan: «¿Eres feliz?».

- **Conclusión**

Las Teresas y demás nombres asociados poseen un carácter de gran riqueza. Sin embargo, este nombre ya no está de moda, algo triste si se piensa que contiene una potencia, un amor y una potencialidad tan grandes que nos debería hacer pensar que en este mundo de locura y armas existen mujeres encantadoras y esplendorosas «que llevan la buena estrella». Afortunadamente, están los nombres «asociados»…

Tomás (M)

LEMA: *Aquel que cosecha*

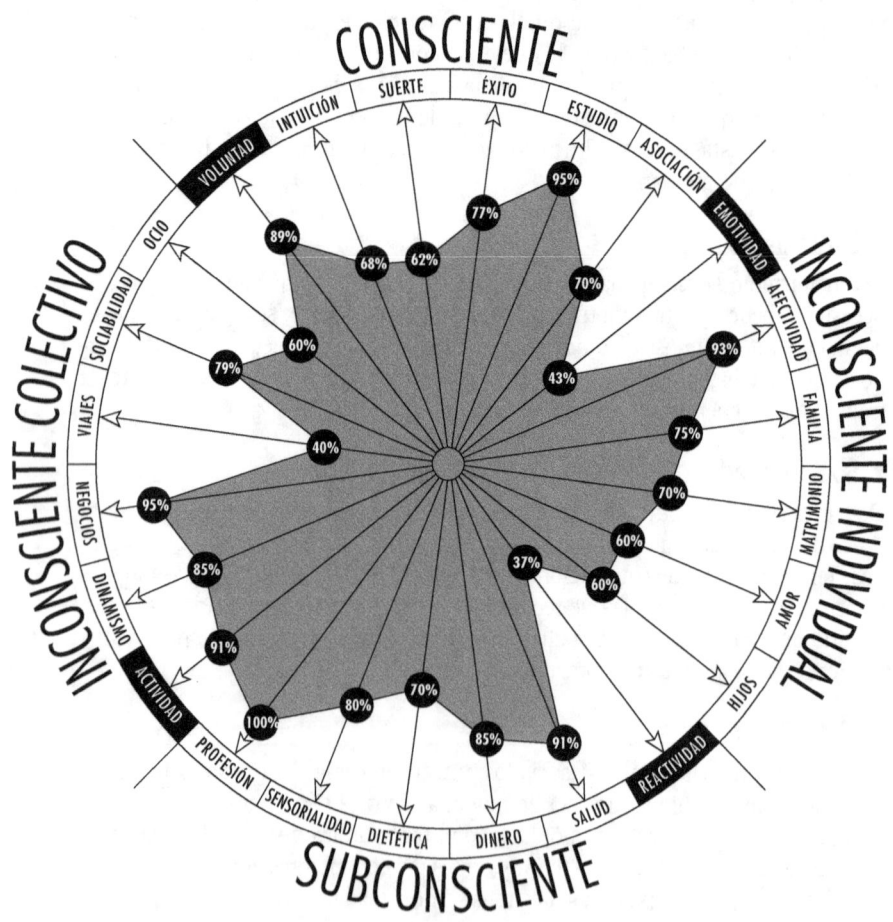

ELEMENTO: Aire
SIGNO: Acuario
COLOR: Azul

ANIMAL: Pitón
MINERAL: Ónice
VEGETAL: Enebro

Tomás

y todos los nombres con características análogas indicados en el índice, incluyendo:

Ademaro	Corentino	Robinson
Alano	Jessy	Rodolfo
Alán	Leandro	Rudy
Alec	René	Tom
Aubino	Robín	Tommy...

- **Tipo caracterológico**

Estos nombres albergan dos caracteres enfrentados: son al mismo tiempo los sembradores y los cosechadores, aunque, curiosamente, suelen experimentar una acentuada evolución en su personalidad entre el momento en que siembran el grano y la recogida de la cosecha, hasta el punto de que su escepticismo inicial se transforma en una convicción fervorosa mediante una mutación notable.

Pueden equivocarse como cualquiera, pero siempre lo harán de buena fe, ya que son muy sinceros.

- **Psiquismo**

Desde el punto de vista del carácter son personas bastante cercanas a su animal tótem, la pitón. Como ella, intentan introducir a personas y acontecimientos en los anillos de su lógica: son personas racionales con una inteligencia estructurada en torno a realidades profundas. Son muy poco influenciables, objetivos y capaces de entregarse al máximo cuando están convencidos de algo, y sólo encuentran en la certeza la confianza perfecta en sí mismos. Tienen un temperamento un tanto difícil y los padres deberán esforzarse para desviarlos de un materialismo que podría desvirtuarlos en el futuro. Por otra parte, no creen en cuentos de hadas, y se parecen al arbusto con espinas que representa a su vegetal tótem: el enebro.

- **Voluntad**

Poseen una voluntad intermitente que durante un tiempo se manifestará con una potencia notable, para después aletargarse como si hubiese agotado toda su energía y estuviese sin batería, con necesidad de una recarga.

- **Emotividad**

Esta emotividad se mantiene en su sitio y no se «rebela» sin una razón válida. Cuando el psiquismo de estos jóvenes se encuentre en un periodo de «poca acción», convendrá no insistir; aunque se les debe mantener en un nivel de actividad considerable, no debemos agobiarles inútilmente, ya que esos tiempos muertos no son del todo inútiles.

345

- **Reactividad**

Su reactividad parece algo débil y su forma de reacción encaja bien con la voluntad y la emotividad, es decir, que es de tipo «secundario»: estos seres muestran reacciones ligeramente desfasadas. Reaccionan demasiado tarde, cuando el momento ya ha pasado: siempre pensarán a posteriori en lo que tendrían que haber hecho en el momento en que se producía la situación.

- **Actividad**

Es más intensa que la voluntad, lo que demuestra que, en caso de pequeñas dificultades, estos hombres se refugiarán en una acción continua y tranquilizadora. Hay que elegir correctamente la dirección de los estudios de estos niños. Si toman el buen camino, el éxito es espectacular; de lo contrario, se desconcentran rápidamente. Por tanto, hay que realizar un buen seguimiento desde el inicio de su escolaridad con un psicólogo si es necesario, a fin de determinar la mejor opción posible. Ocurre lo mismo con la orientación profesional. Son buenos agricultores, militares, químicos o exploradores, pero en todos los casos necesitan obtener resultados visibles y tangibles, necesitan cosechar.

- **Intuición**

Son demasiado apasionados e íntegros para escuchar su voz interior, ya que confunden intuición con impulso. Su seducción está compuesta por cierto rigor que, a pesar de todo, atrae, ya que bajo su aspecto rudo, las mujeres los ven como personas reconfortantes y fuertes.

- **Inteligencia**

Se trata de una inteligencia práctica, que persigue la verdad manifiesta y desconfía de las abstracciones. Desean avanzar, paso a paso, pero con seguridad. No les atemoriza el trabajo y, desde la infancia, habrá que enfrentar decididamente a estos niños a tareas arduas, tanto en el plano intelectual como en el físico. Son personas más aplicadas que brillantes, y buscan constantemente esa verdad cuya existencia siempre tratarán de demostrar.

- **Afectividad**

Son personas íntegras: o aman, o no aman, y si entre ambas posibilidades existe la mínima vacilación, prefieren irse que conformarse. Fieles, comprometidos y creyentes hasta el límite, no perdonarán nunca una traición.

- **Moralidad**

No puede decirse que tengan una moral fácil. Esto quiere decir, sencillamente, que su deseo de corrección y justicia les lleva a adoptar iniciativas autoritarias que no siempre son aceptadas. Resulta evidente que, normalmente, resultan excesivos tanto en sus creencias como en sus amistades. En ocasiones rayan la devoción fanática y están dispuestos a partirse en dos por sus seres queridos. Pero si un amigo les traiciona, sus reacciones pueden ser terribles e inesperadas. En cuanto a los fracasos, simple y llanamente los ignoran.

- **Vitalidad**

Se trata de una vitalidad que podría mejorarse. No es que su nivel deje que desear, sino que estos hombres pueden llegar a dudar de sí mismos y a privarse de una energía muy valiosa. Su estado de salud es normal, aunque está sujeto a los imprevistos de su vida psíquica. Por otra parte, desde fuera dicha salud parece más robusta de lo que realmente es. Hay que acostumbrar a estos niños desde muy pequeños a una vida disciplinada, puesto que les cuesta asimilar los excesos. Deben vigilar el hígado, que es particularmente frágil, y también los pulmones. No deben abusar del ejercicio físico.

- **Sensorialidad**

Nos encontramos ante una sensorialidad intermitente. Con este tipo de caracteres, suele ocurrir que no exista un acuerdo unánime en cuanto a sus cualidades más profundas debido a las múltiples facetas de su personalidad. Sorprenden o decepcionan de forma alternativa, en función de sus propios ciclos, sobre todo en materia de sensualidad. Su sexualidad está estrechamente ligada a su psiquismo y sus creencias. Son capaces de llegar al mayor nivel de ascetismo y, seguidamente, manifestar una pasión incontenible. Debemos evitar que, en nombre de principios mal aplicados, desarrollen represiones que puedan bloquearles de forma peligrosa.

- **Dinamismo**

Se trata de un dinamismo reprimido que espera a la acción para manifestarse, cuando lo que se espera de él es que se adelante a la misma. Por tanto, su fuente radica menos en sí mismo que en las circunstancias, lo que planteará problemas a estos hombres, que realizan su búsqueda más a través de la acción que de la reflexión.

- **Sociabilidad**

Debido a su carácter social caprichoso, su trabajo a menudo representa para ellos un excelente pretexto para no participar en las reuniones familiares o frívolas. En otros momentos, en cambio, necesitan un cortejo que los escuche y les dé el visto bueno. Su voluntad es fuerte, aunque un poco desordenada, con una moralidad sin concesiones y un sentido de la familia sujeto a su ritmo de siembra y cosecha. Tienen una suerte de nivel intermedio, así como un éxito al que acceden a través de la energía y la fe. En definitiva, son seres participativos y combatientes que, más allá de su propia aventura, desean dar un sentido a la vida del ser humano.

- **Conclusión**

Este carácter nos plantea diversas preguntas: ¿por qué esa duda en los Tomás y demás nombres asociados?, ¿es posible que exista una predestinación que, a través de la Biblia, los incline a ser aquellos que cuestionan cualquier revelación?, ¿necesitan, por tanto, tocar para creer? Las correspondientes respuestas no dejarán de ser curiosas.

Vicente (M)

LEMA: *Aquel que recoge el agua de la tierra.*

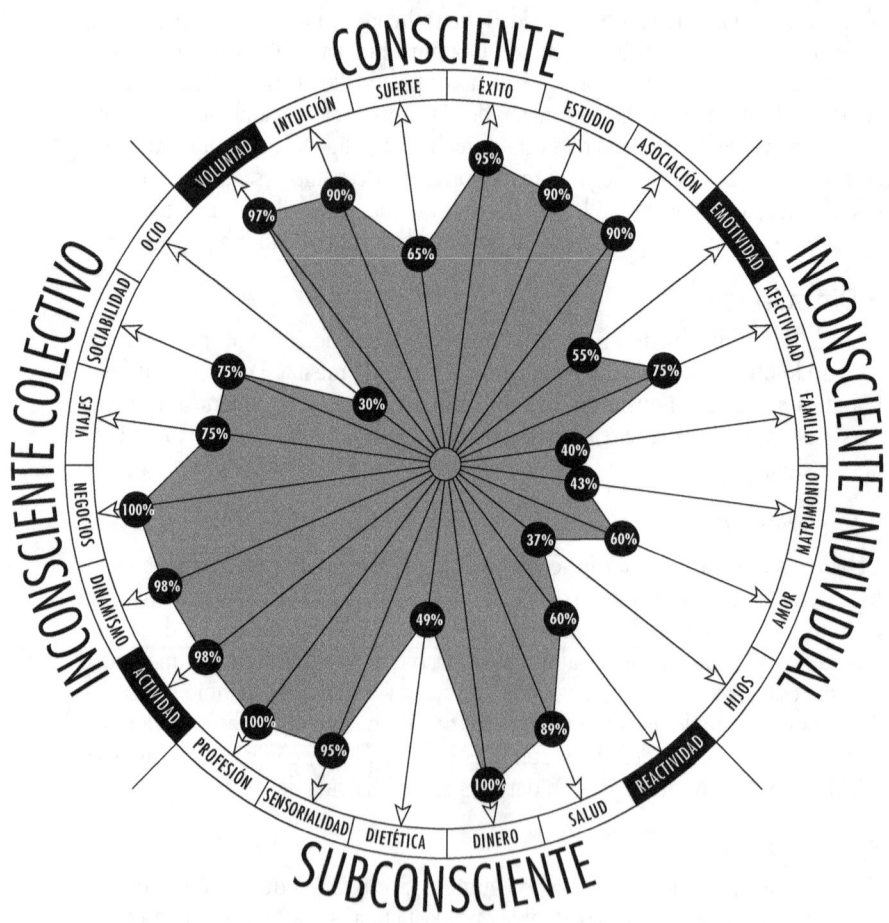

ELEMENTO:	Tierra	ANIMAL:	Gamo
SIGNO:	Tauro	MINERAL:	Plomo
COLOR:	Rojo	VEGETAL:	Ciprés

Vicente

y todos los nombres con características análogas indicados en el índice, incluyendo:

Aníbal	Haníbal	Simón
Fausto	Román	Vicencio
Faustino	Romano	Vicent
Genserico	Sim	Vicenzo
Gualterio	Simeón	Wandy...

- **Tipo caracterológico**

Son personas coléricas de reacciones violentas y enrevesadas, a la vez emotivas y activas. Se trata de seres herméticos con la sorprendente facultad de «trasformar el agua en vino», algo que explica, además, que San Vicente sea el patrón de los vinateros. En resumen: son capaces de hacer cambiar a los demás de opinión con facilidad. Desde muy jóvenes manifestarán una gran obstinación, formarán pequeños clanes y llevarán una vida subterránea. Son serios hasta el aburrimiento, a pesar de que ello les importe más bien poco. Por otra parte, son organizados, pacientes e incluso podría decirse que maquiavélicos. Su vegetal totémico es el ciprés, árbol melancólico donde los haya.

- **Psiquismo**

Saben sacar provecho de sí mismos y de su reino interior, así como del resto de personas. Nunca olvidan una afrenta. Además, son muy astutos y nada influenciables, es decir, que poseen una gran capacidad de persuasión casi embrujadora. Saben ser objetivos y sacrificarlo todo por una causa en situaciones extremas. Muestran tal confianza en sí mismos que pueden llegar hasta el fanatismo. De niños deben moderar desde muy pronto esa tendencia al exceso, ese lado «salvaje» que relaciona estos nombres con su animal tótem, el gamo.

- **Voluntad**

Esta voluntad a menudo hace gala de impulsos inquietantes, tan duros como una puñalada en la espalda. Se trata de caracteres aparentemente tranquilos que, de repente, dejarán entrever en la mirada un brillo de violencia apenas disimulada.

- **Emotividad**

Podríamos atrevernos a decir que se trata de una emotividad un tanto «sádica», es decir, que en determinadas circunstancias les importa más descubrir, con una pasión secreta, el dolor o la inferioridad del otro, que preocuparse por el mismo, algo que hay que vigilar muy de cerca.

- **Reactividad**

Su reactividad es temible. No obstante, no queremos ofrecer un perfil siniestro de estos hombres que, normalmente, son capaces de ofrecer una gran eficacia y alcanzar un gran valor intelectual. Simplemente, se desea hacer hincapié en algunos índices caracterológicos particularmente significativos. Sin embargo, sus reacciones ofrecen una intensidad en ocasiones molesta, con segundas intenciones que resultan desagradables para su entorno.

- **Actividad**

La actividad domina a este tipo de caracteres: todo está a su servicio. Se trata de la punta de lanza de una personalidad que tan sólo se siente realizada a través de la acción, y ello a toda costa. Quieren estudiar lo que el resto desconoce. Se cargarán de trabajo para introducirse en el mundo de las ciencias misteriosas o malditas y, de forma paralela, se justificarán cursando de forma destacada estudios clásicos. Serán grandes espías, revolucionarios con clase, hombres de negocios con varios registros, policías o políticos fanáticos. Aunque no resulte una tarea sencilla, no debemos juzgarlos antes de conocerlos a fondo.

- **Intuición**

Tienen una intuición, una sensibilidad y un olfato de sabueso. Sean inspectores de Hacienda, policías, industriales o agentes secretos, su ceño fruncido o su sonrisa malévola cuando perciben la proximidad de una presa no tiene desperdicio.

- **Inteligencia**

Su inteligencia es sintética, lo que los convierte en líderes de masas, aunque sólo actúen entre bastidores. En realidad, son mucho más inteligentes de lo que parecen y se pasan la vida dando una imagen de sí mismos, digamos, subexpuesta. No debemos agobiar a estos niños, ni forzarlos a dárselas de estrella ya que, en general, serán ellos los que muevan los hilos de las grandes estrellas, sobre todo en la política.

- **Afectividad**

Resulta difícil saber si son capaces de amar y cómo aman. En su interior existen impulsos profundos e incluso apasionados que sólo se exteriorizan a través de agitaciones apenas visibles. Siempre resultan desconcertantes y hay que vigilarlos discretamente cuando son niños a fin de no dejarlos a merced de un mundo urdido de complots imaginarios. Manifiestan una gran masculinidad.

- **Moralidad**

No se trata de una moralidad «abrumadora», ni mucho menos. Normalmente desean tener las manos libres y no quieren de ningún modo verse «atados» por principios o prohibiciones. Siempre manifestarán una actitud de desconfianza con respecto a todo lo que pueda limitar sus ansias de actuación. Esto no quiere decir que abusen de este laxismo, sino que necesitan ser totalmente libres. En cuanto a sus creencias, resultan algo confusas, ya que en ellas se manifiesta a la vez el brujo y el inquisidor. Por tanto, habrá que tratar de aclararlas, lo que no resulta una tarea fácil. Son prácticamente insensibles antes el fracaso y podrían tener problemas sentimentales.

- **Vitalidad**

Para ellos la vitalidad es sinónimo de autoridad, a la que deben remitirse e invocar constantemente. Aunque fustigan con placer a los demás, también saben flagelarse a sí mismos. Gozan de buena salud a pesar de tener unos hábitos alimentarios un tanto anárquicos. Deben controlar el sistema digestivo y las horas de sueño, así como las salidas al aire libre, aunque quizá eso sea pedirles demasiado. Les gustan los deportes violentos como la lucha, el kárate o el rugby, de forma que se exponen a sufrir accidentes. Cuidado con las enfermedades tropicales.

- **Sensorialidad**

La conquista del mundo se realiza a todos los niveles, tanto el de las cosas como el de las personas, y por tanto los Vicentes (y demás nombres relacionados) extienden su necesidad de posesión a todo lo que les rodea. Su sensorialidad supera claramente la media, aunque en el terreno sexual surgirán muchos problemas, ya que no saben ni quieren esperar, de ahí que sus deseos sean más instintivos que amorosos.

- **Dinamismo**

Después de todo lo dicho, ¿cómo vamos a hablar de dinamismo? Convendría más bien evocar una fuerza «telúrica» que los recorre y los convierte con frecuencia en seres que toman decisiones a largo plazo. Son capaces de tramar complejos planes que no arrojarán resultados hasta meses e incluso años más tarde. Puede resultar atrevido afirmar que se implican poco en la madeja de sus intrigas; sin embargo, los resultados son impresionantes.

- **Sociabilidad**

No puede decirse que sean muy sociables. Su moral va ligada a unas actitudes discutibles que a menudo pueden conducirles a un comportamiento abusivo. Su suerte se sumerge literalmente en un violento deseo de autoridad oculta, que normalmente garantiza un éxito velado. De jóvenes suelen ser seres cerrados a los que hay que orientar para que se abran y se realicen, guiándolos con sutileza pero también con firmeza. Una vez bosquejado este cuadro, se entenderá por qué las reuniones triviales y los protocolos no les quitan el sueño.

- **Conclusión**

Ahora bien, no deberíamos tomarlos por unos Rasputines en potencia. En cualquier caso, se trata de personas con tendencia al claroscuro, que a menudo hablan a base de indirectas de las que nadie pide aclaración por temor a pasar por «tonto». En realidad, no hay que dejarse engañar por esta pose y, sin menospreciar sus cualidades reales, hay que saber soportarlos en cualquier etapa de su vida. Esta es la única condición que exigen para profesar su respeto.

Víctor (M)

LEMA: *El hombre que se compromete, el hogareño.*

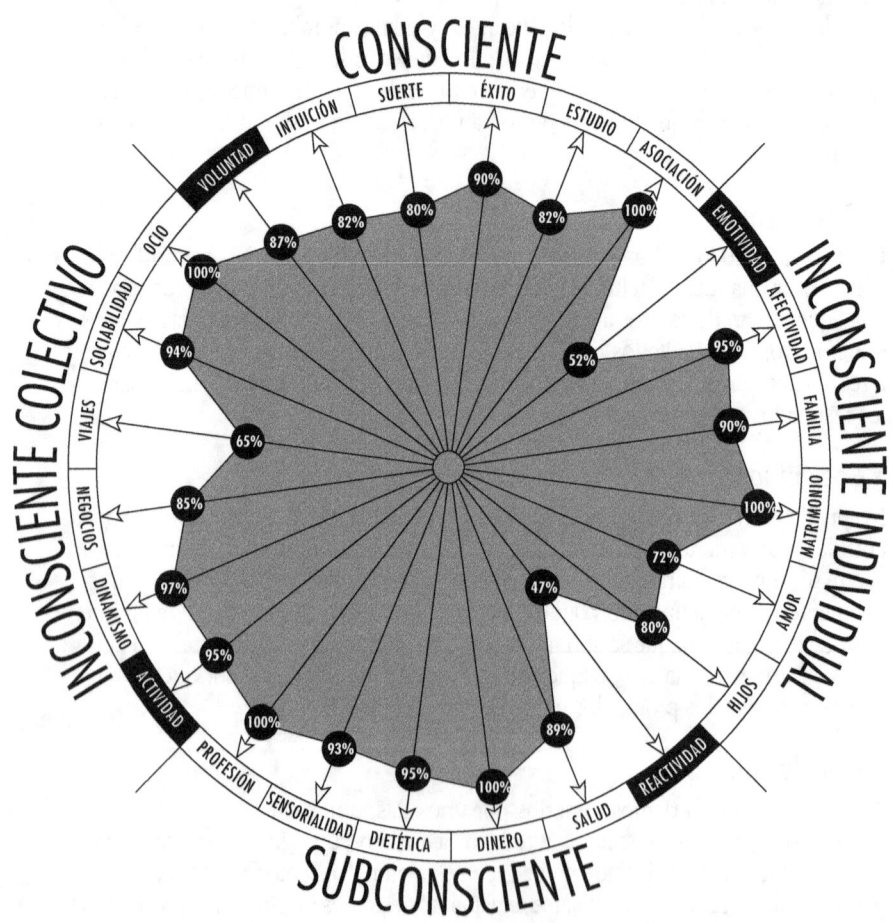

ELEMENTO: Tierra
SIGNO: Virgo
COLOR: Verde

ANIMAL: Grillo
MINERAL: Silicio
VEGETAL: Cardo

Víctor

y todos los nombres con características análogas indicados en el índice, incluyendo:

Brutus, Cristian, Hipólito, Laurencio, Loren, Lorenzo, Loris, Odilón, Orlando, Otelo, Otón, Rodrigo, Rolando, Vicky, Victorio...

- **Tipo caracterológico**

Ante todo, son personas con una gran actividad acompañada de buenas reacciones y una emotividad considerable. Dan la impresión de ser hombres equilibrados. Se sienten bien consigo mismos y, en principio, los Víctor y demás nombres relacionados no suelen ser niños complicados. Sencillamente, uno se tendrá que mostrar muy directo con ellos y limitarse a darles órdenes cuya motivación puedan comprender, ya que necesitan saber lo que hacen. Su gran apego al hogar resultará comprensible si tenemos en cuenta que su animal tótem es el grillo.

- **Psiquismo**

Son extrovertidos, se abren mucho al mundo y son bastante influenciables y sensibles a todo lo humano. En realidad, confían más en sus objetivos que en su propia persona, así que es necesario que, durante la infancia, estén perfectamente seguros de la solidez de las estructuras familiares para sentirse reafirmados. Ocurre lo mismo con los estudios. Con grandes dosis de objetividad, saben cómo entregarse en cuerpo y alma a una causa y, sin embargo, en otros momentos, se perderían gustosamente en el fondo de un bosque.

- **Voluntad**

Se trata de una voluntad «natural» que hay que dejar que se desarrolle a sus anchas sin necesidad de discutir cada instante sobre las aplicaciones. Con estos jóvenes se debe llevar una actitud de «síntesis», exigiendo un resultado, pero sin ahondar en detalles del tipo «yo, en tu lugar...», que pueden llegar a agobiarlos.

- **Emotividad**

Goza de una presencia excesiva y, en este psiquismo, se ve sustituida por grandes dosis de nerviosismo. Por tanto, todo el carácter estará impregnado de una febrilidad que conferirá una precipitación desesperante tanto a sus gestos como a sus intenciones. Así pues, saber controlarse será el mayor de sus problemas.

- **Reactividad**

Son personas susceptibles y, por tanto, sensibles. Debido a su sensibilidad superficial, sería prudente que tanto padres como cónyuges se pusieran en guardia frente a sus reacciones, que a menudo resultarán desconcertantes e irritantes, a pesar de su carácter efímero y de poca intensidad. Hay que pararles los pies con una frase amable, demostrándoles que no nos engañarán con su falsa agresividad y que no tienen por qué comportarse como el cardo, su vegetal totémico.

- **Actividad**

Podríamos preguntarnos de dónde sacan esta actividad de primer nivel que, en apariencia, no parece corresponderse en absoluto con su carácter algo volátil, al menos a primera vista. La respuesta a esta pregunta es simple: dicha voluntad constituye su droga particular. Necesitan la acción, aunque esta no sea todo lo estructurada y eficaz que se desearía. En general son personas muy emprendedoras, con excelentes resultados en los estudios. Son aplicados, cuidadosos y muy cercanos a sus profesores; en definitiva, colaboradores. Les encantan los estudios clásicos y los idiomas extranjeros. Serán muy buenos profesores, funcionarios de alto rango, auditores contables y comerciantes (tan eficaces que sólo tendrán un contacto superficial con la clientela). Muestran una notable conciencia profesional, una maravillosa capacidad de adaptación y una imaginación fértil. ¿Su sueño? Convertirse en latifundistas.

- **Intuición**

No cabe duda de que poseen una gran intuición de carácter bastante femenino en algunos sentidos, pero lo más interesante es ver cómo la utilizan, ya que sólo la admiten en términos de juego y, en ese caso, la llaman suerte. Hay que llevar cuidado porque son «apostantes» natos. Sin embargo, se quedan solos a la hora de aplicar dicha intuición para darle una dirección a su vida.

- **Inteligencia**

Su inteligencia es sintética. Controlan los problemas, los dominan y no se pierden en los detalles, sino que tienden a dejar que otros se encarguen de estos. Son personas inteligentes, brillantes, a menudo incisivas, aunque sin dar muestras de crueldad. Poseen una curiosidad insaciable y son propensos a dispersarse. Por tanto, habrá que evitar los vagabundeos mentales de estos niños.

- **Afectividad**

Si son posesivos es más por deseo de complacer que por necesidad de poseer. Son personas muy afectuosas, incluso demasiado en según qué casos, de forma que los padres deben evitar dejarse chantajear por la técnica de hacerse los tiernos para conseguir lo que quieren. Son atentos y seductores, les gusta cautivar y desprenden cierta feminidad en el comportamiento de su carácter.

- **Moralidad**

No es tan eficaz como se desearía. Parece que, al querer complacer a cualquier precio, este tipo de temperamento rebaja el nivel de rigurosidad en su comportamiento. Harán lo que sea con tal de quedar bien. Además, no cuesta nada hacer una promesa. Aunque ya se sabe que del dicho al hecho...

• Vitalidad

De nuevo, este índice no está en absoluto a la altura de este carácter de gran dinamismo, por lo que se le debe prestar especial atención. Tienen tendencia a engordar, son grandes comensales, golosos, y la palabra «dieta» les da escalofríos. Los niños pueden presentar descalcificación y las costillas son especialmente frágiles. Por tanto, no se les debe animar a practicar deportes violentos, ya que, además, se cansan rápidamente. Necesitan mucho aire libre y sol. Deben vigilar con atención el sistema endocrino.

• Sensorialidad

Como ya hemos visto, la sensorialidad está dominada por su glotonería, que no sólo se manifiesta en relación con la comida, sino también con la bebida. Estos caracteres podrían tener tendencia a ahogar las penas en el alcohol, incluso cuando la pena sea el no tenerlas. En el terreno sexual también dependen mucho de sus sentimientos y la sensualidad no se encuentra nunca en estado puro. Son fieles al hogar y la familia. Incluso pueden mostrar propensión a una ligera represión sexual, que deberá vigilarse cuanto antes. Les afectan bastante los fracasos amorosos, sobre todo teniendo en cuenta que no les cuesta sentir empatía por los demás a costa, en ocasiones, de sus relaciones sentimentales.

• Dinamismo

Es la característica dominante de este tipo de carácter, junto a la sociabilidad y el ocio que, como veremos, son también rasgos acusados. Este dinamismo, un tanto acaparador, les llevará a exagerar sin ton ni son. Estos hombres son, ante todo, jugadores de póquer natos en todas sus facetas. Desde la más tierna infancia, se jugarían hasta el biberón si pudieran.

• Sociabilidad

Son muy sociables, unos anfitriones agradables a los que les encanta la vida en común. Además son refinados cocineros. Aunque su voluntad no es uniforme, al menos saben lo que quieren. Normalmente, tienen la suerte de su lado y alcanzan el éxito con facilidad. En resumen, se trata de hombres tranquilos, eficaces y buenos padres de familia. Los padres que tengan la suerte de tener a uno de ellos por hijo, podrán experimentar muchas satisfacciones, siempre y cuando les inculquen una buena educación, ya que los pequeños practican a la perfección el arte de los cambios descontrolados.

• Conclusión

De este estudio caracterológico se desprende claramente que son «jugadores» en el sentido más amplio de la palabra, por lo que no habrá que tomarlos en serio cuando dramaticen, sino, muy al contrario, vigilarlos de cerca cuando comenten que van a jugar y se dirijan al casino más cercano. Siempre los volveremos a encontrar en el seno familiar, al que se sienten muy vinculados, aunque puede que en una situación económica algo comprometida.

N.º 79

Virginia (F)

LEMA: *Aquella en la que se apoya el mundo*

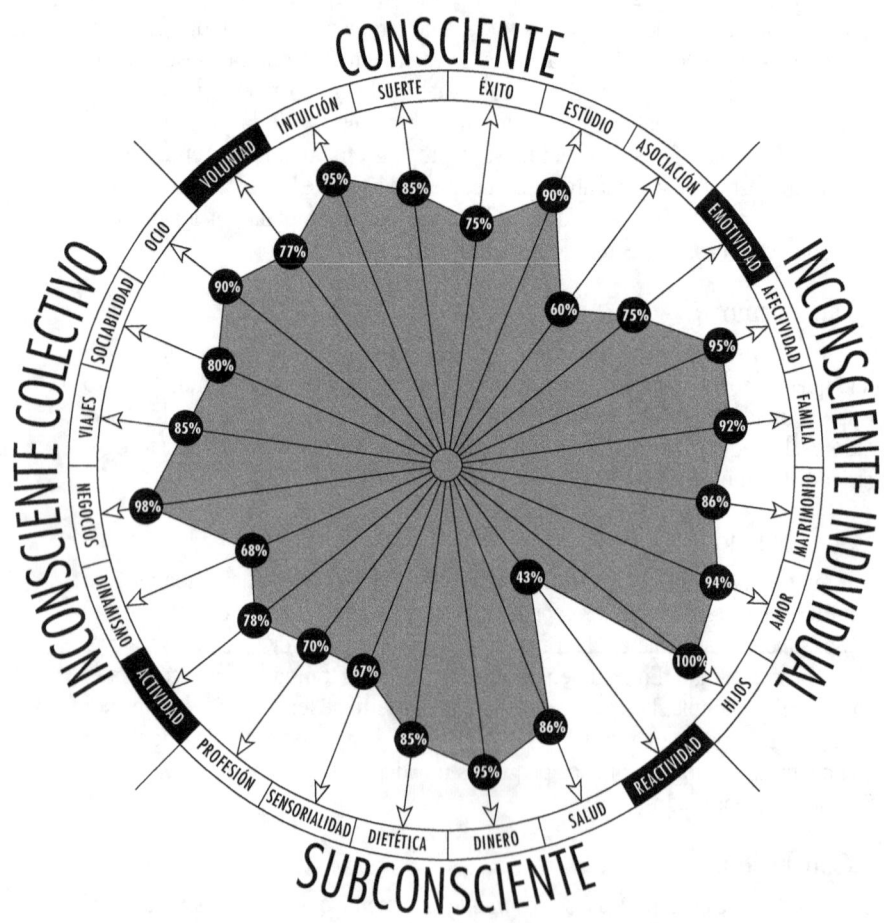

ELEMENTO: Agua
SIGNO: Cáncer
COLOR: Violeta

ANIMAL: Lagarto
MINERAL: Obsidiana
VEGETAL: Muguete

Virginia

y todos los nombres con características análogas indicados en el índice, incluyendo:

Aela, Ágata, Àgata, Ángela, Angélica, Angelina, Angelines, Edmunda, Ginger, Gregoria, Penélope, Sido, Sidonie, Svetlana, Virgínia...

• **Tipo caracterológico**

Puede decirse que el carácter de la mayoría de estos nombres refleja la imagen de nuestro mundo: nervioso, inestable y revuelto. Son susceptibles, su nivel de actividad es débil y sus reacciones algo retardadas, lo que las convierte en personas indolentes desde el punto de vista psíquico. Su animal tótem es el lagarto y, como él, les encanta dorarse al sol, inmóviles, para después escapar con la primera sombra que aparezca. No hay que molestarlas, ya que, aunque son inteligentes, se toman su tiempo para adaptarse y comprender lo que se espera de ellas. Su memoria afectiva está muy desarrollada y su espíritu curioso hace que se sumerjan en indagaciones a veces incoherentes. Son «poetas» que sueñan su vida y que rara vez viven sus sueños. Presentan la fragilidad preciosa del muguete, su vegetal tótemico, así como un sentido discreto de la alegría de un día inolvidable.

• **Psiquismo**

Son introvertidas, es decir, que sólo perciben el universo a través de sus propias emociones. Son influenciables y de niñas hay que vigilarlas de cerca para evitar cualquier impacto emocional grave que pueda trastornarlas a largo plazo. Son muy imaginativas y parecen superficiales porque rechazan la realidad.

• **Voluntad**

Puede resultar excepcional, e incluso único, comprobar que la voluntad de este tipo de carácter es casi de la misma intensidad que su emotividad. Por tanto, en todo momento una podrá sustituir a la otra sin motivo aparente ni comprobable, representando esto una puerta abierta a cualquier tipo de indecisión.

• **Emotividad**

Se trata de una emotividad preocupante, ya que el diagrama que acompaña a este estudio nos muestra que existe un abismo que la separa de la reactividad, lo que da lugar a todos los histerismos habidos y por haber, y a ciertos desequilibrios.

• **Reactividad**

La reactividad es la pieza central del triángulo formado junto a la voluntad y la emotividad. En ocasiones, estas personas pueden encontrarse sin fuerzas ni capacidad de reacción ante situaciones que considerarán tan complejas que cualquier decisión les parecerá imposible. Entonces, en vez de acudir a los padres, educadores o cónyuges, se refugiarán en una especie de adicción, de anorexia mental.

- **Actividad**

De este tipo de carácter no cabe esperar más que un retroceso, una huida al nivel de la actividad, que les preocupa y obsesiona hasta el punto de despertar en ellas un ansia histérica de protección. Con frecuencia, los perezosos se obsesionan más con el trabajo que los hacendosos, con la desventaja de que piensan tanto en ello que estas reflexiones no les dejan tiempo para trabajar.

Sus estudios son irregulares y caprichosos. Les atrae en gran medida lo misterioso y lo oculto. Siempre preferirán a Cagliostro que a Robespierre. La historia les interesa, pero la ciencia les produce aversión. Son indisciplinadas y su conciencia profesional no se manifiesta con el rigor deseado. Destacan como escritoras y como periodistas apasionadas. Tienen éxito en el mundo de la moda y son actrices de gran sensibilidad. Al ser románticas y poseer conciencia personal, harán uso de la misma y, si sus cónyuges o padres no están atentos, su querida Virginia malgastará el tiempo en buscar a un príncipe azul que nunca encontrará.

- **Intuición**

Debido a su imaginación, estas dulces criaturas poseen una intuición notable que llega al punto de ser deslumbrante. Su seducción es, en cierta medida, lunar: el encanto de los claros de luna en un jardín sutilmente caduco, impregnado por la bruma de la noche, un lugar que invita a soñar con amores imposibles entre suspiros y lágrimas.

- **Inteligencia**

Como acabamos de ver, tienen tendencia a marginarse, aunque en el plano de las realidades objetivas se muestran caprichosas. Con sólo unas horas de diferencia, sus opiniones, anhelos y deseos varían, por lo que no habrá que dejar que, durante la infancia, se instalen en una inestabilidad que puede llegar a ser crónica, sino mantenerlas en contacto con la vida con delicadeza y determinación. A veces se bloquean y, por timidez, se vuelven agresivas, lo que muestra una falta de confianza en sí mismas ante la que hay que reaccionar desde muy temprano.

- **Afectividad**

Son bastante celosas y posesivas en el terreno de la afectividad, y deben aprender a salir de sí mismas y entregarse. La familia no debe convertirse en un círculo demasiado protector que las haga atemorizarse ante la idea de participar en la vida social, y la vida de pareja no debe verse descompasada entre un marido obligado a adivinar las fantasías de la mujer que ama y una esposa que aplaza las decisiones vitales por temor a romper el instante que transcurre.

- **Moralidad**

Estas mujeres suelen ser esclavas de las circunstancias y no puede decirse que su moral responda a normas muy estrictas. Son la proyección de las personas que les rodean y los hechos que les ocurren. Les gusta el entorno entre algodones de la familia, y suelen tener problemas para adaptarse a las necesidades de la vida común cuando se casan o tienen niños. Sus creencias sólo pueden ser excesivas o inestables. A los arrebatos místicos les sucede la duda y, posteriormente, una larga serie de restricciones que pueden desembocar en autocastigos que merecen toda la atención de padres y educadores.

- **Vitalidad**

Su vitalidad es variable y, en ocasiones, pueden tender a refugiarse en la enfermedad menor o el pequeño accidente para justificar su propensión a la huida. Están acostumbradas a utilizar sustancias excitantes o estimulantes. Su apetito es irregular y necesitan dormir mucho, pasar tiempo al aire libre y practicar deportes ligeros como el tenis o la natación. El yoga constituirá un excelente método de disciplina personal. Se cansan rápidamente, por lo que deben evitar el agotamiento. El hecho de aislarse representa a la vez su tentación y su caída.

- **Sensorialidad**

Se trata de uno de los índices más bajos de sensorialidad registrados en estos estudios caracterológicos. Estos seres suelen negarse a integrarse en un sistema psicobiológico que les igualaría al resto. La educación sexual de estos niños debe abordarse con grandes dosis de discreción, inteligencia y comprensión. No es conveniente que este grave problema se convierta para ellas en una nueva ocasión de subterfugio, rechazo e incluso repulsión.

- **Dinamismo**

Se trata de un supuesto dinamismo que compromete una actividad ya de por sí espinosa, motivada por una voluntad evanescente, y del que poco puede decirse, aparte de que esta estructura no resulta en absoluto satisfactoria. Esto incluso puede llegar más lejos: en efecto, parece que, por un deseo de autodestrucción más aparente que real, se desacreditan a sí mismas, quizás para sentirse más apreciadas por el resto, algo que resulta un poco masoquista.

- **Sociabilidad**

Su sociabilidad es caprichosa y cuando están acompañadas pueden mostrarse como las más brillantes o las más cerradas. Son seres lunáticos, que muestran reticencias en el terreno de la amistad. Desconfían de los hombres, temen a las mujeres y, repentinamente, sin saber cómo, son presa de arrebatos irracionales y efímeros. Viven con intensidad el fracaso, ya sea profesional o sentimental, que desemboca rápidamente en represiones. Por ello, hay que intentar liberar a estas niñas cuanto antes, enseñarlas a vivir y hacer que se realicen.

- **Conclusión**

Son seres afortunados, aunque no siempre se aprovechan de ello. Su éxito es azaroso y volvemos a repetirlo: hay que convencerlas de la importancia del esfuerzo continuo. Son personas desconcertantes, cautivadoras y sentimentales, con un encanto melancólico, soñadoras y con un gran corazón.

Índice de nombres

Nombre	Sexo	N.º de nombre modelo	Nombre	Sexo	N.º de nombre modelo	Nombre	Sexo	N.º de nombre modelo
Aarón	M	71	Adrianna	F	52	Alario	M	55
Abel	M	8	Adrianno	M	73	Alastair	M	71
Abelardo	M	8	Adriel	M	47	Alauda	F	04
Abelia	F	32	Ael	F	30	Alba	F	49
Abella	F	32	Aela	F	79	Albain	M	01
Abellia	F	32	Aelaig	F	79	Albana	F	04
Abie	M	46	Aelecig	F	30	Albana	F	49
Abigaela	F	48	Aeles	F	79	Albano	M	02
Abigail	M	46	Aelia	F	79	Albano	M	76
Abraham	M	46	Aelig	M	30	Albarico	M	31
Abundancio	M	47	Afrodita	F	40	Albe	F	49
Acacio	M	24	Agapé	F	62	Albena	F	04
Acario	M	14	Àgata	F	79	Albergio	M	63
Acelina	F	25	Àgata	F	79	Alberico	M	31
Ada	F	75	Agatón	M	57	Albert	M	01
Adalbaldo	M	41	Agenor	M	12	Alberta	F	04
Adalberta	F	63	Agilberto	M	12	Alberte	F	04
Adalberto	M	34	Aglae	F	49	Albertina	F	04
Adán	M	69	Agnès	F	58	Albertinna	F	04
Adana	F	16	Agobardo	M	01	Alberto	M	01
Adaneto	M	69	Agosto	M	36	Albina	F	50
Adano	M	69	Agripina	F	35	Albine	F	50
Adela	F	54	Agurne	F	50	Albinig	M	01
Adelaida	F	54	Agurtzane	F	50	Albino	M	01
Adelardo	M	46	Agustina	F	18	Albrecht	M	01
Adelberta	F	63	Agustino	M	36	Alcibíades	M	56
Adelfo	M	09	Ahmed	M	69	Alcides	M	56
Adelia	F	54	Aimada	F	48	Alda	F	52
Adelicia	F	54	Aimado	M	36	Aldeberto	M	01
Adelina	F	50	Aimardo	M	61	Aldegonda	F	62
Adelinda	F	50	Aimaro	M	61	Aldemar	M	24
Adelinde	F	50	Aimerico	M	73	Aldo	M	72
Adeline	F	50	Aimón	M	73	Aldredo	M	72
Adelino	M	01	Aimona	F	37	Aldrica	F	26
Adelisa	F	50	Airtón	M	74	Aldrico	M	72
Adelmar	M	76	Alain	M	76	Aldwin	M	9
Ademar	M	76	Alán	M	76	Alec	F	18
Ademaro	M	76	Alana	F	18	Alec	M	76
Adnet	M	69	Alanés	F	18	Alegría	F	70
Adneta	F	75	Alanig	M	76	Aleida	F	19
Adolfina	F	65	Alano	M	76	Alejandrina	F	04
Adolfo	F	38	Alar	M	55	Alejandro	M	33
Adrià	M	73	Alara	F	28	Alena	F	18
Adrián	M	73	Alarico	M	55	Alene	F	18
Adriana	F	52	Alarigo	M	55	Alessandro	M	33
Adriane	F	52	Alario	M	29	Aleta	F	16

362

Nombre	Sexo	N.º de nombre modelo	Nombre	Sexo	N.º de nombre modelo	Nombre	Sexo	N.º de nombre modelo
Aleto	M	53	Altea	F	50	Ana	F	04
Aletta	F	16	Altrico	M	72	Anabela	F	04
Alette	F	16	Alvisa	F	62	Anabella	F	04
Álex	M	33	Allan	M	76	Anaeg	M	23
Alexandra	F	04	Allisia	F	28	Anael	M	56
Alexia	F	04	Amable	M	09	Anaela	F	04
Alexina	M	04	Amable	M	09	Anaic	F	04
Alexis	F	04	Amada	F	48	Anaic	M	23
Alexis	M	33	Amadea	F	32	Anaig	F	04
Alfarico	M	31	Amadeo	M	08	Anaís	F	04
Alfia	F	25	Amadeu	M	08	Analisa	F	04
Alfons	M	02	Amadis	M	08	Anania	F	04
Alfonsina	F	63	Amado	M	36	Anastasi	M	46
Alfonsino	M	02	Amador	M	39	Anastasia	F	04
Alfonso	M	02	Amael	M	73	Anastasia	F	04
Alfred	M	03	Amaia	F	04	Anastàsia	F	04
Alfreda	F	25	Amalia	F	04	Anastasio	M	45
Alfredina	F	25	Amalrico	M	72	Anatolia	F	28
Alfredo	M	03	Amancio	M	27	Anatòlia	F	28
Algia	F	63	Amanda	F	13	Anatolio	M	10
Algiana	F	63	Amandina	F	13	Ancelino	M	09
Algis	M	02	Amando	M	39	Andeolo	M	02
Algisa	F	63	Amaranta	F	13	Andoche	M	39
Alice	F	28	Amarilis	F	13	Andoni	M	08
Alicia	F	28	Amata	F	48	Andrea	F	05
Alick	M	76	Amaurio	M	68	Andrés	M	06
Alida	F	52	Amazona	F	58	Andreu	M	06
Alieta	F	16	Ambra	F	35	Andreua	F	05
Alín	M	76	Ambre	F	35	Andrew	M	06
Alina	F	50	Ambrose	M	30	Andriano	M	06
Alioma	F	09	Ambrosi	M	30	Andy	M	06
Alisea	F	28	Ambrosina	F	35	Ane	F	04
Alison	F	28	Ambrosio	M	30	Anémona	F	04
Alisón	M	24	Amé	M	36	Aneta	F	04
Alissa	F	28	Amelia	F	04	Aneto	M	23
Alix	F	17	Amèlia	F	04	Ángel	M	30
Alix	M	42	Ameliano	M	39	Àngel	M	30
Alma	F	50	Amelina	F	04	Ángela	F	79
Almanzor	M	60	Amelino	M	23	Àngela	F	79
Aloha	F	37	Amicia	F	48	Ángeles	F	79
Alois	M	61	Amilcar	M	25	Angélica	F	79
Aloisa	F	62	Amor	M	39	Angelina	F	79
Aloisia	F	62	Amorio	M	68	Angelines	F	79
Aloisius	M	61	Amos	M	15	Ángelo	M	30
Alonso	M	02	Amy	F	48	Angelramo	M	45
Alrick	M	72	Amy	M	36	Angerano	M	45

363

Nombre	Sexo	N.º de nombre modelo	Nombre	Sexo	N.º de nombre modelo	Nombre	Sexo	N.º de nombre modelo
Angilrano	M	45	Apolo	M	23	Arminia	F	13
Angleberto	M	30	Apolonia	F	17	Armonía	F	50
Ani	F	04	Apolonio	M	23	Arnaldo	M	02
Aníbal	M	77	Apolono	M	23	Arnold	M	34
Aniceto	M	23	Aquiles	M	71	Arnulfo	M	34
Anick	F	04	Arabela	F	19	Arrene	F	50
Aniel	F	48	Arcadi	M	21	Arrosa	F	50
Anig	F	04	Arcadio	M	21	Arrosane	F	50
Anita	F	04	Arcadius	M	21	Arsenio	M	55
Anna	F	04	Archambaud	M	42	Artemisa	F	65
Annouck	F	04	Archibaldo	M	10	Arthaud	F	12
Annouk	F	04	Archimbaud	M	42	Arthur	M	12
Anouck	F	04	Ardonio	M	59	Arturo	M	12
Anouchka	F	04	Ardonio	M	61	Arzel	M	12
Anouk	F	04	Ardouin	M	59	Arzela	F	63
Anselma	M	66	Arduino	M	61	Ascelina	F	25
Anselmo	M	09	Arián	M	42	Ascelino	M	34
Anseomo	M	09	Ariana	F	37	Aselia	F	25
Ansermo	M	09	Arianna	F	37	Aselina	F	25
Antelmo	M	46	Ariberto	M	11	Aselino	M	34
Antero	M	21	Ariel	M	42	Asemar	M	76
Anthony	M	08	Ariela	F	17	Asmodeo	M	77
Antimo	M	44	Arista	F	08	Asterio	M	01
Antinea	F	07	Aristarco	M	08	Astreberta	F	48
Antón	M	08	Arístides	M	08	Astreberto	M	46
Antonela	F	07	Aristón	M	08	Astrid	F	66
Antoni	M	08	Aristóteles	M	08	Asunción	F	32
Antonia	F	07	Aristotes	M	08	Atalia	F	13
Antònia	F	07	Arlena	F	07	Atanasia	F	63
Antoniana	F	07	Arleta	F	07	Atanasio	M	45
Antoniano	M	08	Arlette	F	07	Atenais	F	43
Antonieta	F	07	Arletty	F	07	Atenea	F	43
Antonieto	M	08	Arlina	F	07	Atila	M	44
Antonina	M	07	Armael	M	39	Atis	M	01
Antonino	M	08	Armaela	F	13	Auberto	M	03
Antonio	M	08	Armancia	M	58	Aubino	M	76
Anunciación	F	32	Armanda	F	58	Aubry	M	09
Anunciada	F	32	Armande	F	58	Auda	F	04
Anzo	M	09	Armandina	F	58	Aude	F	04
Añán	M	29	Armandino	M	14	Audrán	M	06
Añel	M	29	Armando	M	14	Audrano	M	06
Añela	F	48	Armela	F	13	Audrey	F	16
Aoda	F	04	Armelina	F	13	Audria	F	16
Aodrena	F	16	Armelino	M	39	Audrico	M	72
Aodreno	M	06	Armelio	M	39	Audrina	F	16
Apolinario	M	23	Armelle	F	13	Auffray	M	03

Nombre	Sexo	N.º de nombre modelo	Nombre	Sexo	N.º de nombre modelo	Nombre	Sexo	N.º de nombre modelo
Aufray	M	03	Barnabás	M	11	Beranguer	M	02
Aufroy	M	03	Barnardo	M	12	Beranguera	F	63
Augerio	M	10	Barnete	M	12	Berardina	F	58
Augias	M	10	Barney	M	12	Berardo	M	24
Augusta	F	18	Barry	M	55	Berenguer	M	02
Augusto	M	36	Barthélemy	M	09	Berenguera	F	63
Aura	F	05	Bartolo	M	09	Berenice	F	62
Áurea	F	05	Bartolomé	M	09	Berila	F	16
Aureana	F	05	Bartolomea	F	50	Berilo	M	53
Aurelia	F	13	Bartomeu	M	09	Bernabé	M	11
Aurèlia	F	13	Bartomeua	F	50	Bernard	M	12
Aureliana	F	13	Basilio	M	10	Bernarda	F	67
Aureliano	M	60	Basilo	M	10	Bernardeta	F	67
Aurelio	M	60	Bastián	M	42	Bernardina	F	67
Auriana	F	13	Bastiana	F	13	Bernardino	M	12
Auriano	M	44	Bastiano	M	42	Bernardo	M	12
Aurora	M	75	Batilda	F	54	Bernice	F	62
Austin	M	36	Baud	M	09	Bernie	F	62
Auterio	M	60	Bautista	F	28	Berny	F	62
Autrico	M	72	Bautista	M	10	Berta	F	13
Auxana	F	16	Bautistina	F	28	Bertelina	F	13
Avel	M	08	Bautistino	M	10	Bertie	F	13
Avela	F	66	Bazkoara	F	75	Bertila	F	13
Avelaina	F	66	Bazkoare	M	20	Bertilda	F	13
Avelino	M	08	Beatrix	F	66	Bertilia	F	13
Avit	M	53	Beatriz	F	66	Bertillón	M	20
Avold	M	53	Belina	F	52	Bertín	M	20
Avreliana	F	13	Belinda	F	52	Berto	M	01
Axel	M	57	Belino	M	08	Berto	M	09
Axela	F	28	Beltrán	M	20	Berto	M	20
Azulena	F	63	Bella	F	58	Bertoldo	M	09
Azuleta	F	50	Bello	M	09	Bertrán	M	20
Babeta	F	49	Ben	M	11	Bertrana	F	13
Babilas	M	12	Beneado	M	64	Bertranda	F	13
Balbina	F	37	Benedetto	M	14	Bertus	M	20
Baldoni	M	09	Benedicta	F	28	Bess	F	49
Baldonia	F	17	Benedicto	M	14	Besse	F	49
Baldònia	F	17	Benet	M	64	Bessie	F	49
Baldonio	M	09	Benigna	F	22	Betelino	M	27
Baldrico	M	09	Benigno	M	36	Beth	F	49
Baldwin	M	09	Benita	F	75	Betina	F	49
Baldwina	F	67	Benito	M	64	Betsabé	F	49
Baltasar	M	15	Benjamín	M	11	Bette	F	49
Bárbara	F	32	Benjamina	F	18	Betty	F	49
Barbe	F	32	Benoist	M	64	Beverley	F	16
Barberina	F	32	Benvenuto	M	39	Beverley	M	53

365

Nombre	Sexo	N.º de nombre modelo	Nombre	Sexo	N.º de nombre modelo	Nombre	Sexo	N.º de nombre modelo
Bianca	F	32	Brieux	M	59	Capuchina	F	35
Bibiana	F	62	Brígida	F	35	Cara	F	40
Bibiane	F	62	Brión	M	59	Caradec	M	72
Bibiano	M	53	Britt	F	35	Caren	F	40
Biche	F	66	Britta	F	35	Carina	F	40
Bienvenida	F	75	Brivel	M	36	Carine	F	40
Bienvenido	M	39	Brivela	F	48	Carita	F	40
Bill	M	46	Broderico	M	06	Carla	F	35
Billie	M	46	Bruna	F	37	Carlaina	F	35
Billy	M	46	Brunalta	F	37	Carlena	F	35
Binig	M	14	Brune	F	37	Carles	M	15
Blai	M	14	Brunela	F	37	Carleta	F	35
Blanca	F	32	Bruneta	F	37	Carlina	F	35
Blanche	F	32	Bruneto	M	33	Carlina	F	35
Blanda	F	32	Brunette	F	37	Carlina	F	35
Blandina	F	32	Brunilda	F	37	Carlo	M	15
Blandino	M	57	Bruno	M	33	Carlomagno	M	15
Blanqueta	F	32	Brutus	M	78	Carlos	M	15
Blas	M	14	Bryan	M	59	Carlota	F	35
Blasiana	F	32	Bryant	M	59	Carloto	M	15
Bleiz	M	14	Bryce	M	71	Carmela	F	28
Bleiza	F	14	Buchaib	M	06	Carmen	F	28
Bob	M	74	Buena	F	32	Carmencita	F	28
Bobbie	M	74	Buenhijo	M	45	Carmina	F	28
Bobby	M	74	Bunny	F	66	Carmine	F	28
Bobette	F	40	Cadina	F	49	Carol	F	35
Bonaventura	F	58	Cado	M	53	Carola	F	35
Bonaventuro	M	72	Caetana	F	75	Carolina	F	35
Bonifacio	M	41	Caetano	M	44	Caroline	F	35
Bonnie	F	32	Calais	M	55	Carolo	M	15
Boris	M	12	Calia	F	49	Casandra	F	49
Bosco	M	78	Calíope	F	49	Casia	F	26
Brahim	M	53	Calipso	F	35	Casiana	F	26
Bram	M	53	Calista	F	22	Casiano	M	14
Brandon	M	27	Calisto	M	46	Casimira	F	70
Brann	M	46	Calixto	M	46	Casimiro	M	09
Brenda	F	13	Camila	F	28	Casio	M	14
Brendan	M	27	Camilo	M	14	Casiopea	F	43
Brendana	F	13	Camilla	F	28	Casius	M	14
Brett	M	59	Candice	F	62	Caspar	M	15
Briac	M	59	Cándida	F	62	Caspara	F	43
Briag	M	59	Càndida	F	62	Cassandra	F	49
Briaga	F	48	Cándido	M	11	Cassià	M	14
Brian	M	59	Candy	F	62	Cassy	F	26
Brice	M	71	Canela	F	18	Cast	M	76
Brieuc	M	59	Canuto	M	42	Casto	M	76

Nombre	Sexo	N.º de nombre modelo	Nombre	Sexo	N.º de nombre modelo	Nombre	Sexo	N.º de nombre modelo
Catalina	F	16	Cendrillon	F	28	Clarissa	F	18
Catel	F	16	Cenobia	F	28	Clarita	F	18
Catela	F	16	Cenobio	M	72	Clark	M	53
Caterina	F	16	Cenodora	F	28	Claro	M	59
Cati	F	16	Cenodoro	M	72	Claud	M	20
Catia	F	16	Cenón	M	72	Claudel	M	20
Catie	F	16	Cenonina	F	28	Claudeta	F	75
Catleen	F	16	Cera	F	66	Claudi	F	20
Caty	F	16	Cerana	F	66	Claudia	F	19
Caty	F	16	Ceresita	F	66	Clàudia	F	19
Cayetana	F	75	Cerisa	F	66	Claudiana	F	75
Cayetano	M	44	César	M	36	Claudiano	M	20
Cea	F	66	Cesárea	F	22	Claudina	F	75
Cebrián	M	69	Cesáreo	M	36	Claudio	M	20
Cebriana	F	40	Cesarina	F	22	Claudius	M	20
Cecile	F	17	Cesario	M	36	Claudy	F	75
Cecili	M	41	Cibardo	M	61	Claus	M	15
Cecilia	F	17	Cidalisa	F	49	Clea	F	37
Cecília	F	17	Cindie	F	65	Cleda	F	37
Ceciliana	F	17	Cindy	F	65	Clelia	F	37
Cecilio	M	41	Cinnie	F	04	Clemencia	F	43
Cedequia	M	03	Cintia	F	54	Clemencio	M	21
Cedrico	M	42	Cipriana	F	40	Clementa	F	43
Cedrina	F	04	Cipriano	M	69	Clemente	M	21
Ceferina	F	28	Ciprila	F	40	Clementia	F	43
Ceferino	M	10	Cipris	F	40	Clementina	F	43
Céfira	F	28	Cirano	M	06	Clementino	M	21
Céfiro	M	10	Ciriaco	M	06	Clemenza	F	43
Cela	F	66	Ciril	M	06	Cleo	F	32
Celesta	F	58	Cirila	F	07	Cleopatra	F	32
Celeste	F	58	Cirila	F	07	Clero	M	59
Celeste	M	57	Cirilo	M	06	Clervia	F	04
Celestina	F	58	Cirilus	M	06	Cleto	M	47
Celestino	M	57	Ciro	M	06	Climena	F	26
Celia	F	17	Cirus	M	06	Clío	F	37
Cèlia	F	17	Cita	F	66	Clo	M	46
Celiano	M	03	Claire	F	18	Cloclo	M	20
Celimena	F	28	Clara	F	18	Clode	F	75
Celina	F	52	Clarencia	F	18	Clodeta	F	75
Celinia	F	52	Clarencio	M	59	Clodomiro	M	46
Celsa	F	52	Clareta	F	18	Cloe	F	37
Celsina	F	52	Clareta	F	18	Cloe	F	37
Celsino	M	06	Clarie	F	18	Cloelia	F	37
Celso	M	06	Clarina	F	18	Clorinda	F	58
Cena	F	28	Clarinda	F	18	Cloris	F	19
Cenaide	F	28	Clarisa	F	18	Clos	M	15

Nombre	Sexo	N.º de nombre modelo	Nombre	Sexo	N.º de nombre modelo	Nombre	Sexo	N.º de nombre modelo
Clotario	M	38	Corneliano	M	10	Dagoberto	M	39
Clotilde	F	13	Cornelio	M	10	Dagomaro	M	23
Cloud	M	71	Cornelius	M	10	Daisy	F	65
Clovis	M	20	Cornilo	M	10	Dalberto	M	01
Cloviso	M	20	Coseta	F	70	Dalia	F	63
Cluny	M	20	Cosima	F	70	Dàlia	F	63
Colás	M	15	Cosimeta	F	70	Dalila	F	17
Colasa	F	70	Cosme	M	45	Dámaso	M	61
Colberto	M	01	Crepín	M	42	Damia	F	40
Colín	M	15	Crepiniano	M	42	Damià	M	53
Colina	F	70	Crescencio	M	73	Damián	M	53
Colineta	F	70	Crescentia	F	52	Damiana	F	40
Colinote	M	15	Crescento	M	73	Damieta	F	40
Coloma	F	13	Cris	F	22	Dan	M	24
Collie	F	13	Crislana	F	32	Dana	F	25
Colly	F	13	Crista	F	22	Danae	F	25
Concepción	F	16	Cristabella	F	22	Danel	M	24
Conchita	F	16	Cristel	M	78	Danerico	M	38
Connie	F	63	Cristela	F	22	Dania	F	25
Conrad	M	68	Cristiala	F	22	Danie	F	25
Conradina	F	63	Cristian	M	78	Daniel	M	24
Conradino	M	68	Cristián	M	78	Daniela	F	25
Constança	F	65	Cristiana	F	22	Daniella	F	25
Constancia	F	65	Cristiano	M	15	Danielle	F	25
Constancio	M	38	Cristila	F	22	Danila	F	25
Constanta	F	65	Cristina	F	22	Danitza	F	25
Constantina	F	65	Cristo	M	78	Danny	F	25
Constantino	M	38	Cristóbal	M	23	Dante	M	42
Constanza	F	65	Cristodulo	M	23	Dany	F	25
Consuela	F	65	Cristòfol	M	23	Daría	F	07
Cora	F	16	Cristóforo	M	23	Darío	M	53
Coralia	F	16	Cuasimodo	M	12	Darlana	F	28
Coralina	F	16	Cunegonda	F	58	Dave	M	42
Coralisa	F	16	Curd	M	68	Daviana	F	37
Cordelia	F	43	Curt	M	68	David	M	42
Corela	F	16	Chantal	F	58	Davina	F	37
Corentina	F	52	Charley	M	15	Davinia	F	37
Corentino	M	76	Charlie	M	15	Davis	M	42
Corina	F	04	Charlotte	F	35	Davit	M	42
Corine	F	04	Charly	M	15	Davy	M	42
Corinna	F	04	Chiara	F	18	Dayana	F	43
Corisa	F	16	Chokri	M	10	Debbie	F	13
Corneli	M	10	Chrissy	F	22	Debby	F	13
Cornelia	F	58	Christopher	M	23	Débora	F	13
Cornèlia	F	58	Dafne	F	22	Dèbora	F	13
Corneliana	F	58	Dagoberta	F	05	Deirdre	F	40

Nombre	Sexo	N.º de nombre modelo	Nombre	Sexo	N.º de nombre modelo	Nombre	Sexo	N.º de nombre modelo
Delfí	M	64	Dina	F	28	Donatiano	M	10
Delfín	M	64	Dinan	M	72	Donatio	M	10
Delfina	F	13	Dine	F	28	Donato	M	10
Delfo	M	64	Diomedes	M	59	Donela	F	28
Delia	F	43	Dionisia	F	26	Donella	F	28
Delinda	F	70	Dionisio	M	27	Doneta	F	28
Delphin	M	64	Dionisos	M	27	Donna	F	28
Delphine	F	13	Diono	M	27	Dora	F	16
Démeter	F	19	Diosdado	M	29	Dorada	F	58
Demetri	M	69	Dirk	M	06	Doralicia	F	16
Demetrio	M	69	Dirkie	M	06	Doreta	F	58
Demetrius	M	69	Diva	F	66	Doria	F	07
Deniel	M	24	Dive	F	66	Doriana	F	07
Deniela	F	25	Divina	F	66	Doriano	M	06
Denis	M	27	Djamel	M	74	Doricia	F	58
Denís	M	27	Dogmael	M	73	Dorina	F	16
Denise	F	26	Dogmaela	F	17	Dorinda	F	16
Dennís	M	27	Dolena	F	50	Doris	F	58
Denny	M	27	Dolf	M	76	Dorisa	F	58
Denován	M	78	Dolfi	M	76	Dorotea	F	58
Deodato	M	36	Dolores	F	50	Dorris	F	58
Derek	M	06	Dolorita	F	50	Dorysa	F	58
Derian	M	31	Dolly	F	50	Dougan	M	01
Derico	M	06	Domènec	M	29	Douglas	M	64
Desdémona	F	18	Doménica	F	28	Drenico	M	06
Desiderato	M	47	Doménico	M	29	Druono	M	06
Desideri	M	47	Domiano	M	53	Dulce	F	32
Desideria	F	63	Domicia	F	22	Duncan	M	01
Desiderio	M	72	Domiciana	F	22	Dylan	M	34
Desiree	F	63	Domiciano	M	24	Ebermunda	F	50
Devota	F	66	Dominga	F	28	Ebermundo	M	42
Diana	F	43	Domingo	M	29	Ebrardo	M	68
Diandra	F	65	Domini	M	29	Eda	F	52
Diane	F	43	Dominica	F	28	Edardo	M	31
Dianna	F	43	Dominig	M	29	Edda	F	52
Dianne	F	43	Domitia	F	22	Eddy	M	31
Dick	M	69	Domitiana	F	22	Edea	F	13
Dickie	M	69	Domitiano	M	24	Edelina	F	50
Dicky	M	69	Domitila	F	22	Ederna	F	43
Dídac	M	69	Domnino	M	53	Edernes	F	43
Didiana	F	28	Donaciana	F	28	Edernico	M	15
Dídimo	M	21	Donaciano	M	10	Ederno	M	15
Diego	M	69	Donald	M	21	Edgar	M	57
Dietrich	M	78	Donata	F	28	Edgard	M	57
Dietter	M	78	Donatela	F	28	Edina	F	19
Dimitri	M	69	Donatiana	F	28	Edita	F	52

369

Nombre	Sexo	N.º de nombre modelo	Nombre	Sexo	N.º de nombre modelo	Nombre	Sexo	N.º de nombre modelo
Edite	F	52	Elfia	F	25	Elvina	F	26
Edith	F	52	Elfreda	F	25	Elvira	F	26
Editha	F	52	Elfredo	M	72	Elvire	F	26
Editta	F	52	Elfrid	F	25	Elzear	M	41
Edma	F	62	Elfrida	F	25	Ella	F	52
Edmea	F	62	Elfried	F	25	Elly	F	17
Edmeo	M	30	Elfrieda	F	25	Emanuel	M	51
Edmunda	F	79	Elfriede	F	25	Emanuela	F	75
Edmundo	M	30	Elga	F	43	Emela	F	75
Edna	F	19	Elia	F	17	Emelina	F	75
Edrico	M	59	Elia	F	17	Emeralda	F	22
Eduardina	F	40	Eliacino	M	42	Emerana	F	58
Eduardo	M	31	Elián	M	42	Emerano	M	10
Eduina	F	19	Eliana	F	17	Emerica	F	04
Eduino	M	56	Elías	M	42	Emerico	M	73
Eduvigis	F	48	Elies	M	42	Emerico	M	73
Edvige	F	48	Elieta	F	17	Emerio	M	73
Edwige	F	48	Elieta	F	17	Emil	M	33
Edwin	M	56	Elina	F	17	Emilda	F	04
Edwina	F	19	Elina	F	17	Emili	M	33
Efia	F	58	Eliote	M	42	Emilia	F	04
Eflamm	M	44	Elisa	F	49	Emília	F	04
Efrén	M	38	Elisabet	F	49	Emilià	M	33
Egida	F	18	Elisabeta	F	49	Emiliana	F	04
Egidia	F	18	Elisabeth	F	49	Emiliano	M	33
Egidio	M	46	Elise	F	49	Emilio	M	33
Eglantina	F	52	Eliseo	M	39	Emilius	M	33
Eglina	F	40	Elissa	F	49	Emily	F	04
Eglona	F	40	Eliusa	F	17	Emma	F	75
Egmonte	M	12	Elma	F	52	Emmanuel	M	51
Egmunda	F	25	Elmia	F	52	Emmanuela	F	75
Egmundo	M	12	Elmo	M	33	Emmelina	F	75
Egmundo	M	12	Elna	F	52	Encarnación	F	50
Egmunto	M	12	Elodia	F	66	Endora	F	13
Eimardo	M	61	Eloi	M	55	Engeberto	M	31
Elea	F	32	Eloísa	F	17	Engel	M	31
Eleanor	F	75	Elora	F	65	Engelberta	M	63
Eleazar	M	41	Eloy	M	55	Engelberto	M	31
Elen	F	32	Elrico	M	72	Engelmundo	M	44
Elen	F	32	Elsa	F	49	Engerando	M	45
Elena	F	32	Elselina	F	49	Engilram	M	45
Elene	F	32	Elsia	F	49	Engleberto	M	30
Elenita	F	32	Elsy	F	49	Engracia	F	66
Elenore	F	75	Eluano	M	23	Enguerranda	F	63
Eleonor	F	75	Elvera	F	26	Enguerrando	M	45
Élfego	M	60	Elvia	F	26	Enguerrano	M	45

Nombre	Sexo	N.º de nombre modelo	Nombre	Sexo	N.º de nombre modelo	Nombre	Sexo	N.º de nombre modelo
Enimia	F	32	Esaías	M	51	Eufrasia	F	49
Enogato	M	59	Escarlata	F	28	Eufrosina	F	19
Enora	F	75	Escipión	M	69	Eugenia	F	37
Enric	M	34	Escolástica	F	28	Eugènia	F	37
Enrico	M	34	Esmeralda	F	22	Eugeniano	M	01
Enriela	F	35	Esperanza	F	52	Eugenio	M	01
Enrique	M	34	Estanislao	M	12	Eulalia	F	66
Enriqueta	F	35	Esteban	M	36	Eulàlia	F	66
Envel	M	24	Estebana	F	48	Eulogio	M	23
Envela	F	28	Estéfana	F	48	Eunice	F	58
Eñán	M	29	Estefaneta	F	48	Eurídice	F	62
Epifanía	F	50	Estefanía	F	48	Euriel	M	21
Epifanio	M	09	Estefanio	M	36	Euriela	F	43
Eponina	F	43	Estéfano	M	36	Europa	F	50
Erasmo	M	36	Esteffe	M	36	Eurosia	F	50
Eremberto	M	33	Estefo	M	36	Euryalea	F	43
Erena	F	58	Estel	F	04	Eusebia	F	28
Erentruda	F	75	Estela	F	04	Eusebio	M	04
Ergato	M	78	Estelon	M	23	Eustaquia	F	25
Eric	M	74	Estella	F	04	Eustaquio	M	30
Erica	F	07	Estelle	F	04	Eustolia	F	32
Erico	M	74	Ester	F	35	Eutimes	M	60
Erich	M	74	Estevan	M	36	Euvelina	F	66
Erika	F	07	Esteve	M	36	Euvrardo	M	68
Erina	F	58	Esther	F	36	Euxana	F	58
Erio	M	30	Estrella	F	04	Euxano	M	72
Ermelinda	F	37	Estrella	F	04	Eva	F	66
Ermengarda	F	62	Estrellita	F	04	Evan	M	57
Ermenilda	F	79	Etel	F	04	Evana	F	66
Ermina	F	13	Etela	F	04	Evandro	M	57
Erminia	F	13	Etelberto	M	41	Evangelina	F	58
Erminio	M	71	Etelda	F	04	Evaristo	M	24
Erna	F	49	Etelina	F	04	Evelina	F	66
Ernestina	F	49	Etelyna	F	04	Evelyna	F	66
Ernesto	M	24	Etta	F	35	Even	M	51
Ernie	M	24	Eude	M	44	Evena	F	66
Erny	M	24	Eudelina	F	05	Everardo	M	68
Errol	M	71	Eudelino	M	44	Everilda	F	49
Errosale	F	50	Eudes	M	44	Evermunda	F	48
Errose	F	50	Eudiana	F	05	Evermundo	M	68
Ervan	M	51	Eudiero	M	44	Eveta	F	66
Erven	M	51	Eudina	F	05	Evi	F	66
Erwan	F	50	Eudino	M	44	Evie	F	66
Erwan	M	51	Eudora	F	05	Evita	F	66
Erwin	M	51	Eudoxia	F	32	Evo	M	51
Erwina	F	50	Eufemia	F	26	Evodo	M	68

Nombre	Sexo	N.º de nombre modelo	Nombre	Sexo	N.º de nombre modelo	Nombre	Sexo	N.º de nombre modelo
Evrardo	M	68	Fatzel	M	41	Fereolo	M	27
Evremoda	F	48	Faust	M	77	Fermiana	F	05
Evremunda	F	48	Fausta	F	16	Fermín	M	27
Evremundo	M	68	Faustina	F	16	Ferminiana	F	05
Evrerardo	M	68	Faustiniano	M	77	Ferminiano	M	27
Ewald	M	53	Faustino	M	77	Fernán	M	14
Ewen	M	51	Fausto	M	77	Fernanda	F	58
Expedito	M	14	Fauvette	F	52	Ferran	M	14
Exuperi	M	61	Fava	F	26	Ferrante	M	27
Exuperiano	M	61	Favre	M	53	Ferreola	F	05
Exuperio	M	61	Febé	M	55	Ferreolo	M	27
Ezequiel	M	53	Febo	M	55	Fescenia	F	17
Ezequiela	F	16	Febos	M	55	Fia	F	22
Fabia	F	26	Fedano	M	36	Fiacro	M	73
Fabián	M	08	Federica	F	28	Fidel	M	10
Fabiana	F	26	Federico	M	72	Fidela	F	28
Fabianna	F	26	Federigo	M	72	Fidelia	F	28
Fabiano	M	08	Fedia	F	28	Fidelino	M	10
Fabio	M	08	Fédor	M	72	Fidelio	M	10
Fabiola	F	50	Fedora	F	28	Fidelius	M	10
Fabiono	M	53	Fedra	F	43	Fifina	F	35
Fabri	M	53	Fedulia	F	28	Fila	F	48
Fabrici	M	53	Fedusia	F	28	Fila	F	66
Fabricia	F	43	Felicia	F	49	Filadelfia	F	48
Fabriciano	M	53	Feliciana	F	49	Filadelfio	M	38
Fabricio	M	53	Feliciano	M	39	Filberta	F	48
Fabricius	M	53	Felicidad	F	49	Filberto	M	38
Fadilla	F	40	Felicio	M	39	Filemón	M	38
Faila	F	26	Felicitat	F	49	Filia	F	22
Faina	F	05	Felip	M	38	Filibert	M	38
Falia	F	26	Felip	M	38	Filiberta	F	48
Fanch	M	41	Felipa	F	48	Filiberta	F	48
Fanchette	F	40	Felipe	M	38	Filiberto	M	38
Fanchon	F	40	Felipo	M	38	Filiberto	M	38
Fanelia	F	05	Felis	M	39	Filida	F	22
Fannie	F	05	Felisa	F	49	Filida	F	48
Fanny	F	05	Felisia	F	49	Filipa	F	48
Fantina	F	32	Félix	M	39	Filipe	M	38
Fantino	M	57	Fenela	F	32	Filipina	F	48
Farah	F	43	Feodor	M	72	Filipina	F	48
Farailda	F	32	Feodora	F	28	Filipo	M	38
Fargeau	M	36	Ferdinand	M	14	Filis	F	48
Farouk	M	78	Ferdinanda	F	58	Filomela	F	48
Fassia	F	16	Ferdinando	M	14	Filomena	F	48
Fata	F	16	Ferdinant	M	14	Fina	F	35
Fátima	F	16	Fereola	F	05	Fineta	F	35

Nombre	Sexo	N.º de nombre modelo	Nombre	Sexo	N.º de nombre modelo	Nombre	Sexo	N.º de nombre modelo
Finiano	M	42	Fortunio	M	23	Fridolino	M	72
Finie	F	35	Fortuno	M	23	Frieda	F	28
Fiodor	M	72	Foucault	M	15	Frika	F	28
Fiodora	F	28	Foulques	M	29	Fronika	F	66
Fiona	F	22	Fouquet	M	29	Frudestano	M	59
Flamina	F	19	Fourier	M	59	Frumencio	M	72
Flaminia	F	19	Foy	M	51	Fugeria	F	50
Flamm	M	56	Fragano	M	14	Fugerio	M	09
Flammen	M	19	Fran	M	41	Fulberta	F	28
Flavia	F	18	Franca	F	40	Fulberto	M	08
Flaviana	F	18	Francelina	F	40	Fulcrano	M	09
Flaviano	M	36	Francelino	M	41	Fulgencio	M	14
Flaviera	F	18	Frances	M	41	Fulvia	F	16
Flavius	M	36	Francesc	M	41	Fulviana	F	16
Flippie	F	22	Francesca	F	40	Fulviano	M	71
Floberto	M	38	Francia	F	40	Fulvio	M	71
Flor	F	05	Francina	F	40	Fursy	M	71
Flora	F	05	Francis	M	41	Fusciana	F	17
Florán	M	44	Francisca	F	40	Fusciano	M	09
Florencia	F	05	Francisco	M	41	Fusciena	F	17
Florència	F	05	Franck	M	41	Gabel	M	42
Florenciano	M	44	Franek	M	41	Gabia	F	70
Florencio	M	44	Frank	M	41	Gabiano	M	42
Florentina	F	05	Franka	F	40	Gabinia	F	70
Florentino	M	44	Frankie	M	41	Gabiniano	M	42
Florentzia	F	05	Franklin	M	41	Gabino	M	42
Florestano	M	44	Franko	M	41	Gabriel	M	42
Floreta	F	05	Franny	F	40	Gabriela	F	70
Floria	F	05	Frans	M	41	Gabrielo	M	42
Florián	M	44	Frantz	M	41	Gabriella	F	70
Floriana	F	05	Frantziska	F	40	Gabrielle	F	70
Floriano	M	44	Frantzisko	M	41	Gabrio	M	42
Floriberto	M	44	Frasquita	F	40	Gaby	F	70
Florida	F	05	Fraya	F	58	Gaby	M	42
Florimundo	M	44	Fred	M	72	Gael	M	44
Florina	F	05	Freda	F	28	Gaela	F	32
Floro	M	44	Freddy	M	72	Gaélico	M	44
Flossie	F	05	Fredegunda	F	28	Gaella	F	32
Foma	F	17	Frederic	M	72	Gaenor	M	44
Fomaida	F	17	Frederica	F	28	Gaia	F	18
Fonso	M	02	Frederico	M	72	Gaietana	F	75
Foreanano	M	42	Fredericus	M	72	Gaíl	M	44
Fortuna	F	67	Frederik	M	72	Gala	M	63
Fortunato	M	23	Frederika	F	28	Galaad	M	56
Fortunea	F	67	Frediano	M	72	Galactorio	M	30
Fortunia	F	67	Frida	F	28	Galana	F	18

Nombre	Sexo	N.º de nombre modelo	Nombre	Sexo	N.º de nombre modelo	Nombre	Sexo	N.º de nombre modelo
Galana	F	63	Gaylord	M	15	Germundo	M	57
Galatea	F	50	Gedeón	M	41	Gerodo	M	74
Galerano	M	11	Gelaso	M	39	Geroldo	M	09
Galia	F	63	Gelia	F	63	Geromina	F	43
Galmier	M	11	Geliana	F	63	Gerónima	F	43
Galmiera	F	65	Gelsemina	F	52	Gerónimo	M	53
Galteria	F	28	Gelsomina	F	52	Gersa	F	37
Galterio	M	14	Gemma	F	04	Gersenda	F	37
Galvano	M	31	Gemmie	F	04	Gertraud	M	09
Gall	M	12	Gen	F	43	Gertrudis	F	67
Galla	F	63	Genara	F	43	Gervasia	F	16
Gallia	F	63	Genaro	F	68	Gervasio	M	53
Galliana	F	63	Genciana	F	19	Gesina	F	67
Gallieno	M	12	Genciano	M	77	Gesleno	M	41
Gamaliel	M	69	Gencio	M	77	Geva	F	43
Ganeto	M	44	Genesto	M	69	Ghilain	M	41
Ganiz	M	57	Genevote	F	43	Ghilaine	F	70
Garancia	F	58	Genia	F	43	Ghislie	F	70
Garnerio	M	55	Genny	F	58	Giacobo	M	53
Garrett	M	44	Génova	F	43	Giacomina	F	54
Garrit	M	44	Genoveva	F	43	Giacomo	M	53
Gary	M	44	Genserico	M	77	Giacopo	M	53
Gaspar	M	15	Geoffrey	M	55	Gianina	F	58
Gasparda	F	43	Geoffroy	M	55	Gianna	F	58
Gaspardo	M	15	Geordie	F	58	Gianni	M	57
Gasparina	F	43	Geordie	M	55	Giano	M	57
Gasparino	M	15	Georgeta	F	58	Gigi	F	75
Gastón	M	38	Georgette	F	58	Gil	M	46
Gastona	F	22	Georgia	F	58	Gilberta	F	75
Gatiana	F	63	Georgie	F	58	Gilberta	F	75
Gatiano	M	45	Georgina	F	58	Gilberto	M	20
Gauberto	M	10	Geraldina	F	70	Gilda	F	62
Gaudeberta	F	28	Geraldo	M	09	Gildo	M	29
Gaudeberto	M	10	Gerarda	F	49	Gilia	F	18
Gaudelina	F	28	Gerardina	F	49	Gilian	M	46
Gaudencia	F	55	Gerardino	M	44	Gilles	M	46
Gaudencio	M	55	Gerardo	M	44	Gillet	M	46
Gaudenso	M	55	Gerberto	M	46	Gillette	F	18
Gauderica	F	32	Geremia	F	40	Gillian	M	46
Gauderico	M	10	Geremías	M	53	Gillie	F	18
Gaudry	M	10	Gerico	M	74	Gillis	F	18
Gauquerio	M	29	Gerlando	M	42	Gillo	M	46
Gauteri	M	60	Germán	M	57	Gillot	M	46
Gauteria	F	13	Germana	F	28	Gina	F	43
Gauterio	M	60	Germano	M	57	Ginebra	F	43
Gauvino	M	31	Germinia	F	28	Ginette	F	43

Nombre	Sexo	N.º de nombre modelo	Nombre	Sexo	N.º de nombre modelo	Nombre	Sexo	N.º de nombre modelo
Ginger	F	79	Godiva	F	70	Greta	F	65
Ginnie	F	79	Godo	M	10	Gretel	F	65
Gino	M	57	Godofredo	M	38	Greten	F	65
Ginou	F	77	Goerico	M	74	Grethel	F	65
Giono	M	57	Goferto	M	38	Grimodo	M	72
Giorgia	F	58	Gohardo	M	53	Gringorio	M	12
Giorgio	M	55	Goliat	M	44	Grinia	F	79
Giovanna	F	58	Golven	M	23	Griselda	F	66
Giovanni	M	57	Gonnie	F	50	Griselidis	F	66
Girardo	M	44	Gonterio	M	53	Gualberta	F	07
Gireg	M	09	Gontram	M	41	Gualberto	M	69
Girodo	M	09	Gontran	M	41	Gualdeberta	F	07
Gisberta	F	72	Gontrana	F	70	Gualdeberto	M	69
Gisberto	M	20	Gonzago	M	61	Gualterio	M	77
Gisela	F	32	Gonzagueta	F	16	Gudula	F	67
Gisèle	F	32	Gonzalo	M	57	Gudwal	M	38
Gisella	F	32	Gonzalvo	M	61	Guecha	F	37
Giselle	F	32	Gora	F	58	Guenael	M	23
Gisla	F	70	Gordon	M	03	Guendolen	F	04
Gislena	F	70	Gorgon	M	46	Guenia	F	43
Gislena	M	70	Gorgonia	F	65	Guenievra	F	43
Gisleno	M	41	Gorio	M	12	Guenola	M	23
Gisleno	M	41	Gorka	M	55	Guenole	M	11
Giuseppe	M	56	Gosminda	F	65	Guenu	M	73
Giuseppina	F	35	Grace	F	66	Guerando	M	74
Glad	F	19	Gracia	F	66	Guerino	M	36
Glades	F	19	Gràcia	F	66	Guerrico	M	46
Gladis	F	19	Graciela	F	66	Guewen	M	23
Glenda	F	04	Graciosa	F	66	Guiberto	M	20
Glenn	M	69	Gracioso	M	42	Guido	M	45
Glennie	F	43	Gralon	M	31	Guidona	F	25
Glenny	F	43	Graniero	M	56	Guidono	M	45
Gloria	F	62	Gratiana	F	66	Guidota	F	25
Glwadis	F	19	Gratiano	M	42	Guidote	M	45
Goal	M	55	Grazia	F	66	Guiero	M	61
Goar	M	39	Greg	M	12	Guilbaut	M	20
Goberto	M	10	Greg	M	12	Guilena	F	70
Goda	F	28	Grégoire	M	12	Guilena	F	70
Godardo	M	23	Gregor	M	12	Guileno	M	41
Godeberta	F	40	Gregori	M	12	Guileno	M	41
Godefroi	M	38	Gregoria	F	79	Guillana	F	70
Godefroid	M	38	Gregòria	F	79	Guillano	M	41
Godelena	F	70	Gregorina	F	79	Guillaume	M	46
Godeleva	F	70	Gregorio	M	12	Guille	M	46
Godelina	F	70	Gregorius	M	12	Guillem	M	46
Godfredo	M	38	Gregory	M	12	Guillen	M	46

Nombre	Sexo	N.º de nombre modelo	Nombre	Sexo	N.º de nombre modelo	Nombre	Sexo	N.º de nombre modelo
Guillerma	F	65	Gwennaelle	F	66	Helieta	F	32
Guillermina	F	65	Gwennaig	F	66	Helinia	F	32
Guillermino	M	46	Gwennen	F	66	Helio	M	42
Guillermo	M	46	Gwennes	F	66	Heliodora	F	19
Guinia	F	79	Gwennie	F	66	Heliodoro	M	53
Guislena	F	70	Gwennig	F	66	Helma	F	65
Guisleno	M	41	Gwennin	M	23	Helmes	M	46
Guiu	M	45	Gwennoal	M	23	Helmet	M	46
Gulvena	F	79	Gwennolé	M	23	Helmina	F	65
Gulvenes	F	79	Gwennolina	F	04	Helmut	M	46
Gulveno	M	23	Gwenola	F	66	Helois	M	42
Gulwen	M	23	Gwenolé	M	23	Heloisa	F	17
Gulwena	F	79	Gwenolea	F	66	Hellea	F	32
Gulwenico	M	23	Gwilhem	M	46	Hellen	F	32
Gunia	F	16	Gwilherm	M	46	Hellen	M	57
Gunilda	F	67	Gwladys	F	19	Hellín	F	17
Gunilla	F	67	Hábacus	M	24	Henoc	M	42
Gunther	M	53	Habib	M	73	Henrik	M	34
Gurtza	F	50	Hadriano	M	73	Henry	M	34
Gurvan	M	21	Hamilcar	M	24	Heodes	F	04
Gurvana	F	35	Hamon	M	52	Hera	F	43
Gurvanes	F	35	Haníbal	M	77	Herberta	F	48
Gurvanico	M	21	Hank	M	34	Herberto	M	11
Gurvante	M	21	Hans	M	57	Hércules	M	34
Gus	M	45	Hansia	F	58	Heribaldo	M	42
Gusta	F	63	Harald	M	41	Heriberto	M	11
Gusta	F	63	Harold	M	41	Herma	F	13
Gustau	M	45	Harry	M	34	Herman	M	44
Gustava	F	63	Harún	M	71	Hermancio	M	27
Gustavina	F	63	Harvey	M	23	Hermann	M	44
Gustavo	M	45	Haseka	F	75	Hermanna	F	44
Guthlac	M	51	Hebea	F	35	Hermelando	M	09
Guyena	F	25	Heberto	M	11	Hermelino	M	09
Guyeta	F	25	Héctor	M	38	Hermes	M	27
Gweltas	M	29	Hectorina	F	65	Hermiana	F	13
Gwenael	M	23	Hedda	F	48	Hermiano	M	27
Gwenaelle	F	66	Hedi	F	48	Hermina	F	13
Gwenda	F	04	Hedwige	F	48	Herminia	F	13
Gwendal	M	73	Hegesipo	M	02	Hermiona	F	13
Gwendalina	F	04	Heidi	F	48	Herold	M	41
Gwendolen	F	04	Helaina	F	32	Heron	M	53
Gwendolina	F	04	Helena	F	32	Hersea	M	17
Gwenel	M	23	Helga	F	43	Hersilia	M	17
Gwenn	F	67	Helia	F	32	Hervea	F	37
Gwenna	F	67	Heliena	F	32	Hervelina	F	37
Gwennael	M	23	Helieta	F	17	Herveo	M	23

Nombre	Sexo	N.º de nombre modelo	Nombre	Sexo	N.º de nombre modelo	Nombre	Sexo	N.º de nombre modelo
Herveva	F	37	Huna	F	49	Iltuda	F	79
Hervey	M	23	Ia	F	40	Illa	F	17
Hiacinta	F	29	Iacovo	M	53	Illec	M	02
Hiacintia	F	29	Iader	M	69	Imela	F	54
Hiacinto	M	10	Iadina	F	40	Imelda	F	54
Hiana	F	58	Iaera	F	40	Imma	F	54
Hidulfo	M	11	Iago	M	53	Immanuel	M	51
Hiéronimo	M	53	Iakov	M	53	Immina	F	54
Hija	F	22	Ialmena	F	40	Imreo	M	76
Hilaria	F	18	Ian	M	57	India	F	43
Hilarico	M	29	Iana	F	58	Indiana	F	43
Hilario	M	29	Ianis	M	57	Inés	F	48
Hilarion	M	29	Iba	F	04	Inesa	F	48
Hilberto	M	73	Ibán	M	51	Ingemar	M	02
Hilda	F	40	Iban	M	57	Ingrid	F	62
Hildeberto	M	15	Ibana	F	50	Inocencio	M	20
Hildebranda	F	40	Ibrahim	M	46	Inulia	F	58
Hildegarda	F	19	Ida	F	04	Inusia	F	58
Hildegonda	F	50	Idaia	F	04	Io	F	35
Hildeman	M	15	Idalia	F	04	Iola	F	28
Hildeverto	M	15	Idalina	F	04	Iolanda	F	28
Hillary	M	29	Idora	F	58	Iona	F	40
Hinda	F	32	Ieremías	M	15	Iosep	M	56
Hipólito	M	78	Ierónimo	M	53	Ira	F	58
Homero	M	33	Ieva	F	66	Iraís	F	58
Honorato	M	27	Ifigenia	F	66	Irema	F	58
Honorina	F	75	Ignaci	M	72	Irena	F	58
Honorino	M	27	Ignacia	F	58	Irene	F	58
Honorio	M	27	Ignacio	M	72	Irenea	F	58
Horaci	M	12	Igor	M	55	Ireneo	M	72
Horacio	M	12	Igora	F	32	Irida	F	48
Hortensia	F	17	Ike	F	13	Irina	F	58
Hortènsia	F	17	Ike	M	44	Iris	F	48
Huberdina	F	17	Ilari	M	29	Irma	F	54
Huberta	F	17	Ilaria	F	18	Irmela	F	54
Hubertina	F	17	Ilario	M	29	Irmelina	F	54
Huberto	M	73	Ilarion	M	29	Irmengarda	F	54
Hug	M	47	Ilariona	F	18	Irmina	F	54
Hughy	M	47	Ilda	F	40	Irminia	F	54
Hugo	M	47	Ildefonso	M	02	Irucha	F	58
Hugolina	F	63	Ildegarda	F	40	Irunia	F	58
Hugolino	M	47	Ildegonda	F	40	Irvin	M	51
Hugueta	F	63	Ilga	F	43	Irvina	F	50
Humbelina	F	52	Ilia	F	17	Isa	F	58
Humberto	M	59	Ilian	M	42	Isaac	M	56
Humphrey	M	57	Iliana	F	17	Isabel	F	49

377

Nombre	Sexo	N.º de nombre modelo	Nombre	Sexo	N.º de nombre modelo	Nombre	Sexo	N.º de nombre modelo
Isabela	F	58	Jacinta	F	26	Jaquina	F	54
Isadora	F	58	Jack	M	53	Jarod	M	64
Isaías	M	51	Jackie	F	54	Jasmín	M	76
Isaïes	M	51	Jacky	M	53	Jasmina	F	52
Isalda	F	49	Jacmé	M	53	Jason	M	56
Isalina	F	58	Jacoba	F	54	Jasper	M	15
Isana	F	48	Jacobiano	M	53	Jauberto	M	10
Isarn	M	64	Jacobina	F	54	Jaume	M	53
Isaura	F	58	Jacobo	M	53	Javier	M	68
Iscia	F	66	Jacote	M	53	Javiera	F	25
Isciana	F	66	Jacqueline	F	54	Javota	F	54
Iselda	F	49	Jacueno	M	42	Jeanette	F	58
Iselina	F	58	Jacut	M	53	Jeff	M	55
Isidora	F	58	Jade	F	50	Jeffrey	M	55
Isidoro	M	78	Jaime	M	53	Jegu	M	53
Isinda	F	66	Jaina	F	58	Jehan	M	57
Isis	F	66	Jakes	M	53	Jehana	F	58
Ismael	M	53	Jakesa	F	54	Jemmie	F	58
Ismelda	F	54	Jakob	M	53	Jennifer	F	58
Ismena	F	54	Jamal	M	74	Jenny	F	58
Ismeria	F	54	James	M	53	Jeremías	M	15
Isold	F	49	Jamesa	F	54	Jeremy	M	15
Isolda	F	49	Jamie	F	54	Jeroni	M	53
Isolina	F	49	Jane	F	58	Jerónima	F	43
Israel	M	51	Janet	M	57	Jerònima	F	43
Issa	F	70	Janeta	F	58	Jerónimo	M	53
Issea	F	70	Janica	F	58	Jerry	M	44
Itta	F	04	Janick	F	58	Jesabel	F	58
Iván	M	51	Janie	F	58	Jesamina	F	52
Ivana	F	50	Janina	F	58	Jesecael	M	44
Ivelina	F	50	Janis	M	57	Jesecaela	F	49
Ivelina	F	50	Janna	F	58	Jeseo	M	76
Ivelino	M	51	Jannice	M	57	Jessica	F	17
Ivena	F	50	Jannina	F	58	Jessie	F	17
Iver	M	51	Janos	M	57	Jessie	F	43
Iveta	F	50	Jans	M	57	Jessy	M	76
Ivetta	F	50	Janssen	M	57	Jesús	M	56
Ivo	M	51	Janvier	M	68	Jicael	M	44
Ivón	F	52	Janviera	F	25	Jil	M	46
Ivón	M	51	Janyce	F	58	Jildas	M	29
Ivón	M	51	Jaoven	M	42	Jildasa	F	62
Ivona	F	52	Jaquelena	F	54	Jill	M	46
Ivonico	M	51	Jaquelina	F	54	Jillian	M	46
Ivonio	M	51	Jaquemina	F	54	Jim	M	53
Ivonne	F	52	Jaquemino	M	53	Jimmie	M	53
Ivonnick	M	51	Jaqueta	F	54	Jimmy	M	53

Nombre	Sexo	N.º de nombre modelo	Nombre	Sexo	N.º de nombre modelo	Nombre	Sexo	N.º de nombre modelo
Jo	M	56	Jordi	M	55	Judit	F	67
Joan	M	57	Jordi	M	55	Judoc	M	09
Joana	F	58	Jore	M	55	Judog	M	09
Joane	F	58	Jorge	M	55	Judy	F	67
Joanic	M	57	Jorick	M	55	Judy	M	44
Joanitz	F	58	Joriós	M	55	Jules	M	21
Joanna	F	58	Joris	M	55	Juli	M	21
Joaquim	M	42	Jos	M	09	Julia	F	35
Joaquima	F	70	Josafa	F	35	Júlia	F	35
Joaquín	M	42	Josafat	M	56	Julià	M	21
Joaquina	F	70	Joscelina	F	17	Julián	M	21
Joas	M	42	Joscelino	M	09	Juliana	F	35
Job	M	56	José	F	56	Juliano	M	21
Jocelyn	M	09	Josefina	F	35	Julieta	F	35
Jocelyne	F	17	Josefino	M	56	Julina	F	35
Jock	M	57	Joselina	F	17	Julio	M	21
Jochim	M	42	Josepa	F	35	Julius	M	21
Jodie	F	67	Joseph	M	56	Junia	F	43
Jody	M	41	Joshua	M	47	Junio	M	69
Joe	M	56	Josiana	F	35	Junón	F	43
Joel	M	09	Josie	F	35	Jurdán	M	55
Joela	F	50	Josse	M	09	Justa	M	18
Joeliana	F	50	Josselina	F	17	Justí	M	29
Joeva	F	50	Josselino	M	09	Justina	M	18
Joevino	M	42	Josserando	M	09	Justiniana	M	18
Joffre	M	55	Jossie	F	17	Justiniano	M	29
Joffrey	M	55	Josué	M	47	Justino	M	29
Johan	M	57	Jova	F	50	Justo	M	29
Johann	M	57	Joviana	F	50	Jutta	F	67
Johanna	F	58	Joviano	M	42	Juvenal	M	30
Johannes	M	57	Joy	F	17	Juvenala	F	63
John	M	57	Joy	M	09	Juvencio	M	30
Johnny	M	57	Joyce	F	17	Juventino	M	30
Jon	M	57	Joyce	M	09	Kadeg	M	53
Jonás	M	36	Juan	M	57	Kadog	M	53
Jonathan	M	57	Juana	F	58	Kadú	M	53
Jone	F	58	Juani	F	58	Kaelig	F	49
Jorán	M	55	Juanina	F	58	Kalvina	F	58
Jorana	F	58	Juanita	F	58	Kamilka	M	14
Jorda	F	58	Juberta	F	28	Karadeg	M	72
Jordan	M	55	Juberto	M	10	Karadog	M	72
Jordán	M	55	Jude	M	64	Karanteg	M	72
Jordana	F	54	Judette	F	67	Karel	M	40
Jordana	F	58	Judicael	M	44	Karela	F	40
Jordano	M	33	Judicaela	F	49	Karell	M	40
Jordi	M	55	Judie	F	67	Karen	F	40

379

Nombre	Sexo	N.º de nombre modelo	Nombre	Sexo	N.º de nombre modelo	Nombre	Sexo	N.º de nombre modelo
Karim	M	53	Kineburga	F	40	Lana	F	32
Karina	F	40	Klara	F	18	Lanassa	F	32
Karl	M	15	Klaudia	F	75	Lancelot	M	09
Karlos	M	15	Klaus	M	15	Landelina	F	22
Karlota	F	35	Kleber	M	41	Landelino	M	59
Karsten	F	78	Klemantina	F	43	Landerico	M	74
Kassia	F	26	Klervi	F	04	Landoaldo	M	24
Katalina	F	16	Klotilde	F	13	Landry	M	74
Katarina	F	16	Kolazic	M	15	Lanig	M	76
Kate	F	16	Koldo	M	61	Laodamia	F	62
Katel	F	16	Koldobika	M	61	Laodicea	F	62
Katelina	F	16	Koldobike	F	62	Laora	F	62
Katell	F	16	Konan	M	56	Laovenan	M	61
Katellig	F	16	Koneg	M	56	Lara	F	70
Katerina	F	16	Konogan	M	56	Laria	F	70
Kathe	F	16	Kora	F	16	Lariocha	F	70
Katia	F	16	Koré	F	16	Larissa	F	70
Katia	F	16	Kosme	M	45	Larrosa	F	50
Katrina	F	16	Koulm	F	13	Lary	M	45
Katty	F	16	Koulman	M	60	Laú	M	61
Katú	F	16	Kristell	F	22	Lauda	F	04
Katy	F	16	Kristen	F	78	Laudia	F	04
Kaurantino	M	76	Kristian	F	78	Lauenan	M	61
Kaurig	M	76	Kristina	F	22	Lauig	M	61
Kaurintino	M	76	Kristofer	M	23	Laumara	F	22
Kavan	M	31	Kunz	M	68	Laur	M	78
Kavanenn	F	40	Kurt	M	68	Laura	F	65
Kavanes	F	40	Kyra	F	13	Laurana	F	65
Kay	M	71	Laban	M	20	Laure	F	65
Ké	M	71	Laberiana	F	26	Laurel	M	78
Kelig	M	69	Lacinia	F	75	Laurela	F	65
Kelly	F	16	Lacmé	F	26	Laurelina	F	65
Ken	M	64	Ladislao	M	72	Laurena	F	65
Kenelm	M	64	Laelia	F	37	Laurencia	F	65
Kennocha	F	52	Laeliano	M	23	Laurencio	M	78
Kenzo	M	64	Laetoria	M	23	Laurene	F	65
Ketty	F	16	Laig	M	44	Laurens	M	78
Kevin	M	31	Laila	F	58	Laurentia	M	65
Khristiana	F	22	Lais	F	49	Laurentina	F	65
Kieran	M	31	Lalensia	F	66	Laurentino	F	78
Kilian	M	55	Lalú	M	23	Laurentino	M	78
Kiliana	F	40	Lallia	F	66	Laureta	F	65
Killian	M	55	Lamberta	F	26	Lauretta	F	65
Killien	M	55	Lamberto	M	24	Lauria	F	65
Kim	F	28	Lamé	M	24	Lauriana	F	65
Kim	M	24	Lamia	F	26	Laurianne	F	65

Nombre	Sexo	N.º de nombre modelo	Nombre	Sexo	N.º de nombre modelo	Nombre	Sexo	N.º de nombre modelo
Laurina	F	65	Leonor	F	75	Lienardo	M	60
Lavan	M	44	Leonora	F	75	Liesa	F	17
Lavena	F	05	Leontina	F	65	Lievina	F	75
Lavinia	F	05	Leontino	M	59	Ligela	F	37
Lavra	F	65	Leopold	M	38	Lila	F	75
Lavria	F	65	Leopolda	F	48	Lili	F	49
Lavrisa	F	65	Leopoldina	F	48	Lilian	F	49
Lawrance	M	78	Leopoldino	M	38	Liliana	F	49
Lázaro	M	45	Leopoldo	M	38	Lililith	F	49
Lea	F	75	Leora	F	32	Lily	F	49
Leana	F	75	Leslie	F	49	Lima	F	50
Leandra	F	17	Leta	F	70	Lin	M	41
Leandro	M	76	Leta	F	70	Lina	F	50
Leanterio	M	76	Leticia	F	70	Linchen	F	50
Leccia	F	75	Letitia	F	70	Linda	F	50
Leda	F	32	Letizia	F	70	Lindy	F	50
Legerio	M	36	Lettie	F	70	Lino	M	30
Leila	F	75	Leu	M	55	Linulia	F	50
Lelia	F	75	Leufroy	M	59	Lioba	F	43
Leliana	F	75	Levana	F	05	Liocha	F	43
Lena	F	32	Levenes	F	70	Lionel	M	59
Lenaic	F	32	Levi	M	61	Lionelo	M	59
Lenaic	M	24	Levunia	F	65	Liriopea	F	35
Lenaig	F	32	Lewis	M	61	Lis	F	49
Lennie	F	32	Lexana	F	04	Lisa	F	49
Lennig	F	32	Lia	F	70	Lisandro	M	27
Lenonia	F	32	Lia	F	75	Lisbeth	F	49
Lenora	F	75	Lia	F	75	Liselota	F	49
Leny	M	59	Liana	F	75	Liseta	F	49
Leo	M	38	Lianna	F	75	Lisón	F	49
Leocadia	F	48	Liberata	F	32	Lissa	F	49
León	M	59	Liberto	M	14	Lisunia	F	49
Leona	F	65	Lida	F	70	Livia	F	28
Leonarda	F	65	Liddy	F	70	Liz	F	49
Leonardo	M	59	Lideric	M	31	Liza	F	49
Leoncia	F	65	Liderico	M	31	Liza	F	75
Leoncio	M	59	Lidi	F	70	Lizbeth	F	49
Leonela	F	65	Lidia	F	70	Lizón	F	49
Leonelo	M	59	Lidia	F	70	Lizzie	F	49
Leonelo	M	59	Lidiana	F	70	Lô	M	33
Leonia	F	65	Lidonia	F	70	Lobo	M	55
Leónido	M	59	Lidwina	F	70	Lodia	F	66
Leonila	F	65	Lidy	F	70	Loelia	F	37
Leonilda	F	65	Liebaut	M	46	Loic	M	61
Leonildo	M	59	Lieberto	M	46	Loig	M	61
Leonina	F	65	Lieda	F	70	Lois	M	61

381

Nombre	Sexo	N.º de nombre modelo	Nombre	Sexo	N.º de nombre modelo	Nombre	Sexo	N.º de nombre modelo
Loisa	F	62	Luceta	F	75	Lutero	M	51
Loiza	F	62	Lucia	F	75	Lutgarda	F	79
Lola	F	50	Lucía	F	75	Luva	F	32
Lolita	F	50	Luciana	F	75	Lux	M	51
Loma	F	17	Luciano	M	60	Luz	F	75
Loman	M	14	Lúcida	F	75	Luzia	F	75
Lomancia	F	17	Lucila	F	75	Lydia	F	70
Lombardo	M	03	Luciliana	F	75	Lyna	F	50
Lomea	F	17	Luciliano	M	60	Lynda	F	50
Lomenia	F	17	Lucilla	F	75	Lysa	F	49
Lona	F	43	Lucina	F	75	Lysiana	F	49
Longino	M	34	Lucinda	F	75	Lluc	M	51
Lora	F	65	Luciniano	M	60	Llúcia	F	75
Loraine	F	65	Lucino	M	60	Llucià	M	60
Lorans	M	78	Lucio	M	60	Lluciana	F	75
Lorea	F	65	Lucky	M	51	Lluís	M	61
Lorelen	F	65	Lucrecia	F	67	Lluisa	F	62
Loren	F	65	Lucrècia	F	67	Lluïsa	F	62
Loren	M	78	Lucy	F	75	Mabel	M	09
Lorena	F	65	Ludelo	M	61	Mabela	F	54
Lorenza	F	65	Luderico	M	31	Macario	M	56
Lorenzo	M	78	Ludivina	F	70	Macela	F	75
Loreta	F	65	Ludmila	F	63	Macey	M	76
Loreto	F	65	Ludolfo	M	36	Maclú	M	15
Loriana	F	65	Ludovica	M	62	Macrina	F	18
Lorinda	F	65	Ludovico	M	61	Macha	F	66
Loris	M	78	Ludwig	M	61	Mada	F	63
Lorita	F	65	Luela	F	62	Mada	F	63
Lorna	F	65	Lueno	M	61	Madalena	F	63
Lorrie	F	65	Luigi	M	61	Maddalen	F	63
Lorris	M	78	Luis	M	61	Maddie	F	63
Lossa	F	62	Luisa	F	62	Maddy	F	63
Lotar	M	61	Luisa	F	62	Madec	M	12
Lotario	M	61	Luisiana	F	62	Madeg	M	12
Loth	M	61	Luisina	F	62	Madel	F	63
Lotta	F	35	Luisón	M	61	Madela	F	63
Lottie	F	35	Lukas	M	51	Madelaine	F	63
Lou	F	62	Luke	M	51	Madelina	F	63
Lou	M	61	Luken	M	60	Madelino	M	12
Louis	M	61	Lulu	F	75	Madelon	F	63
Luano	M	61	Lulu	M	60	Madeloneta	F	63
Luca	F	75	Luqui	M	51	Madella	F	63
Lucania	F	75	Luquia	F	75	Madeno	M	12
Lucano	M	51	Luquiana	F	75	Madge	M	65
Lucas	M	51	Luquina	F	75	Madleen	F	63
Luce	F	75	Lusina	F	67	Madog	M	12

Nombre	Sexo	N.° de nombre modelo	Nombre	Sexo	N.° de nombre modelo	Nombre	Sexo	N.° de nombre modelo
Maé	M	73	Malcolm	M	15	Mara	F	66
Mael	M	73	Malcolme	M	15	Marala	F	66
Maela	F	17	Malén	F	63	Marc	M	31
Maela	F	17	Malena	F	63	Marcel	M	64
Maelig	M	73	Malicia	F	63	Marcel	M	64
Maeliss	F	17	Malika	F	63	Marcela	F	75
Maena	F	66	Malina	F	63	Marcelia	F	75
Maera	F	66	Malo	M	15	Marcelina	F	75
Maeva	F	66	Malomo	M	15	Marcelino	M	64
Maevana	F	66	Maloria	F	19	Marcelo	M	64
Maevia	F	66	Malory	F	19	Marcià	M	36
Mafalda	F	58	Malory	M	15	Marcial	M	46
Mag	F	65	Malú	F	63	Marciano	M	36
Magali	F	65	Malú	M	15	Marcio	M	36
Magana	F	65	Malva	F	50	Marcion	M	36
Magda	F	63	Malva	F	50	Marcius	M	36
Magdala	F	63	Malvana	F	50	Marco	M	31
Magdalena	F	63	Malvina	F	50	Marcos	M	31
Magdelena	F	63	Malvy	F	50	Marcus	M	31
Magel	F	63	Mallia	F	63	Marec	M	31
Maggie	F	65	Mallien	M	15	Mareg	M	31
Maggye	F	65	Mallory	M	15	Mareia	F	66
Magia	F	65	Mally	F	32	Marek	M	31
Magiana	F	65	Mamerto	M	24	Mareria	F	66
Magnerico	M	44	Manda	F	13	Mareva	F	66
Magno	M	44	Mandel	M	51	Marga	F	65
Maguelona	F	65	Mandy	F	13	Marga	F	65
Mahaoda	F	58	Manel	M	51	Margaid	F	65
Maharisha	F	66	Manfreda	F	28	Margaina	F	65
Mahé	M	73	Manfredi	M	72	Margalida	F	65
Maholda	F	58	Manfredo	M	72	Margana	F	65
Mahomet	M	36	Mania	F	75	Margaret	F	65
Mai	F	66	Maniusa	F	75	Margareta	F	65
Maia	F	66	Manna	F	75	Margaretta	F	65
Maialen	F	63	Manoel	M	51	Margarida	F	65
Maidia	F	65	Manolete	M	51	Margarita	F	65
Mailis	F	66	Manolita	F	75	Margaux	F	65
Maina	F	66	Manolo	M	51	Margery	F	65
Maisy	F	66	Manon	F	66	Marget	F	65
Maite	F	66	Mansur	M	42	Margeta	F	65
Maitena	F	66	Manu	F	75	Margie	F	65
Maixent	M	30	Manuel	M	51	Margo	F	65
Maja	F	66	Manuela	F	75	Margolena	F	37
Malachie	M	29	Manuelita	F	75	Margolia	F	37
Malana	F	63	Maodán	M	55	Margoria	F	37
Malania	F	63	Maodana	F	58	Margot	F	65

383

Nombre	Sexo	N.º de nombre modelo	Nombre	Sexo	N.º de nombre modelo	Nombre	Sexo	N.º de nombre modelo
Margotton	F	65	Marpesa	F	66	Mateo	M	10
Margrit	F	65	Marquita	F	65	Materna	F	66
Margueria	F	65	Mars	M	36	Materno	M	23
Marguerita	F	65	Marsha	F	65	Mateu	M	10
María	F	66	Marsia	F	65	Mathias	M	10
Mariacha	F	66	Marsiana	F	65	Mathilda	F	58
Mariam	F	66	Marsie	F	65	Mathilda	F	58
Mariana	F	66	Marta	F	67	Matía	F	58
Marianka	F	66	Martha	F	67	Matías	M	10
Marianna	F	66	Martia	F	67	Matilda	F	58
Mariannick	F	66	Martiana	F	65	Matilde	F	58
Mariano	M	41	Martianna	F	65	Matis	M	10
Maric	F	66	Martiano	M	36	Matt	M	10
Marica	F	66	Martín	M	14	Matteo	M	10
Mariel	M	69	Martina	F	28	Matthew	M	10
Mariela	F	66	Martinanna	F	28	Matthias	M	10
Marien	M	41	Martiniana	F	28	Matthis	M	10
Marieta	F	66	Martiniano	M	14	Mattias	M	10
Marig	F	66	Martius	M	36	Mattis	M	10
Marika	F	66	Martory	M	36	Matty	F	58
Marilina	F	66	Marty	M	36	Maturina	F	32
Marilisa	F	66	Martzel	M	64	Maturino	M	14
Marilyn	F	66	Marusia	F	66	Matuta	F	58
Marina	F	66	Maruska	F	66	Matxalen	F	63
Marineta	F	66	Marvella	F	63	Maud	F	58
Marini	M	41	Marvella	F	66	Maude	F	58
Marino	M	41	Mary	F	66	Maudez	M	55
Mario	M	41	Marylena	F	66	Maudie	F	58
Mariola	F	66	Marylin	F	66	Maugoldo	M	36
Marión	F	66	Marylina	F	66	Maulde	M	55
Marisa	F	66	Marylisa	F	66	Maur	F	43
Marisca	F	66	Marysa	F	66	Maura	F	43
Marita	F	66	Maryvona	F	66	Maure	F	43
Marité	F	66	Marzel	M	64	Maureen	F	43
Marius	M	41	Marzela	F	75	Maurela	F	43
Marivona	F	66	Marzelina	F	75	Maureta	F	43
Marivona	F	66	Marzial	M	46	Mauria	F	43
Marivonig	F	66	Masha	F	66	Mauriceta	F	63
Mark	M	31	Masheva	F	66	Maurici	M	68
Markel	M	64	Massia	F	65	Mauricia	F	63
Markel	M	64	Mat	M	10	Mauricio	M	68
Markus	M	31	Mata	F	58	Maurina	F	43
Marlena	F	66	Matelda	F	58	Maurino	M	56
Marlène	F	66	Matelina	F	58	Maurita	F	43
Marlina	F	66	Matelino	M	10	Maurizia	F	63
Marlisa	F	66	Matena	F	58	Maurizio	M	68

Nombre	Sexo	N.º de nombre modelo	Nombre	Sexo	N.º de nombre modelo	Nombre	Sexo	N.º de nombre modelo
Mavel	M	09	Melanio	M	73	Meven	M	36
Mavela	F	04	Melany	F	13	Mevena	F	65
Mavelina	F	04	Melaria	F	13	Mevenes	F	65
Mavis	M	09	Melchor	M	21	Mia	F	66
Max	M	60	Melena	F	13	Micaela	F	43
Maxelenda	F	05	Melesa	F	13	Micaelina	F	43
Maxencia	F	05	Melia	F	13	Micaelo	M	69
Maxencio	M	60	Melicenta	F	13	Mick	M	69
Maxie	F	05	Melicenta	F	13	Mickael	M	69
Maxim	M	60	Melina	F	13	Mickey	M	69
Maxima	F	05	Melinda	F	13	Mickie	F	43
Máxima	F	05	Meline	F	13	Micky	M	69
Maximiana	F	05	Melisa	F	13	Micha	M	69
Maximiano	M	60	Melisanda	F	13	Michael	M	69
Maximianus	M	60	Melisenta	F	13	Michel	M	69
Maximilià	M	60	Melodia	F	62	Michela	F	43
Maximiliana	F	05	Melodina	F	62	Michele	F	43
Maximilianna	F	05	Melusina	F	67	Michelle	F	43
Maximilianno	M	60	Melvin	M	46	Michou	M	69
Maximiliano	M	60	Mellie	F	13	Mieg	M	39
Maximilianus	M	60	Mellit	M	73	Miguel	M	69
Maximina	F	05	Mémona	F	48	Miguela	F	43
Maximino	M	60	Menandro	M	38	Miguelina	F	43
Máximo	M	60	Menandro	M	38	Mikaela	F	43
Maximus	M	60	Mendelio	M	51	Mikaelig	M	69
May	F	66	Menehulda	F	66	Mikaelo	M	69
Maya	F	66	Mengoldo	M	76	Mike	M	69
Maybelle	F	66	Merana	F	58	Mikel	M	69
Mayolo	M	76	Mercedes	F	58	Mikele	M	69
Mayoria	F	37	Meredith	M	46	Mil	M	33
Mayorico	M	33	Meriadec	M	68	Mila	F	63
Medardo	M	56	Meriadeg	M	68	Mildred	F	52
Mederico	M	56	Mericio	M	53	Mildreda	F	52
Medina	F	63	Merilio	M	53	Milena	F	32
Meg	F	65	Merk	M	31	Milia	F	13
Megan	F	64	Merkel	M	31	Milicenta	F	13
Megane	F	65	Merlín	M	42	Milina	F	13
Meggie	F	65	Merry	M	53	Milú	M	33
Mehdi	M	55	Meryl	F	40	Milud	M	33
Meinardo	M	38	Meryll	M	53	Millian	M	33
Meinrado	M	38	Mesalina	F	75	Millicenta	F	13
Mel	M	73	Messaud	M	68	Millie	F	13
Mela	F	13	Metela	F	58	Millisenta	F	13
Melania	F	13	Metge	F	58	Mimi	F	40
Melania	F	13	Métoda	F	58	Mina	F	65
Melanie	F	13	Meurisse	M	68	Minela	F	65

Nombre	Sexo	N.º de nombre modelo	Nombre	Sexo	N.º de nombre modelo	Nombre	Sexo	N.º de nombre modelo
Mini	F	65	Morana	F	43	Nadeta	F	32
Minna	F	65	Morando	M	61	Nadia	F	32
Minnie	F	65	Morane	F	43	Nadina	F	32
Miquel	M	69	Morea	F	43	Nadine	F	32
Miquela	F	43	Moreo	M	61	Naemia	F	66
Miquelina	F	43	Morgan	F	66	Naeva	F	66
Miqueo	M	69	Morgan	M	33	Nahum	F	51
Mira	F	66	Morgana	F	66	Naig	F	04
Mirabela	F	66	Morgane	F	66	Naik	F	04
Miranda	F	66	Morgano	M	33	Naila	F	18
Mireia	F	40	Moric	M	68	Nais	F	04
Miren	F	66	Moris	M	68	Nalberto	M	03
Mireya	F	40	Moritz	M	68	Nana	F	04
Miriam	F	66	Morlana	F	32	Nancy	F	04
Miryam	F	66	Morna	F	43	Nanda	F	35
Mischa	M	69	Morrel	M	68	Nandina	F	35
Misha	M	69	Morris	M	68	Naneta	F	04
Mitxel	M	69	Mortimero	M	56	Nanig	F	04
Mitzi	F	66	Morvan	M	59	Nans	M	57
Modana	F	58	Morvana	F	65	Napoleón	M	69
Modanes	F	58	Morvane	F	65	Napoleona	F	43
Modano	M	55	Morvena	F	65	Narciso	M	46
Modes	F	49	Moshé	M	12	Narcisos	M	46
Modesta	F	49	Mouna	F	67	Narsés	M	46
Modestia	F	49	Moyna	F	67	Nastassia	F	48
Modestina	F	49	Moyra	F	43	Nat	F	52
Modesto	M	60	Muguet	M	20	Natacha	F	79
Modesty	F	49	Mugueta	F	75	Natala	F	79
Modoaldo	M	60	Murial	F	66	Natalena	F	79
Mogan	M	24	Muriel	F	66	Natalia	F	79
Moglie	F	18	Muriela	F	66	Natàlia	F	79
Mohamed	M	42	Murielle	F	66	Natalie	F	79
Mohammed	M	42	Museta	F	35	Natalina	F	79
Moira	F	43	Musidora	F	13	Natalis	F	79
Moisés	M	12	Myresa	F	66	Natanael	M	09
Molly	F	13	Myriam	F	66	Natanaela	F	67
Mona	F	67	Myrra	F	66	Nathalan	M	57
Monegunda	F	79	Myrta	F	52	Nathalia	F	79
Moni	F	67	Myrtia	F	52	Nathan	M	57
Monica	F	67	Myrtila	F	52	Nathy	M	57
Mònica	F	67	Nabrissa	F	52	Nattie	F	67
Monie	F	67	Nabucodonosor	M	56	Nausicaa	F	04
Monika	F	67	Nacha	F	32	Nazario	M	38
Monike	F	67	Nada	F	32	Neal	M	09
Mora	F	43	Nade	F	32	Ned	M	31
Moran	M	61	Nadegia	F	32	Nedeleg	M	71

Nombre	Sexo	N.º de nombre modelo	Nombre	Sexo	N.º de nombre modelo	Nombre	Sexo	N.º de nombre modelo
Nefertiti	F	52	Nicolo	M	15	Nonn	F	52
Nehemia	F	66	Nicolo	M	15	Nonne	F	52
Neil	M	31	Nicomedo	M	15	Nora	F	75
Neis	F	32	Nicú	M	15	Nora	F	75
Nelia	F	32	Niels	M	15	Norberta	F	63
Nelson	M	41	Nikita	M	15	Norberto	M	03
Nell	F	32	Nikki	M	15	Noreen	F	75
Nella	F	32	Niklaus	M	15	Noria	F	75
Nellia	F	32	Nikolai	M	15	Noria	F	75
Nello	M	71	Nikolás	M	15	Noriana	F	75
Nelly	F	32	Nikolazig	M	15	Norma	F	66
Neópolo	M	69	Nina	F	35	Norman	M	01
Nepomuceno	M	55	Nine	F	35	Nouel	M	71
Nereo	M	15	Ninette	F	35	Nouela	F	40
Nerés	M	15	Ninfa	F	67	Noura	F	75
Nersés	M	15	Ninfea	F	67	Noura	F	75
Nessie	F	48	Ninian	M	12	Novela	F	40
Néstor	M	23	Ninie	F	35	Noveleen	F	40
Nestora	F	70	Ninn	M	12	Noyala	F	17
Nestorina	F	70	Nino	M	12	Nundina	F	52
Nettie	F	52	Ninoga	F	35	Oan	M	36
Netty	F	52	Ninon	F	35	Oana	F	48
Neven	M	44	Ninú	F	35	Oanes	F	48
Nevena	F	13	Niobé	F	35	Oanesig	F	48
Nevenes	F	13	Niss	F	43	Obelia	F	28
Nevénter	M	44	Nisse	F	43	Oberon	M	23
Nevenú	M	44	Nita	F	04	Oberto	M	74
Neza	F	43	Noah	M	47	Occia	F	37
Nicasio	M	72	Noalig	F	17	Oceana	F	04
Nicéforo	M	24	Noalig	M	47	Oceane	F	04
Niceta	F	04	Noamí	F	66	Ocelina	F	37
Nick	M	15	Noé	M	47	Octavi	M	09
Nickie	F	43	Noel	M	71	Octavia	F	37
Nicky	M	15	Noela	F	40	Octàvia	F	37
Niclaus	M	15	Noelia	F	40	Octaviana	F	37
Nico	M	15	Noelle	F	40	Octaviano	M	09
Nicodemo	M	15	Noemí	F	66	Octavio	M	09
Nicolai	M	15	Noira	F	75	Octavius	M	09
Nicolás	M	15	Nola	F	40	Odalric	M	11
Nicolasa	F	70	Nolan	F	40	Odalrico	M	11
Nicolaua	F	70	Nolan	M	11	Odel	F	62
Nicole	F	43	Nolwenn	F	17	Odela	F	62
Nicoleta	F	43	Nomen	M	53	Odelia	F	62
Nicolette	F	43	Nominoé	M	53	Odelina	F	62
Nicolina	F	43	Nona	F	52	Odelino	M	78
Nicoline	F	43	Nonita	F	52	Odemar	M	53

387

Nombre	Sexo	N.º de nombre modelo	Nombre	Sexo	N.º de nombre modelo	Nombre	Sexo	N.º de nombre modelo
Odette	F	58	Ommar	M	53	Otavia	F	37
Odiana	F	62	Ondina	F	62	Otaviano	M	09
Odile	F	62	Onésimo	M	11	Otavio	M	09
Odilia	F	62	Onnen	F	17	Otelo	M	78
Odilie	F	62	Opalina	F	13	Othelo	M	78
Odilón	M	78	Oportuna	F	58	Othón	M	78
Odille	F	62	Oportuno	M	72	Otilia	F	37
Odín	M	56	Oracio	M	12	Otilia	F	62
Odina	F	07	Orana	F	58	Otmar	M	53
Odinette	F	07	Oregana	F	17	Oto	M	78
Odita	F	58	Oregano	M	33	Otón	M	78
Odón	M	78	Orens	M	24	Otonia	F	62
Odrán	M	06	Orestes	M	24	Otonia	F	62
Ofelia	F	17	Oreta	F	62	Otto	M	78
Ofelio	M	73	Orfeo	M	53	Ottón	M	78
Oger	M	61	Oria	F	13	Ouen	M	51
Ogier	M	61	Oriana	F	13	Owen	M	51
Olaf	M	03	Orianna	F	13	Pablito	M	71
Olán	M	03	Oriano	M	60	Pablo	M	71
Olav	M	03	Oringa	F	52	Paciana	F	48
Oleg	M	03	Orlana	F	65	Paciano	M	36
Olga	F	43	Orlanda	F	65	Paciencia	F	35
Olia	F	43	Orlando	M	78	Pacífico	M	41
Oliacha	F	43	Orna	F	13	Paco	M	41
Oliana	F	43	Ornela	F	13	Pacometa	F	17
Olier	M	14	Orora	F	75	Pacomia	F	17
Olimpa	F	18	Orquídea	F	66	Pacosme	M	27
Olimpia	F	18	Orseis	F	66	Paderna	F	35
Olimpias	M	36	Orsola	F	66	Padernes	F	35
Olimpio	M	36	Orson	M	23	Padérnico	M	61
Oliona	F	43	Ortolana	F	32	Paderno	M	61
Oliva	F	28	Osanna	F	04	Padrig	M	51
Olive	F	28	Osanne	F	04	Padriga	F	49
Oliverio	M	14	Óscar	M	08	Padrigues	F	49
Oliveta	F	28	Oseo	M	45	Pagano	M	69
Olivia	F	28	Osiris	M	45	Palamas	M	64
Oliviana	F	28	Osith	F	63	Palas	M	38
Olivier	M	14	Osmino	M	21	Palma	F	13
Olivio	M	14	Osmond	M	21	Palma	F	13
Olna	F	43	Osmonte	M	21	Palmira	F	66
Olof	M	03	Osmunda	F	19	Paloma	F	13
Olva	F	43	Osmundo	M	21	Palome	F	13
Omar	M	53	Osvaldo	M	21	Palomia	F	13
Ombina	F	52	Oswin	M	21	Palomina	F	13
Ombredana	F	52	Oswy	M	21	Palomo	M	60
Omer	M	53	Otacilia	F	62	Pam	F	70

Nombre	Sexo	N.º de nombre modelo	Nombre	Sexo	N.º de nombre modelo	Nombre	Sexo	N.º de nombre modelo
Pamela	F	70	Patty	F	05	Perce	M	53
Pancracio	M	29	Patxi	M	41	Perceval	M	53
Pancho	M	41	Patxo	M	41	Percival	M	53
Pandora	F	32	Pau	M	71	Pere	M	72
Pánfilo	M	76	Paula	F	19	Pereduro	M	72
Paol	M	71	Paule	F	19	Pereg	M	72
Paola	F	19	Pauleta	F	19	Peregrino	M	72
Paoli	M	71	Paulette	F	19	Perfecta	F	19
Paolig	M	71	Pauliana	F	19	Perfecto	M	46
Paolina	F	19	Pauliano	M	71	Perig	M	72
Paolino	M	71	Paulina	F	19	Perla	F	65
Paolo	M	71	Pauline	F	19	Perlette	F	65
Paquereta	F	52	Paulino	M	71	Perlina	F	65
Paqueta	F	52	Paulote	M	71	Pernela	F	58
Paquiro	M	41	Paulus	M	71	Perneta	F	58
Paquita	F	40	Pauly	M	71	Perpetua	F	49
Parcifal	M	53	Pauwel	M	71	Perséfone	F	22
Parsifal	M	53	Pederna	F	35	Perseval	M	53
Parsival	M	53	Pederno	M	61	Pervenche	F	70
Parzifal	M	53	Pedrenota	F	58	Pete	M	72
Pascasia	F	75	Pedreta	F	58	Peter	M	72
Pascasio	M	20	Pedrina	F	58	Petra	F	58
Pascua	F	75	Pedrineta	F	58	Petrona	F	58
Pascual	M	20	Pedrino	M	72	Petronela	F	58
Pascuala	F	75	Pedro	M	72	Petronia	F	58
Pascualina	F	75	Pega	F	65	Petronila	F	58
Pascualino	M	20	Peggie	F	65	Petrono	M	72
Pascualita	F	75	Peggy	F	65	Petruchka	F	58
Pascualito	M	20	Peirona	F	58	Petrusia	F	58
Paskela	F	75	Peironela	F	58	Phil	M	38
Paskoal	M	20	Pelagia	F	62	Phila	F	48
Paskoala	F	75	Pelagio	M	38	Philipp	M	38
Pasqual	M	20	Pelerino	M	23	Philippus	M	38
Pasquala	F	75	Penela	F	79	Philis	F	48
Pastor	M	61	Penélope	F	79	Phillie	F	48
Paterna	F	35	Penny	F	79	Phillis	M	38
Paterno	M	61	Pepe	M	56	Phoebe	F	58
Patric	M	51	Pepi	M	56	Phoebus	M	55
Patrici	M	51	Pepino	M	46	Pía	F	58
Patricia	F	05	Pepita	F	35	Piato	M	72
Patriciana	F	05	Pepito	M	56	Pieiro	M	72
Patricio	M	51	Pepo	M	56	Pierico	M	72
Patrick	M	51	Pepono	M	56	Piero	M	72
Patrika	F	05	Per	M	72	Pierrick	M	72
Patrocles	M	44	Peranig	M	72	Pierrot	M	72
Patsy	F	05	Perano	M	72	Pietro	M	72

Índice de nombres

389

Nombre	Sexo	N.º de nombre modelo	Nombre	Sexo	N.º de nombre modelo	Nombre	Sexo	N.º de nombre modelo
Pincia	F	37	Privelino	M	30	Radolphe	M	76
Pío	M	72	Prix	M	30	Rael	M	72
Piotr	M	72	Procopo	M	08	Rafa	M	72
Pippo	M	38	Prosper	M	46	Rafael	M	72
Plácida	F	79	Próspera	F	62	Rafaela	F	26
Placidia	F	79	Próspero	M	46	Raff	M	72
Plácido	M	30	Proteso	M	53	Raffael	M	72
Platón	M	78	Prúa	F	52	Raffaela	F	26
Plutarco	M	42	Prudencia	F	52	Ragenfreda	F	65
Pol	M	71	Prudencio	M	33	Ragneberto	M	57
Pola	F	19	Prudentia	F	52	Raia	F	52
Polentze	F	05	Prudentius	M	33	Raiana	F	52
Policarpo	M	55	Prudento	M	33	Raimon	M	73
Poliecto	M	47	Prudie	F	52	Raimona	F	37
Polig	M	71	Prudy	F	52	Raimondo	M	73
Polly	F	19	Pruna	F	50	Raimund	M	73
Polly	M	71	Pruna	F	50	Raimunda	F	37
Pomona	F	26	Prunela	F	50	Raimundo	M	73
Poncia	F	37	Prunelle	F	50	Rainiero	M	53
Pons	M	41	Psiqué	F	58	Raisa	F	52
Porfiria	F	35	Publia	F	13	Ralph	M	72
Porfirio	M	21	Pulqueria	F	58	Ram	M	74
Portuna	F	67	Queenie	F	16	Ramberta	F	40
Potino	M	15	Quentin	M	23	Ramberto	M	74
Praxila	F	04	Quint	M	23	Ramón	M	73
Prescila	F	04	Quintia	F	17	Ramona	F	37
Príamo	M	56	Quintiano	M	23	Ramuncho	M	73
Prigento	M	76	Quintila	F	17	Rana	F	67
Primael	M	21	Quintiliano	M	23	Raquel	F	75
Primela	F	43	Quintilius	M	23	Raquela	F	75
Primeles	F	43	Quintilla	F	17	Raquila	F	75
Primelo	M	21	Quintín	M	23	Raquilda	F	75
Primerosa	F	50	Quintina	F	17	Raúl	M	27
Primo	M	21	Quiteria	F	32	Raül	M	27
Prisca	F	04	Rab	M	69	Raulina	F	75
Priscila	F	04	Rabbie	M	69	Raulino	M	27
Priscilana	F	04	Racaela	F	75	Ravel	M	29
Priscilia	F	04	Racilia	F	75	Ray	M	73
Prisciliano	M	73	Rachel	F	75	Raymond	M	73
Priscilo	M	73	Rachid	M	27	Raymonde	F	37
Priscilla	F	04	Rachie	F	75	Raynier	M	53
Privael	M	30	Radberto	M	01	Rea	F	67
Privato	M	30	Radegunda	F	40	Rebeca	F	05
Privel	M	30	Radlofo	M	76	Regilia	F	16
Privelig	M	30	Radmundo	M	73	Regina	F	16
Privelina	F	63	Radolfo	M	76	Reginaldo	M	53

Nombre	Sexo	N.º de nombre modelo	Nombre	Sexo	N.º de nombre modelo	Nombre	Sexo	N.º de nombre modelo
Regine	F	16	Rienzo	M	78	Romarino	M	12
Reginoldo	M	53	Rigoberto	M	74	Romario	M	12
Regis	M	53	Rimma	F	13	Rombodo	M	12
Regniero	M	53	Rina	F	16	Romea	F	50
Regula	F	62	Rinalda	F	16	Romeo	M	44
Reina	F	16	Rinaldo	M	76	Romualdo	M	74
Reinald	M	23	Riolo	M	71	Rómula	F	32
Reinalda	F	16	Riquiero	M	30	Rómulo	M	24
Reinaldo	F	76	Riseta	F	50	Romy	F	40
Reine	F	16	Rita	F	65	Ronaldo	M	33
Reinhardt	M	76	Ritza	F	40	Ronana	F	66
Reinoldo	M	23	Riwal	M	14	Ronano	M	23
Rejana	F	16	Riwana	F	28	Ronia	F	66
Remigi	M	39	Roald	M	08	Ronnie	M	33
Remigio	M	39	Robert	M	74	Ronny	M	33
Rena	F	67	Roberta	F	40	Roparzo	M	74
Renaldina	F	67	Robertina	F	40	Roque	M	69
Renaldo	M	76	Roberto	M	74	Rosa	F	50
Renando	M	23	Robín	M	76	Rosalba	F	50
Renano	M	23	Robina	F	04	Rosalbana	F	50
Renano	M	23	Robinia	F	04	Rosalía	F	50
Renat	M	73	Robinson	M	76	Rosalina	F	50
Renata	F	67	Roc	M	69	Rosalinda	F	50
Renato	M	73	Roch	M	69	Rosamaría	F	50
Renaud	M	73	Roda	F	50	Rosamunda	F	50
René	M	76	Rodea	F	50	Rosana	F	50
Renée	F	67	Roderico	M	78	Rose	F	50
Reniero	M	53	Rodia	F	50	Rosea	F	50
Renilda	F	62	Rodín	M	78	Roselina	F	50
Renolda	F	67	Rodo	M	78	Rosemunda	F	50
Renoldo	M	73	Rodolf	M	78	Roseta	F	50
Reseda	F	70	Rodolfo	M	78	Rosetta	F	50
Reunana	F	66	Rodrigo	M	78	Rosi	F	50
Reunano	M	23	Rodrigues	M	78	Rosina	F	50
Riadeg	M	68	Rogatiano	M	03	Rosita	F	50
Riagato	M	27	Roger	M	61	Rosy	F	50
Rica	F	19	Rolanda	F	65	Rowena	F	65
Ricarda	F	19	Rolando	M	78	Roxana	F	04
Ricardina	F	19	Roma	F	43	Roxana	F	04
Ricardo	M	69	Román	M	77	Roxina	F	04
Rick	M	69	Romana	F	43	Roxy	F	04
Rickie	M	69	Romane	F	43	Roy	M	53
Ricky	M	69	Romania	F	43	Rozenn	M	50
Rictruda	F	52	Romanía	F	43	Rubí	F	56
Rieg	M	69	Romano	M	77	Ruby	F	56
Rienero	M	53	Romarico	M	12	Rudolfo	M	76

391

Nombre	Sexo	N.º de nombre modelo	Nombre	Sexo	N.º de nombre modelo	Nombre	Sexo	N.º de nombre modelo
Rudy	M	76	Sallie	F	28	Sebaldo	M	72
Rufa	F	75	Sally	F	28	Sebastia	F	52
Rufila	F	75	Sam	M	56	Sebastià	M	42
Rufina	F	75	Samanta	F	40	Sebastián	M	42
Rufino	M	60	Samantha	F	40	Sebastiana	F	52
Rufus	M	60	Samir	M	56	Sebastiano	M	42
Rumwaldo	M	74	Samira	F	40	Segal	M	39
Ruperta	F	40	Sammie	M	56	Segalena	F	75
Ruperto	M	74	Sammy	M	56	Segismunda	F	16
Rústica	F	63	Sampsa	F	35	Segismundo	M	71
Rústico	M	45	Sampsana	F	35	Segolena	F	75
Rut	F	66	Samuel	M	56	Selaveno	M	23
Ruth	F	66	Samy	M	56	Selena	F	32
Ruvon	M	29	Sanç	M	44	Selim	M	23
Ruvona	F	22	Sancia	F	13	Selina	F	32
Ruy	M	76	Sancho	M	44	Selma	F	66
Sabi	M	41	Sander	M	33	Senda	F	37
Sabiena	F	52	Sandi	F	04	Sendy	F	37
Sabina	F	52	Sandie	F	04	Senorina	F	37
Sabiniano	M	41	Sandra	F	04	Sentia	F	37
Sabino	M	41	Sandrina	F	04	Septimio	M	74
Sabrina	F	52	Sandy	F	04	Serafia	F	62
Saby	F	52	Sanga	F	04	Serafín	M	36
Sacha	M	33	Sania	F	04	Serafina	F	62
Saens	M	46	Sanseviera	F	54	Serafita	F	62
Safia	F	22	Sansón	M	31	Serapia	F	62
Safir	F	37	Santolina	F	52	Serena	F	19
Safir	M	39	Sanz	M	44	Serenico	M	15
Saintino	M	10	Sara	F	35	Sereno	M	15
Salaberga	F	58	Saray	F	35	Sergia	F	16
Salama	F	17	Sari	F	35	Sergiana	F	16
Salaun	M	23	Sarina	F	35	Sergina	F	16
Salina	F	28	Saturnino	M	68	Sergino	M	61
Salman	M	23	Saúl	M	56	Sergio	M	61
Saloma	F	17	Saula	F	67	Serna	F	79
Salomé	F	17	Savana	F	58	Sernin	M	68
Salomón	M	23	Saveria	F	04	Servanda	F	65
Salvador	M	73	Saverio	M	23	Servano	M	46
Salvator	M	73	Savina	F	52	Servasio	M	46
Salvatore	M	73	Saviniana	F	52	Servina	F	65
Salvé	M	73	Saviniano	M	41	Seveno	M	60
Salvia	F	17	Savino	M	41	Severa	F	75
Salviana	F	17	Savy	M	41	Severiana	F	75
Salviano	M	73	Scott	M	46	Severiano	M	60
Salvina	F	17	Scotty	M	46	Severiena	F	75
Salvy	M	73	Sean	M	78	Severieno	M	60

Nombre	Sexo	N.º de nombre modelo	Nombre	Sexo	N.º de nombre modelo	Nombre	Sexo	N.º de nombre modelo
Severilla	F	75	Silvina	F	48	Solemnia	F	04
Severina	F	75	Silvine	F	48	Solen	F	28
Severino	M	60	Silvino	M	29	Solena	F	28
Severo	M	60	Silvio	M	29	Solenes	F	28
Sevo	M	60	Sim	M	77	Soleno	M	08
Sexta	F	75	Simbad	M	30	Soliman	M	23
Sexto	M	60	Simeón	M	77	Solina	F	28
Sezaig	F	40	Simeona	F	16	Solomón	M	23
Shana	F	56	Simón	M	77	Solveig	F	28
Sharon	F	17	Simona	F	16	Solweig	F	28
Sheila	F	17	Simone	F	16	Sonia	F	22
Shera	F	17	Simoneta	F	16	Sophie	F	22
Sherry	F	17	Simplicia	F	37	Sophy	F	22
Shirley	F	17	Simplicio	M	33	Soraya	F	32
Siberto	M	51	Simsón	M	31	Sostena	F	42
Sibila	F	35	Sinclair	M	31	Sotero	M	53
Sibilina	F	35	Sindonia	F	79	Soulle	M	46
Sidanio	M	34	Sinforiana	F	79	Stan	M	12
Sidney	M	34	Sinforiano	M	34	Stanley	M	12
Sido	F	79	Sinforiena	F	79	Steeve	M	36
Sidonia	F	79	Sinforina	F	79	Steeven	M	36
Sidonie	F	79	Sinforosa	F	79	Stella	F	04
Sidonio	M	34	Sinforosia	F	79	Stephen	M	36
Siegel	M	53	Sirana	F	07	Stessy	F	26
Sigfrida	F	49	Sirano	M	06	Steve	M	36
Sigfrido	M	41	Sirena	F	07	Stevena	F	48
Sigmund	M	71	Siriana	F	07	Steward	M	30
Sigmunda	F	16	Sirice	F	07	Sue	F	63
Sigmundo	M	71	Sirida	F	07	Sueva	F	63
Sigolena	F	75	Sisí	F	49	Sulina	F	28
Sigrada	F	49	Sixta	F	75	Súlpice	F	23
Sigrada	F	49	Sixtina	F	75	Sumniva	F	22
Sigrid	F	49	Slimane	M	23	Sung	M	34
Sigueberto	M	51	Sloane	M	61	Superio	M	61
Silana	F	28	Soazic	F	40	Susan	F	63
Sílfide	F	48	Soazic	M	41	Susana	F	63
Silva	F	48	Sofía	F	22	Susanna	F	63
Silvana	F	48	Sofía	F	22	Suseta	F	63
Silvano	M	29	Sofiana	F	22	Susi	F	63
Silvena	F	48	Sofonía	F	22	Susie	F	63
Silverio	M	29	Sófora	F	22	Suzana	F	63
Silvester	M	29	Soizic	F	40	Suzel	F	63
Silvestre	M	29	Soizig	F	40	Suzeta	F	63
Silvia	F	48	Solana	F	28	Suzie	F	63
Silviana	F	48	Solean	F	28	Suzon	F	63
Silvie	F	48	Soledad	F	43	Suzy	F	63

Nombre	Sexo	N.º de nombre modelo	Nombre	Sexo	N.º de nombre modelo	Nombre	Sexo	N.º de nombre modelo
Svend	M	59	Tangi	M	45	Teófilo	M	38
Svetlana	F	79	Tangú	M	45	Teofrasto	M	24
Swann	F	28	Tanguy	M	45	Teótimo	M	42
Swann	M	08	Tania	F	04	Teoxana	F	50
Swanny	F	28	Tanig	F	04	Teoxena	F	50
Swanny	M	08	Tany	F	04	Tere	F	75
Swein	F	28	Tara	F	75	Terencia	F	48
Swein	M	08	Tarcisio	M	73	Terenciana	F	48
Sybil	F	35	Tarek	M	34	Terenciano	M	38
Sybila	F	35	Tarsilla	F	35	Terencio	M	38
Sybila	F	35	Tatia	F	04	Terentila	F	48
Sybilina	F	35	Tatiana	F	04	Terentina	F	48
Sydney	F	79	Tatiana	F	70	Terentino	M	38
Sylvana	F	48	Tatiano	M	33	Teresa	F	75
Sylvano	M	29	Tea	F	04	Teresia	F	75
Sylvelia	F	48	Tea	F	58	Terry	M	38
Sylverio	M	29	Teboldo	M	38	Tertula	F	26
Sylvero	M	29	Tecla	F	79	Tertulia	F	26
Sylvester	M	29	Ted	M	06	Tescelina	F	66
Sylvester	M	29	Teddy	M	06	Tescelino	M	09
Sylvestre	M	29	Teia	F	16	Tess	F	75
Sylveta	F	48	Teila	F	18	Tessa	F	75
Sylvia	F	48	Teilo	M	38	Tessie	F	75
Sylviana	F	48	Telcida	F	16	Tessy	F	75
Sylvina	F	48	Telémaco	M	51	Tetis	F	66
Sylvino	M	29	Telia	F	58	Tetys	F	66
Sylvius	M	29	Telma	F	65	Thalía	F	52
Tabata	F	35	Tella	F	58	Thamar	F	22
Tabata	M	12	Teo	M	38	Thea	F	58
Tacia	F	35	Teobaldo	M	12	Thed	M	06
Tadeo	M	38	Teodardo	M	06	Theo	M	38
Tadeo	M	38	Teodequilda	F	16	Theodora	F	16
Tais	F	65	Teodor	M	06	Theodoro	M	06
Tais	F	65	Teodora	F	16	Thierry	M	73
Talasa	F	25	Teodoria	F	16	Tiana	F	04
Talaso	M	12	Teodorico	M	06	Tiany	F	04
Talía	F	26	Teodorina	F	16	Tiara	F	37
Talna	F	04	Teodoro	M	06	Tiarea	F	37
Tamar	F	22	Teodosia	F	05	Tibalt	M	12
Tamara	F	22	Teodosio	M	44	Tiberto	M	12
Tamnar	F	22	Teodulfo	M	33	Tibodo	M	12
Tana	F	04	Teódulo	M	33	Tibolto	M	12
Tanagra	F	04	Teófanes	M	38	Tiboto	M	12
Tanais	F	04	Teofanía	F	65	Tiburcio	M	01
Tancelino	M	09	Teófano	M	38	Ticia	F	70
Tancredo	M	73	Teófila	F	65	Tifaina	F	70

Nombre	Sexo	N.º de nombre modelo	Nombre	Sexo	N.º de nombre modelo	Nombre	Sexo	N.º de nombre modelo
Tifania	F	70	Trestanig	M	34	Urania	F	67
Tiffany	F	70	Tricia	F	05	Urbán	M	20
Tigre	M	38	Trifina	F	16	Urbana	F	13
Tilansia	F	70	Trina	F	16	Urbanilla	F	13
Tilda	F	58	Triskel	M	61	Urbano	M	20
Tilden	M	02	Triskela	F	43	Uria	F	43
Tim	M	29	Tristán	M	34	Uriel	M	21
Tima	F	35	Tristana	F	63	Uriela	F	43
Timandra	F	35	Truda	F	67	Ursa	F	40
Timelia	F	26	Trude	F	67	Ursana	F	40
Timeo	M	69	Trudie	F	67	Ursano	M	21
Timmy	M	29	Trudy	F	67	Ursel	M	33
Timón	M	69	Tudal	M	45	Ursela	F	67
Timotea	F	18	Tudi	M	34	Ursilla	F	67
Timoteo	M	29	Tugdual	M	45	Ursillana	F	67
Timothy	M	29	Tulia	F	26	Úrsula	F	67
Tina	F	22	Tuliana	F	26	Ursule	F	67
Tino	M	08	Turia	F	67	Ursulina	F	67
Tiranía	F	70	Tusca	F	35	Ursulino	M	33
Tiska	F	79	Tutia	F	70	Urvan	M	21
Titia	F	70	Tyana	F	04	Urvana	F	35
Tito	M	27	Tyfaina	F	70	Vadim	M	45
Tituano	M	69	Tyfania	F	70	Vaik	M	36
Tivicio	M	78	Ubaldo	M	46	Valberto	M	69
Tobías	M	01	Udalrico	M	11	Valda	F	25
Tolomea	F	56	Ugo	M	47	Valdemaro	M	45
Tom	M	76	Ugolina	F	63	Valdemaro	M	45
Tomás	M	76	Ugolino	M	47	Valena	F	07
Tomasino	M	76	Ulcia	F	52	Valencia	F	66
Tommy	M	76	Ulciana	F	52	Valencio	M	23
Toni	F	07	Ulcie	F	52	Valens	M	23
Toni	M	08	Ulderico	M	11	Valent	M	23
Tonia	F	07	Ulfa	F	52	Valentia	F	66
Tonio	M	08	Ulises	M	51	Valentiana	F	66
Tony	M	08	Ulmer	M	11	Valentín	M	23
Toña	F	07	Ulric	M	11	Valentina	F	66
Toñi	F	07	Ulrica	F	22	Valentino	M	23
Topacio	M	39	Ulrico	M	11	Valeri	M	42
Toussain	M	21	Ultana	F	35	Valeria	F	52
Toussaine	F	19	Ultano	M	74	Valeriana	F	52
Toussaint	M	21	Ulla	F	43	Valeriano	M	42
Toussainte	F	19	Umbría	F	52	Valeriano	M	42
Tracy	F	75	Umbrina	F	52	Valerie	F	52
Tremor	M	31	Unxia	F	04	Valeriena	F	52
Trestán	M	34	Unxiana	F	04	Valerio	M	42
Trestana	F	63	Urana	F	67	Valiera	F	52

Nombre	Sexo	N.º de nombre modelo	Nombre	Sexo	N.º de nombre modelo	Nombre	Sexo	N.º de nombre modelo
Valiero	M	42	Vianney	M	21	Virina	F	66
Valonia	F	52	Vicencio	M	77	Virna	F	66
Valtrude	F	75	Vicent	M	77	Vital	M	69
Valy	M	42	Vicenta	F	43	Vitaliana	F	43
Vanda	F	16	Vicente	M	77	Vitalina	F	43
Vaneng	M	38	Vicentia	F	43	Vitiana	F	79
Vanesa	F	66	Vicentina	F	43	Vito	M	45
Vanessa	F	66	Vicenzo	M	77	Vivano	M	53
Vania	M	57	Vick	F	22	Viveta	F	40
Vanila	F	35	Vick	F	22	Vivi	F	40
Vanina	F	58	Vicky	F	22	Vivia	F	40
Vanna	F	58	Vicky	M	78	Viviana	F	40
Vanni	F	58	Victa	F	22	Viviane	F	40
Vannie	F	58	Víctor	M	78	Viviena	F	40
Vanny	F	58	Victoria	F	22	Vivina	F	40
Varenila	F	18	Victòria	F	22	Vladimiro	M	68
Variana	F	18	Victoriana	F	22	Vladislao	M	72
Varila	F	18	Victoriano	M	78	Voel	M	09
Variliana	F	18	Victorico	M	78	Voela	F	50
Vasili	M	10	Victorila	F	22	Volberta	F	28
Vasilio	M	10	Victorina	F	22	Volberto	M	08
Vasilisa	F	28	Victorino	M	78	Volodia	M	68
Veia	F	37	Victorio	M	78	Vona	F	52
Veiana	F	37	Viki	F	22	Vonny	F	52
Veig	F	37	Vilfrida	F	17	Vrain	M	14
Venancio	M	23	Vilfrido	M	42	Walberta	F	07
Venceslao	M	31	Vilma	F	17	Walberto	M	69
Venus	F	65	Vinciana	F	43	Walburga	F	07
Vera	F	66	Vinciano	M	77	Waldeberta	F	07
Verana	F	66	Viola	F	19	Waldeberto	M	69
Verane	F	66	Violant	F	19	Walder	M	69
Verania	F	66	Violante	F	19	Walfrido	M	42
Veraniana	F	66	Violantilla	F	19	Walter	M	77
Veranina	F	66	Violena	F	19	Walther	M	77
Verano	M	42	Violeta	F	19	Wally	F	52
Verena	F	66	Violetta	F	19	Wanda	F	16
Veria	F	66	Violette	F	19	Wandrilo	M	77
Veridiana	F	66	Virgila	F	04	Wandy	M	77
Verniero	M	56	Virgilia	F	04	Wenceslao	M	31
Vero	F	66	Virgiliana	F	04	Werner	M	56
Verona	F	66	Virgilio	M	42	Wiberto	M	72
Verónica	F	66	Virginia	F	79	Wilfredo	M	42
Verónica	F	66	Virginia	F	79	Wilhelm	M	46
Vesna	F	49	Virginiano	M	12	Wilhelmine	F	65
Vianca	F	32	Viriana	F	70	Wilson	M	46
Vianco	M	55	Viridiana	F	70	Wiltrude	F	32

Nombre	Sexo	N.º de nombre modelo	Nombre	Sexo	N.º de nombre modelo	Nombre	Sexo	N.º de nombre modelo
Willard	M	46	Xenos	M	03	Yorick	M	55
William	M	46	Xerxes	M	23	Youssef	M	56
Williane	M	46	Xystra	F	65	Youssuf	M	56
Willibaldo	M	46	Yacina	F	29	Yura	M	55
Willie	M	46	Yacinta	F	29	Yuri	M	55
Willis	M	46	Yamina	F	52	Yussef	M	56
Willy	M	46	Yann	M	57	Yussuf	M	56
Winnie	M	60	Yanna	F	58	Zacaría	M	42
Winnoc	M	60	Yannes	F	58	Zacarías	M	42
Winny	M	60	Yannick	M	57	Zachary	M	42
Wistan	M	59	Yannig	M	57	Zaig	F	62
Wiston	M	59	Yannú	M	57	Zaqueo	M	56
Wladimir	M	68	Yasmina	F	52	Zoa	F	50
Wladislao	M	72	Yehudi	M	77	Zoé	F	50
Wolfgang	M	42	Yoann	M	57	Zoel	M	09
Wolfram	M	51	Yoanna	F	58	Zoela	F	50
Wylma	F	65	Yola	F	28	Zoelia	F	50
Xant	M	23	Yolanda	F	28	Zoelina	F	50
Xantha	F	04	Yolanda	F	28	Zois	M	09
Xantino	M	23	Yolena	F	28	Zoltán	M	09
Xavier	M	23	Yolene	F	28	Zozima	F	43
Xaviera	F	04	Yoleta	F	28	Zozimena	F	43
Xenia	F	40	Yoram	M	55	Zozimo	M	69

www.ingramcontent.com/pod-product-compliance
Lightning Source LLC
Chambersburg PA
CBHW070818250426
43672CB00031B/2763